2013

镇海年鉴

ZHENHAI NIANJIAN

宁波市镇海区地方志编纂委员会 编

方志出版社
Publishing House of Local Records

图书在版编目(CIP)数据

镇海年鉴. 2013 / 宁波市镇海区地方志编纂委员会编. — 北京 : 方志出版社, 2017.12
ISBN 978-7-5144-2805-6

Ⅰ. ①镇… Ⅱ. ①宁… Ⅲ. ①镇海区—2013—年鉴 Ⅳ. ①Z525.54

中国版本图书馆CIP数据核字(2017)第308554号

镇海年鉴（2013）

编　　者：宁波市镇海区地方志编纂委员会
责任编辑：李志瑜

出 版 人：冀祥德
出 版 者：方志出版社
地址　北京市朝阳区潘家园东里9号(国家方志馆4层)
邮编　100021
网址　http: //www.fzph.org
发　　行：方志出版社图书经销中心
电话（010）67110500
经　　销：各地新华书店
印　　刷：杭州富春电子印务有限公司

开　　本：787×1092　1/16
印　　张：24.25
字　　数：527千字
版　　次：2018年7月第1版　2018年7月第1次印刷
印　　数：0001~1000册

ISBN 978-7-5144-2805-6　定价：128.00 元

◎ 2012年6月27日，镇海区庆祝中国共产党成立91周年暨创先争优表彰大会

◎ 2012年1月8日，中国共产党宁波市镇海区第十三次党代会开幕

◎ 2012 年 6 月 10 日，第十四届浙洽会镇海分团项目签约仪式

◎ 2012年9月21日，"招宝聚才·智汇镇海"创业创新论坛举行

◎ 2012年9月27日，镇海区人才科技经贸文化月项目签约仪式

◎ 2012年9月23日，镇海区—龙游县山海协作产业园管委会揭牌仪式

◎ 顾玉东院士与镇海第二医院共建院士工作站

◎ 能工巧匠大比武

◎ 2012年7月，镇海区防汛工程有序推进

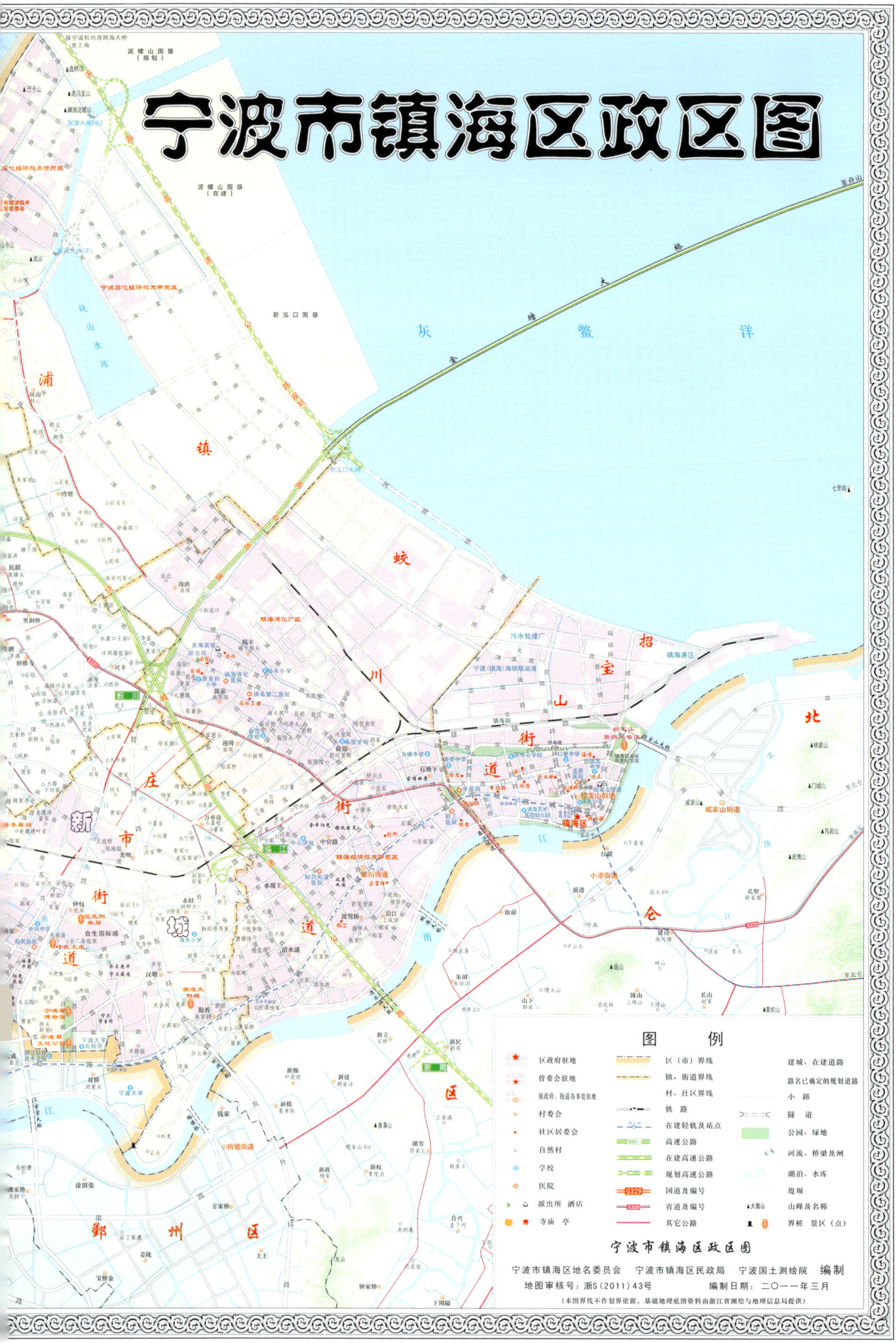

宁波市镇海区政区图
泥螺山围垦（规划）
泥螺山围垦（在建）
宁波石化经济技术开发区
新泓口围垦
岚山水库
灰鳖洋
金塘大桥
至舟山
七里屿
浦
镇
蛟
川
街
道
招
宝
山
街
道
北
仑
区
庄
市
街
道
骆
驼
街
道
新
城
鄞
州
区
江
北
区
镇海区
污水处理厂
镇海炼化厂区
镇海港区
镇海站
宁波（镇海）海铁联运港
招宝山街道
蛟川街道
庄市街道
骆驼街道
戚家山街道
小港街道
甬江街道
宁波大学
宁波大学北校区
宁波帮博物馆
宁波帮文化公园
合生国际城
G329
S320
图 例
区政府驻地
管委会驻地
镇政府、街道办事处驻地
村委会
社区居委会
自然村
学校
医院
派出所 酒店
寺庙 亭
区（市）界线
镇、街道界线
村、社区界线
铁 路
在建轻轨及站点
高速公路
在建高速公路
规划高速公路
国道及编号
省道及编号
其它公路
建城、在建道路
路名已确定的规划道路
小 路
隧 道
公园、绿地
河流、桥梁及闸
湖泊、水库
堤坝
山峰及名称
界桩 景区（点）
宁波市镇海区政区图
宁波市镇海区地名委员会 宁波市镇海区民政局 宁波国土测绘院 编制
地图审核号：浙S（2011）43号 编制日期：二〇一一年三月
（本图界线不作划界依据，基础地理底图资料由浙江省测绘与地理信息局提供）

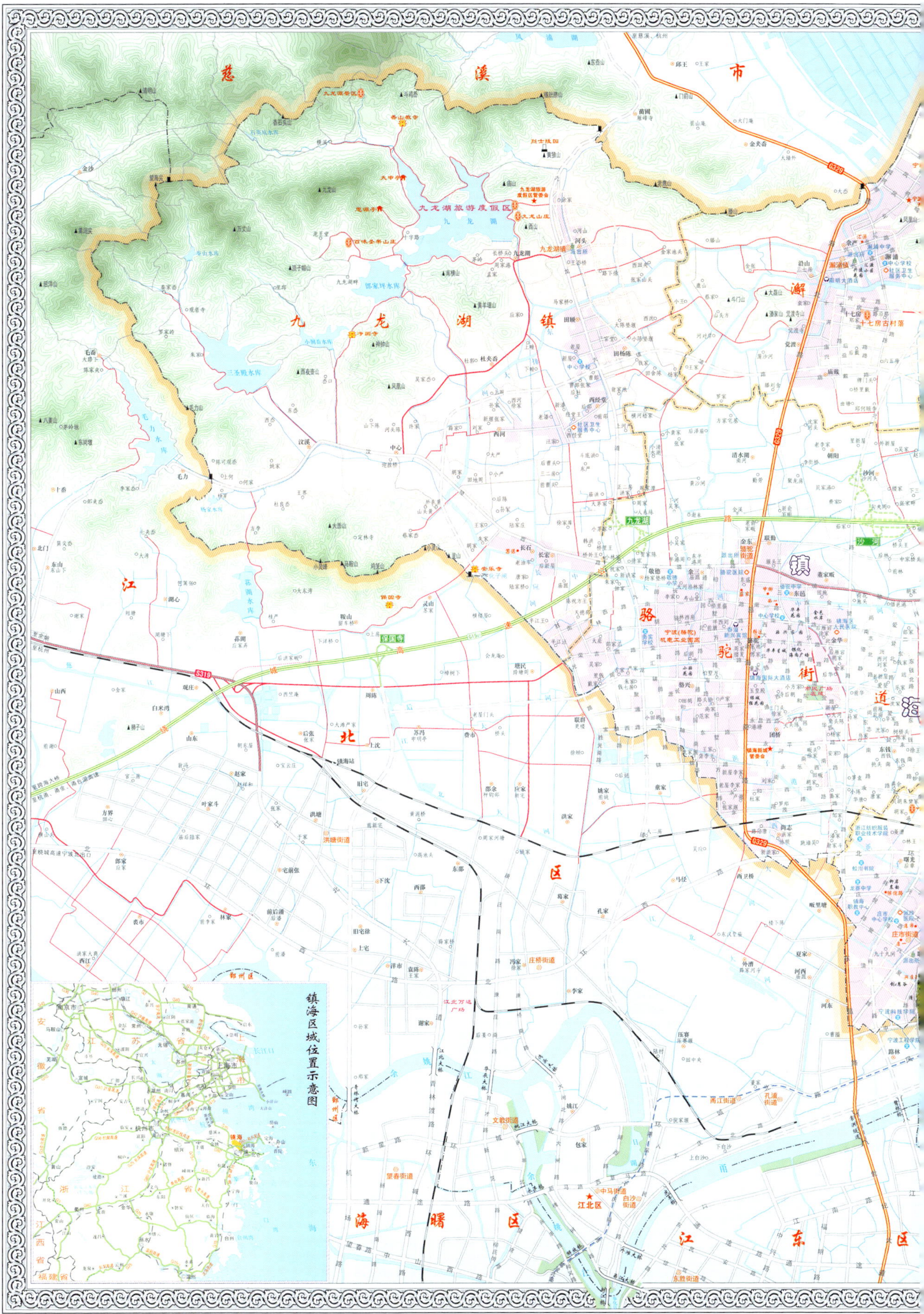
慈
溪
市
九
龙
湖
镇
九龙湖旅游度假区
九龙湖
澥
浦
镇
骆
驼
街
道
江
北
区
海
曙
区
江
东
区
镇海区域位置示意图
中心
汶溪
毛力
九龙湖
保国寺
沙河
镇海站
洪塘街道
庄桥街道
文教街道
甬江街道
孔浦街道
中马街道
白沙街道
望春街道
东胜街道
江北区
庄市街道
七房古村落
上海市
长江口
安徽省
江苏省
浙江省
江西省
福建省
杭州湾
镇海
东海

宁波市镇海区地方志编纂委员会

主　　任：魏祖民

副 主 任：李　斌　何黎斌　高炳华　严红霞

成员单位：

区委办公室　区人大办公室　区政府办公室
区政协办公室　区委组织部　区委宣传部
区文广新局　区委统战部　区委政法委
区公安分局　区发改局　区人社局
区财政局　区民政局　区商务局　区农业局
区住房建交局　区教育局　区卫计局
人民银行北仑支行　区统计局　区档案局
区委党史研究室　区气象局

《镇海年鉴》编辑部

办公室主任：顾科明

顾　　　问：陈　兵

主　　　编：陈家俊

副　主　编：王宝康

责 任 编 辑：孙中文

编辑说明

一、《镇海年鉴》的编纂指导思想是马克思列宁主义、毛泽东思想、邓小平理论、“三个代表”重要思想、科学发展观、习近平新时代中国特色社会主义思想为指导，坚持辩证唯物主义和历史唯物主义的立场、观点和方法。如是记述全区范围内的新事物、新变化、新成就和新经验，客观反映中国特色社会主义事业发展进步的历史进程，为执政提供借鉴，为发展开创思路，为历史留存资料。

二、记述时限为2012年1月1日至12月31日。部分内容、数据涉及2012年前。

三、采用分类编辑法。卷首设特载、大事记、概貌、专记，正文部分设类目、分目、条目三个层次。栏目设计和编排次序是根据年鉴的基本体例、行业和事物归类设置，与部门、企事业单位行政级别高低无关。全文共34个类目，227个分目，1168个条目，56表格，124个正文插图。

四、数据一般采用《统计年鉴》中的数据。区统计局未作统计的，由各业务部门和单位提供。涉及物价的数据，全部用现行价，比较数据有的内含可比价格因素，以更确切反映经济增减情况。

五、机关单位名称，一般按照《区级有关单位规范化简称》（2006年区委办文件）直接采用简称。对名称较长、新设的机构和一些特定地域，另设《部分机构（地域）全称简称对照表》。企事业单位采用简称的，一般不专门说明，多次记述的，用括号注明简称。

六、文末的作者署名，指的是上一署名至此署名的所有文字都系该作者所写。照片未注明摄影者名字的，均系撰写与该照片相关文字的作者提供。

七、为方便检索，年鉴末附主题索引，按主题词首字汉语拼音字母顺序排列。

部分机构（域名）全称与简称对照表

全称	简称
浙江省	省
中共浙江省委员会	省委
浙江省人民政府	省政府
宁波市	市
中共宁波市委员会	市委
宁波市人民政府	市政府
镇海区	区
中共宁波市镇海区委员会	区委
宁波市镇海区人民代表大会常务委员会	区人大常委会
宁波市镇海区人民政府	区政府
中国人民政治协商会议宁波市镇海区委员会	区政协
中共宁波市镇海区委办公室	区委办
宁波市镇海区人民政府办公室	区政府办
宁波市镇海区人民武装部	区人武部
中共宁波市镇海区纪律检查委员会	区纪委
宁波市镇海区精神文明建设指导委员会办公室	区文明办
中共宁波市镇海区委统一战线工作部	区委统战部
宁波市镇海区人民政府侨务办公室	区侨办
中共宁波市镇海区委对台工作领导小组办公室、宁波市镇海区人民政府台湾事务办公室	区台办
宁波市镇海区民族宗教事务局	区民宗局
中共宁波市镇海区委农村工作办公室	区委农办
中共宁波市镇海区直属机关工作委员会	区直机关党工委
宁波市镇海区关心下一代工作委员会	区关工委
宁波市镇海区老龄工作委员会办公室	区老龄办
宁波市镇海区发展和改革局	区发改局
宁波市镇海区经济和信息化局	区经信局
宁波市镇海区经济合作局	区经合局
宁波市镇海区食品药品监督管理局	区食品药品监管局
宁波市镇海区机构编制委员会办公室	区编委办
宁波市镇海区人力资源和社会保障局	区人社局
宁波市镇海区住房与建设交通局	区住房建交局
宁波市镇海区文化广电新闻出版局	区文广局
宁波市镇海区国有资产管理委员会办公室	区国资办

全称	简称
宁波市镇海区人民防空办公室	区人防办
宁波市镇海区人口和计划生育局	区人口计生局
宁波市镇海区人民政府法制办公室	区法制办
宁波市镇海区突发事件应急管理委员会办公室	区应急办
宁波市镇海区外来务工人员服务与管理工作领导小组办公室	区外来务工办
宁波市镇海区地方志编纂委员会办公室	区志办
中共宁波市镇海区委、区人民政府信访局	区信访局
宁波市镇海区公共建设服务中心	区公建中心
宁波市镇海区安全生产监督管理局	区安监局
宁波市国土资源局镇海分局	区国土分局
宁波市工商行政管理局镇海分局	区工商分局
宁波市质量技术监督局镇海分局	区质监分局
中国银行业监督管理委员会宁波监管局经济技术开发区办事处	银监局开发区办事处
中国人民银行北仑支行	人民银行北仑支行
宁波石化经济技术开发区	石化经济开发区
浙江省镇海经济开发区	经济开发区
宁波(镇海)大宗货物海铁联运物流枢纽港	物流枢纽港
宁波市大学科技园	大学科技园

注:仅列部分机构,全称和简称相对直观的单位名称不再列出。

目　录

城乡建设与管理

生态环保

科学技术

教育工作

高等教育

文化　体育

Contents

特 载

振奋精神鼓干劲 求真务实创实绩 奋力推动镇海经济社会发展走在前列

——在区委十三届四次全体(扩大)会议上的报告

(2012年12月19日)

中共宁波市镇海区委书记 薛维海

2012年是新一届区委开局之年。区委常委会围绕区第十三次党代会确定的目标任务，深入学习贯彻党的十八大和省、市党代会精神，按照“稳中求进、进中求好、积极有为、走在前列”的总体要求，以“三思三创”活动和“效能亮剑”行动为载体，深入实施“六大战略”，凝心聚力谋发展，全力以赴抓落实，协调推进经济、政治、文化、社会和生态建设，全面加强党的建设，各项工作都取得新的进展。在这开局之年，我们集中抓“六件大事”。一是谋划实施“六大战略”目标任务。坚持继承和创新相结合，在总结传承历届区委、区政府领导班子发展思路的基础上，不断解放思想，开拓创新，进一步谋划今后五年的发展思路，提出“六大战略”目标任务，制订“六大战略”五年行动计划。为推动“六大战略”取得扎实成效，专门成立六个领导小组，每个领导小组由相关区领导担任组长，确定每个战略的一年及三年目标要求，落实每一个战略、每一个重大项目的责任主体和时间要求，加强督查考核，确保各项任务落实到位。在全区上下的共同努力下，“六大战略”顺利实施，全区经济社会保持平稳较快发展。预计全年完成区属生产总值300亿元，同比增长7.5%；财政一般预算收入75亿元，同比增长12%；城镇居民人均可支配收入37810元，同比增长11%，农民人均纯收入19720元，同比增长14%。二是认真学习宣传贯彻党的十八大和省市党代会精神。省第十三次党代会和市第十二次党代会召开以后，通过各种形式及时传达学习会议精神，围绕省委提出的“两富”战略目标和市委提出的实现“两个基本”、建设“四好示范区”的战略部署，结合镇海实际，着力在发展大局中找准定位，注重做好发展理念、发展思路目标、发展举措的衔接。党的十八大召开后，迅速召开区委常委会、领导干部会议等进行传达学习，把学习贯彻党的十八大精神与做好各项工作紧密结合起来，通过开展学习培训、组织基层宣讲、加大舆论宣传等方式，掀起学习宣传的热潮，并向纵深推进。三是加大项目投资和招商引资工作。深入开展“项目推进落实年”活动，组织开展“重点项目百日攻坚行动”，推进有效投资快速增长。预计全社会固定资产投资完成194亿元，同比增长20%，其中区属固定资产投资完成180亿元，同比增长20%。加大选资选商力度，加强招商队伍建设，深入开展“浙商回归”等活动，合同利用外资和实际利用外资均可完成年度目标。四是着力优化政府服务环境。把深化“三思三创”主题活动作为抓工作促落实的重要突破口，明确“十大专项行动”“难题破解活动”“干部进村入企、一线解难创优”等工作任务，提出“六破六创”的具体要求，帮助解决各类问题1531个。把开展“效能亮剑”专项行动作为建设公共服务型政府的重要载体，明确“优质高效服务年”和“三问三诺”工作任务，开展涉企审批再提速、涉企收费再清理、涉企执法再规范、涉企单位再评议系列活动，行政服务中心窗口承诺事项办理时限比法定时限提速87%，比承诺时限提速53%，并对4家单位、45名机关工作人员进行效能问责，对10个单位主要领导进行效能约谈，对3名违反效能规定的工作人员作出辞退处理。五是妥善处理镇海炼化扩建一体化项目群体性事件。从10月上旬开始，因镇海炼化拟扩建一体化项目引起广大群众的高度关注，引发群众的上访和集聚，也有极少数人采取不理性甚至违法行为，严重影响社会和谐稳定。事件发生后，在省委、省政府和市委、市政府的坚强领导下，在全区上下的共同努力下，整个事件很快得到平息。六是精心做好区级领导班子集中换届工作。根据省市委的统一部署，有序推进区级领导班子换届工作，突出强调选出一个好班子、起草一个好报告、营造一种好风气，严格落实“5个严禁”“17个不准”和“5个一律”的纪律要求，圆满完成区级班子换届工作，确保换届工作风清气正，确保新班子有新气象。

具体来说，这一年我们着重抓七方面工作：

一、主动回应群众关切，加大生态环境整治力度。区委常委会高度重视生态环境建设，把生态环境整治战略列入本届党委首要战略目标任务来实施，认真解决群众反映的突出环境问题，加大工作力度，加大环保投入，生态环境整治取得积极成效，通过国家级生态区考核验收。一是深入开展清洁空气行动。针对群众反映的煤尘污染问题，研究编制煤尘污染综合治理方案，建立常态化管理机制，加大监测监控力度，煤尘整治初见成效，粉尘量较去年同期下降15.2%。巩固20家企业废气治理成果，继续加大治理有机废气治理力度，推进镇海港区液化储运企业161个储罐提升改造，开展汽车维修行业有机废气整治，继续推进堆场整治工作。二是抓好精细化工和电镀行业整治提升。编制精细化工行业三年整治提升计划，计划三年内对全区61家精细化工企业进行整治提升，目前已关闭或转产精细化工企业18家，提升改造企业28家。加大电镀行业整治，累计投入2亿元，对区内10家电镀企业进行整治，其中1家关停，1家异地搬迁改造，8家完成整治并通过验收，电镀企业排水量累计削减35万吨。规范提升酸洗行业，开工建设紧固件酸洗中心，关闭2家企业酸洗生产线。开展印染行业整治，完成9家企业整治工作，化学需氧量排放量减少25.6%。三是扎实推进节能减排工作。加大节能减排目标责任考核，加强重点用能企业管理，强化节能技术改造，安排155个节能项目，开展26家企业清洁生产审核。加快推进燃煤(油)锅炉淘汰改造，已完成63台改造，推进集中供热供气规划建设，完成联合发电油改气、镇海发电5号机组烟气脱硝、镇海污水处理厂中水回用、北区污水处理厂二期等一批重大节能减排项目建设，加快推进5个自然村生活污水生态化处理。四是认真抓好生态绿化建设。全面启动“森林城市”创建工作，加快推进平原绿化和生态林带提升工作，推进山地营造林、生物防火林带建设，积极开展河道和道路沿线绿化，宁波植物园建设取得新进展。五是加大环境执法监管。完善监测监控体系，做好重点化工企业在线监测和煤尘粉尘监控工作，扩大河水水质监测面。加大对重点企业和重点区域执法检查，严厉打击偷排漏排、超标排放等环境违法行为，取缔、关闭企业7家，责令停产停业17家，受理各类环境信访投诉较去年同期下降36件，否决项目43个。

二、发挥临港特色优势，加快海洋经济发展。区委常委会认真落实国家海洋经济发展战略，发挥镇海区有利条件和现实基础，主动承接舟山新区建设的辐射和带动，提升发展重要产业平台，加快石化新材料、现代物流等产业发展，不断做优做强特色产业。一是推进宁波石化经济技术开发区转型升级。按照“国内一流、国际领先”的目标定位，组织开展开发区总体规划修编，研究制订一流园区建设的评价体系、发展目标和工作举措。加快重大项目建设，宁波禾元化学聚丙烯及乙二醇、阿克苏诺贝尔公司纤维素等项目有序推进，韩国SK乙丙橡胶、法国道达尔聚苯乙烯、德国朗盛化学无机颜料等项目落户，完成工业投资55亿元。加强园区环保整治工作，开展20家企业废水废气整治和搬迁改造工作。预计园区实现工业总产值175亿元，同比增长7.4%，实际利用外资6000万美元，实际利用内资18亿元。二是积极促进物流枢纽港做大做强。按照建设现代化生产性港口物流中心要求，进一步完善“三位一体”港航物流服务体系，着力推进商品贸易、集疏运网络、信息和金融支撑系统建设，大宗货物交易中心已交付使用，海事、边检、港务集团等22家服务单位已签约入驻，钢材现货市场、宁波食盐储备配送中心、中国五矿钢铁剪切配送等项目加快推进，一批区域内道路等项目改造建设，宁波港九龙仓黑色、有色金属交割库一期已启用，保税物流业务先行先试工作积极推进。园区完成服务业投资2.75亿元，引进110家企业，引进市外内资3.2亿元，重点专业市场交易额达650亿元，同比增长15%。

三、着眼城乡统筹融合发展，加快推进全域城市化。区委常委会积极承接宁波东部新城辐射，以重点项目推进落实为抓手，着力完善服务功能和产业功能，增强城区辐射能力，提升集约化开发建设水平。一是全力推进城区各组团开发建设。深化城市（城乡）发展规划研究，编制公共交通、生态休闲农业布局等规划。加大招宝山城区改造提升力度，加快推进都市综合体建设，海尚国际、沿江东路特色街等项目加快建设，老小区和背街小巷改造稳步推进；加快推进蛟川片区发展，世贸广场、北大荒物流产业园等项目建成。全力推进骆驼城区开发建设，核心区城市形象显现端倪，总部经济商务楼和行政服务中心主体已基本完工，镇海文化艺术中心、镇海大厦、东来国际大厦等楼宇结顶，保利城、后世博国际园、锦绣江南、利时百货、东洲商城等项目加紧建设。加快庄市城区开发建设，宁波市大学科技园亚创二期主体工程、万科城等项目加快建设。加快推进九龙湖、澥浦城镇联动发展，工业集聚区、中心城镇改造提升和御水龙都等项目建设积极推进。加大征地拆迁工作力度，全年可完成拆迁面积103万平方米，征地423.467公顷，均超额完成年度目标。二是扎实推进幸福美丽新家园建设。开展《镇海区域村庄布局规划》修编工作，完善政策措施，建立“2016”工程项目库，银凤晓月三期、西经堂二期、十七房二期、书香丽景一期、碧水莲晴三期、茗莲春晓已完工，银凤晓月四期、盛世华庭、联兴二期、古塘丽景等加快推进，共投入资金14.2亿元，完成农房改建面积40.2万平方米，安置农民2635户。有序推进中心村和全面小康村建设，广泛开展“温馨家园、秀美村庄”十佳示范村创建活动，规划设计精品乡村旅游线路。提升村（社区）服务中心建设，实施公共服务全程化代理和“一站式”办理模式，推进81890向农村社区延伸，全部行政村达到规范化创建标准。三是不断提升城市管理和城市功能。研究部署全域城市化综合配套改革试点工作，明确91项目标任务。加快推进交通等基础设施建设，货运铁路北环线、北外环快速路和镇海大道、镇骆路改造等加快推进，村庄截污三期工程基本完工，村庄截污四期工程和九龙湖镇污水主干管工程启动，澥浦及石化区并入宁波供水大网，实现城市供水大网全覆盖。开展后海塘区域环境整治提升行动，充实完善管理服务机构，按照城区标准全面延伸党建、社会管理、城市管理和公共服务等工作，建立后海塘区域交通管理站，初步实现煤车、危化车辆专线运行。全面开展市容环境提升工作，建立城市管理联合执法机制。全面实施“道路清爽行动”，理顺区管市政公用设施养管体制。实施农村公路亮灯工程。加强物业行业监管。

四、全力促进经济平稳健康向好发展，深入实施经济转型升级。区委常委会坚持稳增长与促转型有机结合，先后对项目推进落实、工业强区建设、淘汰落后产能、招商引资等作出部署，注重解决经济运行中出现的新情况新问题，经济发展的质量不断提高。一是完善经济发展扶持政策。出台《关于促进全区经济发展的若干意见》和工业转型升级等9个方面的实施细则，累计财政奖励资金4.8亿元左右。出台扶持中小微民营企业发展政策，区财政每年安排1000万元专项资金用于支持中小微民营企业发展。二是大力发展城市经济。突出抓好文化创意产业发展，推进宁波市大学科技园等文创产业基地建设，加大招商力度，重点发展信息服务、动漫游戏、软件开发、设计服务等产业。大力发展现代服务业，加快城市综合体和商务楼宇建设，积极推进商业特色街区培育。引进和培育金融服务业，深圳发展银行镇海支行、杭州银行镇海支行暨科技金融服务中心、民生银行镇海支行、中银富登村镇银行落户营业，镇海农商银行开业。加快旅游业发展，推进旅游业项目建设，加大旅游营销力度。三是改造提升先进制造业。制订《镇海工业强区建设五年规划》，明确工业发展重点和方向。深入实施工业"创业创新"倍增计划，重点抓好创新成长型企业、初创期企业、小巨人企业和大企业集团的培育工作，8家企业入围宁波市"高成长企业培育计划"，4家企业申报宁波市重点优势总部企业。不断优化工业结构，新兴产业增速快于传统优势产业，战略性新兴产业增速高于区属规上工业和传统优势产业。做好企业上市服务工作，百隆东方已在上海证券交易所成功上市。紧固件产业转型升级取得积极进展，紧固件基地入选中国县域产业集群竞争力100强。启动金属园区转型升级工作，明确工作目标和工作任务。积极推动民营企业做大做强，鼓励企业抱团发展，成立装备制造产业协作联盟，吸纳会员企业100余家。四是增强科技创新能力。深入实施科技与人才合作，共建西安电子科技大学宁波信息技术研究院，搭建镇海区与清华大学等高校的合作平台，新建市级院士工作站2家，聘请10名院士担任政府科技顾问，成功举办第七届"镇海杯"国际工业设计大赛；不断增强企业自主创新能力，新增高新技术企业14家、新增省市工程技术中心13家，专利质量、增幅全市领先。五是促进开放型经济平稳发展。鼓励企业自主品牌出口，优化出口商品结构，积极引进国际先进技术和设备，加快推动外贸增长方式转变，不断提高对外开放水平。预计自营进出口总额66.8亿美元，同比下降2.8%，其中出口额31.6亿美元，同比增长10.6%。加大内外资引进力度，合同利用外资3.3亿美元，实际利用外资1.8亿美元，引进市外内资65亿元。六是积极发展现代都市农业。突出农业生态休闲功能，实施26个农业产业化项目，继续加快培育农业特色品牌，成功承办第22届中国兰花博览会，进一步扩大镇海农业的知名度和影响力。

五、按照建设文化强区要求，大力推进文化提升发展。区委常委会顺应文化发展的新要求，满足人民群众的新期待，积极谋划推进文化强区建设，加强文化体制创新，努力推动文化大发展大繁荣。一是抓好社会主义核心价值体系建设。深入开展"我们的价值观——镇海时代精神"大讨论活动，用"忠诚、公正、诚信、明礼、创新、担当"六大价值取向凝聚全区发展合力。加强道德文化建设，以"六进六讲"为内容，以"道德讲堂"为载体，扎实开展"厚德之城"创建活动。加强文明创建工作，重视骆驼街道、庄市街道文明创建，完善体制机制，推动创建工作向全域化、常态性、长效化转变。以"文明出行""文明餐桌"为主题，积极开展"做一个文明有礼的镇海人"系列活动。开展"学雷锋、讲文明、树新风"和"知孝理、讲孝德、践孝行"活动，健全志愿服务网络，做好文明单位、文明村、文明社区创建工作。二是加强新闻宣传和舆论引导。认真抓好舆论引导工作，深入开展党的十八大和省市区党代会精神等宣传教育，精心组织“践行三思三创、实施六大战略”“实现镇海经济新跨越”“科学发展，成就辉煌”“学习贯彻十八大、建设六大示范区”等主题宣传。扎实开展爱国主义教育，进一步加强和改进未成年人思想道德建设，强化网络文化建设和管理。加强对外宣传工作，组织策划“中国著名作家看庄市”、中国(镇海)兰花博览会、百名书记访谈、小强热线等专题报道，进一步扩大镇海影响力和知名度。三是大力发展文化事业。启动文化建设“三个百分百工程”，推进城乡一体化公共图书馆服务体系，开通流动图书馆服务，新建34个村(社区)公共图书分馆和公共电子阅览室，完善各级公共文化场馆的免费开放服务。启动政府文化服务外包“天天演”文化惠民工程，举办各类“雄镇大舞台”群众文化活动351场次，“雄镇大舞台”专业剧场组织小百花越剧团、杂技团等专业剧团下村演出140场次，举办第七届全国儿童剧优秀剧目展演等16场艺术展演活动，开展第二届社区文化艺术节等节庆主题活动，积极推进“万场电影千场戏剧”进农村活动，电影放映660场次，戏剧演出100场次，承办浙江省首届村歌大赛。文化精品建设取得新突破，《镇海雄关》获得省“五个一工程”奖，加强历史文化遗产的保护工作。四是全力促进文化产业发展。把文化创意产业作为转型升级、改善民生、提升实力的重要工作来抓，建立文化创意产业的组织领导机制，加大政策扶持和目标考核力度，区财政每年安排2000万元专项资金用于扶持文化创意产业，鼓励民营企业参与投资文化创意产业，利用上海宁波周、2012镇海(上海)推介会等各种载体，加大招商力度，共引进文创项目200个，合计注册资金4亿元。其中，注册资金在500万元~1000万元项目17个，注册资金在1000万元以上项目20个，总投资50亿元的中国金融数字文化城项目奠基开工。

六、坚持以人为本、民生优先，切实抓好民生保障改善。区委常委会坚持把改善民生作为最大的政绩，加大民生领域的投入，重点抓好民生实事工程、社会事业发展、维护社会稳定等工作，在保障和改善民生方面持续取得新进展。一是全力抓好政府实事工程的落实。新农合保障工程已整体完成，大幅提高新农合筹资和补偿水平。清洁空气行动、菜市场改造提升、老年大学整体搬迁、保障性住房建设、社会治安视频监控系统建设和应用、养老机构扩建等工程按要求推进。二是提高就业服务和社会保障水平。坚持扩大就业和促进创业并举，重视大学生创业园等平台建设，新增就业岗位11990人，开发公益性岗位977个，城镇登记失业率2.73%。健全最低生活保障制度，完善城乡居民临时救助办法，大幅度提高城乡居民临时救助标准和困难家庭子女助学标准。探索居家养老服务新途径新方式，建立完善居家养老政府购买、优惠服务标准自然增长机制。健全困难群众物价补贴调整机制，建立孤残儿基本生活保障制度，完善贫困重度残疾人基本生活保障制度。积极推进安居保障工程，新增保障房7.9万平方米，2430户次家庭享受廉租补贴。三是大力发展社会事业。制订实施教育事业发展“十二五”规划，加快推进高水平的现代化教育强区和高质量的基础教育名区建设，推进职教中心综合楼、启绪小学二期、逸夫小学一期等工程，通过省义务教育均衡发展区验收，全面启动全国社区教育示范区创建。提升医疗服务水平，启动人民医院二期工程等建设，完成妇幼保健院、骆驼社区卫生服务中心搬迁，推进智慧健康保障工程建设，基本形成“城区10分钟、农村15分钟”的医疗服务圈。改善群众出行条件，优化公交线路，镇海公路客运中心基本建成，开展出租车优化改造前期工作。人口计生、党史、红十字会、老龄、关心下一代、残联、档案、工会、共青团、妇联等工作取得新实效。四是深化“法治镇海”和“平安镇海”建设。坚持和完善人民代表大会制度，积极支持人大及其常委会开展监督、决定重大事项等工作。坚持和完善中国共产党领导的多党合作和政治协商制度，充分发挥人民政协协调关系、汇聚力量、建言献策、服务大局的独特作用。加强统一战线工作，工商联、民族、宗教、侨务、对台等工作取得新进展。扎实推进“六五普法”工作，深化“法律六进”工作。加强党管武装工作，深入开展双拥共建活动，不断巩固发展军政军民团结奋斗的良好局面。紧紧围绕党的十八大安保维稳任务，全力做好维护社会和谐稳定工作，落实区委定期分析社会矛盾制度，继续深入开展领导干部下访、约访等活动，落实领导干部重点信访包案制，及时采取有力措施解决社会矛盾，积极营造和谐稳定的社会环境。积极开展“社会管理创新落实年”活动，特殊人群管理服务、基层社会治安防范等工作取得新成效。建立健全商品房降价销售引发矛盾联系协调机制，妥善处理涉及6个楼盘的房闹事件。深入推广重大项目不稳定风险评估防治工作，建立健全风险评估防治机制，做到“应评尽评”。进一步健全社会治安综合治理防控体系，深入开展基层平安创建活动，加强基层综治网络建设。积极开展“平安镇海”专项行动，保持对各类严重犯罪活动的高压态势，突出治安问题得到有效控制，全区刑事破案数同比上升26.1%，严重刑事案件、“两抢”案件同比分别下降41.7%和32.1%，全区各类调解组织各类矛盾调处成功率99.36%。深入推进安全生产标准化和诚信机制建设，加快危化品车辆综合服务中心及配套基础设施建设，深化危化品专项整治，安全生产形势总体平稳。重视食品安全工作。

七、全面加强党的建设，不断提高领导科学发展的水平。区委常委会坚持党要管党、从严治党的方针，围绕加强党的先进性和纯洁性建设这一主线，全面推进思想、组织、作风、反腐倡廉、制度建设，全面提高党的建设水平。一是加强领导班子和干部队伍建设。依托镇海论坛、干部学坛、基层讲坛等载体，全面推动学习型组织建设，不断提高各级领导干部综合素质。认真落实学习制度，推行领导干部述学评学考学等制度，先后举办14个主体培训班次。坚持定期研究分析干部制度，不断优化区管领导班子结构。常态化推进领导干部竞争性选拔，推出3个领导职位面向全省公开选拔，首次面向非党干部定向公开选拔4名年轻干部。开展优秀年轻干部到重大项目和重点企业挂职锻炼活动，加强后备干部队伍建设，积极做好党外干部、女干部培养工作。重视老干部工作，认真落实老干部政治和生活待遇，充分发挥他们在改革发展稳定中的积极作用。二是加强基层党组织建设。深入推进创先争优活动，全面实施“订诺、审诺、示诺、践诺、评诺”的“五诺”制度，初步构建创先争优长效机制，推动创先争优向广度和深度拓展。扎实推进基层组织建设年活动，实施“党员先锋、支部堡垒、为民服务、素质提升、基础保障”等五大工程、十六项行动。扎实推进基层党支部的品牌建设，培育14个市级、20个区级“双强”示范支部。加强村（社区）书记队伍建设，建立健全选拔、培养、管理、激励等体系。加强党员发展工作，实行“全程票决制、全程公示制、全程纪实制”，提高发展党员工作的群众认可度和公信力。探索推行党代表“基层驻室、一线服务”工作模式，建成党代表工作室95个，实现镇（街道）、村（社区）全覆盖。全面推进新社会组织党建工作，建立“一委两会两中心”新社会组织党建工作体系，实现有党员的新社会组织党组织组建全覆盖、没有党员的新社会组织党的工作全覆盖。三是加强人才强区建设。进一步优化高层次人才创业创新扶持政策，着力打造人才高地。进一步拓展海外引才渠道，新建德国、澳大利亚、日本3个海外人才联络站，新引进海外工程师11名。深入实施“回归镇海”计划，推进海外高层次人才创业创新基地等平台建设，有5个海外高层次人才创业项目和200余个大学生创业项目入驻基地，引进人才金港、北美洲中国学人国际交流中心等知名人才开发服务中介机构。四是加大反腐倡廉工作力度。制定落实党风廉政建设责任制相关措施，抓好党风廉政建设责任制组织领导与责任分工。深化廉政文化建设，“镇海廉文化民间藏品展示馆”创建成为省第三批廉政文化教育基地，承办“清风和韵”主题活动。深化网络问效建设，建立网络问效、网管、网宣、网警“四位一体”的网络舆情回应处置机制，举办领导干部与网民对话12期，网络问效平台办复率达到98.8%，群众满意率达到97%以上。深化廉情预警机制建设，稳步推进非公企业廉情预警机制建设试点工作，试行廉情预警及惩防体系建设考核与经济责任制考核相结合的考核机制。深入推进工程建设、商业贿赂等领域突出问题专项治理，坚持有案必查，共移送司法机关5人，受到党纪处分8人，开除党籍3人。大力推进行政审批阳光监管等11项“阳光工程”建设，深入开展银行系统民主评议行风活动，切实减轻基层负担。推进“公车、两费、小金库”三个专项治理，完成部分参公事业单位车改，75家单位推行公务卡。深入推进党务公开工作，建立镇海区阳光公开网。加强基层廉洁工程建设，积极推进省级示范便民服务中心和区“群众满意基层站所”创建。

一年来，区委十分重视自身建设，努力提高领导科学发展的能力和水平。高度重视领导班子思想政治建设，在保留原有一些行之有效工作制度基础上，制订区委工作规则，新完善区委重大决策督办制度、重大事项民主参与决策制度、重要工作事项沟通协调机制、重大事件处置制度和区委常委会调查研究制度等10项具体工作制度。加强理论武装工作，区委理论中心组先后组织12次集体学习，并把理论学习与区委重大问题研究结合起来，不断提高学习的针对性和实效性。带头落实党风廉政建设责任制，加强对各级领导干部廉洁自律的教育引导。区委常委会班子成员在工作中加强沟通、密切协作、相互支持，营造团结干事的良好氛围。

在总结工作的同时，我们也认真分析发展中面临的挑战和工作中存在的不足。主要是影响经济平稳较快发展的压力不少，加快转变经济发展方式的任务还十分艰巨；生态环境整治应该更加系统更加全面，离群众的要求和愿望还有不少差距；全域城市化的速度需要进一步加快，城市管理还需进一步提升，拆迁清零工作力度还需进一步加大；社会管理仍存在薄弱环节，影响稳定因素还不少；党员干部能力和作风建设仍有许多需要改进的地方。对此，我们必须予以高度重视，在今后的工作中切实加以解决和提升，始终保持奋发做事的激情和真抓实干的作风，更加有效地应对前进中的挑战，更加扎实地抓好区委决策部署的落实，努力推动经济社会发展走在前列。

同志们，以上报告的是区委常委会一年来的主要工作。在过去一年里，全体委员和各级各部门以及各位老干部对常委会鼎力支持，做大量工作。在此，我代表区委常委会，向大家表示衷心的感谢！希望同志们提出意见和建议，帮助我们把工作做得更好。

政府工作报告

2013年1月16日在镇海区
第十四届人民代表大会第二次会议上

宁波市镇海区人民政府区长　魏祖民

2012年工作回顾

2012年是新一届政府的开局之年，也是经受住经济下行风险严峻考验的一年。一年来，在市委、市政府和区委的正确领导下，在区人大依法监督和区政协民主监督下，我们紧紧依靠全区人民，围绕基本建成现代化生态型港口强区的目标，按照"稳中求进、进中求好，积极有为、走在前列"的总体要求，深入实施"六大战略"，加快建设"六个示范区"，团结进取、锐意拼搏、克难攻坚、奋发有为，基本完成了区第十四届人大一次会议确定的全年经济社会发展目标和任务。初步统计，2012年区属生产总值达到300亿元，同比增长7.5%；公共财政预算收入达到75亿元，同比增长12%；全社会固定资产投资总额201亿元，同比增长24.4%；城镇居民人均可支配收入38219元，农村居民人均纯收入19720元，同比分别增长12.2%和14.0%；基本完成年初确定的6项民生实事工程。

一年来，我们按照"六大战略"五年行动计划年度目标任务，努力推动经济社会平稳协调发展。

（一）加大生态环境整治力度，生态建设取得新成效

全力推进清洁空气行动，全区空气质量优良率达92.6%。加大煤尘污染整治力度，建成港区防尘网三期工程，开展道路运输环节扬尘专项整治，降尘量下降15.2%。深入治理有机废气，完成20家化工企业有机废气治理，推进港区化学品储罐改造提升，有机废气排放量下降15.3%。落实严格的污染排放标准，完善节能减排激励约束机制，完成26家企业清洁生产审核，完成市政府下达的四项主要污染物减排任务。加强工业项目前期节能评估、审查，对27家企业实施能源监察，完成115个节能技术改造项目，形成5.8万吨标煤/年的节能能力，能耗总量控制在市定标准以内。推进禁燃区建设，完成88台燃煤（油）锅炉淘汰改造。实施精细化工行业整治三年行动计划，关闭、搬迁、转产企业18家，改造提升企业28家。加强重点行业整治，完成10家电镀企业和9家印染企业整治，开工建设紧固件酸洗中心。加强水环境治理，全线贯通镇海东排南线试验段，推进姚江东排三期工程，加快清水河道整治，推进城镇截污和村庄截污管网建设，农村生活污水处理率达57%。启动动力中心建设，建成投用联合发电油改气、镇海发电厂5号机组脱硝、镇海炼化Ⅰ催化脱硫脱硝等减排工程，建成北区污水处理厂3万吨/日工业污水处理项目和镇海污水处理厂2万吨/日中水回用项目。大力推进生态绿化建设，开展省级森林城市创建，启动宁波植物园（花卉园林示范区）一期前期工作、生态林带扩种提升和通道绿化二期、世纪大道北延绿化景观提升工程。加大环境监管力度，加强重点企业和重点区域执法检查，严厉打击偷排漏排、超标排放等环境违法行为，取缔、关闭企业3家，责令停产停业25家。完善监测监控网络，加强环境信息公开。生态环境质量总体平稳，通过国家级生态区现场考核验收。

（二）加快转变经济发展方式，区域经济形成新亮点

深入实施经济转型升级和海洋经济发展战略，完善"1+X"经济扶持政策，稳增长，调结构，产业结构进一步优化。宁波石化经济技术开发区加快打造"国内领先、国际一流"的石化新材料产业基地，禾元化工项目联机试车，引进法国道达尔、德国朗盛、韩国SK三家世界500强企业，加强园区环保、安监力量，深化专项整治，进一步促进循环经济发展。物流枢纽港"三位一体"港航物流服务体系基本建成，甬鑫大宗商品交易平台上线运行，区域期货交割库功能集聚区建设加快推进，保税物流业务先行先试，金属园区转型升级稳步启动。大力推进"工业强区"建设，谋划"一带两区两港"发展布局，完善产业体系，加快提升镇海经济开发区、城市工业功能区、九龙湖紧固件集聚区等块状经济，完成区属工业投资68.4亿元，同比增长43.3%，其中技改投资24.4亿元，同比增长17.2%；实现区属工业总产值946.9亿元，进入全省"工业强区（市、县）"行列。强化企业梯队培育，百隆东方成功上市，3家企业获得市重点优势总部企业称号，8家企业入选市高成长企业培育计划。推进"质量强区"战略，埃美柯荣获"市长质量奖"。制定和落实扶持中小微民营企业发展政策，建立中小微企业融资风险补偿机制，推进中小企业集合票据试点。组织成立装备制造业产业协作联盟，吸纳会员110家，积极对接杭州湾新区等制造业基地。加快扶持战略性新兴产业发展，实现产值240.2亿元，同比增长3%；实现高新技术产业产值321.1亿元，占区属规模以上工业总产值比重达到38.7%。建筑业提速发展，实现产值208亿元，同比增长31.7%。现代服务业加快发展，预计实现服务业增加值130亿元，同比增长13%；社会消费品零售总额90.4亿元，同比增长15.6%；重点专业市场交易额655.9亿元，同比增长16.2%。城市经济发展示范区建设初见成效，大学科技园"一园三区"发展格局进一步完善，文化创意产业园建成启用，亚创二期项目（汇智大厦）主体结顶，世贸广场等城市综合体相继建成。房地产业健康发展，年销售额增幅达58.2%。汽车销售业平稳发展，实现销售额33亿元。旅游业加快发展，实现旅游实际收入4.31亿元，同比增长12.8%。航运业总运力达到109.5万吨，继续保持省市领先水平。现代农业稳步发展，形成"五园一带一基地"产业格局，实现农业总产值10.8亿元，同比增长6.1%；粮食总产量达2.5万吨;成功举办第二十二届中国兰博会。开放型经济平稳发展,实现合同利用外资3.28亿美元、实际利用外资1.84亿美元,同比分别增长58.5%、1.4%;引进市外内资65.3亿元,吸引“浙商回归”投资22.3亿元。预计完成进出口总额68亿美元,同比下降1%,其中出口额31亿美元,同比增长8.5%。实现对外合作营业额1.44亿美元,完成服务外包合同总额4.01亿元。加强“山海协作”,强化与省部属企业、高校院所合作,签约共建西安电子科技大学宁波信息研究院及西电宁波产业园、中科院大连化物所国家技术转移宁波分中心。区域创新能力不断提升,新增高新技术企业14家,新建院士工作站2家;发明专利授权数226件,同比增长80.8%。启动国家级“智慧城区”创建试点示范工作,完成11.7万户光纤入户改造,加快三网融合业务创新试点,推进市民免费无线上网工程。加快改革创新,推进全域城市化综合配套改革和对外开放综合配套改革试点工作,启动新一轮医药卫生体制改革和公立医院改革,推进农村土地综合治理等改革。加快金融改革步伐,推进市金融“支农支小”创新示范区建设,成立中银富登村镇银行,引进杭州银行“科技专业支行”和紫金保险销售有限公司落户,首次引进私募股权基金,农村信用合作联社改制为全市首家农村商业银行。

(三)全面推进全域城市化,城市建设呈现新形象

招宝山城区提升步伐加快,郁金香中心、海尚国际一期等项目加快推进,东河新村整治和西长营弄完成改造,后海塘区城市容环境整治深入实施,城区机构养老改扩建一期工程基本完成,招宝山景区获宁波市休闲旅游基地称号。蛟川片区商贸商务环境逐渐完善,北大荒物流产业园启用,古塘丽景三期、银凤晓月四期等项目启动建设。骆驼、庄市城区有序发展,市民服务中心和市民广场建成,东西侧商务楼、保利城、万科城等项目加快推进,明海商业广场、金色广场建成投用,利时百货项目基本建成,骆驼老镇改造有序推进。九龙湖旅游型集镇建设步伐加快,御水龙都、九龙家苑项目稳步推进。澥浦镇区详规获市政府批复,郑氏十七房引进开元集团参与开发。幸福美丽新家园建设扎实开展,加快推进“2016”工程,碧水莲晴三期、锦绣曙光一期等项目建成投用,全区完成农房改建面积46.38万平方米,安置2635户;加快中心村、特色村、小康村、区域风景线建设,九龙湖镇创建为市幸福美丽新家园先进乡镇。基础设施建设加快,年初确定的59个重点项目顺利推进。货运铁路北环线、北外环快速路加快建设,镇海大道二期、北外环东延二期工程全线贯通,镇海大道三期工程开工建设,中官路、镇骆路主车道路面、329国道镇海段完成改造维修,长邱线改建、庄俞公路改造等项目稳步推进。有序推进220千伏沿海变、田胡变和110千伏海塘变、清泉变等项目建设,完成居民中高层住宅二次供水改造,基本完成招宝山城区天然气转换工程。加强要素保障,推进土地集约节约利用,全年完成征地424.13公顷,拆迁面积105万平方米;开工、续建安置房面积234.8万平方米。推进城市管理标准化创建,实现镇(街道)城市管理联合执法机制全覆盖,开展建筑渣土非法清运、城区户外广告清理、“道路清爽”等专项整治行动。

（四）持续深化文化强区建设，文化软实力得到新提升

加强精神文明建设，以道德文化"六进六讲"活动和"道德讲堂"为载体，广泛开展"厚德之城"创建，深入实施未成年人思想道德建设"春泥计划"，广泛开展各类志愿服务活动，推进文明城区创建。公共文化服务体系进一步完善，社区文化、群众文化蓬勃发展，文化艺术中心主体结顶，启动基层文化阵地建设"三个百分百工程"，组织"雄镇大舞台"专业剧场下村演出140场、"万场电影千场戏剧"进农村活动760场，成功承办省首届村歌大赛、第二届社区文化艺术节，组织举办"雄镇大舞台"群众文化活动351场次，成为省广电惠民服务工作示范区域。加强文艺精品创作，广播连续剧《镇海雄关》获省、市"五个一工程"奖，《晒盐人》获中国纪录片国际选片会十大纪录片奖。完成文化创意产业规划，引进文创企业201家，其中注册资金1000万元以上项目23个，中国金融数字文化城、东蓝控股等重点项目顺利落户。加强人才强区建设，落户宁波人才金港，建成大学生创业创新基地，落实人才专项房236套，首次设立技师技能津贴，引进各类人才7361名。

（五）切实加强社会建设，共建共享水平取得新提高

深入实施民生保障提升三年行动计划，加强社会管理创新，社会建设稳步推进。就业形势持续稳定，新增就业岗位12541个，开发（保持）公益性岗位1116个，城镇登记失业率控制在2.73%，实现镇海生源毕业生100%就业。社会保障体系不断完善，户籍人口各类养老保险（障）参保率达94.6%，居家养老服务中心服务覆盖率达76%，完善城乡居民临时救助办法，实现城乡低保救助全覆盖，成功创建省扶残助残爱心城区。住房保障加快完善，探索公共租赁住房制度，完成东邑阳光主体结构建设，开工建设古塘丽景四期，新建、在建保障房面积达14.6万平方米。出行条件进一步改善，基本建成公路客运中心，新开、优化调整公交线路6条，启动出租车优化改造工作。推进教育均衡发展，成功创建全国义务教育均衡发展区、全国社区教育实验区。推进中兴中学、古塘中学、骆驼实验学校改扩建。普通高校本科上线率达83.3%，创历史新高。实施中职学校免学费教育，保障外来务工人员子女义务教育权利。积极推进全民健身活动，举办区第十二届运动会。加快发展医疗卫生事业，成功创建全国慢病防控示范区和省级卫生应急、中医药特色社区卫生服务示范区，通过二甲中医院评审，招宝山街道社区卫生服务中心创建为国家级示范中心。新型农村合作医疗参合率达98.3%，人均筹资额度达880元，获全国新农合工作先进区称号。启动人民医院二期工程，开工建设蛟川街道社区卫生服务中心，完成妇幼保健院、骆驼街道社区卫生服务中心迁建。成立民营医院院士工作站，开展家庭医生签约服务。全面开展食品安全大整治百日行动和问题胶囊大排查行动，食品抽检总合格率达99.36%。完成11个菜市场改造提升和9个肉菜流通追溯节点建设。实现城乡社区综合服务中心全覆盖，建立公共服务全程代理"一站式"办理模式，被评为全国农村社区建设实验全覆盖示范单位。筹建区社会服务管理中心，组建各类互助服务团队142支。加强社会管理综合治理，完善社会矛盾综合调处机制，加快建设治安视频监控系统，推进平安小区建设，全力维护社会稳定。落实安全生产责任，推进企业安全生产标准化建设，事故次数、死亡人数、直接经济损失同比降幅较大。推进“六五”普法工作，中官路村创建成为全国民主法制示范村。扎实做好“三防”工作。特殊人群服务管理经验在全市推广。外来务工人员服务管理工作进一步加强。被授予省首批流动人口计生公共服务均等化示范区。

（六）加强政府自身建设，公共服务实现新突破

深入学习贯彻党的十八大精神，不断在实践中提高施政理政水平。积极落实区人大《关于加快生态建设和环境保护要集中力量抓重点促成效的决定》，实行政府领导领办人大代表重点建议、政协重点提案制度，办理人大议案与代表建议218件，代表满意与基本满意率保持在99.5%以上；办理政协提案216件、建议案2件，办理结果满意与基本满意率达100%。进一步完善《政府工作规则》，规范行政处罚裁量权，推进依法行政。深入开展以“进村入企”为主题的大走访活动，走访农户29061户、企业724家，破解难题1531个。深化政务信息公开，推进部门预算公开，区长办公会议和政府常务会议实行邀请人大代表、政协委员、市民代表列席会议和视频网上公开制度，定期召开政府新闻发布会。实行“月考年评季兑现”的目标管理考核制度，推进“网络问政”向“网络问效”深化，开展以“三问三诺”为主要内容的“效能亮剑”专项行动，切实提升政府效能。推进行政审批前置清理规范和审批标准化工作，完善模拟审批、并联审批、交叉审批等服务方式，加强联办代办等服务举措，审批比法定期限平均提速87%。全面推进政府投资项目审计，规范公共资源交易和招投标行为。深入开展工程建设领域突出问题等专项治理，廉情预警机制和惩防体系进一步完善。制定《政府性资金使用绩效问责暂行规定》，在全市率先实现政府组成部门预算绩效管理全覆盖。国库集中支付资金范围逐步扩大。加强节约型机关建设，“三公”经费同比减少8.1%。

同时，我们全面加强“双拥”和优抚安置工作，统计、民族宗教、侨务、外事、对台、保密、老龄、档案、地方志、气象、国防教育、征兵、民兵预备役等工作取得新实效。

各位代表，成绩来之不易。这是上级党委、政府和区委科学领导的结果，是全区广大干部群众奋力拼搏的结果，是各位代表和委员、各民主党派、工商联、各人民团体和社会各界人士大力支持的结果。在此，我代表区人民政府，向在镇海工作和生活的全体人民，向离退休老同志以及社会各界人士，向驻镇省部属企业员工，向驻镇部队指战员，向所有关心和支持镇海现代化建设的海内外朋友，致以崇高的敬意和衷心的感谢！

与此同时，我们也清醒地认识到，镇海区经济社会发展还存在不少困难和问题。主要是影响经济平稳较快发展的压力不小，加快转变经济发展方式的任务还十分艰巨；生态环境质量没有得到根本性好转，整治成效离群众的要求和愿望还有不少差距；全域城市化推进速度需要进一步加快，城市管理还需进一步加强；社会管理仍存在薄弱环节，影响稳定的因素还不少。这些需要我们高度重视，并在下步工作中切实加以克服和改进。

2013年工作安排

2013年是贯彻落实党的十八大精神的关键一年，也是本届政府面对新考验、实现新跨越的关键一年。十八大确立了“五位一体”的总体布局，新一轮改革发展蓄势而发。我们既要坚定信心、乘势发展，又要居安思危、锐意进取，始终坚持生态优先、民生为本、产城融合、依法行政的理念，努力推动经济社会协调可持续发展。

面对国内外形势新变化和人民群众新期盼，2013年政府工作的指导思想是认真贯彻落实党的十八大精神，以省委“两富”战略目标和市委实现“两个基本”、建设“四好示范区”战略部署为引领，大力弘扬“三思三创”精神，牢牢把握“稳中求进、进中求好、积极有为、走在前列”总体要求，深入实施“六大战略”，扎实做好稳增长、调结构，树优势、强实力，重投入、兴实体，抓改革、增活力，惠民生、促和谐各项工作，努力推动全区经济社会发展走在前列。

综合各种因素，全年经济社会发展主要预期目标为生产总值增长10%，公共财政预算收入增长10%，固定资产投资增长10%以上，社会消费品零售总额增长14%，居民人均可支配收入增长10%以上，节能减排完成上级下达任务。

围绕上述要求和目标，今年政府工作重点围绕以下七个方面展开：

(一)加强生态文明建设，着力改善区域环境

正视镇海炼化拟扩建一体化项目引发的群体性事件，继续以“生态环境整治”为首要战略任务，按照“管源头、控总量、稳基础”要求，推进生态文明建设七大行动，提高公众生态建设参与度，加快生态文明示范区建设。

1. **调整优化区域产业与国土空间布局。**按照优化空间布局、改善人居环境、提升配套水平的原则，结合“十二五”规划中期评估，开展从后海塘到石化经济技术开发区的滨海区域环境优化研究，制定滨海产业带产业提升规划、生态改造提升规划，完善新农村“2016”建设规划，从根本上优化生态建设格局。建设一、二类工业和港航物流业为主的产业过渡带，加大防护林带和生态缓冲带建设力度，形成产业带与居民区“安全隔离、生态相融、功能互补”的格局。

2. **大力推进环境整治和生态建设。**实施最严格的项目审查和准入制度，加强环境污染源头管控。严肃查处环境违法行为，加大环境污染隐患排查力度，加强环境评估监测体系建设，深化环保信息公开，有效防范环境风险。深入推进清洁空气行动，大力推进粉尘综合整治，开展建筑工地扬尘、垃圾焚烧专项整治，完成2号、启动3号煤码头搬迁，严格控制港区煤炭吞吐量，建成煤尘防护网和煤场喷淋系统，力争降尘量下降90%；完成港区161个化学品储罐整治，推进10家以上企业有机废气整治。强化重点行业整治，淘汰高能耗、重污染企业，按计划完成精细化工企业整治提升任务。全面推进省级森林城市创建，加快宁波植物园(花卉园林示范区)一期建设，大力实施湿地公园、水系绿化等“十大工程”，完成“通道绿化”二期建设，推进生态林带增量提质工程，深入开展“四边三化”行动，力争新增绿化面积343公顷。推进镇海东排和姚江东排南线工程，加强全流域排涝系统建设，实施10公里清水河道综合整治和40公里河道清淤，启动万弓塘河综合整治工程，推进1个市级水环境示范乡镇、2个市级水环境示范村创建。

3．强力推进节能减排。强化节能目标考核，实行最严格的项目能耗审查制度，实施100个以上节能项目，形成5万吨标煤/年的节能能力。加快集中供热管网建设，扩大天然气管网覆盖范围，推动企业清洁能源改造工作。推进镇海电厂、镇海炼化、久丰热电等企业烟气脱硫脱硝工程，开工建设北区污水处理厂二期及中水回用工程，推进镇浦路污水干管工程，完成镇海污水处理厂扩容提标改造工程，基本建成紧固件集中酸洗中心一期。推进44家紧固件企业酸洗工艺淘汰工作，实施20家以上企业清洁生产审核。开展刷卡排污工作，修订新一轮排污权交易及有偿使用办法。实施新一轮农村生活污水治理行动，启动新一轮村庄截污工程建设，农村生活污水处理率达60%。

4．优化提升海洋经济重点区块。按照“国内领先、国际一流”目标要求，调整宁波石化经济技术开发区产业布局规划，大力发展循环经济，实施产业提升、形象提升、管理提升 “三大工程”，启动智慧园区建设，积极引进新材料、新能源、海洋装备制造业项目，推进一批重点产业项目建设。加快物流枢纽港开发建设，提升大宗生产资料交易中心功能，强化产业招商，加快智慧物流和电子商务平台建设，创新金融服务，健全“三位一体”港航物流服务体系。启动金属园区转型整治三年提升计划，调整园区规划、企业经营模式和生产方式，加强环境监察和安全监管，控制再生金属进口类别和数量，引导园内企业关停并转、整合升级。

（二）加大转型升级力度，着力促进经济持续健康发展

深化经济转型升级战略，保障区域经济持续健康发展，为增加人民福祉奠定坚实的物质基础。

1．扶持发展实体经济。加强企业服务，完善领导联系企业制度，强化金融、人才、土地等要素保障，促进实体经济健康发展。继续落实中小微企业扶持政策，推进澥浦、九龙湖、蛟川小微企业集聚区建设，加快培育一批发展前景好、成长快的中小微企业。强化梯队企业培育，重点培育100家大企业（集团）和创新成长型、初创期企业。大力培育上市企业梯队，力争年内1家企业上市。促进民营经济发展，加强企业家队伍建设，引导建立现代企业制度，推动企业管理创新和商业模式创新。加强装备制造业产业协作联盟建设，促进企业联动发展。

2．深入推进工业强区建设。坚持优化存量与做大增量并重，深入推进“一带两区两港”建设。优化产业导向，促进传统产业与战略性新兴产业协调发展，推进镇海经济开发区、城市工业功能区、九龙湖紧固件集聚区等块状经济集约发展、低碳发展、循环发展。建设一批产品检测、企业培训、管理咨询公共服务平台，引导企业精细化管理。推进工业“低产田”改造，提高亩产效益。制定战略性新兴产业发展规划和扶持政策，推进太阳能薄膜电池、全生物降解塑料等项目建设，新兴产业产值有较大幅度增长。推进工业化与信息化深度融合，加快企业生产装备自动化、经营管理信息化、产品智能化发展。完成区属工业投资70亿元、技改投资27亿元以上，实现区属工业总产值同比增长15%。

3．**大力发展现代服务业**。加快服务业重点项目建设，提升服务业竞争力，力争实现服务业增加值增长10%。推进现代物流业转型升级，引导物流企业向智慧物流等高端化发展。大力扶持专业市场建设，力争重点专业市场成交额同比增长15%。积极培育内需市场，完善商贸业和民生服务业、文化产业等业态布局，加快科技服务业、管理咨询业、金融服务业等高端服务业发展，促进电子商务等现代商务业发展，提升区域综合服务功能。进一步加强房地产监管、服务，维护市场稳定。加大旅游市场营销力度，力争实现旅游直接收入4.8亿元，同比增长12 %。优化航运业运力结构，引导多元化经营。

4．**优化发展生态高效农业**。发挥农业生态、保障、增效功能，加速传统农业向现代都市农业转型升级。加快粮食功能区建设，加强农业技术推广和农机应用，确保粮食生产总面积3666.66公顷以上。加快建设现代农业园区，推进九龙湖蔬果产业示范区建设，加速打造蔬菜、葡萄、草莓、花卉、养殖等产业基地，提升镇海特色农业品牌。推进农业生态休闲区建设，鼓励引导"农家乐"健康发展。加强菜篮子基地建设，逐步建立农产品质量安全监管体系。

(三)提升全域城市化水平，着力促进产城融合发展

坚持产城融合、城乡融合，实行城市管理与建设、发展并重，全面推进城市与农村、城市与产业的全面、协调、可持续发展，着力提升现代都市新形象。

1．**打造城市经济板块**。加快大学科技园建设，争取建成投用汇智大厦，整合提升文化创意产业园，启用数字文化产业园，全力打造城市经济示范区。积极发展总部经济和楼宇经济，大力引进总部经济企业，引导区内企业实施总部经济战略。加快招宝山城区、骆驼城区、庄市城区特色商贸商务业集聚，推进海尚国际商业街、华东物资商贸城建设，谋划建设电子商务产业园，大力发展汽车销售、建材销售市场，形成新的城市经济增长点。进一步加大建筑业扶持力度，建筑业总产值达到210亿元。

2．**建设现代化城区组团**。加大招宝山城区提升力度，实施背街小巷和老小区改造提升，建成投用老城养老机构改扩建一期，推进后海塘区域整治提升，进一步打响招宝山景区旅游品牌，完善宜居宜业宜游宜学功能。加快蛟川片区转型发展，促进镇海经济技术开发区发展，加快青龙桥地块开发建设。推进骆驼城区集聚发展，适时启用市民服务中心，推进东西侧商务楼、保利文化商业广场建设，初步展现核心区整体形象。加快推进329国道与汶骆路交叉区域开发建设，基本建成专业市场群和盛世华庭项目。加快庄市城区发展，推进休闲大本营建设，开工建设万科城商业广场和绿轴体育休闲公园，推进庄市工业区改造提升。

3．**构建幸福美丽新家园**。加快九龙湖旅游型城镇开发，推进御水龙都、普罗旺斯项目开发，加快登山游步道建设，推动精品特色乡村旅游发展。启动澥浦老集镇三期改造工程，加快推进郑氏十七房开元合作项目建设。深入实施"2016"工程，启动棉丰村搬迁，开工建设书香丽景二期，大力推进骆城华苑一期、锦绣曙光二期三期等项目建设。深入推进"三村一线"建设，深化清洁美化家园行动，实施农村环境综合整治，提升新农村建设水平。

4. **提升基础设施承载能力**。加大“通断路、改老路、疏卡口”力度，推进交通出行畅通工程，加快镇海大道三期建设，开工建设逸夫路北延、明海大道北延工程，确保年内通车，全面完成长邱线改建和庄俞公路改造工程，完成聪园路北延穿塘段建设，改造主干道沿线主要交叉口，对有条件的路段实施绿波控制，提高道路通行效率。推进铁路北环线、北环快速路建设，启动轨道交通2号线一期项目，促进轨道交通2号线二期、院士桥等项目尽早启动。加大安置房建设力度，完成征地140公顷、拆迁面积70万平方米，开工建设泥螺山二期围垦工程。积极推进动力中心建设，开工建设220千伏田胡变、沿海变和110千伏海塘变、清泉变工程。继续推进燃气、供水等基础设施建设，切实提高供气供水能力。

5. **提高城市管理水平**。积极延伸城市管理范围，理顺城市管理体制，加大新开发区域城市管理提升力度。提高城市公用设施养管标准，提升精细化养管水平。深入开展“道路清爽”和户外广告、建筑渣土等专项整治行动，进一步改善城区环境秩序。实施物业管理专项行动，提升住宅小区物业管理水平。优化环卫基础设施布局，开工建设庄市生活垃圾压缩中转站。

(四)深化改革开放和创新，着力增强科学发展动力

坚持以改革开放为科学发展的强大动力，推进更加科学进取的市场化改革，实行更加积极主动的开放战略，努力形成改革与开放互动、体制机制创新与科技创新共进的科学发展格局。

1. **促进开放型经济发展**。创新内外资引进模式，推动引资、引技、引智、引税有机结合，提高利用内外资综合优势与总体效益。开展全方位、多层次的产业链招商，继续推动浙商回归，着力引进高科技、高附加值、成长性好的优质项目，实现合同利用外资2.2亿美元，实际利用外资2亿美元，引进市外内资60亿元。实行进出口并重，完善外贸结构，稳定进口贸易，转变外贸增长方式，提高出口商品竞争力，努力实现外贸进出口总额增长10%。创新对外投资与合作方式，力争对外经济技术合作营业额和对外投资额分别增长10%。加快打造服务外包示范园区，力争实现服务外包合同额和离岸合同额均同比增长15%。积极融入长三角，推动“山海协作”与对口扶贫，推进龙游产业园合作，促进优势产业、上下游产业与合作结对地区互动，加快拓展内需市场。

2. **提升自主创新水平**。加快智慧城区建设，全面推进“国家级智慧城区”创建试点示范工作，开展智慧社区、智慧企业试点，积极推进智慧城管、智慧健康、智慧教育建设。进一步完善区域创新体系。提升以企业为主体的自主创新能力，推进“科技创新三项工程”，培育一批科技标兵示范企业，新增10家以上高新技术企业，加快发展高新技术产业，新增15家区级以上工程(技术)中心，扶持一批科技初创成长型企业。深化产学研合作，启动西安电子科技大学宁波信息技术研究院和西电宁波产业园、国际应用能源研究院建设。探索科技投融资体系建设，拓展科技金融合作渠道。进一步完善“1+X”人才政策体系，健全高层次人才省市区三级培养模式，推进大学生创业园建设，继续引进一批专业化人才服务机构。深入实施品牌和标准化战略，加快建设“质量强区”。

3. **深化体制改革**。进一步理顺政府与市场的关系，努力优化发展环境。全面推进全域城市化综合配套改革试点，大力实施进一步扩大对外开放综合配套改革试点，积极开展低丘缓坡荒滩开发利用试点。深化农村集体经济改革与管理，探索村级经济发展的有效途径，创新农村集体资产管理和收益分配模式，稳妥推进农村集体经济股份制改革。实施公立医院改革，深化医院内部管理体制和运行机制改革。深入开展金融“支农支小”创新示范区创建，稳步推进小额贷款公司试点。推进部门预算、国库集中支付、绩效管理等财政管理制度改革，健全公共财政管理体系。优化完善镇海区新一轮镇（街道）财政管理体制，出台镇（街道）财政工作规范化建设专项管理办法。

（五）切实改善民生，着力夯实和谐幸福基础

从解决好人民群众最关心、最直接、最现实的利益问题入手，完善基本公共服务体系，促进发展成果全民共享，提高人民幸福指数。

1. **扩大就业与提高社会保障水平**。积极拓宽就业渠道，动态消除“零就业”家庭，确保就业形势总体稳定，实现新增就业人员8500人，开发（保持）公益性岗位1000个，确保城镇登记失业率控制在3.5%以下。大力推进创业带动就业，培育5家毕业生见习基地，实现镇海籍高校毕业生充分就业。完善社会保障制度，持续提高社会保障水平。户籍人口各类养老保险（障）参保率达到95%，争取实现人群全覆盖。加快实施“9055”工程，稳步实施养老服务三年行动计划，推进养老机构改扩建工程建设，探索多元服务的养老社会化模式，努力实现城乡社区居家养老服务中心（站）全覆盖，加快完善以居家养老为基础、社区服务为依托、机构养老为支撑的养老服务体系。完善分类分层救助模式，积极探索“造血型”救助新途径。加快保障房建设，基本建成东邑阳光项目，探索企业出资建设公共租赁房模式。加快发展公共交通体系，投用公路客运中心，扩建骆驼中心站，探索建立快速公交体系，稳步推进出租车优化改造。

2. **全面推进社会事业发展**。夯实教育均衡化发展基础，加快推进教育现代化。制定教育布局专项规划，实施逸夫小学一期、启绪小学二期、职教中心综合楼扩建工程，启动新城中学前期工作。继续实施学前教育三年提升计划，推进学前教育普惠化，深化高中新课程改革，推进职业教育特色化发展，深入完善终身教育体系，加强素质教育，促进学生全面发展。加强校园、校舍、校车安全管理。深入开展全民健身活动，提升体育公共服务水平。加强医疗卫生服务，创建全国中医药特色先进单位。探索商业保险模式保障农民重大疾病医疗，高标准推进新型农村合作医疗保障。基本完成人民医院二期扩建，实施龙赛医院改造提升工程。充分发挥上海红房子医院宁波诊疗中心等合作平台作用，提升医疗合作水平。完善社区卫生服务体系，推进公共卫生服务均等化。统筹推进人口计生工作，深化流动人口计生公共服务均等化创建。加强食品药品监管，探索形成食品安全长效监管机制，推进食品药品安全示范创建。全面开展第三次全国经济普查工作。

3. **办好十件民生实事和百件群众身边事**。实施煤炭扬尘整治、后海塘交通环境整治、老城居住环境提升、危化品运输综合服务中心建设及危化车辆专用通道交通设施改造、职业教育提升、公交畅行、社会为老服务、省级森林城市创建、农村河道治理、旅游惠民十大民生实事工程，进一步完善民生服务环境。坚持“民生无小事”理念，建立“做好百件群众身边事”长效机制，完善服务细节，扫除服务盲点，有效提高群众幸福感。

（六）加快文化强区建设，着力打造文化发展高地

切实把文化建设作为增强区域凝聚力和创造力的根本动力，充分发挥文化引领风尚、教育人民、服务社会、推动发展的作用，着力提升文化软实力。

1. **提升精神文明建设水平**。深入开展党的十八大精神学习宣传教育活动，深化学习型城区建设，推进社会主义核心价值体系建设，凝聚推动镇海科学发展的思想共识。提升“厚德之城”建设，深入开展道德文化“六进六讲”活动，大力传扬具有镇海特色的道德文化，推进志愿者服务常态化、长效化，积极开展新一轮文明城市创建。实施群众性精神文明创建特色提升工程，加快创建道德风尚示范单位。

2. **提升公共文化服务全民共享水平**。建成投用文化艺术中心，加强镇、街道综合文化站达标建设，继续深化文化建设“三个百分百工程”，加快推进公共图书馆服务城乡一体化。深入开展“天天演”文化惠民工程，推进“万场电影千场戏剧”进农村活动，强化公益文化惠民服务。深化雄镇大舞台等特色文化品牌建设，完善节庆文化和高雅艺术活动展演，推进企业文化、社区文化、校园文化等群众文化建设。深化文化精品创作，加快创作《宁波帮传奇》系列广播剧，推进《朱枫》和《镇海保卫战》等影视剧本创作和拍摄。

3. **提升文化创意产业发展水平**。扶持信息服务、动漫游戏、影视传媒、设计服务、软件开发和艺术品业等文化创意产业发展，加快推进集聚区建设，努力打造省市文化创意产业基地。引进文化创意企业200家，推进中国金融数字文化城等项目建设，优化文化创意项目扶持和服务，培育一批骨干企业。成立区广播电视青少年艺术中心。

（七）加强社会管理创新，着力提升社会建设水平

坚持把社会建设作为和谐稳定的重要保障，有效整合资源，实现社会管理属地化、网格化、常态化，加快形成党委领导、政府负责、社会协同、公众参与、法治保障的社会建设新格局。

1. **增强社会自我管理功能**。充分发挥镇、街道社会服务管理中心在网格服务管理中基础性作用，切实提高管理服务效能。加快城乡社区建设，深化“网格化管理、组团式服务”，加快组建城市新社区，提升农村社区化管理水平，完善社区便民服务中心功能，强化以居住地为主的基本公共服务和社会基础管理，不断扩大城乡社区服务覆盖面。加强基层自治组织建设，提升基层自治水平。加快培育各类社会组织，提升社会组织功能。

2. **推进“平安镇海”建设**。建立健全重大事项社会稳定风险评估机制，增强风险评估科学性、客观性，努力消除各类不稳定因素。加大区域社会管理综合治理力度，推进治安监控全域覆盖，切实增强人民群众安全感。强化网络舆情引导，加强信访调处，畅通和规范群众诉求表达、利益协调、权益保障渠道，健全完善"大调解"工作机制，努力化解社会矛盾。完善应急预案和应急处置体制机制，加强应急联动工作，提高应对突发事件能力。强化气象防灾减灾，做好"三防"工作。落实安全生产职责，推进企业安全生产标准化建设，加大隐患排查治理力度，强化特种设备安全综合治理，探索建立危化品管理区域协作机制，改进危化品运输和监管方式，加强消防管理。

3. **强化和谐共建**。推进和谐劳动关系建设，探索流动人口服务管理新模式，加快创新特殊人群服务管理机制，巩固省扶残助残爱心城区创建工作成果，促进民族团结与宗教和睦，不断扩大社会共建共享基础。建立健全双拥共建机制，逐步建立城乡一体的优抚保障制度。稳步推进水库移民安置工作。

各位代表，建设廉洁高效、求真务实、公开透明、人民满意的服务型政府，既是人民的期盼，也是我们一直努力的目标。我们将自觉接受人大依法监督、政协民主监督，切实提高人大代表建议和政协提案办理质量。主动接受司法监督和社会监督，保证公众知情权、监督权和参与权。坚持群众路线，严格落实中央"八项规定"、省委"六个严禁"，推进以"清正、清廉、清明"为要求的干部队伍作风建设，以良好政风引领良好的社会风气。加强节约型机关建设，实现"三公"经费零增长。切实改进会风文风，精简会议活动和文件简报，推进办公自动化建设。坚持依法履行职责，进一步完善和落实行政执法责任制，严格按照法定权限和程序行使职权、履行职责。坚持科学决策、民主决策、阳光决策，健全完善公众参与决策机制，发挥决策咨询作用，完善行政决策风险评估机制，建立决策问责和纠错制度，加强重大决策跟踪反馈和责任追究。深入实施"阳光工程"，依法向社会公开各类公共权力运行事项和具体实施情况，打造"不下班"的政府、"没有门"的政府和"透明"政府。推进预算信息公开，规范信息反馈机制。推进信息公开平台建设，进一步完善网络问效工作机制，健全网络发言人制度，完善新闻发布会和新闻发言人制度，加大政府微博建设力度，及时回应群众关切。深化"效能亮剑"工作，专项治理"庸、懒、散、奢"，努力提高机关效能。进一步推进行政审批制度改革，完善审批服务平台功能，提高行政审批规范化、智慧化水平，提升审批效率。制定出台《2013-2017年惩治和预防腐败体系工作规划》，健全权力运行制约和监督体系，深入推进廉政风险防控和廉情预警机制建设，完善"三重一大"保廉体系，推进基层廉洁工程，加强综合电子监察平台建设，深化工程建设领域突出问题专项治理，探索完善政府采购和工程招投标制度，加强审计监督，加大纠风治乱力度，进一步从源头上提高廉政建设水平。

各位代表，宏伟蓝图激发豪情，人民重托催人奋进。让我们在中共镇海区委领导下，紧紧依靠全区人民，深入贯彻十八大精神，团结一致、开拓进取、积极有为、克难攻坚，为基本建成现代化生态型港口强区而努力奋斗！

附件1

镇海区经济社会发展主要指标对比表

指标名称	单位	2006年	2010年	2011年	2011年较2010年增长(%)	2011年较2006年增长(%)	2012年目标(%)	“十二五”末目标
1.区属生产总值(现价)	亿元	130	250.1	290.17	12.1	—	11%	翻一番
2.财政一般预算收入	亿元	27.32	51.58	67.01	29.9	145.3	12%	100
3.区属固定资产投资	亿元	87.5	130.43	150.04	19.5	71.5	13%	累计1000
4.区属工业总产值	亿元	445.06	835.73	961.74	15.1	116.1	15%	1600
5.社会消费品零售总额	亿元	33.8	66.29	78.2	18	131.4	15%	130
6.进出口总额	亿元	30.1	55.57	68.67	23.6	128.1	12%	年均10%
其中:出口	亿美元	11.64	22.05	28.56	29.5	145.4	12%	年均10%
7.实际利用外资	亿美元	1.61	1.5	1.81	20.5	12.4	1.8	累计4
8.城镇居民年人均可支配收入	元	19674	30166	34058	12.9	73.1	11%以上	年均10%以上
9.农民年人均纯收入	元	9136	15130	17293	14.3	89.3	12%以上	年均10%以上

附件2

名词(专用术语、简称)解释

1.“三位一体”港航物流服务体系:指构建大宗商品交易平台、建设海陆联动集疏运网络、打造金融和信息支撑三大体系,其中构建大宗商品交易平台是核心,完善海陆联动集疏运网络是基础,发展港口金融、信息配套服务是支撑,三者相互协同、相互作用、相互促进,共同打造运输、物流、贸易、金融、信息和咨询等功能相融合的现代港口服务体系,是海洋经济发展的核心。

2.“清洁空气”三年行动计划:指通过开展区域扬尘污染整治、废气污染整治等大气污染防治工作,解决大气环境污染问题,全面改善空气环境质量,达到进一步控制有机废气排放,减少空气异味,有机污染物排放总量比2010年下降10%以上;控制煤尘、建筑工地粉尘和道路扬尘对空气环境的影响,区域大气环境质量优良率比2010年提高3%的目标。

3.城市经济:是以城市为载体和发展空间,二、三产业繁荣发展,经济结构不断优化,资本、技术、劳动力、信息等生产要素高度聚集,规模效应、聚集效应和扩散效应十分突出的地区经济。结合镇海实际,即以城市功能为依托、以现代服务业为主体、以城市工业为支撑的新型经济业态。

4.科技创新支撑引领“718”计划(2011—2015年):推进七大工程,做好十八项工作。推进七大工程:科技创新服务工程、增强创新活力工程、创新成果转化工程、优势产业支撑工程、新兴产业科技引领工程、高新企业培育工程和民生科技工程。七大工程总计涵盖十八项主要工作。

5.科技银行:是为科技型中小微企业提供金融服务的专业银行。通过政府出资设立“风险池基金”、建立国有政策性担保公司或引进民营科技型担保公司等形式,和银行进行合作经营,建立风险共担,利益共享机制,使更多的中小微型科技企业获得银行信贷支持。服务对象为国家重点扶持的高新技术企业、市级科技型企业、区级科技型中小企业、科技孵化(毕业)企业及大学生创业企业。重点支持新装备、新能源、新材料、海洋高技术、电子信息技术、生物医药、节能环保、软件动漫、文化创意及高新技术服务业等领域。

6.中小企业集合票据:是指2个(含)以上、10个(含)以下具有法人资格的企业,在银行间债券市场以统一产品设计、统一券种冠名、统一信用增进、统一发行注册方式共同发行的,约定在一定期限还本付息的债务融资工具。

7.“立体绿化”:指在各类建筑物和构筑物的立面、屋顶、地下和上部空间进行多层次、多功能的绿化和美化,以改善局地气候和生态服务功能、拓展城市绿化空间、美化城市景观的生态建设活动。

8.道德文化“六进六讲”活动：开展道德文化进机关、进社区、进家庭、进学校、进企业、进农村活动，以讲爱国、讲敬业、讲诚信、讲友善、讲感恩、讲慈孝为主要内容开展宣传教育，做好道德文化的教育、宣传、选树等工作，形成“讲道德、做好人、树新风”的氛围。

9.“厚德之城”：以党的十七届六中全会精神为指导，加强公民的社会公德、职业道德、家庭美德、个人品德教育，引导广大市民从我做起、从现在做起、从每件小事做起，修身律己，崇尚美德，积极营造“积小德为大德、积小善为大善”的社会风尚，努力建设一个“崇文尚德、明礼诚信、包容友善、和谐幸福”的文明城区。

10.文化建设“三个百分百工程”：力争通过两年努力，100%镇（街道）建有单独设置的综合文化站，全部达到省特级站标准（1500平方米以上），100%行政村建设面积不少于200平方米、社区不少于300平方米的文化活动室（中心），100%镇（街道）、（村）社区建有标准配置的公共电子阅览室和村（社区）图书馆总分馆建设。

11.文化建设“创优工程”：力争通过两年努力，50%以上镇（街道）成功创建浙江省文化强镇（街道），30%以上村（社区）成功创建浙江省文化示范村（社区），80%以上镇（街道）成功创建宁波市文化示范镇（街道），50%以上村（社区）成功创建宁波市文化示范村（社区）。

大 事 记

1月

8—11日，中国共产党宁波市镇海区第十三次代表大会召开。

13日，镇海区新增浙江省著名商标4件，分别为宁波市天衡制药有限公司的“枢瑞”、宁波杜亚机电技术有限公司的“DOOYA”、东毓(宁波)油压工业有限公司的“TONNY”和宁波中意液压马达有限公司的“ZIHYD”。

2月

7日，区政府召开2012年第一次全体(扩大)会议。

8日，深圳发展银行宁波镇海支行开业。

同日，镇海区通过首批全国国土资源节约集约模范区达标考核。

10日，镇海区获评“全国扶贫开发先进集体”荣誉称号。

12—15日，区政协九届一次会议召开。

14—16日，区十四届人大一次会议召开。

17日，第二十二届中国(镇海)兰博会在宁波花木世界举行。来自内地18个省(市、区)，省内11个地市，中国港澳台地区以及日、韩等国家，约6000盆兰花、33家知名兰企和兰苑参展。

20日，宁波镇海中银富登村镇银行开业。该银行由中国银行与新加坡淡马锡富登金融控股有限公司联手投资组建，是全省首家中外合资村镇银行，注册资本为5000万元。

21日，《宁波非物质文化遗产大观(镇海卷)》由宁波出版社出版，共计73个非遗项目、16名非遗传承人。

22日，龙赛医院完成首例单孔腹腔镜胆囊切除术，填补区内该类手术空白。

同日，区文化馆被文化部评为全国一级馆。

23日，百隆东方股份有限公司总经理韩共进作为中国经贸团企业家代表，随同国家副主席习近平赴美考察、商谈，并与美国企业签订5000吨棉花进口协议，总金额达1300多万美元。

28日，中科院宁波材料所成功研发新一代锂电池正极材料，填补国内在磷酸锰锂上的技术空白。

3月

5日，镇海区被教育部授予“全国数字化学习先行区”称号。

6日，世界少年奥林匹克数学竞赛“2011—2012世界杯（中国）总决赛”成绩揭晓，蛟川书院学生吴雨航获七年级组金奖。

6日，宁波东来化工有限公司与中科院大连化物所合作研发新型环保增塑剂项目签约。

12日，“宁波市百家工业行业龙头骨干企业”榜单揭晓，镇海区5家企业荣登榜单，分别为镇海炼化、汇众粉末、天衡制药、百隆东方、埃美柯。

12日，《澥浦镇区（ZH10）控制性详细规划》通过市政府批复。

17日，镇海区农家书屋基本实现全覆盖。农家书屋选址在人口集中、借阅方便的村文化活动中心、行政服务中心、活动广场等场所，书屋面积均达20平方以上。

21日，《镇海区河网水系规划》通过会审。该规划梳理全区32条主干河道，151条一般河道，最终形成“五横四纵”的防洪排涝格局。

4月

12—13日，共青团宁波市镇海区第十六次代表大会召开。

17日，埃美柯铜阀门有限公司摘取“2011年度宁波市市长质量奖”，成为区内首家获此殊荣的企业。

20日，区档案馆和慈溪市档案馆签署“就近受理，跨馆出证”远程协同服务项目合作协议书，两地档案利用正式迈入“同城”时代。

同日，区国土分局与镇海耀华房地产开发有限公司签订《地下空间土地使用权出让合同》，实现镇海区地下空间土地使用权出让金零的突破。

27日，第三届“北斗杯”全国青少年科技创新大赛结果揭晓，镇海中学参加科技创意、科技论文和科幻文章三大类比赛，该校14名学生分获全国一、二、三等奖和优秀奖，是获奖最多的学校，其中高二学生严天宇获得中学组科幻类第一名。

5月

3日，区纪委十三届二次全会召开。

7日，龙赛医院成功实施区内首例食道平滑肌瘤和胃底间质瘤内镜下黏膜剥离术（ESD）。该技术填补区内此类先进手术空白。

10日，区装备制造产业协作联盟成立暨第一次会员（代表）大会召开。

16日，国内首个3D高清电视频道落地镇海区，频道号为“150”。

22日，宁波植物园植物名录初编完成，共列出植物3524种。

24日，《九龙湖镇总体规划》获市政府批复。根据总体规划，在规划期内九龙湖将以山水度假旅游为主导方向，兼顾第一产业和第二产业的发展，确定总体发展目标为“宁波山水度假旅游名镇、城郊型高品质宜居城镇”。

6月

5日，镇海区PM2.5监测点首次公布数据。

7—11日，保利国宝展在保利艺术博物馆开展。参展展品为4尊圆明园兽首铜像和14件南北朝时期石佛造像，均为重量级国宝。

9日，第五届中国开放论坛在镇海举行。

12日，百隆东方（股票代码：601339）在上海证券交易所主板正式挂牌上市，这是区内首家上市的本土企业。

24日，镇海中学在2012年高考中一批上线率高达95.3%，其中翁凯浩以757分的成绩获得全省理科第一名。蛟川书院一批上线率达78.7%。

27日，区社会组织促进会成立大会暨第一次会员代表大会召开。

28日，九龙湖镇获省环保厅与省农办联合发起的“我心目中最美生态乡镇”称号。

7月

17日，镇海区举行宁波东蓝控股有限公司落户签约仪式，并与住建部签署“镇海区创建国家级智慧城区试点示范”规划纲要编制协议。

24日，省委副书记李强到镇海区视察社会管理创新工作，肯定镇海模式。

同日，招宝广场二期、宁波镇海大宗生产资料交易中心工程——交易中心两项工程获2012年度浙江省建设工程“钱江杯”奖（优质工程）。

25日，镇海中学获第3届全国中学生领导力大赛优秀项目第一名、网上竞赛优胜项目第一名、优秀学校一等奖等多个奖项，另有2名镇海中学学子获“中学生领袖奖”。

26日，区委十三届三次全体（扩大）会议召开。

同日，镇海区首个村（社区）红十字会员小组在招宝山街道总浦桥社区成立，社区内48名红十字志愿者及热心居民成为首批会员。

28日，区妇幼保健院和骆驼街道社区卫生服务中心举行开诊典礼。

8月

11日，镇海区教育成就奖颁奖典礼在镇海中学举行。镇海中学及45名镇中学子获区政府奖励。

15日，区国税局“营改增”工作推进。第一批768户企业纳入试点范围，并完成交接，其中交通运输企业273户，部分现代服务业495户。

16日，“镇海杯”第8届国际工业设计大赛初评结束。大赛以“创意·设计·应用”为主题，分创意设计组和企业产品组2个组，共收到多个国家和地区835件有效作品，《龙弦》等27件获奖作品。

8月，镇海在全区范围内开展农村集体土地所有权确权登记发证工作。本次农村集体土地所有权确权登记发证，是全国土地改革以来首次开展农村集体土地所有权确权登记发证。

8月，九龙湖镇葡萄协会“九龙凰”商标被宁波市工商行政管理局授予2012年首批“宁波市知名商标”称号。

9月

2日，区第二届社区文化艺术节闭幕式暨“社区文化农家乐”城乡文化走亲活动在蛟川街道临江社区广场举行。此届社区文化艺术节以“弘扬道德文化·打造厚德之城”为主题，《镇海龙鼓》《祈福莲花》《十里红妆》等优秀特色节目，展示镇海区丰富多彩的社区文化成就。

16日，宁波镇海农村商业银行股份有限公司（筹）创立大会暨第一次股东大会召开。该银行注册资本2.22亿元，在镇海农信联社基础上组建，初建有1个营业部，7个支行，28个分理处，是宁波市首家获批筹建的农村商业银行。

17日，为期5天的国家级《能源、新材料及相关技术应用》高级研修班在镇海开班。这是宁波市首次举办国家级高研班，也是浙江省唯一由地方政府申报获批的国家级高研班项目

9月，镇海区3个项目首次列入国家星火计划。宁波飞洪生态农业发展有限公司参与的“浙东地区西瓜等主要瓜菜安全生产关键技术集成与示范”项目入选国家“十二五”农村领域科技计划预备项目库星火计划项目，宁波合一农业科技开发有限公司“优质甜瓜高效栽培技术应用与推广”、浙江青草地园林市政建设发展有限公司“植物塑形产业化研发及推广”2个项目入选国家“十二五”农村领域科技计划预备项目库星火计划面上项目。

10月

14日，浙江省首届村歌创作演唱大赛在庄市街道光明村举行，全省共11支代表43个节目参加此次比赛。

17日，镇海钦寸水库第一批104人37户移民建房全部竣工，进入整体搬迁入住过程。

20日，区第十二届运动会在蛟川书院体育场开幕，共有1500余名运动员参赛。

21日，镇海区通过国家级生态区建设现场考核验收。

25日，因镇海炼化扩建一体化导致群体性上访，区委书记薛维海等区领导与广大网民、市民代表面对面进行交流。

31日，由区新闻中心制作的14集超长广播连续剧《镇海雄关》获浙江省第十一届“五个一工程”奖。此外，《热血丹枫》《他心中有座高山》获中国广播电视协会广播剧专家奖金奖。

11月

2日，区新闻中心制作的广播连续剧《镇海雄关》和邹元辉创作的长篇小说《雄镇海战》获宁波市“五个一工程”奖。

20日，镇海农村商业银行开业。

12月

1日，区国税局办税服务大厅代开发票窗口为宁波国誉运输有限公司开出第一张货运增值税专用发票。

3日，装载着海南炼化C－802塔器两大段设备筒体的“兴联江”号轮从镇海大件码头出发，开往海南洋浦。该塔器由宁波天翼石化重型设备制造有限公司承造，是目前亚洲在建最大吨位的炼油化工装置特大型非标设备，被誉为“亚洲第一塔”。

4日，镇海区召开《甬上风华——宁波市非物质文化遗产大观（镇海卷）》首发式暨非物质文化遗产保护传承工作推进会。镇海区非物质文化遗产保护中心同时成立。

5日19时，省、市医学专家在市第七医院（镇海区人民医院）手术室内对川籍男孩唐金龙进行器官采集手术。这是

2012年止宁波市年龄最小的器官捐献者。

15日,澥浦第三届冬至民俗文化大展演在郑氏十七房景区开幕。此次大展演为期一周,其间景区还举行郑氏十七房冬至大捕鱼、稻草人艺术节、冬至美食节等系列活动。

19日,区委十三届四次全体(扩大)会议召开。

同日,镇海电视台创作的长纪录片《晒盐人》荣获第八届中国纪录片国际选片会"年度十大纪录片"大奖。

27日,镇海检验检疫局成立。

28日,"画影流年——上海月份牌珍藏展"在宁波帮博物馆开幕。本次展览是第二届宁波"海上丝绸之路"文化节"和韵天下"活动之一,展出时间从2012年12月28日至2013年2月28日。

(何小平)

镇 海 概 貌

镇海区在浙东沿海宁波市区东北部。地理坐标位于北纬29°53′~30°06′之间，东经121°27′~121°46′。区境东濒灰鳖洋与舟山群岛隔海相望，西毗江北区，南临甬江与宁波高新技术开发区和北仑区一水相隔，北扼杭州湾与慈溪市接壤。全区国土面积407.74平方千米，其中陆域面积246平方千米，海域面积161.74平方千米。地形成不等比菱形，东西长约33千米，南北宽为16.8千米。海岸线自澥浦棋盘山直塘至镇海港嘴灯塔，长18.34千米，多数为海涂淤积泥基。

6500年前镇海区境内自望海尖至澥浦附近的四明山余脉山梁已出露海面，但大部分还是一片大海。九龙湖鱼山考古发掘证明，七千年前已有先民在本地居住生活，属河姆渡文化。"海退"开始后，大片平地显露。经几千年来洪水冲积、湖海淤积和居民长期垦殖，遂成现在格局。《尚书》记载，禹贡九州时，境内属扬州。春秋末越国建国后，其地属越。战国时楚灭越，地遂属楚。秦王嬴政二十五年（公元前222年）设会稽郡，立句章县，本地处句章县治之东，故称句章东境。唐武德四年（621年），析分句章为姚、鄞两州，武德八年（625年），改鄞州为鄮县，本地属鄮县东境。唐元和四年（809年），在鄮东甬江口设望海镇，为镇海建治之始（一说大历六年即公元771年）。后梁开平三年（909年），钱镠奏置望海县，不久改名定海县。元时建置沿袭宋制。清康熙二十六年（1687年），改定海县为镇海县。中华人民共和国建立后，镇海县建置更迭与县境变化甚频。1951年，从慈溪县划入骆驼镇；同时划出沙堰乡归宁波市。1954年年底，龙山区北部10个乡镇划归慈溪县；慈东的河头、长石等5乡划属镇海；杭州湾口滩浒岛划归嵊泗。1958年自余姚县划入汶溪乡。同年底，撤镇海县，其辖区并入宁波市。1963年1月，复置镇海县。1985年10月撤镇海县，析分为镇海、滨海两区，隶宁波市。

1985年10月1日，宁波市镇海区正式组建。在城市化过程中，区域内行政建制变更较多。至2012年，全区辖招宝山、蛟川、骆驼、庄市4个街道，九龙湖、澥浦2个镇，区政府驻地招宝山街道。全区有31个社区，60个行政村。

全区地处宁绍平原东端，西北部丘陵，东南部为江海平原。丘陵系四明山余脉延伸部分，山体起自余姚，从西向东，入镇海区境之首为汶溪望海尖，向东至澥浦镇潜入东海。境内山体总长16.8千米，山脊西北与江北区和慈溪市分界，主峰高程100米至350米之间（黄海高程）。全区平原占71.4%，山地占16.9%，内陆水域占11.7%，构成“一水二山七分田”的地貌组合。境内内陆河流，属姚江水系，为宁绍平原的水网地带，河流纵横，主要河道162条，总长283.7千米。甬江沿区境东南向北出海，在区境内长达12.61千米。该江在原镇海县境段（自今江北下白沙起至出海口）古称大浃江，系平原常年性河流，江体宽270～404米之间，水深3.3米以上，3000吨船舶可不候潮往返。甬江口招宝山至大游山口岸线长3060米，前沿水域宽300～350米，总水域面积约172万平方米，可进出和停泊万吨级船舶。

镇海区属亚热带季风气候区。冬夏季风交替明显，气候温和湿润，冬夏长、春秋短，四季分明，无霜期长，雨量充沛。2012年，全区平均气温16.8℃；最低气温≤0℃的有27天，其中最低气温是1月26日的-5.4℃；≥35℃以上的高温18天，最高气温是7月6日的38.7℃。终霜期出现在3月14日，初霜出现在11月12日。3月24日入春；6月4日入夏；9月29日入秋；12月4日入冬。全年总雨日166天，雨日最多的是3月，有18天；10月最少，只有5天。总降水量1985.1毫米，其中日降水量≥50毫米的暴雨日5天，分别为5月8日、5月30日、6月18日、8月8日和8月13日。年总日照1742.5小时，7月最多，273.3小时；2月最少，只有62.3小时。年蒸发量1440.1毫米，7月最多，有263.4毫米；1月最少，只有36.5毫米。年最多风向是东北偏北风，各季最多风向分别为春季东南偏南风，夏季东南风，秋季东北偏北风，冬季西北风。冬春交替季节出现连阴雨天气，降水量偏多，光照严重不足。梅汛期入梅偏迟，出梅偏早。7月多雷暴和短时暴雨等强对流天气。8月共受4个台风影响，其中“苏拉”和“海葵”影响严重。

2012年年末，全区按户籍口径统计的总户数为92107户，人口227611人，比上年增长0.7%，户籍人口总量保持相对稳定。其中，非农业人口167357人，比上年增长1.6%；农业人口60254人，比上年下降1.9%。全年人口出生率为7.30‰，死亡率为5.50‰，人口自然增长率为1.80‰。全区女性初婚人数1320人，一孩率为90.22%，计划生育符合率达98.49%。

是年，全社会生产总值570.47亿元，按可比价格计算，比上年增长4.2%。全年区属生产总值（GDP）305.25亿元，按可比价格计算，比上年增长8.4%。其中第一产业增加值6.48亿元，增长1.8%；第二产业增加值165.33亿元，增长5.3%；第三产业增加值133.44亿元，增长13.8%。三次产业的比重由2011年的2.3∶60.3∶37.4调整为2012年的2.1∶54.2∶43.7。按户籍人口计算，区属人均生产总值为161710元（按年平均汇率折算为25617美元）。

是年，城镇居民家庭人均可支配收入37902元，比上年增长11.3%；人均消费支出23288元，比上年增长6.9%；恩格尔系数为37.9%。全年农民人均纯收入19801元，增长14.5%；人均消费支出13875元，下降5.1%；恩格尔系数为38.7%。城乡居民收入差距由2011年的1.97∶1缩小为2012年的1.91∶1。年末，区属参加养老、医疗、工伤、生育、失业五项基本保险的参保人数，分别为24.33万人、18.83万人、13.54万人、13.1万人、14.05万人，分别比上年增长7.9%、5.1%、7.2%、6.9%、5.02%。

《镇海年鉴》编辑部

中共宁波市镇海区委员会

主要会议

【中共宁波市镇海区第十三次代表大会】 1月7—10日，中国共产党宁波市镇海区第十三次代表大会举行，大会正式代表230名，列席代表77名，代表全区1.7万余名党员，大会主席团由33人组成。大会听取、审议薛维海代表中共宁波市镇海区第十二届委员会作题为《解放思想争创一流奋力跨越走前列 为基本建成现代化生态型港口强区而努力奋斗》的工作报告、鲍娴萍代表中共宁波市镇海区第十二届纪律检查委员会作《全面提高反腐倡廉建设科学化水平 为基本建成现代化港口型强区提供坚强保障》的工作报告，作出通过决议。大会总结区第十二次党代会以来的主要工作和基本经验，全面客观地分析面临的形势和存在的问题，科学谋划全区未来五年区委团结带领全区广大党员和干部群众，思进思变思发展，创业创新创一流，紧紧围绕“稳中求进、进中求好、积极有为、走在前列”总体要求，着力抓好“生态环境整治、海洋经济发展、全域城市化、经济转型升级、文化提升发展、民生保障改善”六大战略，明确提出要“全面建成惠及全区人民更高水平小康社会，基本建设现代化生态型港口强区”而努力奋斗。大会认为区第十二次党代会以来，区纪委推进反腐倡廉建设各项工作，服务科学发展积极有为，惩防体系构建卓有成效，执纪办案力度不断加大，纠风惠民工作深入开展，廉政宣传教育重点突出，制度机制创新亮点纷呈，廉洁从政意识明显增强，组织队伍建设全面推进，为镇海经济社会又好又快发展提供有力保证。今后五年镇海的党风廉政建设和反腐败工作的指导思想和总体要求是以中国特色社会主义理论体系为指导，坚持以人为本、执政为民的理念和标本兼治、综合治理、惩防并举、注重预防的方针，以构建镇海特色惩防体系为重点，以加强权力监督为核心，以深化作风建设和效能建设为抓手，以提高制度执行力为保障，以现代科技信息为支撑，不断提高反腐倡廉建设科学化水平。要认真履行党章和行政监察法赋予的职责，服务“生态环境整治、海洋经济发展、全域城市化、经济转型升级、文化提升发展、民生保障改善”六大战略，着力推进惩治和预防腐败体系建设，着力构建有效的权力监督机制，着力推动党风政风行风进一步好转，着力加大预防和查处违法违纪案件力度，着力增强各级党员干部廉洁从政的自觉性和拒腐防变能力，着力提高人民群众对反腐倡廉建设的满意度，力争全区党风廉政建设走在全市前列，为实现区第十三次党代会提出的基本建成现代化生态型港口强区的宏伟目标提供有力保证。

大会选举产生中国共产党宁波市镇海区第十三届委员会，其中区委委员42名，候补委员8名。区委第一次全会选举产生薛维海、魏祖民、徐方、鲍娴萍、顾国芳、褚瑞根、李斌、张敏海、王耀军、俞泉云、洪世弈11位常委，选举产生17名区纪委委员，区纪委第一次全会选举产生区纪委常委5名，区纪委书记：鲍娴萍（女），区纪委副书记：陈海伟、鲁佰军。选举产生镇海区出席中国共产党宁波市第十二次代表大会代表21名。区委第一次全会审议通过《中共宁波市镇海区委议事规则》《中共宁波市镇海区委关于加强自身建设的意见》。本次大会第一次实行代表提案制度。其间共收到代表提案22件，确定受理的代表提案21件，闭幕后移交区委党代表联络工作办公室按照相关规定办理。

【区委全体（扩大）会议】 2012年，区委共召开4次全体或全体（扩大）会议。

区委十三届一次全体会议于1月10日召开。会议选举薛维海、魏祖民、徐方、鲍娴萍、顾国芳、褚瑞根、李斌、张敏海、王耀军、俞泉云、洪世弈为区委常委，薛维海为书记，魏祖民、徐方为副书记。

区委十三届二次全体会议于3月27日召开。会议贯彻落实省委部署要求，对我省出席党的十八大代表候选人初步人选圈选和征求意见名单进行酝酿圈选。

区委十三届四次全体（扩大）会议于7月26日召开。会议深入贯彻落实省、市、区党代会精神，总结上半年工作，研究部署下半年任务。区委书记薛维海代表区委常委会作工作报告。

区委十三届四次全体（扩大）会议12月19日。会议认真贯彻落实党的十八大精神、中央经济工作会议精神和省市委全会精神，听取和讨论区委书记薛维海代表区委常委会工作报告，总结2012年工作，研究部署2013年任务。讨论区委、区政府2013年工作要点。蛟川、骆驼、庄市三个街道党工委书记就党建工作进行述职。

【区委常委会】 2012年，区委召开20次常委会议。

1月5日会议。讨论政协镇海区第九届委员会人事安排若干事项，原则同意由区政协党组提出的人事安排方案。讨论《八届区政协工作报告》，原则同意《八届区政协工作报告》，要求区政协党组在继续征求各方面意见的基础上作进一步修改与完善，提交九届区政协一次会议审议。讨论《镇海区因公出国（境）审批若干规定》，明确由区外事办负责安排每年因公出国（境）计划，并报区委酝酿会议审议，临时因公出国（境）组团方案报区委常委会批准。

1月31日会议。传达全国、省、市政法工作会议精神，通报2011年全区政法工作情况，提出2012年工作思路。讨论并同意全区政法信访工作会议建议方案和2011年度社会治安治理工作先进集体、先进个人拟表彰名单。原则同意镇海区社会治安综合治理委员会更名为镇海区社会管理综合治理委员会（简称区综治委）和内设机构设置调整。传达中央和省有关信访工作会议精神，通报2011年全区信访工作情况和特点，提出2012年工作思路。讨论并同意2011年信访工作考核情况和评先方案。原则同意政府工作报告，要求区府办在继续征求各方面意见的基础上作进一步修改与完善，提交区第十四届人民代表大会第一会议审议。原则同意2011年国民经济和社会发展计划执行情况与2012年国民经济和社会发展计划（草案）的报告、2012年度镇海区实事工程计划草案，2011年财政预算执行情况和2012年财政预算草案的报告，要求发改局、财政局分别在继续征求各方面意见的基础上作进一步修改与完善，提交区第十四届人民代表大会第一会议审议。讨论并同意区第十三次党代会目标任务分解方案。原则同意区委常委分工。

2月9日会议。原则同意区级领导联系镇（街道）、村和重点项目有关事项，要求区委办在征求各方面意见的基础上作进一步修改与完善。原则同意区文联第二次代表大会有关事项，决定于3月中旬召开区文学艺术界联合会第二次大会。传达全省组织部长会议、全省人才工作座谈会、全省两新工委书记会议精神。原则同意"区两会"设立临时党组织、区人代会选举有关事项，区政协主席团、秘书长建议名单。讨论市第十二次党代会代表议案等有关事项。

3月8日会议。原则同意关于开展重信重访及突出信访问题专项治理活动的实施方案，要求信访局在征求各方面意见的基础上作进一步修改与完善。原则同意宁波石化经济技术开发区管理体制的实施方案，要求宁波石化经济技术开发区管委会在征求各方面意见的基础上作进一步修改与完善。原则同意人才工作相关考核评审事项。原则同意关于开展"效能亮剑"专项行动服务保障"六大战略"全面推进的实施方案。讨论由地方产生的第十四届宁波市政协委员考察人选、2012年度选派到市重大项目和国有企业挂职锻炼推荐人选等有关事项。

3月15日会议。传达全省、全市农村工作会议精神，提出全区2012年农业农村工作要点。讨论并同意全区农村工作会议建议方案，2011年度全区农村工作先进集体、先进个人拟表彰名单和关于全面开展幸福美丽新家园建设的意见。原则同意全区民营经济会议方案。原则同意区促进经济发展相关政策，要求相关部门在征求各方面意见的基础上作进一步修改与完善。原则同意区经济适用房上市和深化住房分配货币化相关政策。原则同意区人大常委会2012年工作要点，要求人大办在征求各方面意见的基础上作进一步修改与完善。原则同意区共青团换届方案。原则同意2012年度区委理论学习中心组学习意见。

3月22日会议。听取区人才办关于2011年人才工作目标责任制考核情况的汇报，原则同意2011年度人才开发先进考核奖励，肯定近年来全区人才工作取得的成果。听取区科技局关于2011年科技进步奖、科协工作考核情况的汇报，原则同意2010－2011年度科技进步考核奖励。原则同意区政协2012年工作要点，要求区政协办在征求各方面意见的基础上作进一步修改与完善。原则同意2012年"三思三创"主题教育实践活动工作方案，要求区“三思三创”办在征求各方面意见的基础上作进一步修改与完善。讨论有关干部人事安排和其他情况。

4月11日会议。听取区人才办关于区2012年人才工作要点的汇报，原则同意《2012年度对镇（街道）园区党政领导班子人才工作目标责任制考核实施办法》。原则同意《区精细化工行业三年整治计划》，要求区经信局在征求各方面意见的基础上作进一步修改与完善。原则同意《区2012年扶持中小微民营企业发展若干政策措施》，要求区经信局在征求各方面意见的基础上作进一步修改与完善。原则同意《区生态文明示范区建设暨生态环境整治五年行动计划》和《2012年镇海区国家生态文明示范区创建暨生态环境整治工作会议方案》，要求区环保局在征求各方面意见的基础上作进一步修改与完善。讨论有关干部人事安排和其他情况。

4月24日会议。传达全省平安建设工作会议主要精神，研究平安创建相关工作，讨论并同意全区平安建设暨社会管理综合治理工作会议建议方案和2011年度平安建设工作先进集体建议名单。原则同意《关于调整区委、区政府党员领导与民主党派、无党派代表人士联系交友名单的通知》。听取区统战部、区总工会、团区委、区妇联工作汇报。原则同意《关于贯彻国家和省市教育规划纲要的实施意见》及镇海区教育、体育事业“十二五”发展规划等相关方案，要求区教育局在征求各方面意见的基础上作进一步修改与完善。传达市“两会”精神。

5月4日会议。听取区人力社保局关于2011年度目标管理考核工作情况和2012年考核工作安排的汇报。原则同意《镇海区高层次人才创业扶持政策资金资助管理办法》，要求区人才办在征求各方面意见的基础上作进一步修改与完善。原则同意关于区招商中心提高机构规格等方案。原则同意《镇海区创建全国文明城市“三连冠”先进集体、先进个人拟表彰推荐名单和奖励办法》。讨论有关干部人事安排和其他情况。

5月29日会议。原则同意区组织部关于2010—2012年创先争优先进基层党组织、优秀共产党员表彰名单。讨论并原则同意《关于区企协换届工作若干事项的请示》《宁波市镇海区企业联合会、企业家协会章程》，要求区企联企协在征求各方面意见的基础上作进一步修改与完善。讨论并原则同意区纪委关于《镇海区落实党风廉政建设责任制实施细则》《镇海区2012年推进惩防体系建设和落实党风廉政建设责任制组织领导与责任分工》。原则同意《镇海区经济转型升级五年行动计划》，要求经信局在征求各方面意见的基础上作进一步修改与完善。讨论有关干部人事安排和其他情况。

6月19日会议。原则同意区“三思三创”办关于镇海区践行“三思三创”精神先进典型推荐名单。原则同意区组织部关于编排党代表进驻党代表工作室的活动方案。传达省第十三次党代会精神。

6月28日会议。讨论并原则同意关于调整离职村主要干部生活补助办法。讨论并原则同意《行政村（社区）党组织书记“金雁奖”评选和奖励工作暂行办法》，要求区组织部在征求各方面意见的基础上作进一步修改与完善。讨论并部署7月份全区主要工作安排。

7月12日会议。原则同意区委十三届二次全体(扩大)会议方案和区委常委会工作报告,要求区委办在征求各方面意见的基础上作进一步修改与完善。听取区信访局和区委政法委关于信访维稳工作汇报。听取区委政法委关于镇海区看守所表彰和荣誉命名等情况汇报。原则同意区残联换届方案。听取宁波石化区2012年度考核总体目标。讨论并原则同意《镇海区全域城市化五年行动计划》和《镇海区实施全域城市化战略2012年度主要任务》。

7月25日会议。原则同意区人武部关于武装工作的汇报。听取人力社保局关于各镇(街道)、管委会第二季度部分指标完成进度情况及考核结果的汇报。听取建设交通局关于镇海区拆迁安置房人防结建工程建设有关问题的汇报。听取国土分局关于2012年度土地利用计划指标安排方案的汇报。原则同意区青联换届方案。

9月21日会议。听取编委办关于机构编制有关事项的汇报。听取人才办关于2012年上半年海外高层次人才创业项目评审工作情况的汇报。听取科技局关于镇海区与相关大学科研院所共建研究中心事项的汇报。讨论并原则同意镇海区出租车改造方案。原则同意关于"高龄津贴"的调整方案。讨论镇海炼化新一体化项目的相关事项。

9月25日会议。讨论并原则同意《关于加快镇海区工业强区建设的决定》,要求经信局在征求各方面意见的基础上作进一步修改与完善。讨论并原则同意《镇海区实施民生保障改善战略五年规划纲要》,要求发改局在征求各方面意见的基础上作进一步修改与完善。

11月14日会议。讨论并原则同意《镇海区委进一步加强民主集中制建设的实施意见》等10个关于区领导班子思想政治建设内部制度,要求相关部门在征求各方面意见的基础上作进一步修改与完善。讨论并原则同意《关于开展全域城市化综合配套改革试点的实施方案》,要求发改局在征求各方面意见的基础上作进一步修改与完善。讨论并原则同意《关于加强新形势下党管武装工作的实施意见》。讨论有关干部人事安排和其他情况。

11月23日会议。讨论并原则同意《镇海区文化提升发展五年行动计划》,要求文广新局在征求各方面意见的基础上作进一步修改与完善。讨论并原则同意《镇海区加快发展海洋经济五年行动计划》,要求发改局在征求各方面意见的基础上作进一步修改与完善。学习传达省委常委、市委书记王辉忠到镇海调研时的讲话精神。

12月14日会议。讨论《镇海金属园区转型升级实施方案》,要求安监局在征求各方面意见的基础上作进一步修改与完善。听取区人才办关于镇海区人才工作情况的汇报。听取区委办关于区委十三届四次全体(扩大)会议方案等有关事项的汇报,决定于12月19日召开区委十三届四次全体(扩大)会议,并原则同意会议方案、议程、工作报告及2013年区委区政府工作要点,要求按照常委会意见作进一步修改和完善。同意《关于召开宁波市镇海区第十四届人民代表大会第二次会议的请示》《关于召开政协第九届宁波市镇海区委员会第二次会议的请示》等有关事项,决定于2013年1月召开十四届二次人代会和政协第九届二次会议,要求各有关单位明确分工，做好各项准备工作，确保会议顺利召开。

12月25日会议。讨论并原则同意《关于镇海区2012年国民经济和社会发展计划执行情况与2013年国民经济和社会发展计划报告》《关于2013年度镇海区实事工程项目的安排》《2013年镇海区重点工程及重大前期项目计划》，要求发改局在征求各方面意见的基础上作进一步修改与完善。讨论并原则同意《镇海区2012年财政预算执行情况和2013年财政预算安排的初步意见》，要求财政局在征求各方面意见的基础上作进一步修改与完善。讨论并原则同意《政府工作报告》。讨论并原则同意《人大常委会工作报告》和《政协工作报告》。充分肯定2012年区人大常委会和区政协的工作成效。原则同意《镇海区加强和创新社会管理五年规划实施意见》。讨论有关干部人事安排和其他情况。

【区委中心组学习】 2012年，区委中心组共组织学习12次。（见表1）

【全区大型工作会议】 2012年，区委、区政府共召开16次大型工作会议。（见表2）

2012年区委理论学习中心组学习汇总表

表1

序号	学习主题	学习形式
第一专题	宁波市第十二次党代会精神学习	集中学习讨论
第二专题	全国“两会”精神学习	集中学习讨论
第三专题	海洋经济发展	“镇海论坛”报告会
第四专题	城市经济发展	“镇海论坛”报告会
第五专题	加强和创新社会管理	集中学习讨论
第六专题	公共服务型政府建设	“镇海论坛”报告会
第七专题	廉政大讲堂	“镇海论坛”报告会
第八专题	文化产业建设	“镇海论坛”报告会
第九专题	法制建设讲座	“镇海论坛”报告会
第十专题	统筹城乡发展与全域城市化	集中学习讨论
第十一专题	党的十八大精神辅导报告	“镇海论坛”报告会
第十二专题	专题读书会	集中学习讨论

2012年全区大型工作会议

表2

序号	时间	内容
1	1月11日	全区经济工作会议
2	1月29日	全区项目推进落实暨机关干部大会

续表2

序号	时间	内容
3	2月1日	全区政法(信访)工作会议
4	2月1日	全区反腐倡廉建设大会
5	3月8日	全区领导干部暨“三思三创”主题教育实践活动大会
6	3月23日	全区农村工作会议
7	3月23日	全区民营经济发展大会
8	4月13日	全区人才科技工作会议
9	5月16日	全区创建生态文明示范区暨环境整治工作会议
10	5月17日	镇海区创建全国文明城市“三连冠”总结表彰暨新一轮全国文明城市创建动员大会
11	6月27日	镇海区庆祝建党91周年暨创先争优表彰会
12	7月3日	全区“三思三创” 暨纠纷效能工作会议
13	8月1日	全区上半年工作通报会
14	9月28日	全区项目推进服务企业百日攻坚行动动员大会
15	9月29日	全区争先创优活动总结大会
16	11月2日	全区招商项目推进会

重要决策和重大活动

【概况】 2012年,区委根据区第十三次党代会确定的目标任务,认真学习贯彻党的十八大和省、市党代会精神,按照“稳中求进、进中求好、积极有为、走在前列”的总体要求,以“三思三创”活动和“效能亮剑”行动为载体,深入实施“六大战略”,凝心聚力谋发展,全力以赴抓落实,协调推进经济、政治、文化、社会和生态建设,全面加强党的建设,各项工作都取得新进展。

【开展“干部进村入企解难创优”活动】 2月28日,区委、区政府出台《关于在全区开展“干部进村入企一线解难创优”活动的通知》,开展以“干部进村入企一线解难创优”为主题的“服务发展、服务基层、服务群众”活动,组织广大党员干部深入农村、深入企业、深入群众,解社情民意,破解发展难题,促进社区稳定,着力解决一批基层干部群众反映强烈的突出问题,全力破解一批经济社会发展中的重点难点问题,构建一批密切联系群众的体制机制,以优良的党风政风带民风、聚民心,形成全区上下合力推进“六大战略”的良好氛围,以崭新形象、优异业绩迎接党的十八大胜利召开。活动从2月份开始,集中利用5个月左右时间,重点抓好5方面工作:进村入户办实事、走访企业促发展、联系项目破难题、接访群众化矛盾、排处问题保平安,帮助解决各类问题1531个。

【出台促进全区经济发展的若干意见】 3月17日,区委、区政府出台《关于促进全区经济发展的若干意见》,坚持先进制造业和现代服务业双轮驱动，坚持科技创新和信息化带动，促进实体经济做大做强做优，促进产业结构调整和产业层次提升，构建结构优化、技术先进、清洁安全、附加值高的现代产业体系，促进镇海区经济发展走在前列。具体包括3个方面12项内容，经济发展重点：培育城市经济、加快发展海洋经济、提升发展创意经济、大力发展循环经济、着力推进开放经济、做强做优民营经济。落实扶持措施：加大要素保障、加大政策保障、加大服务保障。加强组织协调：加强组织领导、加强绩效评估、加强舆论宣传。

【出台教育规划纲要实施意见】 5月2日，区委、区政府出台《关于贯彻国家和省市教育规划纲要的实施意见》（简称意见），意见根据《国家中长期教育改革和发展规划纲要（2010—2020年）》《浙江省中长期教育改革和发展规划纲要（2010—2020年）》《宁波市中长期教育改革和发展规划（2010—2020年）》，结合全区实际，“十二五”期间在全省率先实现教育现代化，基本形成学习型社会。教育综合实力和竞争力水平居于国内同类区域前列，主要指标达到届时中等发达国家平均水平，建成高水平的现代化教育强区和高质量的基础教育名区。

【出台加强外来务工人员服务管理工作的意见】 8月10日，区委、区政府出台《关于进一步加强外来务工人员服务管理工作的意见》，主要目标是“十二五”时期，按照“稳定总量、优化增量，提升存量、探索转量，凝聚力量、激发能量”的总体定位，着力构建适应产业结构调整的技能素质培训、创业创新需求的基本公共服务、社会管理创新的权益保障、全域城市化方向的安居保障、精准化要求的治安管理、和谐共处理念的社会融合发展等6大体系。

【出台加快工业强区建设的决定】 9月27日，区委出台《关于加快工业强区建设的决定》，加快工业经济转型升级，促进工业大区向工业强区跨越，为建设现代化生态型港口强区奠定更加坚实的工业基础，质量效益进一步显现。到2016年全区工业总产值达到4500亿元，工业增加值达到810亿元，人均工业增加值达到16.2万元/人。规模以上工业全员劳动生产率规划期内提高6%以上，达到50万元/人·年。自主创新进一步增强、工业结构进一步完善、工业化、信息化两化融合进一步提升。加快工业强区建设的工作重点包括：科学规划产业布局、重点发展海洋经济和做强做优石化新材料产业、传统装备制造产业竞争力。明确加快工业强区建设的主要措施：发展支撑平台、培育企业梯队、促进循环经济、推进两化融合。并提出加快工业强区建设加大政策、要素和服务的保障力度。

【印发加强和创新社会管理实施意见】 12月31日，区委、区政府印发《镇海区加强和创新社会管理实施意见（2012—2016年）》。意见按照《中共宁波市委关于进一步加强和创新社会管理的决定》，总体目标：力争经过5年时间，使镇海社会管理格局更加完善、社会管理秩序更加良好、社会管理方法更加科学、社会管理行为更加规范、社会管理法治更加健全、社会管理环境更加文明，为基本建成现代化生态型港口强区奠定坚实的社会基础。并细化社会服务、社会管理、社会参与、社会关系、社会环境五大发类别50项具体指标。

（顾科明）

【出台实施民生保障改善战略五年规划纲要】 10月，区委、区政府下发《镇海区实施民生保障改善战略五年规划纲要（2012—2016）》，规定在今后五年至更长时期，实施民生保障改善战略，努力实现八个方面的具体目标：就业增收机制更加健全、生活保障体系更加完善、优质教育体系更加完善、卫生服务体系更加优质、精神文化生活更加丰富、居民出行更加便捷、生态环境更加优美、社会更加平安和谐。

实施民生保障改善战略主要指标

表3

分类	编号	指标名称	2011年	2016年	年均增长（%）
就业增收	1	新增城镇就业人数（人）	6000	五年累计42500	—
	2	城镇登记失业率（%）	3.3%	4%以内	—
	3	城镇居民人均可支配收入（元）	34058	翻一番	14.9
	4	农民居民人均纯收入（元）	17293	翻一番	14.9
社会保障	5	参加基本养老保险人数(万人)	24	26	—
	6	城镇职工基本医疗保险和城镇居民医疗保险参保率（%）	95	95以上	—
	7	新型农村合作医疗保险参保率（%）	97.93	97以上	—
	8	机构养老床位数（张）	1200	3000	—
	9	建设公共租赁住房（平方米）	—	五年累计6.5万	—
教育水平	10	新增劳动力平均受教育年限	13	14	
	11	财政教育经费支出占财政支出比重（%）	16.6	不低于19	—
	12	中等职业免学费政策实施率（%）	100	100	—
	13	高等教育毛入学率（%）	52	56.5	—
医疗卫生	14	千人医生数（人/千人）	5.5	8	7.8%
	15	千人床位数（张/千人）	5.1	7.2	7.2%
	16	体育人口比例（%）	49	52	—
	17	人均期望寿命（岁）	—	81	—
文化生活	18	每万人拥有公共文化设施面积（m^2）	—	3000	—

续表3

分类	编号	指标名称	2011年	2016年	年均增长(%)
	19	居民文化娱乐消费占消费支出的比重(%)	—	6	—
交通出行	20	优化公交线路(条)	7	五年累计18	—
	21	新增和更新公交车辆(辆)	74	五年累计140	—
生态环境	22	全区大气环境质量优良率(%)	88.8	90以上	—
	23	城镇生活污水处理率(%)	91.9	95	—
	24	村庄生活污水处理率(%)	54	80	—
	25	区域生活垃圾收集率(%)	95	95以上	—
平安和谐	26	安全生产三项指标	—	低于市定指标	—
	27	基层系列平安创建合格率(%)	92.3	90以上	—
	28	群众安全感满意度(%)	95.6	90以上	—

（俞　晴）

纪检监察

【概况】 2012年，全区纪检监察工作按照"转职能、转方式、转作风"的要求，以落实党风廉政建设责任制为抓手，全面开展反腐倡廉各项工作。是年，区纪委将全年党风廉政建设和反腐败工作分解成5项重点任务，以责任制的形式分工落实到位区领导和各牵头单位，重点对水利改革发展、保障性安居工程建设、节能减排和环境保护及耕地保护和节约用地等重大决策部署开展督查。运用区重大项目(任务)推进信息暨监察系统，全面监督监察59个区领导联系的重大项目和民生实事工程。深化"三思三创"和效能专项督查工作，破解十大区级重点难题。开展三个专项治理，推进廉洁自律建设。加强干部审计监督，打造务实清廉政府。推进工程建设领域突出问题专项治理，加强建设工程质量安全监督。深化反腐倡廉宣传教育，落实对新提拔任用领导干部廉政谈话、党风党性党纪培训、任前廉政法规测试及区管领导干部学廉上机考试制度；巩固提升招宝山街道10家社区廉政工作室示范点建设，推进其他5个镇(街道)社区廉政工作室建设。推进网络问政问效改革，深化廉情预警机制。完善村级便民服务中心建设，推进农村党风廉政建设。推进廉政文化建设，提升"威远清风"廉政文化品牌影响力，推进省级廉政文化教育基地建设。是年，全区对18名党员干部进行廉政约谈，对4人次区管领导干部进行个人预警；领导干部共报告个人重大事项475人次，共有46人次上交"三礼"约

23.18万元，廉政“581”账户收到党员干部上交现金5.66万元。全年共立案查处党员干部违纪违法案件22件，开除党籍9人，移送司法机关5人，涉及违纪金额338.79万元，挽回经济损失24.7万元（查结商业贿赂案件10件次，涉案金额81.25万元）。受理群众信访举报87件次，实施信访监督6人次，办理上级纪委交办信访件5件次。镇海区廉情预警机制做法被评为宁波市2011—2012年度反腐倡廉建设5A级创新经验。

【开展干部进村入企访户活动】 2012年，区纪委深化“三思三创”破难题工作，牵头开展干部进村入企访户活动。全年共走访行政村60个、农户29061户、企业724家，帮助解决各类问题1531个；公开征集难题90余件，破解并完成打通“断头路”、后海塘煤尘整治、建设“美丽新家园”等十大区级重点专项难题。

【开展“效能亮剑”行动】 2012年，区纪委开展以“三问三诺”①为主题的“效能亮剑”行动。全年82家区级部门、16家银行、1391个基层党组织、1.76万名党员做出公开承诺事项5.6万余项，接受社会各界评议。开展专项督查行动13次，抽查单位150余家次，对十大专项行动牵头单位进行督查，对45名机关工作人员进行效能问责，对3名违反效能规定的工作人员做出辞退处理。

【推进“三个”专项治理】 2012年，区纪委推进“公车、两费、小金库”三个专项治理。至年底，完成行政机关176家单位574辆公车的自查、督查和整改等工作及部分参公事业单位车改工作；重新核定当年度各单位“两项经费”额度控制指标，在全区75 家单位推行公务活动公务卡支付结算，实现全年公务接待费用“零增长”目标。

【加强干部审计监督】 2012年，区纪委加强干部审计监督：审计9家单位10名区管领导干部经济责任工作；严格实施党员干部因公出国（境）情况审核、审批程序，出国（境）组团数和人数同比下降20%、21.5%；落实《浙江省党员领导干部防止利益冲突暂行办法》，共有475名领导干部向组织报告家庭财产、投资、兼职、家属子女从业等事项。

【开展工程建设领域突出问题专项治理】 2012年，区纪委加强工程建设质量安全监督，共处理各类举报投诉15件，办结11件，着重查处龙赛医院新城院区一期消防系统、镇海东排南线工程试验段V标和镇海大道二期偷工减料案件。查处3起扰乱市场经济秩序的违法行为，全年120个项目共提交保廉保证金4.43亿元。查处泥螺山北侧围垦工程石料采矿项目招投标伪造资质案件，完成37个工程项目挂靠借用资质投标违规出借资质问题专项清理。

【推进党风廉政惩防机制制度建设】 2012年，区纪委制定《镇海区落实党风廉政建设责任制实施细则》，形成落实党风

①“三问三诺”：即问事、问效、问责和亮诺、践诺、评诺。

廉政建设责任制的"3221"(即三书、二报告、二检查、一问责)工作网络。出台《镇海区2012年推进惩防体系建设和落实党风廉政建设责任制组织领导与责任分工》,促进党风廉政建设各项任务和责任的层层分解和落实。制定《镇海区2012年度预算绩效管理工作考核办法》,将预算绩效管理工作纳入党风廉政建设责任制考核。

【镇海廉文化民间藏品展示馆创建成省廉政文化教育基地】 年初,镇海廉文化民间藏品展示馆获评浙江省第三批廉政文化教育基地。该馆以招宝山街道后大街社区林家大院原址为基础改建而成,总占地面积2946平方米,总建筑面积3189平方米,设书画、玉器、青铜器、陶瓷、票证、邮票、钱币、火花、古书、家具、日用品等13个系列,馆内现有玉器、书画、青铜、陶瓷、邮票、钱币、火花等近1000件民间藏品。这些展品挖掘隐藏在藏品背后的廉文化元素,达到警示与弘扬相结合的宣传教育目的,2010年4月18日建成对外开放。

【承办第22届中国(镇海)兰花博览会"清风和韵"主题活动】 2月17—21日,第二十二届中国(镇海)兰花博览会"清风和韵"主题活动在宁波花木世界举行。主题活动设廉政书画展、摄影大赛和社区廉政文化展三大子活动,其中"清风和韵"摄影大赛共收到来自全国的参赛作品2000余幅。活动通过挖掘提炼兰文化和廉政文化的共性,将廉政文化的思想性与艺术性、观赏性、通俗性融为一体,以增强反腐倡廉教育的感染力、渗透力和影响力,达到"颂兰咏廉、秀兰修身"的目的。

【推进网络问政问效改革】 2012年,区纪委推进网络问政向网络问政问效改革:建立网络问效、网管、网宣、网警四位一体的网络舆情回应处置机制,开通镇海网络问效官方微博。网络问效平台全年举办领导干部与网民对话12期,受理各类咨询、投诉、求助帖2698帖,办复率98.8%,群众满意率97%。

【推进廉情预警机制建设】 2012年,区纪委推进全区管理预警机制建设,参照国际信用评级体系,由单一预警转变为三维复合预警,提升直观性。全年共下发《廉情预警告知书》10份,《廉情督办通知书》4份,对64家单位个廉情信息进行预警。推进非公企业廉情预警机制建设试点。

【开展村级便民服务中心星级创建活动】 2012年,区纪委在全区60个村和28个社区开展创星级、比服务活动,推进省级示范便民服务中心和区"群众满意基层站所"创建。至年底,全区所有村级便民服务中心平均使用面积1000平方米,所有行政村利用数字电视网络每季度公开"党务、村务、财务"一次,实现三星级便民服务中心全覆盖。全年全区村级便民服务中心受理事项8.13万件次,完成代理服务3.41万件,办结率99.1%。

(郑郁葱)

组织工作

【概况】 2012年,全区组织工作全面落实中央和省、市组织工作要求,以开展基层组织建设年活动为主线,围绕区委、区政府工作大局，紧扣“固本强基、创先争优”主题，创新体制机制，激发基层活力，落实干部教育管理、干部人事制度改革、人才发展和基层组织建设等重点工作，提升选人用人公信力、基层党组织战斗力、人才工作支撑力，为全区经济社会发展提供坚强组织保证。

【开展基层组织建设年活动】 2012年，区委组织部出台《关于开展以“固本强基、创先争优”为主题的基层组织建设年的实施意见》（镇区委办〔2012〕19号），把实施“党员先锋、支部堡垒、为民服务、素质提升、基础保障”等“五大工程”作为基层组织建设年活动重点，明确16项专项行动，梳理出100项具体工作任务，部署到2000多名村（社区）干部和基层党组织书记。按照“项目化管理”模式，发动各级党组织主动认领1～2个项目予以重点攻关，制定项目实施方案1530个（次），对12个区级重点督办项目实行全程跟踪、挂牌督办。建立书记领衔破解基层党建难题制度，各镇（街道）书记领办难题11个，区委全会在7月份听取部分镇（街道）书记抓基层组织建设年述职。项目化落实基层组织建设年任务有关做法得到市委常委、组织部长批示肯定。

【开展“破难攻坚”活动】 2012年，区委组织部构建“挂点驻村、包片入户、服务到人”三级干部联系制度，安排31名区级领导分成6个工作指导组，到基层联系点指导创先争优活动375次，排定10大专项行动，落实责任部门限时破难；选派57名年轻干部赴区级重大项目挂职锻炼，组建百余个“党员攻坚团”一线帮扶800多家中小微企业攻坚克难，落实帮扶资金2170万元；组织全区1000多名农村和社区基层干部开展“进万家门、知万家情、解万家难”主题实践活动，累计走访1.79万户，帮助解决实际问题977个，群众满意率达100%。

【开展“公开承诺，服务践诺”活动】 2012年，区委组织部坚持主动公开承诺与破解难题服务相结合，抓好基层党组织和党员公开亮诺、服务践诺、群众评诺等3个环节，组织全区1394个基层党组织，17754名党员面向社会开展共性承诺、岗位承诺、实事承诺累计5.6万余项，兑现承诺5.1万余项，开展群众点评5600余人次。

【开展创先争优评选活动】 2012年，区委组织部围绕创先争优活动，挖掘先进典型，营造创争良好氛围：开展先进基层党组织、优秀共产党员评选活动，评选出100名农村、社区、企业等基层一线优秀代表，在建党91周年纪念大会上予以表彰；开展村（社区）基层干部“星级服务标兵”“为民服务之星”等评选活动，评选出服务标兵120名，“五星级服务明星”20名；发动全区各级党组织开展“对照先进找差距”活动，把学习典型的收获转化为创先争优、推动发展的实际行动。

【推进基层党组织建设】 2012年，区委组织部围绕晋位升级，推进基层党组织分类定级工作：根据不同领域党组织特点，通过“支部自评、群众测评、党委评定”，全区共有74.62%的基层党组织被定为“好”和“较好”，25.23%被定为“一般”，1.15%为定为“较差”。按照“抓两头、促中间”的要求，对16个较差支部逐项梳理分析问题，实行“一支部一策”，逐个整顿转化。针对经济薄弱问题，依托远教致富联合会，为后进支部在项目建设、产业结构调整、兴办实体经济中提供支持和帮助。针对民主制度不规范问题，在农村推行村级重大事务“一会两票”制度，通过召开民主议事会，由党员投建议票、村民投决策票，全区60个行政村共召开民主议事会171次，通过决议项目144个；在社区推广“群众说事、民主议事、分类理事、高效办事、定期评事、公开告事”的社区“六事工作法”，提高社区党组织领导下的居民自治水平。

【加强村(社区)干部队伍建设】 2012年，区委组织部选派57名区管后备干部联村(社区)、“两新”组织挂职，确定65个区直部门与基层党组织结成互助对子，选派20名机关干部到村(社区)任书记、副书记，100名机关干部到两新组织兼任党建指导员，10名区派农村工作指导员驻村工作，新选聘5名大学生村干部到村任职，储备270名左右村级后备干部。

【出台村(社区)书记“金雁奖”奖励办法】 2012年，区委组织部出台《行政村(社区)党组织书记“金雁奖”评选和奖励工作暂行办法》(简称办法)(镇区委办〔2012〕84号)，退职退休后享受事业单位正科待遇。在村书记年平均报酬6.8万元的基础上，提高离职村主要干部生活补助待遇，并建立逐年增长机制，进一步解决后顾之忧。

【多途径发挥党代表作用】 2012年，区委组织部建立健全党代表列席党内重要会议、重大事项通报等制度，安排党代表42人次全程监督正职后备干部推荐、竞争性选拔干部面试等重要活动，向党代表征询事项33项，梳理党代会提案、党员群众反映的突出问题、党建重大问题等意见建议270条；开展听民声、传民意为主要内容的“联系直通车”活动，保证每名党代表走访党员群众不少于10户，及时收集社情民意；推行代表履职承诺、领办实事等制度，55项承诺事项及实事项目通过党务公开栏、网络媒体等形式公开，接受党员群众监督点评。开展党代表“一线解难”行动，充分发挥党代表岗位资源优势，今年以来已协调解决党员群众就业、医疗、教育、住房等实际困难95件，群众满意率达100%。

【实施农村基层干部“大培训”计划】 2012年，区委组织部实施农村基层干部“大培训”计划，全面实施“知识更新培训年”活动，举办各类基层骨干培训班8期，安排两轮12名优秀社工到上海、江苏等地参观学习。依托95个远教站点，整合网站、微博等教育资源，开展“‘先锋’频道基层行”系列活动，提高党员教育参与率。以列为全省课件制作基地和拍摄《和村三十六计》为契机，加大优秀本土课件制作力度，先后推出《党员风采》《喜迎党代会专栏》等系列课件，丰富教学资源。

【实施发展党员“培源纳新”工程】 2012年，区委组织部构建工作标准化体系和质量控制体系，全面推行“全程票决、全程公示、全程纪实”制度，严把发展党员“入口关”，在“源头”实现党员队伍净化。在较早推行接收预备党员、预备党员转正票决制的基础上，在确定入党积极分子、发展对象2个初始提名环节，全省首创实行全体党员无记名投票表决，提高新发展党员的群众认可度和公信力。

【定向选拔4名非中共优秀年轻干部】 4—5月，全区首次面向非党干部公开选拔4名26周岁以下科（处）级年轻干部，共有53名符合报名条件的考生参加笔试考试。通过多维度面试、立体化考察等程序，1名同志担任团区委副书记职务，3名同志分别担任团区委、区总工会、九龙湖旅游度假区管委会担任办公室主任职务。

【竞争性选拔2名区管领导干部】 7—8月，全区开展市、区联合公选领导干部，推出物流枢纽港管委会副主任、区经信局总经济师、团区委副书记3个领导岗位，区经信局总经济师岗位因报名人数不足10人取消。最终，竞争性选拔1名同志担任区物流枢纽港管委会副主任，1名同志担任共青团区委副书记。

【推进两新组织党建全覆盖“百日行动”】 2012年，区委组织部根据全市《关于开展两新组织党建全覆盖“百日行动”的通知》要求，全力推进两新组织党建全覆盖组织体系、工作体系、保障体系和运行体系建设，对非公有制企业实施“一户一档”的动态排摸覆盖，对新社会组织出台《关于进一步加强新社会组织党建工作的实施意见》，建立“一委两会两中心”［即两新工委，区新社会组织促进会和区两新组织党务工作者协会，镇（街道）社会组织服务中心和村（社区）党员服务中心］的新社会组织党建工作体系，创新实施“属业建党、属地覆盖”模式，全区两新组织共单建党组织402个，联建党组织131个，覆盖两新组织3880家，覆盖率达100%。

（顾敏敏）

宣传工作

【概况】 2012年，全区宣传思想工作围绕实施“六大战略”、建设“六个示范区”，营造良好的宣传舆论氛围。是年，区委宣传部开展建设学习型党组织活动，30个机关单位建立“干部学坛”试点，区理论教育宣讲团获市优秀宣讲团队，1人获省、市优秀宣讲员。开展“我们的价值观——镇海时代精神大讨论”活动，推动社会主义核心价值体系大众化。举办第三届全民读书节活动，各镇、街道开展各类社科讲座60余场，镇海中学获省级学习型党组织建设先进单位，宁波帮博物馆获“浙江省社科普及示范基地”。组织十八大和各级党代会精神宣传报道，开设“六大战略”等主题专栏，区级媒体刊播时政新闻5600多篇次，全年有360多篇稿件在中央、省、市级媒体刊播。

推进“厚德之城”建设，开展道德文化“六进、六讲”[①]“道德讲堂”活动，编发《道德讲堂系列读本》人物篇、经典篇1万册。开展“文明出行从我做起”活动，制发《文明出行从我做起倡议书》，将每月11日定为“文明出行践行日”。实施“春泥计划”，建成“四点钟乐园”2家，深化未成年人“做

①“六进、六讲”：机关、讲服务；进企业、讲诚信；进学校、讲美德；进医院、讲和谐；进村居、讲文明；进家庭、讲和睦。

一个有道德的人”活动，开展青少年孝德教育、公民道德宣传月等活动。文明创建工作重点向农村延伸，开展乡风文明创评活动，村（社区）志愿服务站覆盖面达100%。

【开展“文明出行从我做起”主题活动】 4月，全区开展“文明出行从我做起”主题活动，由“文明出行我宣传、文明出行我承诺、文明出行我服务、文明出行我监督”四项内容组成，将每月11日定为“文明出行践行日”，并开展文明行车从我做起、文明乘车从我做起、文明行路从我做起等活动。

【举办区第三届全民读书节】 10月17日，全区举行为期一个月的第三届全民读书节暨2012年全民终身学习活动周、社会科学普及月在区人民大会堂广场开幕。本次读书节主题“笃行核心价值、共建精神家园”，其间举办读书学习、讲座报告、演讲征文、主题展览、社科知识普及等系列活动。

区第三届全民读书节开幕式

【举行公民道德宣传月活动】 2012年，全区举行公民道德宣传月活动。其间开展爱国歌曲大家唱、助老志愿服务、爱心感动人物评选、“道德风尚”演讲比赛等系列活动，招宝山街道总浦桥社区、区新闻中心合唱队等7支队伍荣获金奖，9支队伍荣获银奖，招宝山街道、骆驼街道荣获最佳组织奖。

（裘贤君）

区2012公民道德宣传月启动仪式

统一战线工作

【概况】 2012年，区统一战线工作发挥民主党派、无党派、民族宗教、非公经济、港澳台海外等各界人士的优势，为镇海经济社会发展做出贡献。开展区政协、人大换届有关人事安排工作，推荐安排176名区政协委员。建立13名区党政党员领导与34名民主党派、无党派代表人士的联系交友关系。指导民革、民建镇海支部完成换届，调整区党外知识分子联谊会会长人选，成立志愿服务团。开展党外代表人士六支队伍及后备人士的调查摸底，建立党外代表人士及后备人士资料库。举办党外代表人士培训班，在全市率先推出4名党外干部的竞争性定向公开选拔。

区民宗局开展民族团结进步宣传活动，推进民族工作进社区、进学校、进企业"三进"活动。开展常住少数民族人口和流动少数民族人口情况调查,走访慰问少数民族困难户28户,扶持发展蔬果种植及个体经营项目2个,帮扶资金5.5万元。落实宗教场所安全责任,执行大型宗教场所活动提前报批制度,基督教后施教堂等4个场所通过市级"平安宗教场所"创建验收。汇编宗教政策法规文件和书籍,举办宗教政策法规专题讲座,推进宝陀禅寺藏经楼等6个宗教场所工程建设。实施各镇、街道民间信仰点专管员制度,落实20名宗教界教职人员医保和社保待遇。

区侨办加强海内外双向交流,接待香港"中国寻根之旅"夏令营、浙江省侨界阳光之旅、宁波旅日同乡会等团组,组织参加香港甬港联谊会壬辰年春节联欢晚会暨春茗团拜会、举办香港镇海青年联谊会成立一周年庆典等活动。开展为侨服务,举办侨界法律"进街道、进社区、进侨企"活动;联合司法局成立"镇海区侨界法律服务站",举办"侨企法律知识讲座"、开展"法律服务进侨企"等活动,为侨企、侨界人士提供便利、专业、全面的法律服务,先后协调有关部门解决涉及侨胞祖屋拆迁补偿、港胞祖坟迁移事宜。成立镇海区侨资企业(留学人员投资企业)协会。

区台办接待台湾彰化县企业组团等3个访问团85人到镇海考察交流。协助基层社区、农业、佛教协会等6个团组因公赴台交流。组织台企82名员工集体献血。帮助部分台资企业解决涉土地、环保、人为网络破坏、台商子女就学等问题。

【开展台资企业员工无偿献血活动】 1月,区台商联谊会组织区内台资企业员工无偿献血活动。来自富伟科技集团、金丰机械、东毓油压工业等公司120人报名参加,经过筛选和化验后82人成功献血,献血26000毫升。

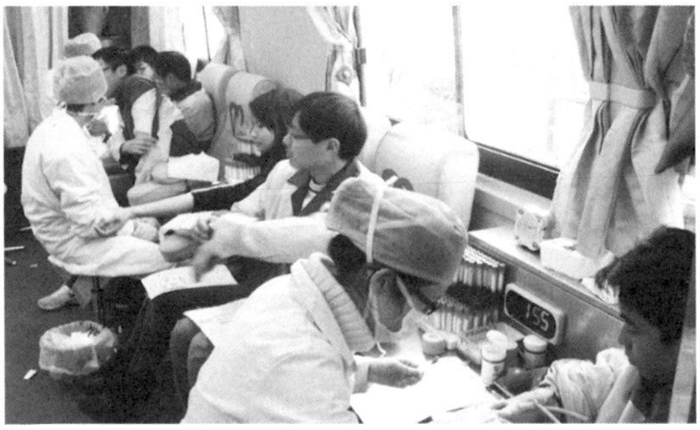

区台商联谊会组织区内台资企业员工无偿献血活动

【国务院侨办到镇海考察基层侨务工作】 2月,国务院侨务办公室国内司副司长一行到镇海考察基层侨务工作。其间,考察组重点走访招宝山街道后大街社区,参观社区为侨服务一条街,听取相关汇报。后大街社区作为全国社区侨务工作首批"明星社区"二十强之一,在侨务"双向服务"中别具特色,且充满人文关怀。

【台湾高雄"结对社区"考察团到镇海考察交流】 5月,由台湾高雄市田寮区西德社区和鸟松区大华社区干部组成的考察团一行18人到镇海开展为期5天的考察交流。其间,考察团参观宁波帮博物馆、台企金丰公司,在招宝山街道后大街和西门两个社区与社区干部、居民及台属进行交流,双方就社区建设、民生服务、未来发展等方面进行探讨。

台湾高雄“结对社区”考察团到镇海考察交流

【开展侨界法律“三进”活动】 5月,区侨界法律“进街道、进社区、进侨企”活动在招宝山街道车站路社区举办。活动以侨务政策咨询、法律咨询及侨法知识谜语等形式为社区居民解疑释难,并向居民分发《浙江省华侨权益保障暂行规定》《宁波市落实侨房政策服务指南》等相关资料。市侨联法律顾问团多名资深律师和社区200多名居民、相关侨企负责人进行互动交流。

【杜青林到镇海视察】 6月,全国政协副主席、中共中央统战部部长杜青林一行到镇海视察宁波帮博物馆。省政协副主席、省委统战部部长,中共中央统战部秘书长、办公厅主任,以及市、区相关领导陪同。

全国政协副主席、中共中央统战部部长杜青林(右六)一行到镇海视察宁波帮博物馆

【区佛教协会第六次代表大会召开】 8月,区佛教第六次代表会议在九龙山庄召开,市民宗局、市佛教协会、区政府、区政协有关领导出席会议。会议审议通过区佛教协会第五届理事关于《过去五年工作回顾》的工作报告,修改现行区佛教协会章程。选举产生新一届佛教协会理事,产生会长、副会长及秘书长。

【第六期党外代表人士培训举行】 8月,第六期党外代表人士培训班在绍兴市社会主义学院举办,全区7个民主党派支部班子成员、区知联会会员、党外人大代表、政协委员、党外领导干部等40人参加培训。

【创立“1+2”侨眷归侨服务制度】 8月,区侨办、侨联与区卫生局在全区范围首创推出“1+2”侨眷归侨服务制度,即对全区70岁以上归侨侨眷和空巢老人,每人配备1名健康管理师和1名侨界志愿者,并开展“2对1”医疗与生活服务活动。全区首批35名归侨侨眷和空巢老人建立结对服务关系。

【后大街社区参加全国社区侨务工作研讨会】 8月,招宝山街道后大街社区作为首批授予的20家“全国社区侨务工作明星社区”之一,参加由国务院侨务办公室在广州召开的“全国社区侨务工作研讨会”。来自全国20个省、自治区、直辖市的侨务工作者以及2011年度“全国社区侨务工作明星社区”代表约100人参加本次研讨会。后大街社区会上作交流发言。

【多批外地夏令营团组到镇海活动】 8月,宁波帮博物馆、镇海中学、镇海口海防历史纪念馆及包氏故居等接待来自香港“中国寻根之旅”夏令营33名中小学学生及教师、上海包玉刚实验学校教职员工130多人、省内11个地级市30多名归侨侨眷子女“阳光之旅”夏令营营员参观学习。

【“区侨界法律服务站”挂牌】 8月，区侨办、侨联与区司法局联合成立“镇海区侨界法律服务站”，并在区司法行政法律服务中心挂牌。服务站聘请镇海事务所律师和骨干力量，为涉侨单位和个人提供法律咨询、宣传、援助服务。

【3家海外人才联络站成立】 9月，区侨办配合区委组织部和区人才办，在澳大利亚、德国、日本建立3家海外人才联络站，至此镇海共有4家海外人才联络站。联络站作为镇海设立在国外的联络服务及人才智力引进机构，不仅将作海外人才“回归雄镇”计划的推介，服务镇海海外人才引进，还将开展联谊交流、学术研讨、信息沟通等活动，搭建在海外人员之间联络沟通、学习交流的平台。

【党外知识分子开展“同心”服务活动】 10月，区党外知识分子联谊会在骆驼街道骆兴村举行志愿“同心”服务活动。现场为群众开展医疗义诊、法律咨询、金融咨询、社保政策咨询、社情民意征集等多项服务活动，发放法律宣传册200本，收集群众提出社情民意20条。活动吸引300多位群众参与。

【区侨资企业(留学人员投资企业)协会成立】 10月，由41家区侨资企业(留学人员投资企业)组成的区侨资企业协会成立。会议通过协会章程，选举产生协会会长、副会长、秘书长，聘请名誉会长、荣誉会长、顾问单位和创业顾问。宁波加德轻纺织品有限公司董事长朱海宏当选为协会首任会长。

【召开区第四次留学人员和家属代表大会】 11月，区第四次留学人员和家属代表大会召开。会议审议通过《宁波市镇海区留学人员和家属联谊会第三届理事会工作报告》和《宁波市镇海区留学人员和家属联谊会章程(修正案)》。选举产生第四届留联会理事会会长、副会长、秘书长、理事，聘请名誉会长和顾问。顾燕华当选区留联会第四届理事会会长。

【接受海外及港澳人士捐赠】 2012年，区侨办引进海外捐赠项目4项，获捐赠额人民币589.36万元。其中省爱乡楷模、市荣誉市民、美国大中集团主席兼董事长应立人夫妇捐资500万元助建镇海立人中学。

(项宗剑)

调研和信息工作

【概况】 2012年，区委办公室、区委区政府政策研究室，围绕区委、区政府的中心做好调研信息工作。做好重点课题的协调和研究，牵头组织区级重点课题研究工作，深入各镇(街道)、部门调研10余次，统筹编辑区级重点调研课题52篇，完成自主课题10余篇、领导交办课题2篇，其中《镇海区社会养老服务体系建设的战略思考》作为制定《镇海区社会养老服务体系建设三年行动计划》的依据。组织开展“六大战略”实施机制、城市经济发展、海洋经济发展、煤尘污染整治、精细化工行业整治、线性工程资金缺口、文创产业发展等方面专题调研,全年共编发《镇海政研》5期。继续提升每月1期《镇海通讯》办刊质量,刊物的导向性、广泛性和活泼性有很大提高,办刊成果得到省、市委政研室领导的高度评价。进一步完善全区信息收集、报送、编发、考核体系,发挥信息为领导决策服务的作用。建立健全信息报送和信息员轮训制度,全年共轮训信息员10多人次,有效提升基层信息报送质量。加强区本级信息工作,提高信息上报的及时、准确、深度3个特点。全年共编发《信息通报》40期、《领导专报》41期、《工作交流》2期、《信息快报》21期、《领导参阅》68期、《领导活动》247期、转呈区领导信息100多篇。信息督查上报工作进步明显,全年在省委办《工作情况交流》中刊发1篇,省委办转报中办38件,6篇信息分别被省领导批示,11篇信息被市领导批示。全年党委信息工作考核排名全市各县(市)区、园区第5,大材料刊发数量、质量位居全市各县(市、区)前列,在市委办信息处刊发的经验性大材料,约占全市八分之一。

(王　磊　朱　聪)

保密工作

【概况】 2012年,全区保密工作本着“实事求是、循序渐进、依法治密”工作原则,开展各项保密工作。区保密局完成上级部署的中央文件保密工作专项检查、涉密信息系统普查和全国保密普查等专项检查任务。落实《国家秘密法实施条例》有关规定,督促各镇(街道)、区直属各单位建立健全保密工作领导小组及保密工作机构。下发《镇海区2012保密工作要点》,对全年保密工作提出思路和要求。签订保密工作责任制,层层建立责任追究制度。推行“三规三定”工作方法,即规定的时间、规定的项目、规定的标准完成整改,定人、定责、定验收,确保发现一项、整改一项、巩固一项。利用新城搬迁时机,开展保密宣传教育活动,邀请省保密局局长为全区保密分管领导和联络员授课,增强保密人员危机感和责任感。在已有2套保密检查工具的基础上,又购买2套保密设备,利用十八大期间或自行开展保密检查2次,抽查组织部、人社局、纪委、区政府办等38家单位,上交计算机硬盘48块,2只优盘,并上交市保密检查中心销毁,有效保证计算机信息安全。下发《涉密文件登记簿》并规范登记、轮阅、上缴、销毁等环节,扎牢保密安全防线,要求各单位纸质文件资料统一回收指定单位,全年共收缴各单位保密废纸60吨,全程监销8次,确保不外流片纸只字。做好高考试卷安全保密工作。

(胡正洪)

老干部工作

【概况】 2012年,全区老干部工作围绕区委、区政府工作大局,以迎接党的十八大胜利召开为主线,落实老干部待遇,改进老干部服务管理,加强老干部工作队伍建设,推动离退休干部创先争优,老干部工作得到进一步提升。全区老干部管理服务对象为349人,其中离休干部102人(包括区内安置外地3人,外地安置区内4人);市管干部33人(其中离休干部4人,退休干部29人);区管退休干部247人(其中安置外地1人）。召开全区工作通报会2次，区委书记薛维海、区长魏祖民分别向老干部作组织工作通报、医疗卫生工作通报、环保工作通报、新农村建设通报。举行政治理论辅导专题报告会3次。区委、区政府在春节向区直管离休干部发放慰问金1000元/人和各类慰问品，区委老干部局在春节、高温和老人节期间向区直管离休干部和机关副局级以上退休干部各发放200元/人慰问金。老干部所在单位在重大节日对本单位老干部发放不少于200元/人敬老慰问。全年各部门、各单位共慰问老干部305人次，总金额476416元。区老干部活动中心被评为省"满意家园"荣誉称号，区老年大学创建成省"教学管理先进单位"。

【召开离退休干部制度建立30周年座谈会】 3月，区委召开离退休干部制度建立30周年座谈会。其间，老干部们从全国建立干部离退休制度的重大意义、30年来党和国家及各级党政组织思想上政治上生活上关心老干部，及老干部工作取得巨大成就、老干部发挥作用等方面畅谈自己的深切体会。

【举办老干部政治理论学习班】 3月，区委老干部局组织上政治大课《民族的精神走向——核心价值体系与核心价值观的多维思考》。5月，联合区直机关党工委举办第十期全区老干部党支部书记培训班，上《当前国内外经济形势分析》政治大课。10月17—19日，区第十期区（县）级离退休老同志读书会在骆驼四季永逸饭店举行，邀请专家作《钓鱼岛问题与东海形势》专题辅导报告。12月，举办《高举旗帜，退票发展——学习贯彻党的十八大精神》导师辅导。

【召开全区老干部双"五好"表彰大会】 7月3日，区委老干部局、区委组织部在招宝山饭店联合举行全区老干部"五好"离退休干部党支部和"五好"离退休党员表彰大会。会上表彰全区15个"五好"离退休干部党支部和25名"五好"离退休干部党员。区农业局、蛟川街道等单位作经验交流，高水锦、刘明康等"五好"党员作典型发言。

【调整落实部分老干部待遇】 2012年，区委老干部局按上级有关文件要求，调整发放离休干部高龄护理补贴，调整抗战时期入伍离休干部无工作配偶（遗孀）医疗待遇，完成军队离休干部房贴测算和上报工作，参照市标准提高区内离休干部住院床位费支付标准。组织离退休干部体验，发放离退休干部疗养补贴。

【多项措施结对帮扶老干部】 2012年，区委老干部局每月一次到市、区各医院集中探望慰问住院老干部，协调解决老干部就医方面出现的困难和问题；对抗战时期入伍、重病在身、生活困难、空巢独居及80岁以上的老干部开展"夏季送清凉、冬季送温暖"等走访慰问活动；用好用足老干部帮困资金，对患过重病或有特殊困难的老干部及其家属进行慰问，全年各单位共探望患病老干部4910人次，各单位慰问金及慰问品折算金额共计80412元。春节期间，对92名有特殊困难的老干部慰问补助，发放补助15.2万元。全年共向2名行动困难老干部审核赠送轮椅，向12位新退休的区管老干部配赠电子血压仪，协助10家单位处理15名老干部丧事。

【开展“共话三十年，喜迎十八大”主题活动】 2012年，区委老干部局围绕迎接党的十八大召开和纪念离退休干部制度建立30周年，开展“共话三十年，喜迎十八大”主题活动。其间区老干部活动中心、老年大学精心安排“学、讲、赛”“走、促、看”“话、写、宣”“书、画、影”“展、演、乐”等5个系列活动，收到优秀书画、剪纸作品224幅。

【区老年大学校舍整体搬迁工程启动】 6月，区老年大学校舍整体搬迁工程启动。项目总投资975万元（其中教学及办公设备225.81万元，工程款749.19万元），占地面积4277.4平方米，建筑面积4890.62平方米，计划2013年建成投用。

【区委老干部局局域网站6月正式开通】 6月1日，区委老干部局局域网站开通。网站设有“政务公开、工作动态、政策文件、学习园地、蛟川枫韵、养生保健、老年大学、活动中心”等9个栏目，是全区老干部工作提供一个相互交流和信息沟通平台，也展示老干部工作部门和老干部队伍形象的重要窗口。

（郭建华）

党校教育

【概况】 2012年，区委党校认真贯彻落实《中国共产党党校工作条例》《2010—2020年干部教育培训改革纲要》和省市党校工作会议精神，围绕推进全区实现“六大战略”“六个示范区”建设任务，抓好党员干部教育培训、理论宣讲和教学科研等工作，发挥党校的党员干部教育培训的主阵地、主渠道作用和党的哲学社会科学研究机构作用。

是年，党校协助组织部、纪委等部门举办全区一把手培训班、生态宜居型城市建设培训班、海洋经济示范区建设专题研修班等主体班次8期，培训党员干部近800人次；与蛟川街道、骆驼街道、宣传部、机关党工委等单位联合办班10期，培训各类人员1200余人次。党校围绕“十八大精神”“十七届五中、六中全会精神”“提升文化软实力，建设文化强国”等主题，深入全区镇（街道）、机关、学校、农村、社区等基层单位宣讲党的理论、路线、方针和政策近90场次，培训干部群众6600余人次。按照省、市委党校的科研任务要求，结合“三思三创”和创先争优等活动，组织教科研人员深入基层调查研究，撰写相关调研文章，为党的理论创新、提高教学质量和党委政府决策服务。开展“进村入企”大走访活动，组织干部教师深入蛟川街道棉丰村破解经济社会发展中的重点难点问题，进一步构建党校干部队伍服务发展、服务基层、服务群众的长效机制。指导帮助基层党校及各培训单位，从教育内容安排、教育管理、师资聘任等方面给予支持。

【创新党校教育培训形式】 2012年，区委党校坚持“开门办学”，建立“专家学者上讲台”制度和“领导干部上讲台”制度，先后与省市委党校、浙大等名校开展培训协作，邀请知名院校专家学者以及市区组织、纪委、发改、环保、审计等职能部门领导给学员上课，增强教学针对性和实效性。

【多篇调研文章获省、市级奖】 2012年，区委党校撰写的多篇论文获省、市奖：《工业循环经济发展模式研究》《多元化矛盾解决机制的实践与思考》2篇论文入选省委党校建设“物质富裕、精神富有”浙江论文研讨会和宁波市社科界第三届学术年会；《廉情预警机制的实践与思考》获宁波市党建研究会年度论文评选二等奖；《新形势下加强和创新老干部工作研究》《多元化矛盾解决机制的实践与思考》《以群众文化活动为载体，推进社会主义核心价值观大众化》3篇论文参加市党校系统年度理论研讨会论文评审，1篇获三等奖，2篇入选。另有《全程“票决制”——开启我省基层“阳光”发展党员之路》《关于基层党校档案工作的思考》等文章发表在省市委党校学报刊物上。

【开展企业职工培训】 2012年，区委党校加大与宁波海港职业培训学校合作力度，围绕化工、物流、货代、港口管理、集装箱运输管理、计算机操作、营销师等行业的培训需求，开设企业文化、生产安全、班组管理、团队执行力、员工素质提升等课程，培训企业职工800余人。

（孙厚清）

党史、地方志工作

【概况】 2012年，区委党史研究室贯彻中央关于《加强和改进新形势下党史工作的意见》的文件和省市党史工作会议和有关文件精神，发挥党史工作在党的全局工作中的重要作用，开展各项工作。开展《中共镇海历史》（二卷）编写，并以此为中心，做好史料征集和专题编写等基础性工作。

【推进党史机构建设】 2012年，区委、区政府把加强党史地方志机构建设列入议事日程，区委常委会专题进行讨论，并形成会议纪要，区政府办公会议也进行专门研究，以区委办、区政府办名义报送区编委审批。11月，区编委印发《关于同意区委党史室和区人民政府地方志办公室合署办公等事项的批复》（镇编委〔2012〕94号）文件，研究决定区委党史研究室、区人民政府地方志办公室合署办公，核定编制4名、领导职数2名，其中设主任1名、副主任1名，工作人员2名。合署后的党史研究室除承担原来的区委党史工作外，还受区政府委托编纂《镇海区志》《镇海年鉴》任务。

【启动中共镇海历史（二卷）编写工作】 2012年，区委党史研究室按照科学发展观要求，以实事求是科学态度，做好资料收集、整理和编纂，启动《中共镇海历史（二卷）》编写工作。是年，专程到宁波港集团、镇海炼化、镇海电厂和市档案馆征集各种资料3000多份，基本完成史料征集。至年底，第二编“社会主义建设在探索中曲折发展”、第三编“十年‘文化大革命’”基本完成稿。

【开展资政育人工作】 2012年，区委党史研究室聘任党史宣讲员下基层开展爱国主义教育报告会，讲述革命烈士陈寿昌、张困斋、朱枫等英雄事迹35场次，达2500余人受教育。

（孙中文）

机关党务工作

【概况】 2012年，区机关党务工作把握“服务中心、建设队伍”两大核心任务，开展创先争优活动，提高机关党建工作水平，为服务镇海经济社会发展提供思想、组织和作风保证。区直机关党工委开展发展党员“培源纳新”业务培训，76家单位基层党务干部受训。举办以贯彻落实《中国共产党党和国家机关基层组织工作条例》等为主要内容的各类培训班5期，培训党务干部85人次，党员1478名，入党积极分子78名。组建党群口8家机关首个“共享学习同盟”。参加全市“价值观讨论”网络征文微博竞赛活动，征集网络征文70多篇，微博200余条。开展交通文明出行主题活动，组织60多家单位800人次机关干部参加文明值勤，做好文明城市测评工作。做好区地税局省级廉政文化示范点的推荐工作。推进党务公开，67个机关基层组织实施党务公开。完成全区机关党组织的分类定级工作。

【开展创先争优活动】 2012年，区直机关党工委根据中央和省、市创先争优活动工作部署和要求，围绕服务型党组织建设目标，以新一轮公开承诺践诺和“进村入企”、党建品牌创建等为载体，统筹推进年度创先争优活动。是年，区直机关106个基层党组织、1200多名在职机关党员干部开展承诺活动。66个机关党组织与62个村、24个社区（楼群）、119家企业党组织结对，15个机关党组织还与象山县15个村结对，帮助结对党组织解决经济发展、社会民生、党建发展中的困难和问题。区人民法院“事乐帮”，区机关事务局“红色后勤”、区审管办“阳光彩虹”等10家单位党建品牌创建通过区级验收。至年底，6个机关党支部被评为区级先进基层党组织，4名党员被评为区级优秀共产党员。14个基层党组织、16名党员被区直机关工委评选表彰基层先进党组织、优秀共产党员。

【推进机关文化建设】 2012年，区机关党工委以推进社会主义核心价值体系建设为主线，以建设“务实、高效、创新、廉洁、奉献”机关为目标，以构建精神文化、行为文化、管理文化、廉政文化和环境文化“五位一体”为重点的工作思路，制订出台加强和推进机关文化建设实施意见，通过举办首届机关文化艺术节、第二届支部书记创意论坛、建立党建文化建设示范点等活动，策划筹办文艺精品展演、摄影、征文、广播操、演讲比赛等15项文体活动，全区近千名机关党员干部参加，提高机关党员干部职工的整体素质，丰富和深化机关文化建设内涵。推进廉政文化进机关活动，与区纪委联合印发廉政记事本2000多册。

【完成全区机关党组织的分类定级工作】 2012年，区机关党工委对照机关基层党组织分类定级参考标准，采取“自查自评、党员群众评议、上级党组织评定”等程序，重点对“党组织带头人、工作思路、工作制度、活动阵地、保障机制、工作业绩、群众评价”等7项分类定级指标，按“好、较好、一般、较差”四个等次进行分类定级。年末评定为好的单位40家，较好的单位73家，一般的单位5家，较差的单位1家。

（华　芳）

宁波市镇海区人民代表大会

区人民代表大会及常务委员会会议

【概况】 宁波市镇海区第十四届人民代表大会第一次会议有人大代表173名，选举产生常委会组成人员25名。2012年，区人大常委会主任张江华，副主任王宏德、高岭夏、吴国平、高炳华、俞国华，委员邓惠民、石建宇、刘继栋、江寅波、孙勇、孙孝法、杨虹(女)、杨金平、吴民丽(女)、沈尧华、陈曦、陈翠娣(女)、金燕(女)、胡友江、胡志平、胡舜颐、洪裕军、顾正纲、徐强。7月，史优俊代表因工作调离本行政区域自动离职。截至年底，区十四届人大有代表172名，常委会组成人员25名。

是年，区人大及其常委会按照区委决

镇海区第十四届人民代表大会第一次会议开幕

策部署和区十四届人大一次会议的决议，围绕中心、服务大局、突出重点、力求实效，履行宪法和法律赋予的职权，发挥地方国家权力机关的作用。全年共召开常委会会议7次、主任会议11次，做出决议决定3项，听取和审议"一府两院"工作报告17个，听取专题汇报43个，检查2部法律的实施情况，组织视察3次，任免地方国家机关工作人员60人次，完成区十四届人大一次会议确定的各项任务。

【召开区十四届人大一次会议】 2月13—16日，区十四届人民代表大会第一次会议在区人民大会堂召开。会议听取和审查区政府工作报告，审查区2011年国民经济和社会发展计划执行情况与2012年国民经济和社会发展计划、区2011年财政预算执行情况和2012年财政预算，听取和审查区人大常委会工作报告、区法院工作报告、区检察院工作报告。会议批准上述报告并做出相应决议。大会选举张江华为区十四届人大常委会主任、王宏德、高岭夏、吴国平、高炳华、俞国华为副主任、19人为委员，选举魏祖民为区长，顾国芳、王兆波、杨小平、张颖（女）、林伟明为副区长，选举邬凡敏为区法院院长、陈贺评为区检察院检察长并报经市检察院提请市人大常委会批准。会议收到代表10人以上联名提出的议案20件，建议、批评、意见197件；决定将第1号《关于加快生态建设和环境保护要集中力量抓重点促成效的议案》、第2号《关于加快生态建设、加大环境保护力度的议案》等6件议案，交由区人大常委会研究处理；其他14件议案作为代表建议、批评和意见处理。

【召开区十四届人大常委会会议7次】 2012年，区十四届人大常委会共召开7次会议。

第一次会议于3月29日召开。会议表决通过《区人大常委会2012年工作要点》《区十四届人大常委会会议议事规则》《区人大常委会各工作委员会名单》《区人大常委会各街道工作委员会名单》《区人大常委会代表资格审查委员会名单》；听取和审议区人大常委会主任会议《关于〈加快生态建设和环境保护议案〉办理意见的报告》，表决通过《关于办理〈加快生态建设和环境保护要集中力量抓重点促成效的议案〉的决定》并交区政府组织实施；审议通过区长魏祖民提请的有关人事任职议案；审议通过区法院院长邬凡敏和区检察院检察长陈贺评提请的人事任免议案。

第二次会议于5月29举行。会议听取和审议区政府《关于办理加快生态建设和环境保护要集中力量抓重点促成效议案的决定的落实情况报告》《关于镇海区民营工业经济发展情况的报告》，决定接受杨小平志同志提出的辞去区人民政府副区长职务的请求，审议通过区法院院长邬凡敏提请的有关人事任职议案。

第三次会议于7月30日举行。会议听取和审议区政府《关于镇海区2012年上半年国民经济和社会发展计划执行情况的报告》《关于镇海区2011年财政决算草案的报告》《2011年政府非税收入和社会保障资金收支管理情况的报告》《2012年上半年财政预算执行情况的报告》《关于2011年度镇海区财政预算执行和其他财政收支的审计工作报告》，做出《关于批准2011年区财政决算的决议》；听取和审议区人大常委会执法检查组《关于检查道路交通安全法贯彻执行情况的报告》;审议通过区检察院检察长陈贺评提请的有关人事任免议案。

第四次会议于8月22日举行。会议听取和审议通过区长魏祖民提请的人事任免议案,决定任命包志安为区政府副区长。

第五次会议于9月28日举行。会议听取和审议区法院《关于区人民法院民商事审判工作情况的报告》、区政府《关于2012年镇海新城开发建设情况的报告》《关于镇海区十四届人大一次会议代表建议、批评、意见办理情况的报告》、区人大常委会代表工委《关于镇海区十四届人大一次会议代表建议、批评、意见督办情况的报告》,书面审议《关于镇海区民营工业经济发展情况报告审议意见的研究处理情况的报告》。

第六次会议于11月26日举行。会议听取和审议区政府《关于文化事业发展情况的报告》《关于"解难创优、改善民生,加快提升生活品质"九大行动计划实施情况的报告》,书面审议《关于办理加快生态建设和环境保护要集中力量抓重点促成效议案落实情况审议意见的研究处理情况的报告》《关于道路交通安全法执法检查报告审议意见的研究处理情况的报告》,审议通过区法院院长邬凡敏、区检察院检察长陈贺评提请的有关人事任职议案,审议通过区人大常委会主任张江华提请的有关市人大代表补选事项。

第七次会议于12月27日举行。会议听取区人大办公室关于区十四届人大二次会议有关事项的说明,审议提出区十四届人大二次会议议程(草案)、区十四届人大二次会议主席团和秘书长名单(草案),审议通过区十四届人大二次会议各代表团召集人名单、关于召开区十四届人大二次会议的决定、区十四届人大二次会议工作需要列席人员名单,听取和审议代表资格审查委员会关于代表资变动情况的报告,听取主任会议关于区人大常委会工作报告的说明,审议通过区人大常委会工作报告并决定提交区十四届人大二次会议审议,听取区政府办关于区政府工作报告起草工作的说明、区发改局关于2012年计划报告(草案)的说明、区财政局关于2012年财政预算报告(草案)的说明,初审政府工作报告、2012年计划报告(草案)和2012年区财政预算报告(草案)。

主要工作与活动

【概况】 2012年,区人大常委会按照区第十三次党代会的决策部署和区十四届人大一次会议的决议决定,依法全面履行监督法赋予的各项职权,推动"一府两院"依法行政和公正司法,促进法律法规有效实施,为全面实施"六大战略"、全力建设"六个示范区"发挥地方国家权力机关的作用。全年听取和审议"一府两院"专项工作报告16项,听取专题汇报17个,做出决议决定3项,检查2部法律的实施情况,组织视察3次。

【开展民营工业经济发展情况监督】 2012年,区人大常委会组织力量专题调研民营工业经济发展情况。其间,听取和审议专项工作报告,对转型升级困难、土地资金要素制约等突出问题,提出破解要素制约、加强分类指导,加大扶持力度,进一步提高服务水平,促进民营工业企业转型升级，优化民营工业经济环境等相关审议意见。经过区人大常委会跟踪督查，年底区政府及相关部门将各项整改措施落到实处。

【开展全域城市化工作监督】 2012年，区人大常委会听取和审议新城开发建设、老城提升改造专项工作报告，对新城建设中的拆迁安置难、项目推进慢及老城改造资金紧张等突出问题，提出加强规划引导、融资工作及城市运营管理机制研究等审议意见。经过区人大常委会审议，老城规划编制进一步完善，发展定位进一步明确，项目加快推进；新城建设项目实施进度加快，框架进一步拉开。

【开展生态文明建设情况视察】 2012年，区人大常委会组织开展全区生态文明建设情况视察。其间，听取和审议生态建设和环境保护议案办理决定落实情况的报告，听取节能减排、煤尘整治等工作的开展情况；对北区污水处理厂管理体制和二期扩建、河道水质污染整治、全区排污总量控制等问题，提出具体处理意见。经过区人大常委会跟踪督办，年底完成市政府下达的四项主要污染物减排任务，全区降尘量下降15.2%，有机废气排放量下降15.3%，18家小化工企业关闭搬迁转产，一批电镀、印染等重点行业企业完成整治，理顺北区污水处理厂管理体制，全区生态环保工作取得一定进展。

【开展道路交通安全法法规实施情况检查】 2012年，区人大常委会开展实施《中华人民共和国道路交通安全法》及其配套法规检查。其间听取和审议执法检查工作报告，提出加强交通规划配套建设、提高交通执法管理工作效率等审议意见；对危化品运输安全隐患较多等情况，提出创新危化品运输安全监管方式，加大打击危化品运输中偷盗行为力度、加快开辟危运车辆便捷进出镇海的专用通道、推进危化品运输综合服务中心建设等建议。经过区人大常委会跟踪监督，年底全区道路交通秩序得到改善，危运车辆运输安全监督工作得到加强，运行专用路线已限定，危化品运输综合服务中心的建设得到落实。

【开展食品安全法法规实施情况检查】 2012年，根据省、市人大统一部署，区人大常委会开展《中华人民共和国食品安全法》及其配套法规实施情况检查。其间，通过调研暗访、实地走访、跟踪回访，督促有关部门进一步完善监督机制，提出加快设施建设提升检测能力，严厉打击食品安全违法犯罪行为等建议。经过区人大常委会跟踪监督，区政府出台相关政策措施，开展食品安全大整治百日行动。

【加强4件重点督办件跟踪督查】 3月，区人大常委会主任会议将“关于尽快建立镇海庄市、骆驼片区关情院的议案”“关于加快推进九龙湖坚固件产业转型升级的

区人大常委会视察危化品道路运输安全监管工作

议案”“关于加强拆迁安置小区物业管理的议案”“关于在全域城市化推进中明确蛟川街道定位问题的议案”列为重点督办件。4月，区人大常委会通过座谈调研、上门听取代表意见和承办单位专题汇报等形式，介入交办、面商、答复、反馈、跟踪、落实等环节，有针对性地开展重点督办。6月，区人大常委会主任会议专题听取区政府关于上述4件重点督办件办理情况的汇报，对存在问题提出相关整改意见。年内，4件重点督办件办理完毕，代表对办理结果均表示满意。

人事任免

【概况】 2012年，区人大常委会依法履行人事任免权，共决定任免政府组成人员29人次，任免审判、检察人员42人次。

重要职务任免一览表

表4

任免时间	任免会议名称	任免人员及职务
3.29	区十四届人大常委会第一次会议	任命刘毅为镇海区人民政府副区长。任命王信永为镇海区人民政府办公室主任，崔召春为镇海区发展和改革局局长，陈江其为镇海区经济和信息化局局长，杨宇伟为镇海区教育局局长，李德军为镇海区科学技术局局长，张剑波为镇海区民族宗教事务局局长，陈海伟为镇海区监察局局长，顾舰为镇海区民政局局长，嵇红卫为镇海区司法局局长，唐东海为镇海区财政局局长，徐天红为镇海区人力资源和社会保障局局长，胡荣章为镇海区环境保护局局长，施宇峰为镇海区住房和建设交通局局长，陈建江为镇海区城市管理局(城市管理行政执法局)局长，陈恺为镇海区农业局局长，阮一心为镇海区商务局局长，余维勤为镇海区文化广电新闻出版局局长，王亚玉为镇海区卫生局局长，潘丛辉为镇海区人口和计划生育局局长，徐继伦为镇海区审计局局长，邵秀波为镇海区统计局局长，邹育平为镇海区食品药品监督管理局局长，岑国兴为镇海区安全生产监督管理局局长，叶秀贝为镇海区经济合作局局长 任命黄元忠为镇海区人民法院审判委员会委员，魏爱军为镇海区人民法院审判委员会委员，李国勇为镇海区人民法院审判委员会委员、审判员，李佳为镇海区人民法院审判委员会委员，田明芳为镇海区人民法院刑事审判庭庭长，王磊为镇海区人民法院审判委员会委员、民事审判第一庭庭长，徐俊美为镇海区人民法院未成年人案件综合审判庭庭长，戴盈盈为镇海区人民法院立案庭副庭长，洪磊为镇海区人民法院刑事审判庭副庭长、审判员，刘光明为镇海区人民法院民事审判第一庭副庭长、审判员，郑尚强为镇海区人民法院民事审判第一庭副庭长、审判员，吴绍海为镇海区人民法院民事审判第二庭副庭长，于广学为镇海区人民法院行政审判庭副庭长、审判员，万利容为镇海区人民法院审判监督庭副庭长、审判员，免去郑正行的镇海区人民法院行政审判庭庭长职务，叶建园的镇海区人民法院刑事审判庭庭长职务，田明芳的镇海区人民法院民事审判第一庭庭长职务，吴亚甫的镇海区人民法院刑事审判庭副庭长职务，徐俊美的镇海区人民法院刑事审判庭副庭长职务，孙圣炯的镇海区人民法院民事审判第一庭副庭长职务，吴绍海的镇海区人民法院民事审判第一庭副庭长职务，王磊的镇海区人民法院民事审判第二庭副庭长职务 任命潘萍萍为镇海区人民检察院副检察长、检察委员会委员、检察员；免去孙海雄的镇海区人民检察院副检察长、检察委员会委员、检察员职务，夏冰的镇海区人民检察院检察委员会委员、检察员职务，董华栋的镇海区人民检察院检察员职务

续表4

任免时间	任免会议名称	任免人员及职务
5.29	区十四届人大常委会第二次会议	免去杨小平的镇海区人民政府副区长职务。任命陈增富、谢朝宏为镇海区人民法院审判员
7.30	区十四届人大常委会第三次会议	任命曹南成、杨春梅、胡赟、陈斌敏为镇海区人民检察院检察委员会委员；任命蒋小林、史荣全、曹慧卉、蔡峰、周尊鑫、黄学辉、娄宗莹为镇海区人民检察院检察员；免去周丽英、陈绍峰的镇海区人民检察院检察员职务
8.22	区十四届人大会常委会第四次会议	任命包志安为镇海区人民政府副区长。任命邱仕先为镇海区经济和信息化局局长；免去陈江其的镇海区经济和信息化局局长职务
11.26	区十四届人大常委会第六次会议	任命毛益波、张发生为镇海区人民法院审判员。任命叶晓勇为镇海区人民检察院检察员

镇人民代表大会和街道工作委员会

【概况】 2012年，澥浦、九龙湖2镇人大各召开2次会议。区人大常委会招宝山、蛟川、骆驼、庄市4个街道工作委员会，履行人大常委会赋予的职权，依法承办人大常委会交办事项，为人大代表依法履职服务，为本辖区内人民群众服务。

【召开澥浦镇人民代表大会2次】 1月6日，澥浦镇第十七届人民代表大会第一次会议召开。会议听取和审查镇人民政府工作报告、镇人大主席团工作报告，审查、批准镇2011年财政预算执行情况及2012年财政预算，批准上述报告并做出相应决议，票决2012年镇拟实施实事工程和评测2011年镇实事工程。通过有关人事任免事项。大会收到镇人大代表提出的建议、批评和意见9件。

9月12日，澥浦镇第十七届人民代表大会第二次会议召开。会议听取和审查镇人民政府上半年工作报告、镇2011年财政决算和2012年上半年财政预算执行情况的报告，批准上述报告并做出相应决议。通过有关人事任免事项。大会收到镇人大代表提出的建议、批评和意见7件。

【召开九龙湖镇人民代表大会2次】 1月12日，九龙湖镇第三届人民代表大会第一次会议召开。会议听取和审查镇人民政府工作报告、镇人大主席团工作报告，审查、批准镇2011年财政预算执行情况及2012年财政预算，批准上述报告并做出相应决议，票决2012年镇拟实施实事工程和评测2011年镇实事工程。通过有关人事任免事项。大会收到镇人大代表提出的建议、批评和意见11件。

8月7日，九龙湖镇第三届人民代表大会第二次会议召开。会议听取和审查镇人民政府上半年工作报告、镇2011年财政决算和2012年上半年财政预算执行情况的报告，批准上述报告并做出相应决议。听取人大对政府上半年工作评议。通过有关人事任免事项。

（杨友华）

宁波市镇海区人民政府

重要会议

【区政府全体会议】 2012年，区政府共召开两次全体会议。

2月7日，第一次全体（扩大）会议召开。会议审议《2012年政府工作报告》，研究部署区政府工作。

7月19日，第二次全体（扩大）会议召开。会议学习省第十三次党代会精神，总结交流上半年全区经济社会发展情况，客观分析当前经济社会发展形势，研究部署2012年下半年主要工作任务。

【召开区政府常务会议4次】 2012年，区政府召开4次常务会议。

2月2日，代区长魏祖民主持召开区政府常务会议。会议审议并原则同意区政府办、区发改局、区财政局分别提交的《2012年政府工作报告》《关于镇海区2011年国民经济和社会发展计划执行情况与2012年国民经济和社会发展计划（草案）的报告》《关于镇海区2011年财政预算执行情况和2012年财政预算（草案）的报告》。

3月28日，区长魏祖民主持召开区政府常务会议。会议听取区委组织部关于近期干部任免情况通报；审议并原则同意区政府办提交的《宁波市镇海区人民政府工作规则》、环保局提交的《镇海区生态文明示范区建设暨生态环境整治五年行动计划》《2012年镇海区生态建设环境保护工作主要任务》、经信局提交的《镇海区精细小化工行业三年整治计划》。

11月9日，常务副区长顾国芳主持召开区政府常务会议。会议审议并原则同意区发改局提交的《关于开展全域城市化综合配套改革试点的实施方案》《镇海区加快发展海洋经济五年行动计划》、民政局提交的《镇海区居民家庭经济状况核对实施细则》《镇海区关于加快推进民政事业发展城乡一体化的意见》《镇海区退役士兵安置暂行办法》。

12月21日，区长魏祖民主持召开区政府常务会议。会议审议并原则同意区政府办提交的《政府工作报告（送审稿）》、发改局提交的《镇海区2012年国民经济和社会发展计划执行情况与2013年国民经济和社会发展计划报告（送审稿）》《镇海区2013年度政府投资项目计划方案（送审稿）》《镇海区2013年度实事工程项目安排方案（送审稿）》《镇海区2013年重点工程及重大前期项目计划安排方案(送审稿)》、财政局提交的《关于宁波市镇海区2012年财政预算执行情况和2013年财政预算草案的报告(送审稿)》、发改局提交的《镇海区政府投资项目公示办法(试行)》《镇海区政府投资项目决策听证办法(试行)》《镇海区政府投资项目第三方评审管理办法(试行)》《镇海区政府投资项目竣工验收管理办法(试行)》《镇海区政府投资项目后评价管理办法(试行)》等。

【区长办公会议】 2012年,区政府召开22次区长办公会议,主要研究《2012年政府工作报告(讨论稿)》《镇海区深化住房分配货币化政策实施方案》《宁波市镇海区人民政府工作规则》《关于促进全区经济发展的若干意见》《关于加快发展现代高效生态农业的若干政策》《镇海区经济转型升级五年行动计划》及煤炭扬尘整治等工作。

1月6日,召开第1次区长办公会议。会议审议《2012年政府工作报告(讨论稿)》,听取区质监分局关于2011年度区政府质量奖评选有关情况汇报。

1月8日,召开第2次区长办公会议。会议研究《2012年全区经济工作会议报告(讨论稿)》《2012年政府工作报告(讨论稿)》。

1月19日,召开第3次区长办公会议。会议审议并原则同意2012年列入市“双百工程”项目责任分解方案、2012年镇海区重点工程名单、2012年镇海区领导联系重点工程名单、2011年度镇海区“项目推进落实年”先进个人名单。

2月21日,召开第4次区长办公会议,研究讨论有关政策及工作。会议听取区人才办关于“招宝聚财、智汇镇海”高层次人才引领计划创业项目评审有关情况汇报与关于2011年人才奖项评选有关情况汇报、住房和建设交通局关于铁路北环线(镇海段)和绕城高速连接线建设资金安排有关情况汇报《镇海区深化住房分配货币化政策实施方案》《关于镇海区经济适用住房(含解困房)上市交易缴纳土地收益等价款的管理办法》、区城投公司关于东邑阳光保障房项目贷款有关情况汇报、区政府办关于2012年区政府工作报告任务分解有关情况汇报;审议并原则同意区政府办公室提交的《2012年宁波市政府民生实事项目目标任务镇海区责任分解方案》《宁波市镇海区人民政府工作规则》(征求意见稿)。

3月14日,召开第5次区长办公会议。会议审议并原则同意区委政研室、区经信局、人才办、商务局、科技局、金融办、发改局分别提交的《关于促进全区经济发展的若干意见》《关于加快促进工业转型升级若干政策意见的实施细则》《关于实施人才强区战略推进人才优先开发政策意见的实施细则》《关于提升发展开放型经济若干政策意见的实施细则》《关于促进现代服务业发展若干政策意见的实施细则》《关于科技创新若干政策意见的实施细则》《关于鼓励发展股权投资业和推进股权融资若干政策意见的实施细则》《关于鼓励金融业发展若干政策意见的实施细则》《关于加快推进企业上市工作若干政策意见的实施细则》《关于加快文化创意产业发展若干政策意见的实施细则》;审议并原则同意区发改局提交的《全区民营经济会议方案》;听取区人才办关于2011年人才工作目标责任制考核情况汇报、科技局关于2011年科技进步目标责任制考核情况汇报、物流枢纽港管委会关于煤炭扬尘整治工作情况汇报、交警大队关于宁波市中心城区实施交通新“四禁”工作方案有关情况汇报、农办提交的《全区农村工作会议方案》、农业局提交的《关于加快发展现代高效生态农业的若干政策》、检察院关于该院暂停搬迁及现办公楼装修有关情况汇报、国土分局提交的《宁波市镇海区矿产资源规划(2011—2015)》、政府办提交的《2012年区政府工作报告任务分解细化方案》。

3月28日,召开第6次区长办公会议。会议听取区住建局关于全区个人住房与保障房信息系统建设有关情况汇报、文广新闻出版局关于镇海文化艺术中心项目建设有关情况汇报、镇投公司关于融资担保有关情况汇报;审议并原则同意区教育局提交的《关于深入推进义务教育均衡发展的实施意见》《关于购买民办外来务工人员子女学校学位的实施意见》、国土分局关于全区征地区片综合地价政策执行情况汇报、环保局关于召开2012年镇海区国家生态文明示范区创建暨生态环境整治工作会议有关情况汇报;原则同意环保局提交的《镇海区2012年“清洁空气”行动工作方案》、经信局提交的《镇海区2012年扶持中小民营企业发展的若干政策》、九龙湖旅游度假区管委会关于御水龙都项目实施情况汇报、蛟川街道办事处关于青龙桥一期地块挂牌出让有关情况汇报。

4月10日,召开第7次区长办公会议。会议审议并原则同意区委人才办提交的《镇海区高层次人才创业扶持政策资金资助管理办法(试行)》《2012年度区对镇(街道)园区党政领导班子人才工作目标责任制考核实施办法》;听取区总工会关于2009—2011年度区劳动模范及模范集体表彰有关情况汇报、经信局提交的《镇海区“十二五”节能规划》、拆迁办关于2012年一季度全区拆迁工作情况汇报、金融办关于组建宁波镇海农村商业银行股份有限公司有关情况汇报、教育局关于召开2012年全区教育工作会议有关情况汇报、区政府办提交的《镇海区2012年“两会”建议、提案重点办理方案》。

4月16日,召开第8次区长办公会议。会议听取区农业局关于2012—2013年海天林带提升工程有关情况汇报、总工会提交的《镇海区2009—2011年度劳动模范及模范集体候选方案》、教育局提交的《关于贯彻国家和省市教育规划纲要的实施意见》《镇海区教育事业发展“十二五”规划》《镇海区体育事业发展“十二五”规划》《镇海区全民健身实施计划(2011—2015年)》、区政府办关于召开区政府生态环境整治工作新闻发布会有关情况汇报、文广新闻出版局提交的《镇海文化艺术中心项目调整方案》、监察局提交的《关于对全区“三公”经费使用情况专项检查的报告》、人社局关于全区2011年目标管理考核和2012年全区考核工作安排情况汇报;原则同意人社局局提交的《镇海区2012年区级机关目标管理考核办法》《镇海区2012年镇(街道)管委会工作目标责任制考核办法》。

5月3日,召开第9次区长办公会议。会议审议并原则同意区人社局、发改局分别提交的《2012年部分重要指标完成进度考核办法》《2012年主要经济指标考核任务分解方案》、九龙湖镇政府关于横溪村、秦山村供水系统改造有关情况汇报、质监分局提交的《镇海区加快建设质量强区实施方案(2012—2015年)》、安监局关于加强全区危险化学品道路运输监管工作情况汇报、环保局提交的《镇海区环境保护“十二五”规划》《镇海区“十二五”主要污染物减排工作方案》、金融办提交的《关于设立科技专营支行的方案》、文明办关于创建全国文明城市“三连冠”先进集体与先进个人评选有关情况汇报。

5月18日,召开第10次区长办公会议。会议审议并原则同意区经信局提交的《镇海区经济转型升级五年行动计划》、残联关于残疾人参加一次性补缴社会养老保险有关情况汇报、监察局提交的《关于深入推进“阳光工程”建设的意见》、农业局关于生态林带建设有关情况汇报、国土分局关于骆驼街道机电园区原市腾笼换业等企业落户用地有关情况汇报、财政局提交的《镇海区地方国库现金管理试点方案》、机关事务局关于机关事业单位更新购买车辆有关情况汇报。

6月6日,召开第11次区长办公会议。会议听取区政府办公室关于区十四届人大一次会议代表建议重点督办件办理有关情况汇报、经合局提交的《第十四届浙洽会第十一届消博会第五届中国开放论坛镇海分团实施方案》、商务局提交的《镇海区2012年外贸企业服务月活动方案》、住建局提交的《镇海区落实全域城市化战略五年行动计划(2012—2016)》《镇海区安置房规划建设方案》《镇海大道三期(原新区主干道东外环—镇骆路段)工程BT建设方案》、国土分局提交的《关于开展全区农村集体土地所有权确权登记发证工作方案》、招宝山街道提交的《关于西街服装城安全整改环境改善工作方案》、镇投公司提交的《镇投公司与光大金融租赁股份有限公司合作开展医院融资租赁业务方案》。

6月26日,召开第12次区长办公会议。会议审议并原则同意区委组织部提交的《关于离职村主要干部生活补助调整方案》《关于镇海区行政村(社区)党组织书记“金雁奖”评选和奖励工作暂行办法》、经合局提交的《关于加快文化创意产业发展的实施细则“一企一策”补充条款》、环保局提交的《镇海区迎接国家环境保护模范城市复查攻坚阶段工作方案》、拆迁办提交的《关于集体土地房屋拆迁商品住宅平均价格标准调整方案》、住房和建设交通局提交的《镇海区深化住房分配货币化政策试点方案》、蛟川街道关于石塘下村环保、商检、消防地块配套建设费用有关情况汇报等。

7月24日,召开第13次区长办公会议。会议听取区人社局关于2012年上半年部分指标完成进度考核情况汇报、住房和建设交通局关于全区客运出租车市场改造有关情况汇报、规划分局提交的《〈镇海新城北区[ZH07]控制性详细规划〉局部地块优化论证报告》等。

8月10日,召开第14次区长办公会议。会议听取区住房和建设交通局关于加强住宅小区物业管理有关情况汇报、民政局提交的《镇海区城乡居民临时救助办法》、卫生局关于龙赛医院改扩建提升工程有关情况汇报等。

9月5日,召开第15次区长办公会议。会议听取区经合局、人社局、科技局关于举行2012镇海区人才科技经贸文化月系列活动有关情况汇报；人才办关于2012年上半年高层次人才创业项目评审工作有关情况汇报与关于创建创业型城区工作情况汇报等。

9月24日，召开第16次区长办公会议。会议审议并原则同意区文广新闻出版局提交的《镇海区文化提升发展五年规划》、城管局关于“智慧城管”中心建设有关情况汇报、九龙湖旅游度假区管委会关于增加旅游投资公司资本金有关情况汇报与关于增加旅游投资公司资本金有关情况汇报。

9月18日，召开第17次区长办公会议。会议审议并原则同意区公安分局提交的《镇海区消防事业发展“十二五”规划》、经信局提交的《镇海工业强区建设五年规划（2012—2016年）》、发改局提交的《镇海区实施民生保障改善战略五年规划（2012—2016年）》。

10月12日，召开第18次区长办公会议。会议审议并原则同意郑氏十七房旅游景区管委会提交的《郑氏十七房景区合作项目框架协议》、发改局提交的《镇海区加快发展海洋经济五年规划》、农业局提交的《镇海区创建“浙江省森林城市”全面推进“森林镇海”建设实施意见》等。

10月18日，召开第19次区长办公会议。会议听取区质监分局关于设立宁波市镇海区质量技术监督检测中心有关情况汇报、九龙湖镇关于紧固件产业转型发展有关情况汇报、卫生局关于龙赛医院提升改造有关情况汇报等。

11月1日，召开第20次区长办公会议。会议听取区金融办关于镇海区创业投资引导资金运作有关情况汇报、人社局提交的《镇海区深入开展创建创业型城区工作方案》、财政局关于对后海塘塘体进行修缮有关情况汇报等。

12月7日，召开第21次区长办公会议。会议审议并原则同意区安监局提交的《镇海金属园区转型升级实施方案》、经合局关于镇海区政府和龙游县政府合作共建“龙游——镇海山海协作产业园”有关情况汇报、住房和建设交通局提交的《宁波金洋物流公司危险化学品停车场建设方案》等。

12月10日，召开第22次区长办公会议。会议听取区政府办公室、区发改局、财政局关于2013年《政府工作报告》起草、2013年国民经济和社会发展计划（政府投资项目、实事工程、重点工程方案）编制、2013年财政预算安排有关情况汇报；区发改局提交的《镇海区政府投资项目公示办法（试行）》《镇海区政府投资项目决策听证办法（试行）》《镇海区政府投资项目第三方评审管理办法（试行）》《镇海区政府投资项目竣工验收管理办法（试行）》《镇海区政府投资项目后评价管理办法（试行）》。

（朱建华　李　健）

政务办理和督查

【概况】 2012年，区政府办完善督促检查机制、进一步明确督查工作职责、实行政府领导领办人大代表重点建议、政协重点提案制度，明确领导批示的办理流程、规范格式，提升政务督查工作服务区重大决策部署的效能。

3月，区政府召开人大建议、政协提案交办会议，部署落实办理任务。明确交办、催办、答复、落实和网上办理等各阶段工作任务和主办、协办单位各自工作职责。区政府办对办理进展情况全程跟踪，并根据办理进度质量进行及时协调督促。办理区十四届人大一次会议期间代表建议218件，代表满意与基本满意率达到99.5%，办理区政协九届一次会议提案216件，委员对办理结果的满意与基本满意率达到100%。此外，按照市政府办公厅要求，办理市人大代表建议8件、市政协委员提案7件。

是年，区政府办围绕《政府工作报告》任务，按季度督查，落实、督促各镇街道和各部门完成区政府重点工作任务。落实区发改局对《政府工作报告》确定的8件实事工程，每月汇总进展情况，适时组织相关部门及人大代表、政协委员实地督查，促进实事工程如期完成。办理市政务督查件33件，主要内容为贯彻落实市政府工作报告、市“两会”建议提案、市级实事工程、市重点项目等。办理省、市领导批示件204件，其中办件63件，阅件141件，主要内容涉及环境、安全生产、信访维稳等。办理区长批示270件，其中办件124件，阅件146件，主要内容涉及教育、环境市容等方面问题。

【6项实事工程全部完成】 2012年，全区安排6项政府实事工程，涉及清洁空气、菜市场改造、保障性住房建设等。到年底，6项实事全部完成。

（刘　鹏）

2012年度镇海区实事工程完成情况

表5

序号	项目名称	目标任务	2012年实施内容	完成情况
1	清洁空气行动	对后海塘区域环境进行整治，清洁空气，优化环境	1. 煤尘整治：制定整治整体方案，煤场区域整治机制体制上有实质性突破，启动2号、3号煤码头功能调整工程，并改进作业方式；2. 清洁空气：采取相关措施，有效遏制再生金属资源加工利用企业环境违法行为，进一步减少拆解过程中大气污染物的产生；3. 后海塘区域企业节能减排整治：启动阿克苏诺贝尔过氧化物搬迁程序，启动万隆酒精搬迁前期工作	按计划完成
2	菜市场改造提升工程	完成各镇（街道）中心菜市场以“标准化、信息化”为重点的提升改造	1. 市场环境改造提升：示范类硬件设施符合商务部《标准化农贸市场设置与管理规范》及省政府有关要求改造，提升类对活禽、水产、熟食经营区域及节水、节电等设施进行改造提升；2. 初步构建以“一证一卡一平台”为主要内容的肉类蔬菜流通追溯体系	按计划完成
3	老年大学整体搬迁工程	整体搬迁老年大学至原区实验小学	对原区实验小学进行改造装修，新建电梯、机房、连廊、卫生间、化粪池及管道，维修屋面、外墙、地面，更换楼梯扶手，强弱电线路改造，教学设备配置符合老年学员学习需求。搬迁后老年大学新增建筑面积2800平方米	按计划完成

续表5

序号	项目名称	目标任务	2012年实施内容	完成情况
4	保障性住房建设工程	开工建设公共租赁房6万平方米	1. 东邑地块保障房，建设公共租赁房628套，2012年主体施工 2. 古塘丽景四期保障房，建设公共租赁房600套，2012年开工	按计划完成
5	新农合保障实施工程	1. 提高住院和门诊补偿封顶线；2. 提高住院补偿水平；3. 提高重大疾病保障水平	1. 住院补偿封顶线提高至15万元，门诊补偿封顶线提高至有效医疗费用3000元；2. 提高住院补偿水平：区内基层医疗机构80%，区内定点医疗机构70%，区外即时结报定点医疗机构60%，非定点医疗机构50%；3. 将偏瘫肢体综合训练等25项医疗康复项目纳入新农合医疗服务项目支付范围，按规定给予支付。将儿童自闭症、血友病、艾滋病机会感染等病种纳入特殊病种范围，补偿比例参照住院补偿标准。积极推进农村居民重大疾病保障试点，选择终末期肾病、重性精神病、乳腺癌和宫颈癌纳入试点病种范围，增加20%补偿比例	按计划完成
6	全区社会治安视频监控系统建设和应用工程	建设全区社会治安视频监控系统：1. “农村平安小区”监控系统建设；2. 治安视频监控系统建设	1. “农村平安小区”监控系统建设：完成 38个村“农村平安小区”监控系统建设；2. 治安视频监控系统建设：2012年建设完成前端280个摄像机，重点区域为骆驼城区、庄市城区、高教园区，其中包括新建5个治安卡口，升级视频监控共享系统平台	按计划完成

注：2012年建议提案更详细的数据找不到

政务信息与公开

【概况】 2012年，区政府办公室每个工作日编发一期《每日摘要》，反映全区工作新成效、新经验和出现的新情况、新问题，供区领导参阅，全年编发《每日摘要》236期、刊登信息1300余条，《专报信息》21期。上报国务院和省、市政府办公厅信息500余条，被录用384条。加强信息员培训，通过专家授课、定期培训、双向沟通等方式，累计培训信息员300余人次。是年，全区政务工作上报率创历史新高。

是年，全区政府信息公开坚持“以公开为常态，不公开为例外”的原则，依法、及时、准确、全面公开群众普遍关心、涉及群众切身利益的政府信息。区政府办在原有工作基础上，继续全面深化政府信息公开工作。继续完善企业政策查询平台和“阳光工程网”建设，抓好行政权力运行、财政资金、公共资源配置、公共服务及公共监管等重点领域信息的主动公开，提高政策文件的透明度和实效性。举办全区政府信息公开业务培训会，派员参加省、市政府办公厅举办的信息公开业务培训班，提升信息公开主体单位联络员业务素质。全年主动公开政府信息4149条，同比翻一番，全文电子化率100%。受理依申请公开政府信息36件，涉及国土类和征地拆迁类的申请内容较多。因信息公开申请引起的行政复议1件，申请人撤回申请，复议终止。因信息公开申请引起行政诉讼4起，以原告撤诉终结。

（钱　昱　莫博闻　李　健）

【上报信息录用率创历年新高】 2012年，区政府办共编发《每日摘要》236期，《专报信息》21期；被省市办公厅录用384条，其中专报信息38条，上报录用率创历年最高。

【上报信息录用384条】 2012年，区政府办上报信息500余条，被省办、市办录用的分别为78条（次）、306条（次），得到省、市领导批示的10条（次）。其中《镇海区即日启动全区危旧房屋安全大检查》《线上“无缝隙”安全监管面上“全覆盖”安全保障》《镇海区中小学100%建成“平安校园”的主要做法》《镇海区“四依托、四强化”做好艾滋病综合防治工作》等上报信息在市专报上刊登并被批示。

【专报信息及时反映问题】 2012年，区政府办编发《每日摘要-专报信息》21期，对区内一些重大动态和问题进行专题记述和及时反映。其中《三季度企业景气指数和企业家信心指数下降》《镇海“81890”和区长热线11月份受理群众来电情况》《基层反映“一键通”电话“质量差、更换难”问题亟待改善》等专题反映，为本级领导及时处理解决有关问题起到参谋作用。

（钱　昱　莫博闻）

【拓宽政府信息公开渠道】 2012年，区政府继续拓宽政府信息公开渠道：除区政府门户网站（www.zh.gov.cn）之外，另以新闻发布会以及报刊、广播、电视等其他辅助方式公开，公民、法人和其他组织也可以在区档案局、图书馆和区各信息公开主体设立的查阅场所查阅政府信息。区政府电子政务信息中心在政府网站上开设政府信息公开专栏，设置信息公开意见箱和依申请公开的网上通道，并建立和畅通链接，方便市民查阅政府信息。

【政府信息工作经费纳入年度预算】 2012年，按照国务院及省、市政府提出的“各级政府都要将政府信息工作经费纳入财政年度预算”的要求，区政府明确把该项工作经费纳入财政年度预算，实行专款专用。

（李　健）

法制办工作

【概况】 2012年，区法制办工作按照全面推进依法行政、创建法治政府的要求，推进行政执法职责依法界定和行政处罚裁量权规范工作的信息公开，配合做好行政执法暨电子监察系统建设启动工作。做好规范性文件审核报备工作，全年共向市法制办报送规范性文件21件。做好政府信息公开工作系统的全面提升工作，全年全区主动公开政府信息共4149条，全文电子化率100%，信息量超过2011年69.8%。坚持“快捷、便民、有效”的原则，确保行政复议案件审理质量，共收到行政复议申请12起，受理10起，8起予以维持，1起经调解撤回申请，另有1起尚在审理。规范行政裁决和土地权属争议案件办理，共收到行政裁决申请29起，受理26起，经调解结案13起；受理土地权属争议案件1起，2011年未办结的1起以调解结案。完成全区行政执法证的统一换证工作，共审核换证470本。

【完成行政处罚裁量权实施主体资格全面清理】 2012年，按照《镇海区深入推进“阳光工程”建设的实施意见》要求，区法制办推进行政处罚裁量权细则和相关制度的网上公开，督促各行政处罚实施单位在时限内完成处罚裁量规范的公开并实时更新，完成对全区行政处罚实施主体资格的第三次全面清理，并将实施主体名录在全区范围内予以公布。

【开展省市依法行政示范单位创建】 2012年，区法制办贯彻落实省委“创先争优”活动决策部署，根据省市创建依法行政示范单位的文件精神和工作部署，在2011年创建工作的经验和基础上，从指导思想、创建目标、创建范围、创建方法与程序和创建要求等方面予以部署，组织区属部门开展依法行政示范单位创建活动，完成申请、培育、申报、推荐选送等各项创建工作。其中区城管局被命名为省依法行政示范单位，区城管局和区工商分局被命名为市依法行政示范单位。

【做好行政执法暨电子监察系统建设启动工作】 2012年，区法制办按照宁波市《关于网上行政执法暨电子监察系统建设的实施意见》（甬政发〔2011〕111号）文件精神，区监察局、区法制办、区政务信息中心配合做好区行政执法暨电子监察系统建设的启动工作，区法制办组织各执法部门完成调研工作、梳理执法材料。

（俞　刚）

外事工作

【概况】 2012年，全区党政机关、企事业单位组团出国进行招商引资、项目合作、培训学习等公务活动，办理因公出国（境）党政自组团组12批次，出国（境）人员112人次。

【外国贵宾到镇海】 2012年，有2批（次）外国贵宾公务活动到镇海：10月18日，韩国SK综合化学株式会社社长车和烨一行参观考察宁波石化经济技术开发区，市委副书记、市长刘奇会见并与来宾进行座谈交流。6月24日，美国青年领导者代表团一行8人到镇海区考察，先后参观宁波帮博物馆和后大街社区，区领导薛维海等会见代表团。

【举行外事活动】 2月17日，来自港澳台地区以及日本、韩国等国家的知名兰企和兰苑参加在骆驼街道宁波花木世界举行的第二十二届中国（镇海）兰花博览会。省委常委、副省长葛慧君发来贺信，铁道部原副部长、中国花卉协会副会长王兆成宣布开幕，区委书记薛维海致欢迎辞、区长魏祖民主持开幕仪式。

【主要出访】 6月4日—15日，区委常委、组织部部长率团一行5人赴日本、澳大利亚、新西兰，就加强人才管理和人才培养等方面进行为期12天的考察。在日本大阪举行镇海创业创新政策环境说明会，达成在日本建立镇海区海外人才联络站的意向。在澳大利亚与澳中文化教育交流中心洽谈时，双方达成在澳洲设立镇海区海外引才联络站的意向。在新西兰与新西兰中国硕士博士生联谊会进行座谈交流。

【开展友城往来活动】 2月20日，美国私立高中联盟总裁大卫先生一行到区蛟川书院访问，并为蛟川学子作题为“打开人生机遇之门”的励志演说。全校近300名师生聆听演讲。

【加强因公出国（境）管理】 2012年，区外事办对因公出国（境）管理方面进行重大调整。年初出台《镇海区因公出国(境)审批管理若干规定》文件，明确区府办（区外办）负责全区出国审批工作的归口管理、统筹协调和任务预审；区委组织部和出国人员所在单位按审批权限负责出国人员审查；区财政局负责出国费用审查；区纪委负责出国人员廉政审查和备案监督。同时，建立由区府办（区外办）牵头，区纪委、区委组织部、区财政局等单位分管领导组成的联席会议制度。进一步规范党政领导干部因公出国（境）审批工作，采取有力措施，执行党政人员因公出国（境）计划审批与总量控制管理相结合的审批管理原则，做到有序审批、计划派遣、规范管理。

（刘斯琼）

应急管理

【概况】 2012年，全区应急管理以健全机构网络、完善预案体系、强化预防预警、深入宣传教育为抓手，夯实基层应急管理工作，提高应对突发公共事件的能力。

全区应急能力不断加强：公安部门强化危化品应急力量建设，在重点部位设立治安岗卡5个，安装IC卡职能管理系统，开辟危化物品运输车辆专用通道，组建巡逻队开展巡控防控，严防危化物品流失、被盗等案件发生。农业部门成立江海塘管理所，建立区级“防汛、防旱、防台”视频会商指挥系统，确保应急政令畅通。林业部门推进“引水上山”工程建设，在重点防火区域因地制宜布置水源，建设便携式水泵灭火小组。气象部门推进防灾减灾标准乡镇建设，有6个村（社区）建成省防灾减灾示范村（社区）。商务部门开展生活必需品应急储备，完成基本生活必需品的应急储备。环保部门完善企业端在线监测设施建设，否决不符审批原则或选址不合适的项目43个。卫生部门修订各类子预案22个，建立5支区级应急医疗救援队伍，13支基层单位医疗救治队和10支卫生防疫队，调查处理苗头疫情213起，成功创建省级卫生应急示范区。

是年，区应急办修订突发燃气事故、雨雪冰冻灾害等13项专项预案。针对核心城区人员密集、通道不畅问题，委托同济大学，开展应急疏散风险评估工作。配合市政府应急办，全力推进“宁波市公共安全脆弱性分析和综合风险评估关键技术研究与示范”课题的试点工作。举办全区应急管理干部培训班，培训各部门应急管理干部90余人。收集、整理危化品安全、消防安全和交通安全及各类事故的预防、自救互救等基本常识，印刷并张贴《公共安全知识》挂图15000余张。加强低洼地防洪排涝应急工程建设，总投资3100

万元的九龙湖镇低洼地防洪排涝应急工程建成投用。

【1篇论文被国家级核心刊物采用】 2012年,区应急办撰写的论文《化工城市应急管理能力评估》被国家级核心期刊《灾害学》杂志第3期采用。论文以镇海为例,对化工城市的应急管理工作开展理论探索。

【开展政企联动应急演练】 12月6日,区政府、镇海港区联合举办港区突发安全事故应急演练。演练以储罐发生泄漏,原因不明作为假设。经过多部门联动,成功堵住泄漏口,消除危险,并确认泄漏原因为垫片损坏,排除人为破坏可能。通过实战化演练,提高区域应急救援能力,增进政企联动速度。

(舒建民)

人才工作

【概况】 2012年,全区人才工作以省委"两创"战略、市委"六个加快"战略要求为指导,围绕区委"六大战略"建设目标,推进人才开发体制机制建设,实施企业人才优先开发战略,完善创新人才开发平台载体,修订高层次人才创业扶持资金管理办法,调整人才住房保障政策,优化人才发展环境,加快引进海外高层次人才,为全区经济社会发展提供智力支撑和人才保证。全年全区企事业单位共引进各类人才7361人,增幅12%,其中应届大中专毕业生2664人,硕士以上学历、副高以上人才237人,海外高层次人才35人,评审确定海外高层次人才创业项目15个,当年有5个项目注册落户;引进国家"千人计划"人才1名,国家"青年千人计划"人才1名,省"千人计划"人才4名和市"3315计划"人才2名到镇海创业创新。全区入选市领军和拔尖人才培养工程人才14名,其中第一层次人才2名,第二层次人才3名,第三层次9名。年末,区属人才总量53977人,每万人人才拥有量及增幅位居全市前列。

(冯 婷 徐 璟)

【出台1+X人才政策】 2012年,区委、区政府制定出台《关于大力推进人才优先开发的实施细则》,作为全区大力引进人才的纲领性政策,后区人才办、区人社局会同有关部门相继出台《关于大力推进人才优先开发的实施细则》《关于大力推进海外高层次人才创业创新的实施办法》《镇海区高层次人才创业扶持资金管理办法(试行)》《镇海区开发培养高技能人才实施办法》《镇海区引进和培育人才服务机构的实施办法》《镇海区卫生人才队伍建设专项资金使用和管理办法》等配套文件,构成"1+X"人才政策,进一步完善人才成长的政策扶持体系。

(冯 婷 徐 璟)

【设立高技能人才岗位津贴】 2012年,镇海出台《宁波市镇海区开发培养高技能人才实施办法》,上调高级工、技师、高级技师的培训补助标准,在全市首次设立高技能人才岗位津贴制度,重点面向化工类、机械装备制造等70个区域产业紧缺工种,对符合条件的技师和高级技师分别给予每人每年3000元和5000元的技能津贴。

【新增2家省级博士后工作站】 2012年,百隆东方股份有限公司、摩士集团股份有限公司被评为浙江省博士后工作试点单位。至此,全区共有3家省级博士后工作站。

【5家企业入选市级技术创新团队】 2012年,百隆东方股份有限公司、宁波明欣化工机械有限责任公司、宁波绅乐电子有限公司、宁波中意液压马达有限公司、宁波龙欣精细化工有限公司等5家企业新晋市级企业技术创新团队。至此,全区有8家企业入选市级企业技术创新团队,总数位居全市第一。

【开展服务人才先进评选表彰】 2012年,李雅、胡杰、王跃、杜剑华4人被评为区服务人才先进个人;镇海石化建安工程有限公司、宁波新福钛白粉有限公司、镇海区人民医院3家单位被评为区服务人才先进单位。

【召开区第三届人才协会会员大会】 9月,区人才协会召开换届工作会议暨第三届会员大会。会议听取人才协会第二届理事会工作报告,审议通过镇海区人才协会第三届会员大会理事会选举办法和候选人名单,选举产生会长1名、副会长7名、秘书长1名。

【2家企业开发培养技能人才取得新成绩】 2012年,宁波明欣化工机械有限责任公司的陈俭峰技能大师工作室入选省、市首批技能大师工作室,镇海石化建安工程有限公司入选省首批企业技能人评价标准化建设基地。

【举办2012年镇海技能人才职业技能大赛】 9月,区人社局举办2012年镇海技能人才职业技能大赛,各镇(街道)6支代表队共108名选手参加数控车工、车工、焊工、中式烹饪师、计算机操作员和餐厅服务员等6个工种比赛,共有3个代表队、36名选手获得表彰奖励。

(徐　璟)

【推进“回归雄镇”品牌计划】 6月,区人才办制定《镇海籍海外人才“回归镇海”计划的实施意见》,依据区域人才资源禀赋和人才发展特点,把海外“宁波帮”人士、镇海籍“两院”院士、海外学子的人才智力优势与区域产业特色、镇海区域高校科研院所众多的优势结合起来,实施镇海籍海外人才“回归雄镇”计划。全年新引进各类海外人才35名,新引进海外人才创业项目17个,注册资本达1.5亿元;新引进文化创意产业项目200余个,超过2008年来项目引进总和。

【新建3家海外联络站】 2012年,区人才办在原有海外招才引智平台和渠道基础上,在德国亚琛、澳大利亚悉尼、日本东京新建3个海外人才联络站,并在人才科技月期间举行联络站授牌仪式。联络站作为招才引智工作的“前哨”,为全区做好环境宣传、政策推介、公告发布、项目介绍等工作,推进镇海招才引智工作辐射全球、遍地开花,成功协助全区推荐引进一批优质人才智力项目。

【多人入选省、市人才培养工程】 2012年,区人才办重点结合区域特色优势产业转型升级需要和战略型新兴产业培育需求,加快引进一批产业发展紧缺急需的创新型人才。全年推荐6名人才申报省151人才培养工程;共有13名人才入选市领军拔尖人才培养工程，其中2人入选第一层次，3人入选第二层次，1名卫生人才入选第一批宁波名中医药专家学术经验继承培养工程。

【推进企业技能人才建设】 2012年，镇海港埠分公司“胡耀华工作室”成为全市首家“国家级技能大师工作室”，获国家财政一次性补助资金10万元。明欣化机的“陈俭峰技能大师工作室”被列入浙江省首批技能大师工作室、宁波市首批技能大师工作室。石化建安公司成功入选省首批企业技能人评价标准化建设基地。选送3名高技能人才参加全省“蓝翎”精英培养计划，1家企业为全省企业技能人才自主开发试点单位。开展技能大比武活动，组织开展2012年镇海区职业技能大赛，36名技能大赛优胜者获表彰奖励。

【推进海创基地建设】 2012年，区投入500余万元改造提升位于镇海经济开发区裕华实业公司的10余万平方米闲置厂房，建设海外人才创业创新基地和大学生创业实践基地，并引进雷鸣机电、斯普瑞等5个海外高层次人才创业项目和200余个大学生创业项目入驻。同时，市侨办将海创基地作为“宁波市侨务工作重点联系点”并挂牌。

镇海区海外人才创业创新基地

【4个人才科技平台落户镇海】 2012年，西安电子科技大学与镇海区共建宁波西电研究院和西电产业园，有效整合西电在新一代信息技术和电子技术领域的科技成果，推进宁波智慧城市建设。中科院大连化物所在镇海区设立技术转移中心。哈工大宁波技术转移中心正式落户镇海区，严晋跃教授领衔的国际应用能源创新研究项目达成合作意向。

【11个海外工程师项目获市级立项】 2012年，全区9家企业申报“海外工程师”项目12个，其中11个项目获市外专局立项，获市区两级财政补助330万元。

【5家企业入选市级创新团队】 2012年，百隆东方、明欣化机、绅乐电子、中意液压、龙欣化工等5家企业入选市级企业技术创新团队，区新闻中心申报的“县域全媒体融合发展镇海模式研究团队”被授予第二批“宁波市文化创新团队”称号。截至年底，全区共入选市级企业技术创新团队8家，培育区级企业技术创新团队8家，其中市级创建数居全市第一。

【新增企业工程技术中心34家】 2012年，全区新增各级企业工程技术中心34家，其中省级4家，市级9家，累计有各级工程中心95家。各类创新载体为引进海内外高层次人才提供发展平台，成为吸纳人才的“蓄水池”，人才干事创业的环境进一步优化。

【新建院士工作站2家】 2012年，由中国工程院顾玉东院士领衔的宁波市首个县级医院院士工作站落户镇海第二医院，大连化物所杨学明院士工作站落户宁波东来化工有限公司。至此，全区有院士工作站4家。

【3个博士后工作站获省级荣誉】 2012年，百隆东方、摩士集团2家企业被评定为省级博士后工作站单位，天衡制药省级博士后工作站博士后研究人员获省优秀博士后项目资助。

【开展人才科技月活动】 9月，以“招宝聚才·智汇镇海”为主题的区人才科技月活动举行。其间集中举办“回归雄镇——高端人才镇海行暨‘招宝聚才·智汇镇海’创业创新论坛”、镇海区创业创新基地揭牌暨大学生创业启动资金发放仪式、人才金港项目开业庆典、国家级新材料新能源技术高研班等20余项活动，吸引600余名各类人才参加，共有40余个人才科技项目签约，投资金额上亿元。

（冯　婷）

镇海海外人才信息库启动

行政审批和公共资源交易

【概况】 2012年，区行政服务中心继续推进“服务型、规范型、优质型、高效型、便民型”的一站式公共服务平台建设。是年，全区各部门进入区行政服务中心办件总数810319件。其中，中心窗口办件数34989件，劳动分中心办件数（社会事业类）616423件，各镇（街道）行政服务中心办件158907件。中心窗口群众满意率达99%，办结率99.9%，即办率100%；承诺事项平均实际办理时限比平均法定时间提速87%，比承诺时限提速53%以上，呈现区审批效能进一步提高，群众对窗口办件的服务水平继续保持满意特点。根据电信第三方抽查，群众满意始终保持在99%以上。共完成公共资源交易365项，总成交额58.945亿元，节约（增收）资金3.75亿元，节约（增收）率6.01%。其中，公开招标、拍卖、挂牌方式成交292项，占总数的80%。完成工程建设项目167项，成交金额45.5409亿元，节约资金3.28亿元、节约率6.73%；政府采购137项，完成金额1.41亿元，节约资金1.73亿元，节约率18.66%；土地使用权出让31宗，成交金额11.21亿元，高于起始价110万元，增幅为0.10%；产权交易26项，成交金额0.59亿元，高于起始价1262.41万元，增幅为26.65%。81890市民服务中心继续实行咨询、求助等便民服务热线24小时在线受理。

【推进审批中心搬迁准备工作】 2012年，根据区委、区政府行政中心搬迁工作部署，区审管办制定中心搬迁方案，按照便利新城和老城区群众办事原则，合理布局行政审批资源，同步推进新城和招宝山城区分中心建设。区审管办新城大厅新进区人社局等8个部门审批服务事项，开设服务窗口109个，服务人员186人，集中办理行政许可和非许可服务项目达

465个，提高新城办事大厅的集约化政务服务水平；新设区行政服务中心招宝山街道分中心，招宝山街道市民服务中心，开设窗口40个，服务人员56人，保留和新设服务事项达62个，保证老城区群众便捷办事的需要。

【新设区投资项目联办代办服务中心】 10月，中心新设区投资项目联办代办服务中心，推行投资项目联审代办。投资项目联审代办基本职责：负责牵头全区重点投资建设项目的联合会审和全程代办；负责对镇（街道）、园区投资建设项目的督办、导办、帮办和协办工作；镇（街道）二级代办人员的业务指导等相关工作、负责组织各投资项目审批窗口联合踏勘、会审核协调工作。至年底，累计组织上门对接服务活动达34次，服务项目75个，受理建设项目38个，破解审批难题8个，办理绿色通道21件，综合代理其他办证事项893件，为业主单位破解一系列审批难题，促进重点项目的全面推进。

投资项目联审代办工作人员上门为业主服务

【开展"争先创优"活动】 2012年，中心开展"助力示范区建设，争创星级窗口，争创服务明星"活动，通过组织体系、人员素质、业务指标、审批效率、服务满意率、现场管理、创新创优等七大体系量化考核，产生星级服务窗口和服务明星，每期结果定期在报刊、网络、电视等社会媒体向社会公开，接收社会监督。"双争"活动开展以来，各审批窗口办件提速达50%以上，通过电信第三方抽查群众满意始终保持在99%以上。

【全区投资项目代办工程覆盖】 2012年，区联办代办在6个镇（街道）和6个园区建立12个二级投资项目代办站，确定专兼职代办员工32人，形成区中心—镇、街道、园区代办站—代办员三级项目代办工程网络，实现全区投资项目代办工程覆盖。

【开展"百日攻坚"活动】 9—12月，区审管办围绕区政府"百日攻坚活动"，开展审批服务"百日攻坚"活动，部署全区重点项目，招商引资项目审批情况"回头看"活动，针对"回头看"情况，开展审批"攻关清零"行动，化解审批障碍。截至年底，累计走访招宝山街道、蛟川街道、镇海新城、澥浦镇的项目企业20多家，帮助解决实际审批问题10多个，推进镇海新城供热项目、宁波凌居自动门有限公司等重点项目和工业投资项目开工建设，项目办件比承诺再提速50%以上。

【推进小型平台规范化建设】 2012年，中心将镇（街道、园区）公共资源小型平台建设具备一定规模，有创新措施，平台效应明显的小型平台向市交管办推荐参评示范小型平台，并将优秀做法在全区推广应用，通过创建“示范小型平台”，提高平台的规范化，制度化建设，如将九龙湖镇对农村集体“三资”实行管理办法向全区小型平台进行推广介绍。

【规范公共资源交易保障金运作】 2012年，区公共资源交易中心起草保证金集中收退管理办法，进一步保障资金安全，实行招投标规范高效运作。全年免费为382项（建设工程198项，社会中介机构代理政府采购免场地费项目141项，其他项目免场地费43项）必须进行招标的项目发布资格预审公告和招标公告，采取网上银行管理保证金专用账户，按规定退还保证金及利息。

（林　燕）

机关事务工作

【概况】 2012年，全区共接待来宾1374批次，21753人次。其中省部级领导25批次；人大154批次，2937人次；政协275批次，4987人次。区属会议61批次，11787人次。完成办公房装修20项，宿舍装修7项，零星维修1000余次。机关食堂开展“宁波市镇海区文明餐桌行动”，创建成“区示范食堂”，为机关干部及其家属提供就餐服务约18万人次。全年来客登记人员超过6000人次，妥善处置上访事件共计80多批。

是年，区机关事务局财务核算中心批复财政资金指标18238.30万元，共支出15942.96万元，其中授权支付1400笔，直接支付8400笔，办理工资发放12000余人次。房管中心做好26家机关、事业单位232处房产（除住宅6处、办公用房7处因无法确定面积或所有资料丢失未完成办证手续外）清缴办证手续、面积95271.52平方米，并做好到期房产清退、协议续订、房租收缴工作，共收缴房租14.4万余元。车辆管理服务中心共完成区党代会、区两会、兰花博览会、浙洽会、科技人才周等大型活动的车辆保障任务10余次。区级领导公务及其组织的会议、活动用车3500余车次，为各机关、事业单位提供有偿服务用车669车次，车辆租费281055元。车友俱乐部会员服务单位42家，会员416个。

是年，区机关事务局实施公共机构节能目标责任考核制度，核定人均用能下降2%考核指标。全年共计用能单位102家，涉及建筑面积74.34万平方米，用能人数40949人，车辆235辆，电耗1253.22万千瓦小时，水耗61.71万吨。出台《镇海区公共机构节能宣传月活动实施方案》，下发《镇海区公共机构节能降耗倡议书》，开展“绿色出行135行动”“能源紧缺体验日”活动，公务自行车全年免费出借6325人次。

【完成新城总部经济商务楼前期工作】 1月，新城总部经济商务楼完成物业招投标工作。6月起，区机关事务管理局在商务楼派驻工作人员，监督物业公司做好前期服务。全年基本完成办公家具配置、设计与招投标，食堂厨具配置、设计与招投标，大楼内标识系统设计与招投标，纯水器招标与安装、软美设计与安装、密集架招投标及一卡通设计等工作，并逐步进入安装和调试阶段。其他机关食堂提前启用、餐饮中心人员招聘、搬迁后原有资产处置工作等后续工作，预计持续到2013年。

（翁帅帅）

信访工作

【概况】 2012年，全区信访系统围绕区委区政府中心工作，以有序推进信访工作制度改革和机制创新为主线，以制度化、规范化、法制化为目标，进一步推动“用群众工作统揽信访工作”的实践与探索，着力健全工作机制、规范信访行为、畅通信访渠道，协调化解一大批群众反映强烈的热点难点问题，完成各级“两会”、党的十八大等重点敏感时段信访维稳任务，为全区经济社会又好又快发展创造和谐稳定的社会环境。区信访局按照“三思三创”主题教育实践活动总体要求，向社会公开三项服务承诺[①]，接受群众监督。在全区信访系统开展“为民服务创先争优”活动，确立“民生为重、服务为先”工作导向；建立初信初访等群众利益诉求表达机制，强化首问首办责任制。

是年，受省出台完善养老保障三个政策文件引发利益群体相互“攀比”、房地产市场不景气引发“房闹”等因素影响，全区信访总量出现大幅反弹，缠访闹访时有发生，甚至出现拉横幅、围堵党委政府大门、堵路、阻塞交通等违法行为。全年区本级共受理群众来信来访2339件(人)次，同比上升42.36%。其中，办理群众来信240件，同比上升53.85%；接待群众来访533批2099人次，同比批次下降1.11%、人次上升41.16%；集体访99批1491人次，同比批次上升43.48%、人次上升83.39%。全年群众到市集体访12批156人次、到省集体访3批15人次、去京正常访3批9人次(其中集体访1批7人次)、非访1批1人次，同比均升幅较大。完善社会矛盾联合调处运行机制，区联调中心全年登记接待群众7142批(件)11416人次，当场解决率85%以上，受到省、市领导肯定。

【平息“镇海炼化一体化”事件】 10月初，澥浦镇湾塘、岚山等地村民因“镇海炼化一体化”项目集体上访，10月22日约200名村民堵塞隧道口抗议，随后蔓延到全市，引发宁波市民抗议PX的“1026”事件。28日晚，宁波市政府经与项目投资方研究决定：坚决不上PX项目；“炼化一体化”项目前期工作停止推进，再作科学论证后，事件得以平息。

【构建“三级联动”的四层大接访工作机制】 2011年12月31日，区委办、区政府办印发《关于集中开展领导干部大接访活动的通知》(镇区委办〔2011〕115号)，对2012年在全区开展领导干部大接访活动进行部署。3月，区委办、区政府办印发《关于调整2012年度区领导下访接待群众日程安排的通知》(镇区委办〔2012〕36号)，对大接访活动日程进行相应调整。此后，全区初步建立区、镇(街道)、村(社区)领导干部“三级联动”的四层接访机制[②]，构建起“大排查、大接访、大调处、大

①三项服务承诺：做好信访接待、推动事项解决；加强督查督办；做好信息收集和调研。

②四层接访机制：第一层是区四套班子领导采取重点约访、带案下访形式，每季度末月10日集中下访；第二层是区党政领导每月16日在信访局对口接访，镇(街道)和信访量较大的六部门分管领导陪访；第三层是区级部门机关干部不定期下访，对口进行针对性帮扶督导；第四层是每周安排一天时间开展镇(街道)、村(社区)干部联动接访。

化解”工作格局。全年各级领导共接访走访群众2292批5847人次（其中区领导接访310批1107人次），基本实现“将上访群众吸附在基层、把矛盾纠纷化解在当地”的目标。

【开展“两清”和“双月攻坚”行动】 6月，区信访联席会议部署全区开展“两清”①行动。各地各部门通过“加强排查化解、加强接访下访、加强就地稳控、加强信息预警、加强积案化解”等措施，100%办结中央1件、省1件、市19件信访件并全部录入全国信访信息系统，完成“人要回去、事要解决”的工作要求。8月中旬，部署开展“双月攻坚”行动，时限至党的十八大结束。全区各级各部门围绕“迎接十八大、服务十八大”主线，深化“大排查、大接访、大化解、大防控”行动，集中时间、集中力量突出抓好信访工作，成功实现“零进京”目标。

【开展重信重访和信访突出问题专项治理活动】 3月，区信访联席会议部署在全区开展“重信重访和信访突出问题专项治理”活动。区级层面成立由区委副书记为组长、常务副区长为副组长的领导小组；镇（街道）和职能部门成立由“一把手”任组长的专门工作机构，对信访突出问题和信访积案实行“联产到组、包干到人”的化解工作责任制。全年共化解省挂牌信访积案1件，化解率100%；20起区级信访积案实际化解16起，化解率80%，“原贵驷镇52户住户房产权证案”“原橡胶厂职工要求享受事业退休待遇案”“原贵驷乡镇企业退休人员基本养老保障”“赵惠明户口案”等一批事关群众切身利益的信访积案得以化解，达到案结事、息诉罢访的目标。

信访积案化解获群众赞誉

【推行信访事项复查复核规范化建设】 7月，区委办、区政府办印发《关于成立区信访事项复查复核领导小组的通知》（镇区委办〔2012〕86号），成立区信访事项复查复核领导小组及办公室。随后，组建全区信访事项复查复核专家库。区信访局以蛟川街道为试点，逐步推行信访事项复查复核规范化建设，全年共成功办理信访复查案件4件，探索运用三级程序终结备案这一有效手段，使部分无理信访事项及时退出信访程序，促进信访工作法治化建设。

（肖　锋）

①“两清”：指对去京来省超时未办结信访事项集中清理、对在京来访接待场所和国家信访局机关门前滞留上访人员集中清劝。

中国人民政治协商会议宁波市镇海区委员会

全体委员会议、常务委员会会议

【概况】 2012年，九届区政协委员会一次会议有委员176人，其中常委会组成人员33人。区政协常委会由王悦、汪卫国、柴鹏飞、胡文安、石勇、陈利华、顾其龙，王其通、王惠奋、叶俊杰、庄浪浪、严红霞、汪亚仙、宋汉心、宋振纶、陈天云、陈志红、陈国荣、周亚越、郑锋、郑志强、法正、胡明杰、胡金红、姚晨江、顾燕华、高国勇、唐小明、黄国龙、黄黎峰、梅法钗、崔国久、傅文中33人组成。全年区政协就城市经济发展等课题开展调研，与政府协商。加强提案办理协商，提高办理实效。听取国民经济和社会发展、中小微企业发展、招宝山片区改造提升等情况通报。监督全区保障性住房建设、社会治安视频监控系统建设、菜市场改造提升等民生工程实施情况，开展“清洁空气行动”和水环境整治等民主监督。开展政银企对接、“发展镇海区旅游经济大家谈”等服务活动。促进各界人士团结合作，发挥文史和联谊团体作用。

【区政协九届一次会议召开】 2月12—15日，区政协九届一次会议在镇海九龙山庄召开。区委书记薛维海到会讲话，区政协主席王悦，副主席汪卫国、柴鹏飞、胡文安、石勇、陈利华和秘书长顾其龙出席会议，魏祖民、张江华、胡祖友、徐方、顾国芳、褚瑞根、李斌、王耀军、杨小平、俞泉云、洪世弈、邓伟余、王兆波、张颖、林伟明、包志安等区领导，和在镇省、市政协委员应邀列席会议，大会应到委员177人，实到委员169人。会议听取并审议八届区政协主席王悦所做的常委会工作报告和八届区政协副主席陈利华所做的常委会提案工作报告。选举政协第九届宁波市镇海区委员会主席、副主席、秘书长和常务委员。会议收到委员以提案形式提交的意见建议267件，经审查立案216件。16名委员作大会发言，提出本区经济社会发展中的意见建议。会议审议通过区政协九届一次会议决议。

区政协九届一次会议召开

【区政协常委会议】 2012年，九届区政协共召开5次常委会议。

九届区政协第一次常委会议于3月29日召开。会议审议通过区政协2012年工作要点，审议通过《政协宁波市镇海区委员会全体会议工作规则》《政协宁波市镇海区委员会常务委员会工作规则》《政协宁波市镇海区委员会关于区政协委员履行职责的若干规定》《政协宁波市镇海区委员会提案工作实施办法》，审议通过九届区政协专委会副主任名单。

九届区政协第二次常委会议于7月10日召开。会议专题协商加快发展城市经济问题，5名常委、委员作发言。

九届区政协第三次常委会议于8月14日召开。会议任免澥浦镇政协工作联络委员会主任。

九届区政协第四次常委会议于10月9日召开。会议围绕安置房、保障房建设管理工作开展政情交流，常委、委员与区住房和建设交通局、区国土分局等部分部门及6个镇、街道民主协商，形成《关于镇海区安置房、保障房建设管理的建议案》送区政府。

九届区政协第五次常委会议于12月26日召开。会议协商《政府工作报告》（协商稿），审议通过九届区政协常委会工作报告及报告人、提案工作报告及报告人，审议通过召开区政协九届二次会议的决定、会议议程（草案）和日程、大会副秘书长名单等，同意李夏英等5人辞去九届区政协委员职务，增补郑岗等6人为九届区政协委员。

主要工作与活动

【概况】 2012年，区政协履行政治协商、民主监督、参政议政职能，服务镇海科学发展。政协主席会议就经济运行、环境整治、城市建设和民生保障等事宜与政府协商。政协专委会就危化品安全、提高医疗服务质量、宗教管理等与有关部门进行对口协商。6个政协工作联络委员会在各镇、街道开展民主监督、参政议政活动。10个界别工作委员会组织委员解区情，反映民意，为促进经济社会发展建言献策。区政协举办、协办各界人士中秋茶话会、新春茶话会，召开镇海侨企（留企）协会、出国留学人员和家属联谊会、“创二代”联谊会和海外人才引进工作座谈会，加强与社会各界人士联络联谊，促进大团结、大联合。区政协举办常委读书会，组织“界别活动周”、委员联系群众活动，发挥委员履职主体作用。

【以主席会议形式开展协商和监督】 2012年，九届区政协委员会召开第一次至十三次共14次主席会议，会议采取听取通报、实地视察等不同形式，对国民经济和社会发展、中小微企业发展、招宝山片区改造提升、文化产业发展、水环境整治、养老服务机构建设、区域规划完善等事宜,进行政治协商和民主监督。

【开展常委会重点课题调研】 3月,区政协成立课题组,就发展城市经济开展常委会重点课题调研。通过区内调研和外出考察,形成《关于发展城市经济的思考和建议》《关于加快发展镇海区现代服务业的若干建议》《关于镇海区文化创意产业发展的几点建议》《关于经济转型升级中的几点思考》《整合提升旅游产业,科学发展旅游经济》5篇调研报告。7月,区政协召开常委会,与区委、区政府进行专题协商,提出意见建议。

常委会议专题协商城市经济发展

【开展"关注森林"活动】 2012年,区政协牵头组织有关部门开展"关注森林"活动。通过赴先进地区学习考察创建森林城市经验,建言献策。区委、区政府启动创建省级森林城市工作。组织视察九龙湖健身游步道建设,听取工作情况通报,提出对策建议。

【开展"清洁空气行动"和水环境整治民主监督】 2012年,区政协成立"清洁空气行动"和水环境整治民主监督小组,视察监督煤尘整治、PM2.5动态监控、农村水环境等问题,形成《关于加强镇海区水环境综合整治的建议案》,部分意见建议被区委区政府采纳。

【专项视察社会民生事业】 2012年,区政协主席会议成员集体视察政府实事工程、农村平安小区监控系统建设、基层文化设施建设,就改善民生福祉献计出力。

【开展界别工委、联委会活动】 2012年,区政协界别工作委员会、镇(街道)联络委员会开展形式多样的政协履职活动:经济界别工委就煤尘整治、安置房建设开展专题视察,工商联界别工委组织委员企业与中科院宁波材料所、中信银行就项目、技术转让、金融开展对接。澥浦镇联委会开展"发展镇海区旅游经济大家谈"和"文化创意产业"主题沙龙活动。九龙湖镇联委会建言村级经费管理、中小企业融资担保难问题。招宝山街道联委会在顺隆社区成立政协工作联络室。蛟川街道联委会在企业、村(社区)设立5个委员联系点。骆驼街道联委会视察征地拆迁、物业管理、渣土整治工作。庄市街道联委会搭建校企合作平台,助推文创产业发展。

提案与社情民意信息

【概况】 2012年,区政协委员以提案形式提交意见建议267件,审定立案216件。提案交由政府及有关部门办理,办复率100%。提案所提建议被采纳和基本采纳的73件,占34%,部分采纳或列入计划采纳的137件,占63%。全年收集社情民意560余条。

【督办重点提案】 2月，经区政协主席会议审定，《关于发展海洋经济的对策建议》《强化天然气管道监管工作的建议》《关于尽快建设镇海区全民健身中心的建议》《关于加快龙赛医院改建工程的建议》4件提案被列为2012年度重点提案，由主席会议督办。9月，4件提案得到办理落实。

【反映社情民意信息】 2012年，区政协向市政协、区委、区政府报送各类社情民意信息260余条，其中《镇海区工业企业频频外迁亟待高度重视》信息被市委主要领导批示。社情民意信息工作在全市11个县（市、区）名列前茅。

（曹　斌）

军 事

综 述

2012年，镇海区人民武装工作以习近平主席强军实践要求为指引，贯彻落实省军区、军分区总体部署，深化军事斗争准备，强化后备力量建设，推进军民融合发展。区人武部围绕“能打胜仗，作风优良”主题主线，坚持“抓经常打基础、固强项补短板、讲创新求发展”，振奋精神谋打赢，完成各项军事斗争准备工作。依据军分区下达的任务，修订完善20类行动预案、11个非战争军事行动应急预案。加强国防后备力量建设，开展民兵整组、分队演练和应急救援等训练，组织民兵分队参加全市民兵应急连规范化建设现场观摩会课目演示。开展民兵信息网建设，完成人武部民兵武器装备仓库调整改造工程。开展“战斗力标准大讨论”活动。区人武部被宁波军分区表彰为年度军事训练先进单位。

部队建设和征兵

【概况】 2012年，区人武部围绕学习党的十八大精神，开展国防文化研究探索，注重在媒体宣传报道镇海区国防后备建设新人新事。学习新兵役法，加大征兵工作宣传，完成由一季征兵向全年征兵新模式转变，大幅提高年度征集新兵文化程度。

【学习十八大精神抓牢理论创新武装】 2012年，区人武部抓牢对十八大精神的学习，注重用理论学习成果加强新情况新问题研究探索，撰写的《依托海防文化资源优势融合培育国防文化》《组织民兵预备役参与社会管理创新的实践思考》《常态化开展人武部创先争优活动》等文章，在军地报纸杂志刊用。

【探索征兵工作新路子】 2012年，区人武部抓住《中华人民共和国兵役法》修改颁发契机，加大征兵工作宣传力度，征兵工作形势总体向好，适龄青年应征参军热情比较高，学历比往年大幅提高，新兵大学以上文化程度占比达39.5%，高中及以上文化程度占比达93.4%。首次在6月前完成兵役登记任务，重点完成由一季征兵向全年征兵新模式的转变，前三季度逐阶段开展征兵调研、兵役登记和高校应届毕业生预征工作，第四季度全面展开征兵。

国防教育

【概况】 2012年，镇海区建成投用的中国防空博览园获评国家级国防教育基地，年接待量超过17万人次。区人武部组织第十二个全民国防教育日活动，组织代表参加宁波市“国防杯”演讲比赛。

【开展第十二个国防教育宣传日活动】 9月，区人武部组织全民国防教育宣传日，组织民兵预备役人员参加宁波市“国防杯”演讲比赛，总分排名全市第一。

【中国防空博览园获评国家级国防教育基地】 2012年，中国防空博览园获评国家级教育基地。防空博览园位于招宝山街道招宝山下，总投资1.8亿元，总占地面积4万平方米，布展建筑面积约1.85万平方米，主要包括序厅、人防坑道展陈和军事体验区三部分，于2011年10月落成并开园。中央军委委员、国务委员兼国防部部长梁光烈为博览园题写园名。该园利用人民防空设施、现代信息技术设备、军事体验等手段开展爱国主义教育、国防教育和人民防空知识教育的综合性工程，将国防、人防教育与红色旅游融于一体，推进新时期人防平战结合、提高社会效益、创新发展模式的探索和有益尝试。自开园以来，接待超过17万人次参观者，继省级国防教育基地后，再度获评为国家级国防教育基地。

民兵预备役

【概况】 2012年，区人武部抓好民兵预备役建设。组织1次民兵应急连、通讯分队和水上救援分队综合集训与演练。开展民兵水上分队专项集中训练，参加军分区组织的民兵水上分队综合演练。做好防范“海葵”台风准备，组织1次专项防台拉动演练。

民兵水上分队集训

【组织开展民兵集中训练】 2012年，区人武部重点抓民兵应急连、通信分队训练考核以及民兵水上应急救援分队的综合演练，专门组织172名民兵进驻象山县人武部民兵训练基地进行封闭式训练，通过6天的正规严格集训，提升民兵的训练效果。6月中旬，以迎接军分区组织的民兵水上分队综合演练为契机，协调购置6艘冲锋舟和一批救援器材，进行为期4天的民兵水上分队集中训练。

民兵应急连集训

【组织防范“海葵”台风应急准备工作】 夏秋季台风来临前夕，区人武部组织民兵水上应急救援分队进行水上应急救援综合演训。迎战“海葵”台风时，先后2次集中专武干部研究部署，第一时间做好救灾的各项准备工作，并专门组织1次拉动演练。演练期间，出动民兵200余人次，冲锋舟、橡皮艇30余架次，在台风到来前完成充分准备。

（谢　楠）

准备冲锋舟防范“海葵”台风

人民防空

【概况】 2012年，全区人民防空工作以信息化建设和提高通信指挥能力为核心，加强警报报知体系和疏散保障体系，建立招宝山街道后大街社区人防工作站宣传教育示范点。开展人防知识教育进学校活动，普及率达100%。区人防办联合区邮政局制作《居安思危，关注人防》防空防灾知识明信片，增强公众国防观念和人防意识。中国防空博览园全年接待社会团体和游客约110万人次。组织参加“浙江金盾-12”演习，完成“5·12”防空防灾警报试鸣任务，警报器鸣响率100%。全区已建人防工程的标识标牌安装和更新达100%，新竣工的项目使用新型统一标识标牌达100%。

【全区在建结建人防工程15个人防工程建设】 2012年，全区澥浦广源路西侧地块、联勤集中居住区菜场、宁波合生国际城二期E区、海尚国际一期、海悦花苑、庄市清泉路南侧地块、金丰紫园、明海商业广场、耀华商业城等9个人防结建工程竣工，合计建筑面积44969平方米。年末，在建结建人防工程25个，建筑面积17万平方米。至此，全区建成的人防工程累计36个，建筑面积17.75万平方米。

（董小萍）

优抚安置

【概况】 2012年，区双拥办完善镇（街道）主要领导负总责、各相关部门密切协作的双拥工作体系。开展春节及“八一”期间驻镇部队走访慰问活动，支出慰问金95.5万元。开展2011年冬季年退役士兵职业技能培训工作，47名退役士兵通过考试获得相关职业资格等级证书。

是年，全区共接收退役士兵96名，其中退伍义务兵、复员士官95名，转业士官1名；15名退役士兵办理复工、复职、复学手续。47名城镇退役士兵、33名农村退役士兵办理自主就业手续，发放一次性自主就业金221.82万元。区重点优抚对象有：烈属7人，因公牺牲军人遗属9人，病故军人遗属10人，在乡伤残军人41人，在职残军人60人，在乡复员军人108人，参战涉核104人，带病回乡退伍军人5人。全年为各类重点优抚对象发放抚恤、补助金468万余元。区军队离休退休干部休养所接收军队退休干部1名、伤病残退休士官2名（含“新时期硬骨头战士”

嵇琦同志同年接收），累计接收安置军队离退休干部61人，年末在休养所休养生活尚有34人。

【出台退役士兵安置暂行办法】 2012年，区制订出台《宁波市镇海区退役士兵安置暂行办法》（简称办法），明确安置对象、安置方式、档案管理、社保关系接续等事项，对1名转业士官安置到国有控股企业。

【发放重点优抚对象物价补贴】 2012年，区民政局首次为全区烈属、因公牺牲军人遗属、病故军人遗属、在乡伤残军人、在职残军人、在乡复员军人、参战涉核、带病回乡退伍军人等8类重点优抚对象共1014人次支出物价补贴109.34万余元。

【调整重点优抚对象优抚标准自然增长机制】 2012年，区民政局完成全区重点优抚对象优抚标准自然增长机制，其中三属（烈士遗属、因公牺牲军人遗属、病故军人遗属）提高27%～32%，在乡老复提高20%、在乡伤残军人提高57%。

（黄超梅）

法 治

综 述

2012年，全区政法部门贯彻落实中央和省、市委有关会议精神，以营造和谐稳定的社会环境迎接党的十八大为目标，围绕区第十三次党代会提出的“六大战略”和“六个示范区”建设，以深化“平安镇海”“法治镇海”建设为抓手，以深入推进三项重点工作为着力点，开展“社会管理创新落实年”活动，为全区经济社会发展稳中求进、社会和谐稳定提供有力保障。

是年，打击民族分裂势力、蓄意煽动破坏分子，以及“法轮功”“全能神”等邪教组织捣乱破坏活动，打击处理“全能神”邪教人员14名，有力维护，全区政局稳定。加强网络涉稳舆情应对工作，落实网络舆情导控，通过网络舆情研判导控服务平台，有效处置九龙湖中心村、废金属核污染等敏感网络舆情事件。开展“进村入企大走访，排处问题保平安”活动，发动政法干部、“法治促进员”“网格和谐促进员”等工作力量，深入企业涉稳情况开展专项排查，重点排查企业经营管理和工资支付、重大工程建设、涉众型经济问题等方面存在的不稳定因素，共检查419家用人单位，追缴拖欠工资1352人755余万元，妥善处置因欠薪、企业主逃逸等引发的突发群体性劳资纠纷事件27件。严厉打击各类经济犯罪，共立经济案件337起，破案294起，移送起诉犯罪嫌疑人299名，追回赃款赃物计1500万元；法院坚持调解优先、调判结合，依法调处民商事纠纷，全年共审结民商事案件3220件，结案率为99.60%，调撤率达71.51%；检察机关重点在国家出资企业、工程建设、涉农惠民等领域查办一批职务犯罪窝、串案，共立案查办贪污贿赂犯罪案件13件18人，渎职侵权犯罪案件2件5人。区领导包案的20起信访积案已成功化解15起，其余5起积案亦落实稳控措施。对省、市确定的3件重点不稳定问题，有针对性地做好教育引导和解困帮扶等工作，共开展重大事项风险评估23项，及时消除重大不稳定因素27起，化解重大矛盾19起，保障全区重点工程项目稳步推进。全区各类调解组织共受理纠纷9043件，调处成功8940件，调处成功率98.9%。全区刑事案件发案数虽然同比上升6.1%，但破案数同比上升34.2%，抓获犯罪嫌疑人同比上升94.1%；严重刑事案件、“两抢”案件同比分别下降41.7%和32.4%。

是年，全区没有发生"一票否决"重大事件，衡量社会稳定的四个主要指标中，安全生产事故数、信访总量、群体性事件、刑事发案数均实现下降。镇海区获省平安县（市）区称号。

【完善社会管理创新工作"六个一"制度】 2012年，全区完善社会管理创新工作"六个一"①制度，各有关部门协调推进社会管理创新"10+10"②重点项目的建设和推广。坚持每个重点项目实施方案出台前一次协商、一次征求意见和一次推进会，确保每个项目符合实际需求。创新全市在区内先行试点的三个重点建设项目，为全市创新和加强社会管理提供经验。在"加强和创新特殊人群管理服务工程"方面，依托物业、企业，建立集安置、帮教、心理辅导、社会关爱一体的"安置帮教基地"；为精神病患构建"医院—九龙湖福利院（精卫中心）—社区—家庭"四位一体的管理服务模式，该工作经验在全市推广。

【挂牌整治社会治安重点突出区域和问题】 2012年，全区通过排查集中梳理确定12个治安重点区域和突出问题，实行区、镇（街道）两级挂牌整治，其中3个列为区级挂牌整治。开展蛟川街道、庄市街道等周边区域重点整治，至年底，蛟川各类刑事案件同比下降11.3%，破案数同比上升19.1%；庄市各类刑事案件同比下降9.4%，破案数同比上升17.9%。其中蛟川街道重点整治"三轮车"违规违禁交通行为；庄市街道以北高教园区为重点，整合工商、公安、食品药品监管等部门力量，新组建交通秩序联合执法队，加强园区巡逻执法，共查处无证小商贩60余家、无牌证和非法加装助力三轮车181辆次，刑事案件发案数同比下降20%。开展打击电瓶车盗窃违法犯罪活动，通过推广电瓶车GPS定位防盗系统，综合运用"GPS定位技战法"和视频监控对盗窃电动自行车实施精确打击，有效遏制电瓶车违法犯罪活动，全年电瓶车盗窃案件同比下降47.4%。开展打击美容美发等场所涉黄活动，共查处涉黄刑事案件3起，查处涉黄治安案件32起，抓获违法犯罪嫌疑人83名，捣毁卖淫窝点45个，依法整治骆驼街道329国道、招宝山街道后大街两个卖淫窝点集中区域，有效净化社会风气。

【开展"政法干部进村入企、排处问题保平安"活动】 2012年，全区选聘90名政法部门中层干部担任村、社区、企业法治促进员，全年"法治促进员"共走访群众1403次，召开各类座谈会312次，解答政策咨询718次，排查矛盾纠纷512起，化解485起，开展法制宣讲378次，赢得基层好评。

（叶　敏）

公　安

【概况】 2012年，镇海公安分局践行"敏锐治安、主动治安、实力治安"理念，围绕"十八大"安保中心工作，履行各项维

①即每月一报表，每月一次工作例会，每月一次通报，每个项目一套责任体系，每月一期简报，每年主办一次培训

②确定10个全区社会管理创新重点推广项目和10个重点建设项目。

稳职责。全年立刑事案件3219起，同比上升6.10%；破刑事案件2203起，同比上升21.18%；查处治安案件5591起，同比下降3.30%；抓获各类违法犯罪嫌疑人2766名，同比上升26.65%。全年破命案6起、恶性案件1起，命案和五类恶性案件破案率100%，“八类”（杀人、伤害致死、强奸、绑架、爆炸、放火、投毒、劫持）案件发案数同比下降41.7%。加大对涉黑涉恶犯罪打击力度，摧毁黑恶势力团伙16个，抓获涉案人员139人，破获涉黑涉恶案件71起。

是年，分局围绕“不放过一个细节，不忽视一个漏洞”的工作原则，对每个大型活动制定安保方案，进行实地踏勘和安全评估，强化安全保卫工作，全年完成镇海区“两会”、第二十二届中国兰博会、“圆明园”国宝展、招宝山香山寺岁末年初撞钟进香、元宵系列文化活动等80场次安保任务和24批次首长和外宾警卫任务。

修订《执法质量考评实施细则》，细化考评内容，每月通报各单位办理的案件审核情况。开展新《刑事诉讼法》学习培训6次，28名兼职法制员民警受训。做好信访化解工作，全年接待群众来访15批、25人次，受理群众来信190件次。其中初次来信180件，办结177件，化解中央政法委和公安部交办信访积案3件。定期对110接处警工作、巡卡机制、值班领导在岗情况以及警车使用等情况开展现场督察，全年开展现场督察181次，发现查纠问题113个；受理各类投诉39起，办结39起。公布服务民生实事工程，接受全局干警和社会各界监督，全年查办投诉件54起，未发生民警违纪违规案件。坚持“四必谈”“四必访”①等制度，全年走访民警63人次，送上慰问金7.3万余元。购置移动警务通50台，对讲机70台，配备到一线民警，改善现场执法条件，全局85%以上民警配备对讲机，派出所、交警大队等一线民警对讲机配备率100%。加强装备、车辆、伙食等后勤管理，投入152万元购置警用汽车8辆、警用摩托车25辆，组织64人参加警用车辆准驾证道路考试。

分局被评为全市治爆缉枪专项行动先进单位、全市公安机关信访工作先进集体。区看守所获全国公安机关爱民模范集体荣誉称号，被公安部授予集体一等功。交警大队党总支被评为全市公安机关抗台救灾先进集体。1个集体荣立一等功，2名个人荣立二等功，2个集体和8名个人荣立三等功。

【侦破1起恶性案件】 2012年，镇海公安分局侦破1起恶性案件：8月25日下午5时许，群众在骆驼街道金邑水岸小区旁发现一女尸（死者孔××，44岁，河北省人，系他杀）。9月7日，分局专案组在河南省周口市商水县固墙镇抓获犯罪嫌疑人王××。

【开展打击侵财犯罪专项行动】 2012年，镇海公安分局开展打击侵财犯罪专项行动。全年分局破获“两抢一盗”（抢劫、抢夺、盗窃）等多发性侵财案件1522起，抓获盗抢侵财犯罪嫌疑人381名，摧毁盗抢

①“四必谈”：民警取得成绩必谈、工作出现差错必谈、家庭出现矛盾必谈、思想出现波动必谈。“四必访”：民警婚丧嫁娶必访、家属生病住院必访、遇有特殊困难必访、重大节庆必访。

犯罪团伙20余个，追缴赃款赃物价值人民币796.3万元。

【开展打击经济犯罪“破案会战”】 2012年，镇海公安分局开展打击经济犯罪“破案会战”。全年立经济案件337起，同比上升349%，破经济案件294起，同比上升302%，抓获犯罪嫌疑人310人，移送起诉犯罪嫌疑人299人。

【开展“扫黄禁赌”专项行动】 2012年，镇海公安分局开展“扫黄禁赌”专项行动。全年打掉3人以上涉黄涉赌团伙26个，治安拘留294人，刑拘161人。捣毁游戏机赌博窝点15处，收缴各类赌博游戏机1997台。其中，2月29日，分局专案组在招宝山街道后大街捣毁20余个涉黄窝点，抓获28名卖淫嫖娼犯罪嫌疑人。

【严厉打击涉毒犯罪】 2012年，镇海公安分局保持对毒品犯罪的严打高压态势，深挖案件线索。全年破获涉毒刑事案件24起，行政案件207起，抓获违法犯罪嫌疑人314人，缴获各类毒品323克。

【开展“净网专项行动”】 2012年，镇海公安分局开展“净网”（打击网络违法犯罪）专项行动。全年破获涉网刑事案件56起，打掉涉网团伙3个，抓获犯罪嫌疑人144名，逃犯32名。破获镇海心理咨询网黑客敲诈案、“2·11”系列性破坏计算机信息系统案等案件，协破“3·11”故意伤害致死案。

【推进派出所机构改革】 2012年，镇海公安分局根据派出所接处警巡控、侦查办案、社区警务建设等实际，合并原刑侦、治安两个中队为“侦查办案中队”；原“责任区中队”改设为“社区警务中队”；新设“巡控接处警中队”。派出所机构调整后，内设巡控接处警中队、侦查办案中队、社区警务中队和综合保障室等“三队一室”。

【严格行业场所管控】 2012年，镇海公安分局采取网上巡查与实地检查相结合加强旅馆、网吧行业管理信息系统管理，对全区旅馆业、印刷业、旧货业、刻字业、机动车修理行业等353家行业场所实施分层分级管控，督促、规范业主经营行为。年内警告和责令改正43家单位，停业整顿29家单位，取缔13家单位。对单位、法人罚款总额2.58万元。

【加强校园安全防范】 2012年，镇海公安分局按照“谁主管、谁负责”原则，定期对全区120所中小学校、幼儿园开展拉网式、滚动式排查。全年组织2次校园安全应急处置演练、4批次驻校保安技能培训、4次以“校园安保”为主题的警民恳谈活动。是年，全区设立“爱心避护点”10个，聘请法制副校长120名，指派校园保安队员286名。

【开展交通违法行为整治】 2012年，镇海公安分局加大对机动车“加塞”“违停”“闯禁”等交通违法行为整治，全年查处各类交通违法220341起。年内对辖区138处信号灯系统进行一次检测维护。新安装20套卡口管理系统。

【创建在押人员风险评估体系】 2012年，镇海公安分局与宁波大学合作，创建在押人员“临床+特检”全方位风险评估体系，把在押人员临床常规评估与“特检”心理测试评估结合起来。全年采集90余条重要信息并跟进管控化解。

图为镇海看守所开展在押人员心理测评谈话（2012年6月）

【开展消防领域“打非治违”专项行动】 2012年，镇海公安分局开展消防领域“打非治违”专项行动，重点打击公众聚集场所、危旧房及棚户区的消防违法行为。年内整改火灾隐患8854处，下发责令整改通知书2514份，处罚单位80家，行政拘留22人，罚款136.1万元。

【推进石化区封闭式管理】 2012年，镇海公安分局在宁波石化经济技术开发区推行以治安岗卡为龙头，以原有围墙、隔离栏、河网为依托，以智能化监控与车辆巡逻为辅助的封闭式管理模式。设立有IC卡智能管理系统记录进出人员、车辆信息，多点部署24小时监控联网系统的5个治安岗卡。

【加强实有人口管理】 2012年，镇海公安分局推行“以房管人、以网管人”模式，“社区警务E超市”与流动人口信息管理系统相结合，完善信息系统标准地址、附件信息等栏目。是年，全区实有人口522906人（其中常住人口227611人，登记在册流动人口295295人），登记在册出租房屋35403间。

【建立境外人员社区管理服务站】 2012年，镇海公安分局在北高教园区社区建立“境外人员社区管理服务站”，将境外人员纳入“实有人口”管理并提供相应服务。全年为境外人员办理临时住宿登记47人次，提供各类帮助60余人次。

【开展“缉枪治爆”专项行动】 2012年，镇海公安分局坚持“从严从紧、重点管控”原则，开展“缉枪治爆”专项行动。全年查处非法携带管制器具案件57起，非法持有枪支案件6起；处理涉案人员63名；收缴各类枪支15支，仿真枪7支，管制刀具265把；收缴各类枪弹820发，铅弹600粒，炮弹2发，黑火药烟火剂8.5公斤。

图为镇海公安分局在缉枪治爆行动中收缴的子弹

【加强户籍出入境管理】 2012年，镇海公安分局以“关注民生、惠及民生”为工作导向，推进户籍出入境窗口建设。全年受理公民出国出境申请13870人次(其中台湾团队1052人,港澳通行证6049人,出国护照6769人);受理境外人员业务就业、居留申请662人次。批准各类亲属投靠、购房入户、迁居审批户口1299件2243人,批准招工、工调、随军等户口368件406人;批准更改姓名、更正出生日期176人。

【妥善处置群体性事件】 2012年,全区陆续发生九龙湖镇中心村村民因征地建房引发集体上访,骆驼、庄市等地8个楼盘30余次1800余人(次)因房屋问题引发群体性闹事、群体上访和聚集活动等群体性事件。镇海公安分局按照"宜疏不宜堵、宜解不宜结"和"见事在早、处置在小"原则,立足"理性平和、主动引导、依法有序、平息事态"的工作目标,全警参战,引导聚集群众通过合法途径表达诉求,平息事态。

【推进视频监控系统建设】 2012年,镇海公安分局投资1138万元新建全区社会治安视频监控系统。至年底,新建路面高清监控点293个、高清治安卡点5个。完成数字共享平台扩容升级,完成PGIS与平台对接调用和应用,实现前端监控信息点在PGIS上的快速定位。

【建成网上办事大厅】 2012年,镇海公安分局投入36.9万元建成网上办事大厅,纳入行政审批服务事项26项(其中行政许可事项15项,非行政许可事项10项,行政服务事项1项)。

【开展应急处突工作培训】 2012年,镇海公安分局按照"贴近实战、讲究实用、追求实效"要求和"体能、技能、战能"等执法能力要素设置应急处突(处置突发事件)工作培训课程。全年举办应急处突培训班8期,轮训民警329名。

【开展"进百家门,暖千人心"活动】 2012年,镇海公安分局开展"进百家门,暖千人心"活动,400余名民警深入辖区困难群众、失足人员及见义勇为家庭开展帮扶。全年走访各类群众13000余人次,走访企事业单位2100余家次,解决帮扶对象困难400余个,组织开展各类恳谈、评议活动80余次,排查化解各类矛盾纠纷700余个,化解信访积案25件,解决整改问题6项78个。

图为镇海公安分局民警深入社区开展走访工作

(乐俊凯)

检　察

【概况】 2012年,区检察院围绕区委"稳中求进、进中求好、积极有为、走在前列"总体要求,正确处理司法办案与服务大局关系,推动检察工作全面发展。全年依法批准逮捕各类刑事犯罪案件387件568人,提起公诉723件1184人。

严厉打击各类严重刑事犯罪，履行各项检察职能。全年批准逮捕故意杀人、故意伤害（重伤）、强奸等严重暴力犯罪案件犯罪嫌疑人45人，提起公诉37人；批准逮捕“两抢一盗”等多发性侵财犯罪案件犯罪嫌疑人284人，提起公诉406人；批准逮捕各类破坏社会主义市场经济秩序犯罪案件犯罪嫌疑人14人，提起公诉144人。

加大惩防职务犯罪工作力度，立案查办各类职务犯罪案件15件23人，涉案金额300多万元。其中贪污贿赂犯罪案件13件18人，渎职侵权犯罪案件2件5人；大案12件17人；本级现职要案3件3人。加大国家出资企业、工程建设、涉农惠民等领域查办力度。重视预防宣教工作，组建预防宣教讲师团，利用微博平台开展预防职务犯罪宣教的创新做法得到省检察院肯定，编写的《2009至2011年度镇海区惩治和预防职务犯罪年度报告》被评为全省检察机关优秀年度预防报告，在工程建设领域开展预防职务犯罪工作的有关做法在全省检察机关“三个千亿”[①]工程建设预防工作第三次现场交流会上作经验交流。

加强法律监督。设立案件管理科，对审查逮捕、审查起诉案件的受理与流转及案件分类管理、实时监控，业务数据统计等职能实现集中统一管理，推进案件管理信息化、规范化。在侦查监督中，开展对侦查机关面对面监督说理工作，监督公安机关立案11人，追捕4人，追诉5人，不批捕22人、不起诉3人。在刑事审判监督中，落实检察长列席法院审判委员会会议制度，拓宽审判监督渠道，抗诉改判3件。在民事行政检察中，受理民事行政申诉案件18件，向上级检察院提请抗诉2件，建议提请抗诉8件。在刑罚执行监督中，坚持维护看守所监管秩序与保障被监管人权利并重的原则，加大驻所检察监督力度，区看守所取得连续18年监所安全无事故、队伍无违纪的“双安全”佳绩。主动与区司法局等单位建立工作衔接制度，加强对监外执行与社区矫正工作的检察监督。

【打击非法盗卖危化品案件信息得到市领导批示】 3月，区检察院对一起非法盗卖槽罐车中液化气的案件提起公诉，并结合2009年以来查处的一系列非法盗卖危险化工品案件，针对办案中发现的问题提出决策建议，报送《镇海区21人涉嫌非法买卖危险物质系列案件暴露出多种问题应引起高度关注》信息，经市检察院编发后，分别得到省委常委、市委书记王辉忠，市委副书记、市长刘奇等领导批示，促成镇海区政府组织公安、安监、交通等相关部门开展打击非法经营销售偷盗危化品专项行动。

【开展社区矫正专项检察】 年底，区检察院与区司法局共同入基层司法所、大工程单位保卫处，核对监外执行罪犯的法律文书以及交付执行活动、监督管理监外执行罪犯活动是否合法、有无脱漏管等现象，对237名监外执行罪犯进行考察，保障社区矫正工作依法、公正、健康、有序地开展。

【排查化解基层矛盾纠纷】 3月，区检察院出台《关于深入开展“进村入企大走访、

①千亿基础网络工程、千亿惠民安康工程、千亿产业提升工程。

排查问题促稳定”活动的实施意见》《关于在促进“网格化管理、组团式服务”工作中发挥检察职能的实施意见》，开展基层矛盾纠纷排查化解活动。3—5月，由检察长率队到骆驼街道敬德村、里洞桥村及北区污水处理厂走访，解农村基层组织建设、基层社会综合治理、企业重点项目建设等情况。

【开展检察开放日活动】 根据上级检察机关部署，2012年起，每年开展一次“检察开放日”活动。是年，以“发挥民行检察职能，保障民生民利”为主题，邀请25位区社会各界人士参加。其间，区检察院通报民事行政检察工作情况，邀请社会各界人士参观办案工作区，接受社会监督。

（顾怡岚）

社会各界代表参观检察院办案工作区

法　院

【概况】 2012年，区法院共受理各类案件7599件，结案7025件，同比分别上升4.77%、3.01%，结案率92.45%，解决涉案标的24.39亿元，同比增长66.23%。区法院被最高人民法院授予“全国优秀法院”荣誉称号，连续第五年被评为全市先进法院。

全年受理刑事案件779件，结案766件，同比分别上升60.29%、58.59%，判处罪犯1135人。依法严惩危害公民生命财产安全的犯罪，审结“两抢一盗”、涉毒、涉恶等犯罪案件330件496人。严厉打击侵害人民群众健康的违法犯罪行为，审结生产销售假药、有毒有害食品案件21件26人。依法惩处破坏市场经济秩序的犯罪，审结生产销售伪劣商品、合同诈骗、虚开增值税发票等犯罪案件34件49人。

全年受理民商事案件4531件，结案4128件，同比分别增长3.38%、1.72%。贯彻“调解优先、调判结合”原则，加大调解力度，民商事案件调撤率76.20%，位居全省法院第六位。注重民本关怀，审结劳动就业、教育医疗、住房消费等涉民生案件505件。依法维护妇女、儿童、老人的合法权益，审结婚姻、赡养、抚养、继承等纠纷351件。

全年受理行政诉讼案件36件，审结33件，同比分别上升56.52%、50%。其中经协调和解原告撤诉的13件，维持行政行为的2件，撤销、变更行政行为或确认行政行为违法、无效的4件，驳回原告起诉或诉讼请求的14件。受理行政非诉执行案件52件，办结52件，同比均下降74.63%。其中裁定准许执行41件，不准许执行11件。

全年受理执行案件2201件，同比上升2.09%，结案2046件，同比下降0.24%，实际执结标的额6.84亿元。加大对拒不履行生效裁判行为的制裁，共对22名抗拒被执行人依法实施司法拘留。全年公布失信被执行人信息590条，移交公安机关协助查控被执行人25人，协助查控车辆1辆。

成立未成年人案件综合审判庭，负责审理未成年人犯罪案件、刑事附带民事诉讼案件以及未成年人权益的民事案件。成立研究室，负责宏观调查研究工作，总结审判工作经验，办理审判委员会会务，会办综合性审判业务文件、报告。加大司法救助力度，为经济确有困难的当事人依法减、免、缓交诉讼费116.03万元，发放司法救助金15.16万元，为弱势群体免费提供保全担保15件，担保金额364.71万元。

【提供司法服务支持全区中心工作】 3月，区法院出台《关于贯彻实施区委“效能亮剑”专项行动服务保障“六大战略”全面推进的实施方案》，发挥司法能动性，提供优质司法服务。是年，区法院稳妥处理庄市街道芳辰丽阳项目、蛟川街道中一村安置项目、新城西大河东侧地块等涉征地拆迁案件，拆迁类案件的协调和解率达到80%，推进全区征地拆迁工作和重点项目建设。

【推行“大立案、大执行”工作模式】 3月，区法院在保留立案庭原有立案、信访工作职责的基础上，将分案、排期、送达、保全等审前准备工作划入立案庭，保障审判业务庭集中精力办案，同时改变“一人包案到底”的传统执行模式，探索分段集约执行新机制，成立节点控制、财产查控、财产处置三个专项执行小组，实行流水化作业，提升办案效率。是年，案件平均审理时间32.13天，平均执行时间23.98天，同比分别减少10.53天、12.33天，均位居全省法院第4位。

【保障被告人辩护权利】 3月，区法院联合区检察院、区司法局制定《关于加强刑事案件指定辩护工作的实施意见》，扩大指定辩护范围，将被告人系少数民族且不通晓普通话的、受理案件后发现被告人可能未满十八周岁的、审判时怀孕的妇女或已满七十五周岁的老年人的、同案审理的其他被告人均有辩护人的等案件均纳入指定辩护范围。是年，共为105名被告人指定辩护人，同比增长87.50%。

【促进行政机关依法行政】 7月，区法院编写《拆迁案件申请法院执行工作手册》，向镇（街道）、拆迁部门和重点工程项目责任单位发送，对办理拆迁案件中发现的行政机关执法问题进行分析，提出建设性意见，变事后监督为事前预防，促进依法行政。

【首次进行网络司法拍卖】 11月22日，区法院首次在淘宝网平台进行司法拍卖。经过66次竞价，成功拍卖一辆奔驰牌轿车，起拍价27万元，成交价40.1万元，溢价率48.52%，为当事人节省佣金2.01万元，促进拍卖标的物价值的最大化，实现拍卖过程的公开透明，得到双方当事人的肯定。

区法院首次在淘宝网公开拍卖一辆奔驰牌轿车

【建立在押未成年人评鉴制度】 11月，区法院联合区检察院、区公安分局出台《关于镇海区看守所未成年在押人员羁押期间表现纳入量刑情节的暂行规定》，在全市法院首次建立在押未成年人评鉴制度，将未成年在押人员羁押期间的表现作为区法院量刑的酌定情节，促使未成人在押人员认罪伏法、真心悔过。

【开展进村入企大走访活动】 2月起，区法院开展为期5个月的"进村入企大走访、排处问题保平安"活动，组织13名干警深入基层、进村入企、走访调研，帮助解决基层突出问题和矛盾纠纷。至6月，共走村入户240余人次，排查问题近80个，协助化解矛盾52件。

（徐 静）

司法行政

【概况】 2012年，全区司法行政工作围绕"服务六大战略，推进六大示范区建设"开展，全面履行司法行政工作职责，为"平安镇海"建设和全区经济社会发展创造法治环境。区司法局创新社会管理，重点培育以九龙福利院为平台的精神卫生中心、以炼化医院为平台的戒毒服务中心和以招宝物业公司为平台的安置帮教基地的特殊人群服务管理项目。发挥各级163个人民调解委员会作用，全年调处各类矛盾纠纷9043件，调处成功8940件，调处成功率98.9%。开展各级民主法治示范村创建工作，创建成国家级民主法治村（社区）1个、省级民主法治村（社区）1个，市级民主法治示范村（社区）2个，区级民主法治示范村（社区）5个。

全年区法律援助中心共受理援助受理案件477件。其中民事363件，刑事114件；接待来访群众692批、1076人次，解答来电法律咨询443件。开展"追讨欠薪"专项维权活动，全年办理群体性法律援助案件6件，受援人数457人，追讨欠薪1199余万元。

是年，全区新增在册社区矫正对象147人，解矫120人，累计接收矫正对象745人。新增社区矫正对象中，管制0人、缓刑117人、假释21人、暂予监外执行1人、剥夺政治权利8人，无1人脱管、漏管。新增刑释解教人员55人，累计在册列管期内刑释解教人员401人，帮教志愿者832人，帮教比例1.96∶1。区司法局救济刑释解教人员54人次，救济金额7.76万元。

【开通"镇海普法"官方微博】 1月，区普法办在新浪微博开设普法微博"镇海普法"。将普法形式与时代发展相结合，普法内容与群众需求相结合，制作发布一系列生动活泼、寓教于乐的微博，营造普法氛围。全年"镇海普法"共发布各类普法微博250条，提高法制宣传教育的覆盖面和影响力。

【1个村获"全国民主法治示范村"】 12月，蛟川街道中官路村被司法部、民政部联合评选为第五批"全国民主法治示范村"，成为全区首个国家级民主法治示范村。该村发扬"富而不奢谋发展，立足为民办实事"精神，深入开展法制宣传教育，不断深化民主法治建设，创新服务管理模式，实行村民自治，培养"法律明白人"等，保障民主法治建设有序推进。

中官路村法制宣传栏

【成立小区物业纠纷调解室】 12月，骆驼街道华丰花园、孝思房小区成立全区首个小区物业纠纷调解室，7名调解员全部来自该小区。该调解室专门制定值班制度，对辖区的纠纷处理负总责，形成时时有人管、事事有人理的良好局面。

【社区矫正工作站全面挂牌运行】 6月，全区83个村（社区）挂牌成立社区矫正工作站。区司法局与各村、社区签订社区矫正委托管理协议，发挥基层组织“人熟地近、便于管理”优势，由当地党组织书记或主任兼任站长，保障多角度、全时段、近距离教育管理矫正对象，落实特殊人群管理服务工程。

【成立交警大队法律援助工作站】 12月，区司法局与区公安分局联合成立交警大队法律援助工作站。该工作站发挥法律援助在化解道路交通事故纠纷、维护社会稳定方面的作用，为交通事故当事人提供免费的法律法规咨询，为经济困难的道路交通事故受害人提供法律援助。

（王恺悦）

民主党派与社会团体

宁波市镇海区民主党派

【概况】 宁波市镇海区有中国国民党革命委员会、中国民主同盟、中国民主建国会、中国民主促进会、中国农工民主党、中国致公党、九三学社7个民主党派支部。2012年，民主党派人士共208名。党派成员根据各党派特点，来自教育、卫生、金融、非公企业和机关事业单位，其中担任单位中层以上职务者居多。民主党派人士中，省、市、区人大代表11名（兼任不重复计算，下同），其中区人大常委1名；省、市、区政协委员34名，其中区政协常委9名。

各民主党派支部情况

表6

党派名称	成立时间	支部成员人数	负责人
民革镇海支部	1999年7月	30	陈志红
民盟镇海支部	1991年4月	54	崔国久
民建镇海支部	2002年6月	20	陈天云
民进镇海支部	2000年8月	19	吴国平
农工党镇海支部	1986年11月	24	傅文中
致公党镇海支部	1989年10月	21	姚晨江
九三学社镇海支部	1993年11月	40	唐小明

注：人数和负责人为2012年末情况

【民革镇海支部】 2012年共有党员30名，其中区政协委员4名，区人大代表1名。全年支部成员共提交提案议案4件、社情民意15条。4月，支部召开换届大会，选举产生第五届领导班子，陈志红为主委，副主委2名，支部委员4名。支部先后邀请民革李惠利医院支部、民革宁波市委法制工作委员会、民革海曙总支到镇海联谊，并组织党员到湾塘农庄开展“三农”调研，赴浙江磐安考察学习。接待前来看望蒋思豫先生的台湾抗战名将张灵甫、张自忠的后人，宣传大陆政治、经济、文化等有关政策。

【民盟镇海支部】 2012年发展新盟员3名，共有盟员54名，其中区人大代表1名，区政协委员4名；有博士8名，硕士1名，特级教师1名。盟员提交社情民意信息20篇，其中《农村宗教信仰点亟待规范》被全国政协信息录用。撰写政协提案5个，人大建议2个。

【民建镇海支部】 2012年发展新会员4人，共有会员20人，主要来自经济界和政府机关，成员中担任中层以上职务17人。会员中区人大代表1人，区政协委员6人。支部围绕中心，服务大局，开展调查研究，撰写《关于工业企业异地办厂情况及建议》等，并在政协大会上作《关于城市建设中重视科学决策的建议》的发言。区"两会"期间，提交8件人大建议、政协提案。

【民进镇海支部】 2012年新发展会员3名，转入1名，共有会员19人，主要来自教育界和政府机关。会员中担任中层以上职务14人，其中副区级1人，副局级2人，中学校长、副校长4人；有省人大代表、区人大常委会副主任1人，市人大代表1人，区人大代表2人，区政协委员6人。会员带领的学校获浙江教育报刊总社首批"名师成长"实践基地，宁波市中小学校校长专业发展培训实践基地等荣誉称号。

【农工党镇海支部】 2012年发展1名新党员，共有党员24名，其中市政协委员1名，区人大代表1名，区政协委员3名。撰写《关于加大环境保护监督工作力度的建议》等政协提案、人大议案7件，其中《镇海区工业布局中存在的几个问题与建议》调研材料在区政协大会发言。结合党派成员的工作的特点和实际，举办医疗下乡活动1次，健康养生辅导报告和讲座2次，组织外出考察学习活动1次。

【致公党镇海支部】 2012年，发展新党员2人，共有党员21人。党员为具有海外关系的代表性人士，党员中省政协委员1人（兼任市政协委员），区政协委员6人。支部的政协委员在省、市、区的各级政协大会上提出的提案有6件，其中《建议宁波适时适当的发展快速公交系统》《建议适时适当的发展镇海快速公交系统》等提案受到省、市、区各级政府和有关部门的重视，完成《建议政府投资项目建立造价监控体系》等调研。组织支部党员赴江苏溧阳和苏州参观学习，与鄞州支部举行联谊活动。

【九三学社镇海支社】 2012年，新增社员1人，总共40人，在职占53%。成员中有区协副主席1人、市大代表1人、区政协委员3人、新增区人大代表1人。12月，完成换届，选举主委1名、副主委2名、支社委员4名。当年，在市、区"两会"上，撰写递交议案、提案共10余件。支社不断提升组织建设，制订优秀社员奖励机制，支社荣获社市委2008—2012年度社会服务先进集体、2012年度组织建设先进集体。

（项宗剑）

宁波市镇海区总工会

【概况】 宁波市镇海区总工会第十三届委员会由18名委员组成，设主席1名、副主席4名、常委9名。区总工会所属工会20个，其中镇（街道）、石化经济开发区工会7个，负责辖区内的基层工会；直属工会1个，负责金融、电力系统和从镇海炼化中“剥离”到地方的企业的工会；区级机关工会工作委员会1个，负责机关工会的管理；局（公司）工会12个，负责其直属企事业单位的工会。全区基层工会组织1656家，联合工会153家，覆盖企业7905家，工会会员221776人。

2012年，区总工会以组织实施“同心破难谋发展、转型创新勇为先”大行动为契机，开展“工人先锋号”创建和职工技能比武大赛，举办“雄镇·工行杯”金融系统职工技能比武大赛等近70场，参与职工近万名。发挥119家区级职工技能培训基地的主体作用，利用社会资源联合办学，全年共举办各类培训班69期，培训人数9680人次。命名3个职工先进操作法，创立7个高技能人才创新工作室。开展核心价值观主题教育活动30余场，受教育职工2万余名。发起“宁波职工精神”大讨论活动，汇集200余条职工精神表述语。举办首届厂报厂刊展示活动，展示厂报厂刊30件。举行庆祝“五一”国际劳动节暨“五月的礼赞”劳动模范颁奖盛典，评比表彰15名区级劳动模范和6个模范集体。区总工会“手牵手”职工艺术团到基层企业慰问演出11场，观看人数15000人次。实施优秀电影进企业，免费放映电影70场次，观众达4万人次。举办镇海区第九套广播操比赛，推广全民健身事业。推进学习型企业创建活动，评选出10家区级达标企业，4家企业被评为市级学习型示范企业。

推进“5·1服务卡”平台建设。继续推进集体合同和工资集体协商，新签订集体合同、工资协议167份，累计签订1540份，覆盖职工8120人，工资集体协商建制动态率90%；签订区域性、行业性集体合同61份，覆盖企业2759家，覆盖职工6万余人。加强以职工代表大会为基本形式的企业民主管理，100人以上企业职代会建制率达90%以上。以网络、队伍和制度建设为重点，完善区、镇（街道）、村（社区、企业）三级社会化劳动争议调解组织。发挥工会法律援助作用，各级劳动争议调解组织全年共受理劳动争议案件1129起，涉及职工2152人，涉及经济标的2739.9万元，调处成功率97%以上。拓展“安康杯”竞赛活动覆盖面，1328家企业4523个班组、超8万名职工参加活动，非公企业“安康杯”竞赛参赛面达85%。做好职工劳动保护和职业病防治，建立基层工会劳动保护监督检查组织847个，检查员847名。成立职工心理健康辅导站，开通心理服务热线86651890，帮助465人次疏导心理压力，消除心理困惑。区总工会荣获宁波市2011年度安全生产工作“先进集体”称号。

【命名3个职工先进操作法】 2012年，区总工会会同有关部门经过挖掘、比较和筛选，命名3个职工先进操作法，分别是镇海职工教育学校机电教研组“四化技能培养法”，刘幼芬诚心工会工作法，周波焊工自学成才法。至此，全区获各级工会命名的职工先进操作法共计21个，其中省总命名1个，市总命名3个，区总命名17个。

【创立高技能人才创新工作室】 11月，经区总工会推荐，市总工会和市科技局联合评选出7个宁波市高技能人才创新工作室，分别是镇海石化建安工程公司的仪表自动化技术进步工作室、宁波众茂集团公司的信息建设与网络安全工作室、镇海规划勘察设计研究院的科技研究工作室、宁波康兴电缆公司的特种线缆工位器具创新工作室、宁波华通电器集团公司的贺春安高压互感器先进制造工艺创新工作室、镇海区职业教育中心学校的汽车机电技术创新工作室和伊水涌创新工作室。

【推进"5·1服务卡"平台建设】 2012年，区总工会推进"5·1服务卡"平台建设，累计发卡115060张，与38家特约商户达成协议，建立服务网点48个，推出特惠活动1次，让职工会员享受各类优惠金额累计达60余万元。

【启动"送精神福利计划"项目】 7月起，区总工会启动"送精神福利计划"项目。项目包括拓展12351职工维权热线、86651890职工心理咨询热线等热线服务范围，畅通职工舒压渠道；实施"精神福利"进企业活动，开展职工心理评估，提高心理健康知识知晓率；成立企业心理干预专家库，对企业工会相关工作人员开展心理健康技能培训；在部分企业试点建立职工心理健康辅导基地与心理咨询点，通过专题讲座与个体心理辅导，为职工提供个性化服务，帮助提高广大职工尤其是新生代外来务工人员实现更健康、更体面、更有尊严地工作生活。

美丽心灵工作坊挂牌

【举行首届厂报厂刊展示活动】 4月，区总工会在区美术馆举办首届厂报厂刊展示活动。其间，围绕企业文化战略，传达企业最新动态、反映基层一线生产活动，集中展示企业报刊展品30件，反映全区弘扬先进企业文化、提升职工文化品位与创建和谐企业成果。推出五一特刊，开展学习身边楷模、职工精神大讨论、争创"工人先锋号"等活动，为企业职工送上精神大餐。

【1100名学生受惠金秋助学】 8月，区工会系统2012"金秋助学"活动启动。活动重点面向全区工会建档的困难职工家庭上学子女及因工伤事故、工资拖欠、突发重病、意外事故等原因造成家庭经济暂时困难的职工和困难外来务工人员家庭上学子女。其间，通过区总工会、企事业单位工会上下联动，全区各级工会组织共计发放"文意助学""大学生助学""中小学生助学"等助学金60万元，为1100名困难职工家庭子女送去温暖。

区总工会困难帮扶送到家

【统一“职工文化阵地”设置标识】 12月，区总工会向全社会征集“区域性职工精神家园”和“职工示范中心”的统一标识（LOGO），经过市总工会、区总工会、区文广局、区美术馆等部门专家评选确定最终的选用标识。标识图案由幻化的镇海二字首字母缩写“Z、H”有机交融并巧妙组合成抽象的汉字“工”和振翅飞翔的鹏鸟，且融入象征家园的房屋造型，直观体现镇海特色和职工文化阵地特点。飞翔的鹏鸟其昂扬向上的姿态不仅体现出区域性职工精神家园品牌追求卓越，开拓创新的精神风貌和时代特征，而且表达出区域性职工精神家园品牌充满生机的发展前景和广阔的发展空间，凸显“区域性职工精神家园”的定位和文化内涵。绿色代表健康、诚信和成长，圆形具有凝聚力和国际化之意。统一设置标识，将进一步打造镇海职工文化阵地品牌，推进镇海职工文化事业发展繁荣。

镇海职工文化阵地统一标识

（马凌云）

共青团宁波市镇海区委员会

【概况】 共青团宁波市镇海区委员会成立于1966年。2012年4月，共青团宁波市镇海区第十六次代表大会召开，选举产生第十六届委员会领导班子。全区6个镇（街道）共有团（工）委班子成员92人，在全区各镇（街道）普遍形成“1+3+X”，即1名书记、3名副书记、若干名委员的专兼职结合、编制内外相结合的基层团组织格局。

全区2012年基层团组织情况

表7

基层团组织	类别				合计
	机关事业	学校	企业	村社区	
团委	11	9	5	1	26
团工委	8	0	1	9	18
团总支	3	0	17	33	53
团支部	17	24	359	45	445

是年，全区各级团组织以开展“基层组织建设年”“作风建设年”活动为主线，着力抓好青少年思想引领、岗位建功、民生改善和共青团自身建设。开展“迎接十八大·青春建新功”主题实践活动，举办青少年演讲、知识竞赛、团课宣教、志愿服务等活动。继续开展共青团系统“三思三创”主题教育实践活动和“创先争优”活动，举办共青大讲堂、青年读书会、辅导员

培训班、优秀团干部评选等活动。推进活力组织建设，成立两新组织团建孵化平台，推出团建服务套餐，全年新增非公企业团组织117家，新社会组织团组织10家，镇海石化工贸有限公司和宁波中鑫毛纺有限公司被评为宁波市第二批共青团“双争双促”示范企业。推进乡镇实体化“大团委”建设，全区2个镇区新建直属团组织63家，覆盖团员894人，35岁以下青年1809人。助推经济社会发展，开展“青春共建生态城”主题活动，启动“爱护环境、整治煤尘”专项志愿行动，开展“青春助推转型升级”行动，举办区青企协与中科院宁波材料所科技成果项目合作交流会。促进青年就业创业，经团区委推荐审核，银行共发放青年创业贷款498笔，累计资金达1.9亿元，带动2500余人实现就业，培训青年就业创业8200余人次，提供见习岗位22个，帮助183名青年见习。改善青少年民生，联合团省委与团市委在区职教中心举行12355“心灵花园”走进宁波体验活动。实施“暖阳护苗”行动，对区内服刑人员未成年子女开展爱心捐助、心理辅导、结对关爱等帮扶。继续开展“爱心援教团”“流动青少年宫”进外来务工子弟学校等活动，免费培训外来务工子弟。实施团干部作风建设工程，以“增强五种意识、树立五种形象”为目标，全面部署团干部作风建设工作。实施团干部素质提升工程，提高学习、创新、执行、亲和、自律等五种能力。加强社区少先队建设，推出社区少先队队报，编印社区少先队工作指导手册。

【召开镇海区第十六次团代会】 4月，共青团宁波市镇海区第十六次代表大会召开，区四套班子领导出席大会，区委书记薛维海作重要讲话，团市委书记到会祝贺并作重要讲话。大会听取共青团宁波市镇海区第十五届委员会工作报告，选举产生第十六届委员会，书记1名，副书记2名，常委7名，委员19名，明确今后三年全区共青团以建功育人为主线，以改革创新为动力，以实施“四个行动”为载体，履行团的基本职能，开创镇海共青团工作新局面。

【举行“传承·奋进——我们的红色青春印记”主题集会】 5月，团区委以纪念建团90周年和“五四运动”93周年为契机，在区人民大会堂举行“传承·奋进——我们的红色青春印记”主题集会，启动“凝聚青年力量、助推‘六大战略’”——青春与镇海共奋进主题活动，引导团员青年树立中国特色社会主义共同理想。来自全区各条战线的300名青年代表参加，区委常委、组织部部长在会上作重要讲话，寄语全区广大团员青年开拓创新、务实进取、奋发有为。会议表彰第五届“镇海区十大杰出青年”先进集体、先进个人。

【召开镇海区青联五届一次全会】 9月，镇海区青年联合会第五届委员会第一次全体会议召开。区四套班子领导出席大会，区委书记薛维海作重要讲话。会议审议通过镇海区青年联合会第四届常务委员会所作的主题为《汇聚青春力量、勇担时代重任、团结带领全区青年为基本建成现代化生态型港口强区争创新的青春业绩》的工作报告。会议选举产生区五届青联领导班子，其中主席1名，副主席4名，常委10名。

【1项工作获2012年度省共青团工作、青年工作创新奖】 2012年,团区委"双网互动·青春微圈"获2012年度浙江省共青团工作、青年工作创新奖。该项工作以团建网格为基础,以青春微圈为载体和纽带,实现对网格内青年的常态化联系,通过"网上网下"工作平台和"青春百乐汇"组团式服务项目配送实现对青年多方位的影响和团组织的有效孵化。全国少工委常务副主任、团中央少年部部长,团省委书记对此予以肯定,《人民日报》政治版、《浙江日报》分别进行报道。

(张子津)

宁波市镇海区妇女联合会

【概况】 2012年,全区各级妇联组织把妇女就业和培训作为重要工作,开展"进村入企解难创优"活动,团结引领广大妇女为建设"六个示范区"和现代化生态型港口强区发挥作用,拓展妇女参与经济建设的渠道。是年,区妇联工作按照年初执委会上提出的任务开展。加强"妇女之家"建设,扩大"两新"组织妇建范围,单建妇女组织135个,联建妇女组织26个。

是年,区妇联开展女性劳动力素质培训和农技讲座,举办培训班85期,培训妇女3300人次;举办5期"月子保姆""海田阿姨"专题培训班,300名妇女参加培训班,78人获"镇海月嫂"上岗证,116人获"海田阿姨"上岗证;编印下发《镇海月嫂工作实例手册》,深化"镇海月嫂"品牌。打造"妇字号"龙头企业、来料加工集聚点、"九龙巧妇"农家乐等亮点工程。举办区巾帼就业专场招聘会,73家企业提供556个岗位,接待800人,达成就业意向127人。

是年,区妇联联合区慈善总会成立重大妇女病慈善帮扶基金,首批受惠妇女17名,每人获帮扶基金10000元整。区女企业家赴贵助学,捐赠爱心校服1300件,总价值10万元。三级妇联走访慰问190名老妇女主任。联合区治安大队,邀请心理咨询师为11名失足女性开展团队心理辅导。区妇联联合区新闻中心开设《巾帼风采》栏目,共12期,展示优秀女性风采,发挥示范引领作用,带动妇女提升自我。区妇联被评为"省级三八红旗集体""省双学双比工作先进集体""省文明家庭创建活动先进组织"和"省农村妇女岗位建功先进集体"。

【开展"巾帼科技致富下乡"行动】 7月,区妇联开展"巾帼科技致富下乡活动":培育打造巾帼示范基地(户)7个,并进行跟踪,巩固扩大成果;组织农技项目现场推进会,10对农技专家与女能手结对签约,提供政策咨询、创业指导、技术辅导;推进"岗村结对"等活动,举办优秀案例汇报会,助推农村妇女提升素质,提高157家巾帼文明岗质量。

"巾帼科技创新业 争当致富女能手"农技项目现场推进会

【开展家庭文明建设活动】 5月，区妇联制定出台《镇海区文明楼考核评分表》《镇海区标杆文明楼创建要求》，开展文明楼特色工作项目申报试点。开展邻里对话、传统节日联谊、"门对门、户帮户"活动，促进居民和谐。启动"文明家庭科学文化月"，开展家庭科技展评活动看，编印《科学与生活》知识问答一百题3000册。至年底，建成省文明家庭5户，区标杆文明楼12幢，区特色文明楼29幢，20位户主被评为区优秀文明楼楼长。

【实施"母亲素养工程"】 2012年，区妇联实施"母亲素养工程"：开展母亲成长沙龙、主题征文、大型家庭教育公益讲座等活动，成立"海燕"爱心志愿服务队，招募志愿者110名。开展特殊儿童家庭成员集中团队心理辅导、特殊儿童义教活动、特殊儿童家庭结对帮扶活动、专家志愿者专题讲座等10次。继续推进"智慧妈妈·和谐家园"数字化主题培训，26个示范点，2600名母亲参加，接受培训4374人次。

"智慧妈妈　亲子有道"母亲成长沙龙

【完善"3+3+2"维权机制】 2012年，区妇联完善以区、镇（街道）、村（社区）妇联三级维权网络为主体，以妇女法律援助中心、反家庭暴力庇护所、家庭暴力伤情鉴定中心为辅助，以女性人民陪审员、心理咨询师两支队伍为补充的"3+3+2"维权工作格局。是年，规范"大阿姐"调解工作室，发挥妇联基层组织在维护社会稳定大调解的作用。运作12338维权热线和梓荫女子（女性聊吧）网络咨询平台，畅通妇女诉求表达渠道。完善家庭暴力救助体系，加大家暴案件干预力度，推进预防制止家暴工作。全年接待处理妇女、家庭信访60件。化解30对闹离婚夫妻的矛盾，协调调解率为100%。

【推进"两新"组织妇建工作】 2012年，区妇联按照企业布局划分网格，以单建、区域组建、行业统建、协会（商会）联建等形式，设置两新妇女组织，推进"两新"妇建工作，开展"两新"妇女之家示范点创建，选举339名女职工担任"两新"组织妇女干部，覆盖2683家企业，12家"两新"妇女组织确定为"妇女之家示范点"孵化基地。

（施　虹）

宁波市镇海区工商业联合会

【概况】 2012年，区工商联结合区域经济和非公经济发展的实际，以服务会员企业为宗旨，为推进全区非公人士健康成长和非公经济健康发展开展各项工作。引导和组织非公企业家人大代表和工商联界别的政协委员深入实际、撰写提案和建议，完成《镇海区中小企业发展中的困境与建议》《做大做强镇海区紧固件产业问题研究》等调研。开展"进村入企大走访"活动，调研走访区内1000余家企业。

是年，区工商联组织企业家、商会会长、秘书长等赴宁夏、兰州、诸暨、舟山等地考察交流，先后与银川金凤、兰州七里河、舟山岱山、宁海等地工商联缔结友好商会。组织全区46家紧固件企业到苏州参加“金蜘蛛”展，煤炭行业商会、直属商会等为会员企业拓展市场。组织30余家企业到中科院宁波材料所进行科技项目洽谈和人才合作活动，促成双方达成合作关系。与区人社局、区总工会等部门推动劳动关系协调机制建设，确立协调劳动关系三方会议制度。帮助企业协调解决“用电矛盾”等问题。

是年，区工商联继续以通报会、座谈会、恳谈会等形式加强和改进非公有制经济人士思想政治工作，引导会员共建核心价值体系，组织开展核心价值观大讨论、新时代企业职工精神大讨论等活动，引领会员企业开展创先争优活动。开展“组工干部下基层”“服务企业促发展、创先争优当先锋”主题活动，探索和实践“两新”组织党建工作的新途径，在全部会员企业中实现党的组织和党的工作“双覆盖”。与浙江万里学院、嘉博教育培训学校等院校合作，举办“现代管理与自主创新能力建设”高级研修班等，200余位企业管理精英参加培训。分期选送优秀企业管理领袖参加市、省级各类专题教育培训。鼓励指导直属商会、庄市商会、骆驼商会为会员企业开展学习培训活动，区、镇两级商会共培训非公经济人士达4000余人次。指导骆驼商会成立“创二代”联合会。组织会员企业参加新农村建设、慈善一日捐、冠名基金等活动，促成庄市商会企业界人士认领结对9名贫寒学子，奉献爱心助学金近6万元。

【成立镇(街道)商会企业转贷互助资金】 年初，区工商联在全区工业经济政策研究会议上提出中小企业服务平台和转融资平台扶持政策建议。5月，区政府出台《关于企业转贷互助资金相关事项的会议纪要》(镇政办会纪〔2012〕12号)，骆驼商会、蛟川商会、庄市商会、九龙湖商会4家镇(街道)商会企业转贷互助资金相继成立，并进行注册登记。全年正常运作的3家转贷互助资金共为154家企业转贷886次，转贷资金总额达到33.2亿元。

骆驼商会工作人员解答企业负责人咨询企业转贷事宜

宁波市镇海区残疾人联合会

【概况】 2012年，全区新增残疾人442人，累计5619人，其中肢体残疾3087人，言语听力残疾765人，视力残疾549人，精神残疾698人，智力残疾493人，多重残疾27人。是年，区残联对1300名纳入低保、基本生活保障范围的残疾人发放生活保障金600万元，对1000余名年满50周岁且无收入的老年残疾人每人每月给予100元的生活补助，补助金额100万元；对62名整治的残疾车主发放生活补助15万元；对2户贫困残疾人家庭的危房实施修缮补助，补助资金近万元；对295名残疾学生和残疾人家庭子女提供助学补助47万元；对450名贫困残疾人家庭因重大病或其他突发性事件等实施临时救助金额25万元；走访慰问残疾人家庭460余户，发放慰问金28.7万元，补助894名三四级残疾人参加城镇居民医疗保险45万元。补助159名个体户和自由职业者的残疾人养老保险43.15万元。

全年新增残疾人就业86名，其中按比例就业增加26名，就业率提高3.6%。组织开展残疾人实名制情况调查。举办残疾人演讲比赛、残疾人文艺会演、趣味体育运动会，巩固和深化扶残助残爱心城区创建成果。投入91.76余万元实施残疾人内障复明手术等阳光品质康复工程项目20个，共有717名贫困残疾人得到康复救助和免费康复服务。加强社区康复工作，以创建宁波市“社区康复示范站”为抓手，以点带面，辐射带动72个社区康站的规范化建设。为6349名残疾人建立康复服务档案，为1430名肢体和智力残疾人开展上门康复训练和指导。区35家福利企业共安置残疾人1100人，通过按比例就业250人。投入60余万元新建扶贫基地3个，累计12个，共辐射带动150余名残疾人就业。培训残疾人152名，发放就业帮扶资金50余万元，帮助150名残疾人自主创业。推进“智慧·阳光家园”服务平台建设，全年发放手机448个，安装、免费或优惠手机电话320个，发布政策、招聘启事、公示补助等信息40余万条，受理来电1000多例，残疾人免费拨打平台电话62万人次、4.5万小时。

【举办宁波市第七届残疾人相亲会】 5月，由市残联、区残联联合举办的宁波市第七届残疾人相亲会在郑氏十七房景区举行，来自宁波市及上海、江苏、安徽等6个省市的120名残疾人赴约参加，初步达成意向6对。

【出台残疾人参加社会养老保险补助政策】 6月，区残联出台《关于残疾人参加一次性补缴社会养老保险给予补助的通知》（镇残〔2012〕18号），对已参加一次性补缴社会养老保险（保障）的残疾人（参加被征地人员养老保障的除外），给予个人自负缴费额25%的补助。补助金额为职工基本养老保险最低档次缴费标准个人自负缴费额的25%。未超过此档缴费标准的按实际缴费额给予25%的补助。补助对象为具有镇海区户籍、持“中华人民共和国残疾人证”且本人已缴纳一次性社会养老保险（保障）的残疾人（参加被征地人员养老保障的除外）。全年共有480人符合补助条件，补助金额为414.8万元。

【参加市首届聋人运动会】 7月，区残联组织15名运动员参加宁波市首届聋人运动会，获得8金6银5铜，在全市11个县（市）区中位列团体总分第五名，金牌榜第五名。

【残疾人艺术团成立】 8月，镇海区首个街道残疾人艺术团——“阳光”艺术团在招宝山街道成立。区残联、区民政局、招宝山街道相关负责人及艺术团全体团员参加会议，会上一致通过艺术团章程和主要负责人建议名单，并向艺术团顾问、指导教师颁发聘书。“阳光”艺术团以弘扬社区文化艺术为主体，满足残疾人艺术爱好为目的，开展地方戏、歌舞、曲艺、器乐等群众喜闻乐见、健康向上的文化活动，共有30名残疾朋友成为“阳光”艺术团第一批成员。

招宝山街道"阳光"艺术团成立

【召开区残联第六次代表大会】 10月24日，区残联第六次代表大会召开。会议听取并审议区残联第五届主席团工作报告，选举产生区残联第六届主席团、执行理事会领导班子及出席市残联第六次代表大会代表，表彰全区"十佳扶残助残爱心家庭""十佳自强创业明星"和"十佳优秀残疾人工作者"。市残联党组书记、理事长应邀出席大会。区委书记薛维海出席会议并讲话，来自全区各条战线的150余名代表参加大会。

（殷晓华）

宁波市镇海区红十字会

【概况】 2012年，全区新增造血干细胞捐献志愿者58人，累计376人；实现捐献2例，累计2例。新增器官捐献登记6例，累计6例；实现捐献2例，累计2例。新增遗体（角膜）捐献登记8例，累计58例；实现捐献2例，累计2例。全年为困难新镇海人提供173人次救助，发放救助金10万余元。区红十字会继续弘扬"人道、博爱、奉献"精神，节日期间将30万元的学习、生活用品送抵外来务工子弟集聚的10所小学和6所幼儿园。

在博爱"天使基金"的基础上，设立博爱"康乃馨"基金，吸引爱心单位、爱心市民捐款10万元，专项救助患恶性肿瘤的困难妇女。继续开展红十字博爱送万家活动，市、区两级共投入款物6.8万余元，慰问困难家庭120户。开展公益性应急救护培训，全年培训救护员200人，普及培训7478人次。

【5家村（社区）红十字会员小组成立】 7月27日，全区首个村（社区）红十字会员小组在招宝山街道总浦桥社区成立。9—11月，骆驼街道董家畈村，招宝山街道城东社区、顺隆社区、后大街社区等4个村（社区）相继成立红十字会员小组。

【2人实现器官捐献】 2012年，全区2人实现器官捐献。2月6日，四川籍外来务工人员陈小洲心跳停止跳动，父母依约捐献眼角膜，帮助余姚60岁的鲁女士和江西21岁的小吕重见光明。12月5日，5岁四川籍儿童唐金龙成功捐献一肝两肾，实现区第2例器官捐献，成为全市年龄最小的器官捐献者。

唐金龙父亲签下器官捐献志愿书

【基层红十字会实现全覆盖】 8月10日，九龙湖镇红十字会成立，选举产生会长1名，秘书长1名。至此，全区基层红十字会实现全覆盖。

【举办国际红十字的纪念日活动】 4月28日，区红十字会在人民大会堂举行“我志愿 我奉献——红十字人道力量”广场宣传活动，现场招募造血干细胞捐献志愿者58人。六个镇（街道）联动，结合各自地域特点开展红十字服务敬老院、博爱基金进村入企、红十字志愿者环九龙湖骑行等丰富多彩的纪念宣传活动，进一步扩大红十字会社会影响力。

（陈彦翰）

广场活动全景

宁波市镇海区关心下一代工作委员会

【概况】 2012年，区关工委围绕党委、政府的中心工作，发挥组织优势和“五老”①作用，推进道德育人、关爱帮扶、三级联创、自身建设四大工程建设，各项工作取得新进展。

是年，区关工委组织宣讲团深入学校、社区、农村，举办传统美德、理想信念、心理健康等教育讲座59场次，受教育青少年16004人次。关爱工作团开展教育、感化和挽救失足青少年工作，全年结对帮教失足青少年24人。开展清明节革命传统教育、纪念雷锋同志牺牲50周年及“弘扬孝德文化，构建和谐未来”暑期校外教育活动，受教育青少年近50000人次。联合区民政局在“六一”前夕实施“关爱春苗”特别行动，出资5万元资助100名孤儿及经济困难单亲家庭子女。

是年，区关工委继续推进民营企业关工委组织建设，新成立30家民营企业关工委，总数达60家。深化市、区、镇（街道）三级关心下一代校外教育阵地建设，出台《工作规则》，完善《工作手册》，招宝山街道关工委新镇海小公民俱乐部、招宝山街道胜利路社区科技馆被命名为第三批“宁波市关心下一代校外教育阵地”。至年底，市级阵地4个、区级3个、镇（街道）级35个。召开全区关心下一代工作暨表彰会议，表彰2009至2011年度先进集体31个、先进个人55名，聘任宣讲团成员6名。在省、市关工委开展的各类先进评比中，镇海区获省关心下一代工作先进集体1个、先进个人1名，市关心下一代工作先进集体2个、先进个人5名，市“五好”②镇乡（街道）关工委1个、市“五好”民

①“五老”：老干部、老战士、老专家、老教师、老模范。
②“五好”：领导班子建设好，骨干队伍作用好，制度健全执行好，活动经常效果好，积极探索创新好。

营企业关工委2个、市“六好”[1]示范社区关工委2个、市“六好”社区关工委2个、市“六有”[2]村关工委5个。

【开展青少年孝德教育系列活动】 年初，区关工委联合区文明办、区教育局在全区青少年中启动“读孝德书籍、讲孝德故事、懂孝德道理、做孝德事情、评孝德明星”系列教育活动。5月至11月相继在初中段、小学段学生中开展“孝——我心中的大爱”征文赛及“孝在我心中”演讲赛。

“孝在我心中”演讲赛

【市关工委推广镇海校外教育阵地建设经验】 10月16—17日，市关工委推进校外教育阵地建设现场会在镇海召开。其间，与会代表实地参观骆驼街道关工委校外图书室、招宝山街道胜利路社区科技馆和宁波帮博物馆，区关工委做《创建校外教育阵地　构筑青少年思想道德教育工作平台》的经验交流，并通过电视短片、宣传画册、宣传图版、文字资料等载体，宣传镇海关心下一代校外教育阵地建设工作。

【区文化市场“五老”义务监督队成立】 7月5日，区关工委、区文化广电新闻出版局联合举行文化市场“五老”义务监督队成立仪式。66位热心公益事业的老同志受聘成为义务监督员，对辖区内的网吧、电子游戏室、书店、报刊亭等文化市场进行亮证监督，劝导和制止违规行为，为广大未成年人健康成长营造良好的社会文化环境。

文化市场“五老”义务监督队成立仪式

（余维静）

宁波市镇海区科学技术协会

【概况】 镇海区科协下属6个镇（街道）科协和19个区级学会（协会）。全区93个村（社区）都成立科普分会和科普志愿者服务站。19个区级学会（协会）是自然科学协会（包括农学分会、蔬菜分会、兰花分会、老年学分会）、农机学会、医学会、中医学会、城乡社区卫生协会、财政学会、珠算协会、税务学会、国际税收研究会、土木建筑协会、风景园林协会、质量技术学会、环境科学学会、青少年科技辅导员协会、档案学会、创造发明协会、民营科技企业协

①“六好”：领导班子配备好，“五老”作用发挥好，工作制度完善好，教育活动开展好，教育阵地建设好，工作保障落实好。

②“六有”：有组织，有队伍，有制度，有活动，有阵地，有经费。

会、老科技工作者协会、高新技术企业协会。2012年,启盛生物、海达石化、汉博贵金属3家公司成立企业科协,全区企业科协数达到10家。

是年,区科协在推进镇海区科学技术进步中积极发挥自身作用,承办"镇海杯"第七届国际工业设计大赛、参与"海智"宁波之旅镇海行与海外高层次人才创业项目评审引进等活动,促成中国留学人员创业协会、澳华科学技术协会与镇海区共建海智宁波镇海基地工作站两项战略合作协议,引进严晋跃创新团队。庄市光明村被中国科协列为"海智"项目年度重点课题——新农村"和谐社区"的样本,中国科协冯长根副主席率领海内外10个专家专程前来调研。

【2家院士工作站建立】 2012年,区科协促成东来化工与中科院大连化物所杨学明院士、镇海第二医院与复旦大学顾玉东院士共建院士工作站,全区市级院士工作站达4家,其他2家建有院士工作站的单位分别是宁波欧迅化学新材料技术有限公司与汪燮卿、舒兴田院士、宁波先安化工有限公司与沈寅初院士共建的院士工作站。

顾玉东院士与镇海第二医院共建院士工作站

【区高新技术企业协会成立】 12月12日,区高新技术企业协会成立,百隆东方、达尔轴承等39家高新技术企业成为首批会员,宁波新福钛白粉有限公司董事长当选为协会第一届理事会理事长。

【推进"科普惠农兴村计划"】 2012年,区科协举办农函大培训班20班,结业学员1033人。发放农村实用技术资料等宣传资料2000余份,参与农业科技培训、普网工程培训、科普活动的人数3000余人。

【多项农业科技获奖】 2012年,全区多项农业科技获得奖项:镇海味满园果品专业合作社被评为2012年宁波市科普惠农示范单位,庄市繁荣瓜果蔬菜试验示范场负责人被评为全国科普惠农兴村带头人,镇海九龙康得助农庄负责人被评为2012年度宁波市科普带头人。

【开展科普宣传活动】 2012年,在全区科技活动周和全国科普日活动期间,区科协通过举行科技小发明小制作展评、科普展板展示、科技创意平面和实物作品展示、科普下乡等活动,广泛宣传科技知识,发放科普资料2000余份,参与市民1000余人。举办以"创新·创造与发展"为主题的第二届青少年科技创新大赛,镇海中学、立人中学、镇海职教中心学校等10余所中小学参加,以科普知识抢答、航模车模演示等互动性游戏及向市民现场展示实用专利技术、青少年科技创新成果、科技探秘作品等成果形式,引发市民对科普知识的浓厚兴趣。

【加强科普教育基地建设】 2012年,区科协投入8万元支持新建宁波果乐农业开发有限公司、宁波市镇海区幼儿园、镇海九龙康得助农庄3家区级科普教育基地，至此全区拥有科普教育基地11家。其中省级1家(胜利路社区科技馆)，市级4家(镇海海防口历史纪念馆、镇海低碳科普教育馆、镇海区中小学生社会实践基地、宁波帮博物馆)。

【开展“讲理想、比贡献”活动】 2012年，区企业科协组织200多名科技人员参加“讲创新 比贡献”活动，围绕企业科技进步等热点难点问题，提出合理化建议73条，被企业采纳47条，为企业带来一定的经济效益。

【为科技发展建言献策】 2012年，区科协顾国明同志撰写的《镇海区科技支撑推进海洋经济发展的目标、重点与举措》等调研报告发表在省科技厅《今日科技》《镇海通讯》《镇海经济》等刊物上。区老科协撰写的《关于开展煤尘污染预报预警的建议》等8篇文章，区委、区政府主要领导对其中5篇作6条重要批示

(周德敏)

宁波市镇海区文学艺术界联合会

【概况】 2012年，区文学艺术界联合会共有团体会员12家，其中专业协会10家，基本涵盖各个艺术领域；另有高校分会2家，街道文联1家。区文联专业协会会员人数近600名，其中，加入国家级文艺家协会的会员24名，加入省级文艺家协会的会员78名，加入市级文艺家协会会员182名。

(裘贤君)

社团登记

【概况】 2012年，全区新增社会组织30家，同比增长15.79%，共有登记在册的社会组织220家。

【成立区社会组织促进会】 6月，区社会组织促进会成立暨第一次会员代表大会召开，共96个单位及个人会员参加。会议选举名誉会长2名，会长1名，理事18名。

【印发2个社会组织管理办法】 12月，区民政局印发《镇海区公益类社会组织直接登记实施办法(试行)》(镇民〔2012〕51号)《镇海区基层社会组织备案管理暂行办法》(镇民〔2012〕52号)。前者明确公益类社会组织的定义、业务指导单位、登记条件、登记材料及登记程序等内容。后者详细规定基层备案社会组织的分类、管理部门、业务指导单位、备案条件、备案材料及备案程序等内容。

【社会组织增速15.79%】 2012年，全区以社会组织能力提升为目标，以建立健全社会组织参与社会治理机制为中心，通过构建枢纽型社会组织服务平台、实施审批提速、试行公益类社会组织直接登记等措施，推动社会组织稳步有序发展。全年新登记社会组织30家(社团11家，民非19家)，增幅15.79%。

【完成2012年度社会组织年检】 10月，区民政局完成2012年度社会组织年检，全区219家社会组织参加年检，219家合格，合格率为100%。

(黄超梅)

农 业

综 述

2012年，镇海区农业工作在创建生态区和推进全域城市化的背景下，按照“现代高效生态”的农业发展方向，深化“五园一带一基地”产业布局，加快水利重点工程建设，重点推进“森林城市”创建，逐步形成农业发展区域化、投入集约化、生产方式专业化、发展模式生态化和科技体系现代化的态势。

是年，全区实现农林牧渔业总产值10.77亿元，同比增长6.1%。总产值中，农业种植产值占比70.5%，主要由粮食6579万元、蔬菜27871万元、花卉园艺27064万元、水果10368万元构成。林业主要为生态建设服务，产值占比仅为1.9%。牧业产值占比23.6%，主要由生猪养殖11326万元、家禽饲养5262万元和活畜禽产品6722万元构成。渔业产值占比最小，仅为1.5%，以淡水养殖和海洋捕捞为主。(根据《统计年鉴》记载)

(俞明敏)

2012年全区农业产值情况

表8　　单位：万元

项目／年份	农业	林业	畜牧业	渔业	农林牧渔服务业	农林畜渔业合计
2012年	75958	2004	25438	1635	2660	107695
2011年	71029	1878	24424	1659	2532	101522

注：数据来源《镇海统计年鉴2013》P43页，P46页。

农业格局及开发建设

【概况】 2012年，全区农业继续按照“五园一带一基地”进行布局，通过加强基础设施建设、增强农业科技投入、提倡农业科技创新，完善粮食功能区设施建设、落实蔬菜应急保障，加大休闲农业发展力度，加速传统农业向现代农业转型升级。是年，区农业局实施农业产业化项目26个，总投资5866万元，其中市级项目2个，区级24个，涉及农田基础设施建设、新技术引进、生产设施提升等，年内基本竣工，进一步深化“五园一带”产业发展。

【编制完成生态休闲农业布局规划】 10月，区规划、发改、建交、国土、农业等部门及镇（街道）联合会审，通过《镇海区生态休闲农业布局规划》。该规划具体落实26个休闲农业点，计划配套建设用地17.8公顷，为区生态休闲农业布局打下良好基础。

【九龙湖田杨陈区片标准化建设项目通过完工验收】 4月，九龙湖田杨陈区片标准化建设项目通过市级专家组完工验收。该项目投资236.31万元，新建钢筋混凝土进水渠长1750米、排水沟600米，硬化机耕路4938米，新建机埠4座、机坡170个。在基础设施不断完善的同时，该片区内的机械化作业水平全面提升，机耕、机收率达100%，机插（机播）率达85%，全程机械化率达95%。

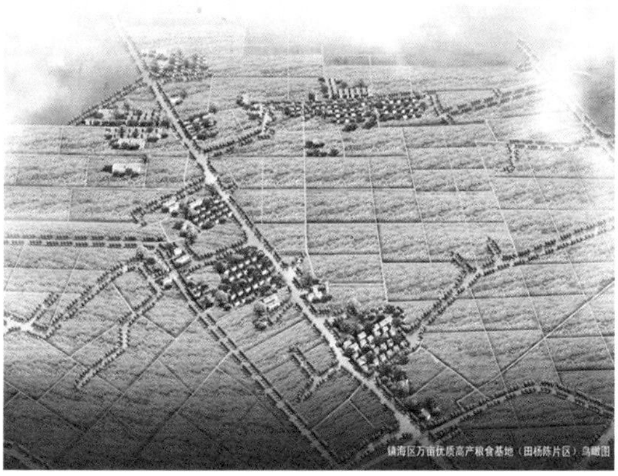

镇海区万亩粮食基地田杨陈片区鸟瞰图

【启动滨海耕地开垦一期项目建设】 2012年，滨海耕地开垦一期项目开工建设。该项目位于宁波石化经济技术开发区内，总投资2223万元，占地面积77.41公顷，东起园区规划海天二路，西至园区主干道，南起规划岚山路，北至规划海呈路区，利用原废旧鱼塘地进行开发整理造地，同时建设包括干渠、支、斗渠、路网等框架的土地开发基础性设施建设。

（俞明敏）

种 植 业

【概况】 2012年，全区农作物播种面积9906公顷，主要种植粮食、蔬菜、水果和花卉，油料、棉花等经济作物种植量很少。粮食作物播种面积4004公顷，总产量25033吨，同比减少3.8%。其中谷物3139公顷，产量21971吨；豆类601公顷，产量1888吨；薯类264公顷，产量1174吨。蔬菜（含菜用瓜）种植面积3274公顷，总产量85442吨，基本去上年持平，主要品种有大白菜、青菜、甘蓝、花菜、绿花菜、番茄、黄瓜等。水果种植面积（含果用瓜）1738公顷，总产量49492吨。其中果园面积972公顷，果树产水果30261吨，主要品种是葡萄5098吨、橘子2240吨，另有梨、杨梅、桃子、柚的产量各994、915、159、559吨；果用瓜种植面积766公顷，产量19231吨，主要品种有西瓜12787吨、甜瓜1152吨、草莓3421吨。花卉苗木种植面积1389公顷，其中花卉339公顷，观赏和绿化苗木1009公顷，草皮41公顷。茶园总面积83公顷，茶叶产量170吨。

2012年水稻生产情况

表9

指标名称	计量单位	2011年	2012年	同比增加+%
种植面积	亩	45825	43770	-4.5
总产量	吨	21675	20805	-4.0
1. 早稻面积	亩	14565	13515	-7.2
亩　产	公斤	416	415	-0.2
产　量	吨	6066	5605	-7.6
2. 晚稻面积	亩	31260	30255	-3.2
亩　产	亩	499	502	-0.6
产　量	吨	15609	15200	-2.6

注：根据《镇海统计年鉴2013》第43页的“粮食作物”制作

【推进蔬菜应急保障体系建设】 2012年，区农业局继续开展蔬菜应急体系建设，重点做好夏季、冬季蔬菜应急保障供应和夏季蔬菜无公害生产技术研究。其中，核星蔬菜基地投资210万元，新建钢结构大棚8公顷，开展夏季蔬菜无公害生产技术和蔬菜应急保障供应研究；味满园果品专业合作社投资53万元，开展蔬菜葡萄套种技术和冬季蔬菜应急保障供应研究；科奥农业专业合作社新建蔬菜应急保障基地20公顷；杜夹岙蔬菜基地对管理房进行维修改造，提升基地基础设施水平。

【举办第六届葡萄品尝周活动】 8月4日—9月4日，第六届葡萄品尝周活动在九龙湖镇举行。其间通过开展“我心中的葡萄王”评比、“葡萄献冠军”“葡萄献模范”“葡萄献爱心”三大活动，以及“葡萄亲子游园会”“葡萄摄影大赛”“醉美葡萄酒酿大赛”“葡萄节微笑天使评选大赛”“葡风捉影”等11项系列活动，让市民共享九龙湖葡萄丰收的喜悦以及镇海都市农业和旅游业发展成果。

（俞明敏）

畜牧业

【概况】 2012年，全区因关闭澥浦养殖小区和“低散小”养殖场31家，面上养殖总量出现下降，生猪出栏量短幅上升。是年，全区年出栏50头以上生猪的规模养殖户137户，同比下降14.4%，年出栏2000只以上的肉禽规模养殖场118家，同比下降28.1%。全年肉类总产量8161吨，同比增长7.2%。猪肉4124吨，同比增长11.9%；禽肉3607吨，同比增长20.6%；另有少量兔肉、牛肉和羊肉。其他畜禽产品中，禽蛋产量6890吨，与上年基本持平；牛奶产量696吨，同比下降6.5%。另有少量蜂蜜、兔毛等产品。

是年，区开展智慧畜牧业建设，加强区内养殖场动态监管。区畜牧兽医总站常态化防控口蹄疫、高致病性禽流感、高致病性猪蓝耳病等重大动物疫病，免疫家禽禽流感131.78万羽、牲畜口蹄疫8.24万头、高致病性蓝耳病6.18万头、狂犬病1.67万只，三类重大动物疫病和犬类狂犬病免疫率分别达100%和90%。采集各类动物血清1840份，抗体监测结果均达到规定标准的70%以上，全年未发生重大动物疫情。规范动物及其产品的调运监管，全区产地检疫生猪3.98万头、家禽89.63万羽，备案省外动物调运344批次，报验通过160批次，调入动物产品44.19吨。

2012年主要畜禽品种生产情况

表10

	计量单位	2011年	2012年	同比增幅+%
一、年末生猪存栏量	万头	2.57	2.29	-10.9
年内生猪出栏量	万头	4.36	4.94	13.3
二、年末家禽存栏量	万只	80.00	85.01	6.3
其中:肉　禽	万只	41.56	46.23	11.2
蛋　禽	万只	38.44	38.78	0. 9
年内家禽出栏量	万只	244.00	297.00	21.7
三、年末兔存栏量	万只	5.30	5.41	2. 1
其中:獭　兔	万只	4.95	3.77	-23.8
长毛兔	万只	0.35	1.64	368.6
年内兔出栏量	万只	16.47	17.74	7.7

注：根据《镇海统计年鉴2013》第41页的“畜牧业生产情况”制作

【推进智慧畜牧业建设】 2012年，按照宁波市农业局智慧畜牧业①建设有关工作部署，镇海区成立“镇海区智慧畜牧业暨动物标识及动物产品追溯体系建设工作领导小组”，由区畜牧兽医总站负责组织协调、方案规划、技术支持、人员培训、开展实施、监督检查等工作，推进全区智慧畜牧业建设。是年，完成全区养殖场信息采集录入，区智慧畜牧业信息库基本建立。

【开展动物防疫技术培训】 2012年，区畜牧兽医总站组织开展以“动物防疫法”学习、病死猪肉的危害及病死猪无害化处理知识等为主的畜产品质量安全普法培训，并针对畜禽常见病的临床症状、诊疗方法、防治措施、免疫程序等方面开展讨论，

①智慧畜牧业：是宁波市利用现代信息技术，以畜产品质量安全溯源为主线，在全市建立的以统一管理、分级负责、资源共享、安全高效的畜牧业养殖监督管理平台。该平台提升动物卫生监管能力和畜禽养殖管理水平，确保了畜禽产品质量安全。

培训对象为防疫员、检疫员和养殖户，共培训4次200人次。

各镇（街道）动物防疫员开展病理解剖技能比武

【开展病死动物无害化处理】 2012年，区畜牧兽医总站开展病死畜禽无害化处理工作，重点督促生猪养殖场（户）建立健全畜禽养殖档案，监督其做好检疫申报制度，并与养殖场（户）签订340份《病死畜禽无害化处理告知书》。是年，共无害化处理病死猪695头。

（俞明敏）

渔　业

【概况】 2012年，全区水产品总产量1334吨。区内仅存1艘外海捕捞渔船和21艘沿海季节性小型渔船，捕捞海水产品产量208吨。按照2007年《宁波市海洋功能区划》规定，镇海海域主导功能是港口航道和海洋倾废，兼顾海底电缆管道，不具有海涂、海水的养殖功能。因此，除海洋捕捞外，渔业以淡水养殖为主。是年，全区淡水养殖面积850.67公顷，淡水水产品产量1126吨。

【实行河道生态放养】 2012年，区农业局安排资金30万元，用于河道的鱼苗生态放养。共投放鲢、鳙、鲫及其他各类鱼苗404万尾，总重24873公斤，放养水面386.67余公顷。生态放养可改善河道水质，并为市民提供垂钓休闲娱乐。

（俞明敏）

林　业

【概况】 2012年，镇海区有林业用地5658.87公顷。其中林地面积4841.53公顷，灌木林地面积596.4公顷，无立木林地184.67公顷，宜林地面积21.87公顷，苗圃地14.4公顷。全区森林覆盖率26.3%，林木绿化率29.1%，活立木总蓄积量为176867立方米。自然分布的主要是马尾松和阔叶树次生林，人工栽培的有杉木林、马尾松林、竹林及茶叶、杨梅、柑橘等经济林。全区林业工作以生态绿化建设为主，区农业局按照省级“森林城市”创建工作要求，推进生态林带建设、河道景观绿化、森林村庄建设等重点工作。是年，全区林业产值仅2004万元，由人造林木生长314万元、林产品362万元、竹木采运628万元和野生植物采集700万元四类构成。全区办理林木采伐212.47立方米，许可长期占用林地8.42公顷。

【编制完成林地保护利用规划（2010—2020年）】 11月，区农业局完成《宁波市镇海区林地保护利用规划（2010—2020年）》编制，确定并优化林地规模、结构、布局和保护与利用时序，严格实施林地用途管制，引导节约集约使用林地，切实保护好林地资源。

【发生1起较大森林火灾】 4月1日14时50分，澥浦镇澥浦村息云寺山发生1起森林火灾，于当日18时扑灭，火灾持续时间3小时，过火面积4.92公顷，受害面积4.79公顷，无人员伤亡，等级为较大火灾，出动扑救人员240人次。经查，火灾原因是村民郑某上坟烧纸不慎引发，后郑某因犯失火罪被依法追究刑事责任。

火灾肇事者现场指认起火点

【启动“引水上山”工程】 2012年，根据市森林防火指挥部建设“引水上山”工程要求，经调研和试点，区农业局在澥浦镇余严山、息云寺山等地新建玻璃钢蓄水桶23个，购置森林消防便携式水泵1台。

【推进生物防火林带建设】 2012年，区农业局在九龙湖龙王堂山路两侧开展生物防火隔离带建设，长度3公里，种植夹竹桃2300株、青冈4500株、苦槠4500株等防火树种。完成澥浦镇沿山村3.33公顷火烧迹地生物防火林带建设，共种植柏木、苦槠、青冈、红叶石楠6000株。

（俞明敏）

水 利

【概况】 2012年，全区完成水利投资5.7亿元，同比增加27.5%。继续开展姚江东排镇海段三期工程和镇海东排南线工程试验段建设，启动实施河道第二轮清淤工作。区农业局加强防汛防台工作，在“梅汛期第一次强降雨”、9号台风“苏拉”、11号台风“海葵”、15号台风“布拉万”、14号台风“天秤”防御中，全区未有人员伤亡。

【启动河道第二轮清淤工作】 2012年，区农业局全面启动河道第二轮清淤工作，计划每年清淤总长度在20公里以上。是年，全区共有23条河道完成清淤疏浚治理，全长21.24公里，清淤总量12万方以上。其中蛟川街道5条，分别为南洪门前河、马家河、董家河、柴家港、甬江塘河，长度5750米；骆驼街道2条，分别为前江、乌龙港，长度3882米；庄市街道2条，分别为傅家河、塔前河，长度1440米；澥浦镇10条，分别为清湖大河、滕流金港、李家河、曲塘门前河、湾塘村内河2条、十七房村内河4条，长度6218米；九龙湖镇4条，分别为庵江河嘴、斗底洪港、民主河穿村段、西经后河，长度3947米。

【镇海东排南线工程试验段全线完工】 10月，2011年开工建设的镇海东排南线工程试验段Ⅴ标完工，实现箭港湖至新泓口闸段全线贯通，镇海腹地特别是新城区域新形成一条东西走向的骨干排涝通道。工程当年投入2.38亿元，累计完成投资7.25亿元。工程试验段起于西大河，止于新泓口闸，全长约10.7公里，分5个标段建设，于2010年启动建设，其中Ⅰ标、Ⅱ标、Ⅳ标于2011年年底完工。

建设中的镇海东排南线工程试验段Ⅴ标

【"海葵"台风受灾严重】 8月6—8日，受第11号台风"海葵"正面影响，全区平均降水量达150.7毫米，193户居民住宅进水，2721户用户停电。石化开发区内37家危化企业停产，25家降低生产负荷，786辆危化车辆全部停运。受"海葵"影响，农业灾情较重，1313.33余公顷农田受灾，倒伏树木近3000棵，经济损失逾4200万元。全区共投入抢险3112人次，转移19718人，安置7310人。

（俞明敏）

农业经营方式

【概况】 2012年，区农业局加快现代农业建设，推进农村土地流转，加大对葡萄、草莓、花卉等主导产业的扶持，"低散小"传统农业经营模式逐步向规模化、集约化、专业化、商品化转变。农业龙头企业、农民专业合作社、农家乐等经营主体逐渐壮大，农超对接、"企业+农户""合作社+农户"和"农业+旅游"等多途径利益联结机制逐步稳固完善，农户的农产品品牌、电子商务等意识逐步觉醒，现代农业经营方式和理念逐步形成。是年，全区完成土地流转面积3433.33万公顷。新认定市级农业龙头企业1家，市、区两级龙头企业总数达15家。新成立农民专业合作社10家，合作社总数达56家。创建成省、市级农家乐休闲农业旅游点4个。全区拥有种植1.33公顷以上的种粮大户257户，种植1.33公顷以上的葡萄专业户18户。

2012年全区区级以上农业龙头企业生产经营情况

表11

企业名称	经营类型	主营产品	资产总额（万元）	销售额（万元）	备注
宁波海龙罐头食品有限公司	加工基地型	糖水橘子罐头、糖水黄桃罐头	5400	5019	市级龙头（2002年）
宁波启盛生物食品发展有限公司	加工基地型	水煮笋	9413	6885	市级龙头（2007年）

续表11

企业名称	经营类型	主营产品	资产总额（万元）	销售额（万元）	备注
宁波飞洪生态农业发展有限公司	加工基地型	精品蔬菜	4465	4977	市级龙头(2007年)
宁波市巨高兔业发展有限公司	种子种苗型	浙系长毛兔、美系獭兔	13143	7125	市级龙头(2010年)
宁波市镇海德信兔毛加工厂	加工基地型	兔毛、兔绒产品	5015	4650	市级龙头(2012年)
宁波甬洋食品有限公司	加工基地型	虾仁、宠物食品	5340	3142	市级龙头(2004年)
浙江青青实业有限公司	加工基地型	南北干货、食用菌、蜜饯、炒货	2800	3300	市级龙头(2008年)
宁波佳绿食品有限公司	加工基地型	冷冻蔬菜	2017	1089	区级龙头
宁波市镇海江南家禽育种有限公司	种子种苗型	青壳系列鸭蛋、鸭苗	401	440	区级龙头
宁波花无缺花木有限公司	加工基地型	花卉、盆景、绿化苗木	11951	3086	区级龙头
宁波合一生态农业开发有限公司	加工基地型	草莓、苗木	1121	2093	区级龙头
宁波天一家饰用品有限公司	加工基地型	藤席、草席、保健枕	332	532	区级龙头
宁波北大荒物流集团股份有限公司	市场流通型	五谷杂粮、食用菌、豆油	234688	9697	区级龙头
宁波市镇海九龙湖种苗培育有限公司	种子种苗型	花卉种苗、水稻、蔬菜种苗	1142	945	区级龙头

【新增1家市级农业龙头企业】 6月，宁波市镇海德信兔毛加工厂获评市级农业龙头企业，企业注册商标“德信”和“佰卡丝”，是中国兔业协会的常务理事单位。资产总额2832万元，固定资产1557万元，年销售额3772万元，年利润2027万元，出口创汇222万美元。

【举行2012年浙江迎春花展】 1月11—18日，由省花卉协会、市林业局和区政府联合主办，区农业局、骆驼街道和宁波花木世界共同承办的“2012年浙江迎春花展”在骆驼街道宁波花木世界举行。本次花展以“花卉迎春、奏响龙年”为主题，共有200余家花卉企业参加展示展销，吸引3万余人次市民来观赏、购买，销售额300余万元。

【举办第二十二届中国(镇海)兰花博览会】 2月17—20日，第二十二届中国(镇海)兰花博览会在骆驼街道宁波花木世界举行。本届兰博会以"兰花·生态·人文"为主题，共有来自全国18个省市，港、澳、台地区以及日、韩等国家的兰花协会、兰花企业及兰文化相关企业参展，展出近5000盆精品兰花，参观人数达4万人，兰花交易额突破1亿元。

第二十二届中国(镇海)兰花博览会开幕

【农家乐休闲旅游发展壮大】 2012年，区农业局会同区旅游局开展"美丽乡村、快乐农家"休闲农业建设，加大农家乐基础设施建设，开办农家乐服务人员综合能力提升培训班，营造良好旅游环境，提升经营人员素质，促进农家乐提档升级。是年，九龙湖村创建成省农家乐乡村旅游特色村，金华村创建成省休闲旅游特色村，明星湾、湾塘创建成省三星级农家乐经营点，百卉农庄、九龙人家创建成省特色旅游经营点，百卉农庄、湾塘农庄创建成市农家乐休闲旅游示范点。至年底，全区农家乐休闲旅游接待游客36.7万人次，直接经济收益3520万元，同比增长32.8%。

(俞明敏)

九龙湖镇横溪村农家乐

农业科技与低碳农业

【概况】 2012年，区农业局理顺农技推广体制机制，继续加大科技兴农力度，重点开展农业科技示范户培养、科技示范基地建设、遴选与推广主导品种和主推技术等工作，提升农产品科技含量，完善"专家组+试验示范基地+农技人员+科技示范户+辐射带动户"的农业科技成果转化应用模式，提高新技术、新品种在示范户中推广力度，增强地产农产品的市场竞争力。

是年，区农业局在水稻、草莓和葡萄等主要农产品上开展农业科技示范建设，聘请上级专家培训农技指导员和科技示范户，组建9名农技专家和13名技术指导员队伍，培育示范户17个。主要内容包括：在水稻种植上，主推甬籼15、中早39、甬优12号、甬优15号等品种，开展机插双季稻吨粮技术、机插单季稻亩产超750千克等技术推广，九龙湖长宏片区水稻高产示范基地高产百亩示范方亩均产982.5千克创新高；在草莓种植上，主推红颊与章姬等品种，开展红颊、章姬草莓育苗及优质高效配套技术和草莓和水稻、番茄、甜瓜、蔬菜等轮作套作技术；在葡萄种植上，主推99-5、鄞红、醉金香等品种，主推有机硒肥施用技术。全年完成2家市级农业龙头企业技改项目，通过无公害农产品产地认定和产品认证1个。

【新增2个市级农业标准化示范区】 8月，庄市繁荣蔬菜瓜果试验示范场的33.33公顷大棚西瓜种植标准化示范区、味满园果品专业合作社的28公顷大棚葡萄种植标准化示范区，通过市农业标准化示范区验收。

【新增无公害基地1个】 5月，宁波市镇海百卉农场申报无公害生猪养殖基地，注册商标“甬之宝”，产地规模0.3万只生猪，年总销售量230吨，总销售额540万元。

【完成2个农业龙头企业技改项目】 2012年，区农业局继续开展农业龙头企业技改项目扶持，全年实施市级农业龙头企业技改项目2个，分别为启盛生物、海龙罐头。其中启盛公司投资154万元，购置连动真空包装机3台，软包装风干机2台，叉车1台，混合蔬菜流水线1套，毛发去杂清洗机、烧毛发机各1台，进行全机械化、自动化生产，年新增产值2000万元；海龙公司投资578万元，改造车间生产线，对原生产设备、配套设备进行改进，减少用工150人左右，节约人工成本300多万元。

【百亩示范方突破1000千克纪录】 11月20日，省科技厅组织有关专家对九龙湖镇长宏村超级稻机插秧高产技术百亩示范方进行田间现场测产验收，验收的3块代表田亩产量分别达937.7千克、952.3千克和1057.5千克，百亩示范方亩均产量982.5千克，创全市百亩示范方亩均产最高纪录，其中1处亩产1057.5千克的田块，创全市亩产最高纪录。

（俞明敏）

农业机械化

【概况】 2012年，全区农业机械化总动力为6.75万千瓦，主要包括耕作机械7653千瓦、运输机械8136千瓦、收获机械4479千瓦、排灌机械6932千瓦、种植机械1076千瓦和农田基本建设机械28435千瓦。新增各类补贴农机具240多台（套），其中水稻插秧机77台，大小耕地机械60余台，收割机9台，水稻播种流水线4套，育秧硬盘4.8万张。至年底，全区纯农田拖拉机达到291台，联合收割机125台，插秧机250台，育秧流水线8台（套），育秧硬盘93万张，烘干机36台，烘谷总吨位297吨。

是年，区农机局围绕区委“六大战略”部署，发挥农机在农村生态环境建设、农业增效、农民增收中的作用。制定《镇海区2012年度农业机械购置补贴实施方案》，全年共发放中央、市、区三级购机补贴资金634万元，其中中央和市级补贴资金394万元、区级资金240万元。层层落实农机安全生产监管责任，开展农机安全生产大检查专项活动，监督完善农业机械行政许可、年检等事项。

【加强农机安全监理】 2012年，区农机局共签订农机安全生产责任状434份，签订率100%。与交警一起出动联合执法检查7次，共计45人次，检查62台拖拉机。联合财政制定《镇海区拖拉机报废补偿实施办法（试行）》，对于按规定办理报废手续的车主予以经济补偿，全年办理报废注销并申请补偿的报废拖拉机19台。

【做好农机购置补贴工作】 2012年，根据上级相关政策和要求，区农机局与财政局联合发文，制定《镇海区——年度农业机械购置补贴实施方案》，明确补贴对象、补贴农机产品种类和各类产品的补贴标准以及操作程序。全年共发放购机补贴资金634万元，其中中央和市级补贴资金394万元（包括设施大棚），区级资金240万元，直接带动农户投入农机和设施资金1100余万元。新增各类补贴农机具240多台（套），主要包括烘谷机10台，收割机9台，水稻插秧机77台，大小耕地机械60余台，水稻播种流水线4套，育秧硬盘4.8万张。

【推进粮食生产全程机械化】 2012年，全区完成水稻机插秧面积1526.67万公顷，机插率58.4%，其中早稻机插率74.6%。全区共有育苗中心、飞洪公司2个商品化育秧中心，罗仕明、戴朝超、邹柏根、王仁祥4个工厂化育秧点。探索在九龙湖育苗中心"工厂化播种催芽+农户小拱棚培育"的秧苗培育模式，5位粮大户尝试这一模式，共1万余盘，效果较好。

农民操作联合收割机收割水稻

【实施烘谷中心增容改造】 2012年，区农机局投入80万元实施烘谷中心增容改造，新增12吨烘谷机6台，一次性烘谷能力由原来的84吨增加到156吨。至年底，全区烘谷机总吨位297吨，能基本满足全区种粮大户需求，机械烘干率达40%以上。

【推进农村污水生态处理】 2012年，全区新建5个自然村污水生态处理项目，年底九龙湖西河村刘家和方俞、澥浦镇觉渡村东沈、骆驼街道兴丰前王等4个村完成，庄市街道永旺由于区级资金安排等特殊原因，经与农办和生态办协商，延后实施。新建的4个村，涉及农户407户，总投资430多万元。主要处理方式是"厌氧+人工湿地"模式2个，无动力地埋式处理2个。

【开展养殖污染治理】 2012年，全区共有10户畜禽散养户实现关停转产。至此全区尚有6个规模化养殖小区，其中生猪3个，奶牛、兔、鸭各1个。是年，澥浦镇方针奶牛场堆粪棚重建，管理房四周设污水收集沟，沼气池淤泥清理，关闭河边排污口，少量污水定期作肥料浇地。长石畜粪处理中心正常运转，生产有机肥料约1000吨，约消耗新鲜粪便4000吨。畜禽粪便综合利用率指标达到97.2%以上，超过生态区验收要求。

（龚佳云）

农业管理与服务

【概况】 2012年，区农业局继续加强镇（街道）农业公共服务中心建设，发挥农民专业合作社、农业龙头企业、种植（养殖）大户、乡土人才等社会化农技服务力量作用，逐步构建起政府主导、科技支撑、农民主体、社会参与的农业公共服务建设机制。

是年，全区完成测土配方面积5000公顷，推广使用有机肥1000吨，开展9次病虫害测报，完成水稻统防统治1000公顷，完成4个农产品和农业设施政策性保险投保工作。加强农产品质量安全监管，全区共计抽检蔬菜、瓜果、粮食、食用菌等农产品249批次，合格245批次，合格率98.4%，抽检葡萄、竹笋、茶叶等食用林产品17批次，合格率100%。加强"瘦肉精"检测，抽检生猪尿样761个，盐酸克仑特罗、莱克多巴胺、沙丁胺醇的检测结果全部为阴性。加强基地农产品自检，飞洪、繁荣、大丰、科奥等农产品生产企业和合作社基地自检蔬菜达到1500余批次。检测农药、化肥、饲料和兽药等农业投入品43批次，不合格6批次，均立案查处。

【澥浦镇基层公共服务中心通过区级验收】 12月，澥浦镇公共服务中心项目通过区农业局专家组验收。该中心位于澥浦镇岚山村，总投资11万元，配备实验室1间，办公用房1间，主要服务于湾塘草莓基地和岚山蔬菜基地等地产农产品质量安全检测。

【引进6名涉农专业高校毕业生】 2012年，区农业局继续鼓励农业经营主体引进专业农业人才，全年共引进6名涉农专业高校毕业生，按照市、区1∶1政策对高校毕业生进行补助，累计12万元。

【开展食品安全百日严打行动】 6月20日—9月30日，按照省部署，区农业局开展以蔬菜保鲜剂、豆芽孵化中滥用添加剂、茶叶质量安全、水果保鲜剂安全、鲜笋农药残留、水产品中添加孔雀石绿等6个专项整治为内容的食品安全百日严打行动。其间，区农业局加强"普及质量安全常识、强化生产主体责任"宣传，印发农产品质量告知书、禁限用农药通告等宣传资料600余份，与全区13家"三品一标"获证单位签订保证质量和规范使用标志承诺书，加强农产品质量安全长效机制建设，指导飞洪公司建立产品质量追溯系统，使公司自产、订单基地收购、批发市场采购的产品质量安全可以进行追溯管理，立案查处案件7起，收缴罚没款3.42万元。

【开展农村实用人才培训】 2012年，区农业局按照有文化、懂技术、会经营的新型农民培养目标，开展与产业相结合的农民培训。是年，区农业局举办绿色证书培训班22期，培训1085人次；举办实用技术培训班40期，培训1838人次。

【实行4项农业政策性保险】 2012年，区农业局牵头，继续对水稻、钢结构大棚、生猪、奶牛等4个品种进行政策性农业保险工作。是年，全区投保水稻924.6公顷，公益林1320.13公顷，钢结构大棚228.8公顷，生猪7000头，能繁母猪408头，保费77.88万元。政府对政策性农业保险实行补贴，其中中央财政补贴14.56万元，市级财政补贴21.42万元，区级财政补贴27.02万元。

【"九龙凰"荣膺市知名商标】 2012年，市工商行政管理局授予"九龙凰"商标为"宁波市知名商标"（首批）称号。该商标由九龙湖镇葡萄协会于2010年注册使用，提升全区葡萄地方产业竞争力。

（俞明敏）

工 业

综 述

2012年，镇海区实现全社会工业总产值2316.2亿元，同比下降3.7%。其中省部属企业工业总产值1369.3亿元，同比下降5.1%；完成全社会工业投资75.9亿元，同比增长31.7%，其中工业技改投资33.62亿元，同比增长3.8%。浙铁大风、联成机械等大项目支撑效应明显。

至年底，全社会共有工业企业2722家，主营业务收入2341.5亿元，同比下降4.7%；利税总额219.8亿元，同比下降24.3%；利润总额52.1亿元，同比下降47.0%。全社会主营业务收入2000万元及以上的工业企业(以下简称规上工业企业)545家，按登记注册分类，内资企业339家，港澳台投资企业96家，外商投资企业110家。规上工业企业资产总计1251.6亿元(其中固定资产472.9亿元，流动资产692.5亿元)，负债合计755.9亿元，所有者权益495.7亿元。

全社会能耗总量920.27万吨标准煤，同比下降1.47%。其中工业能耗820.35万吨标煤，同比下降2.7%，占能耗总量的59.1%。能源消费量高度集中在石油加工及炼焦业、电力热力的生产和供应、化学原料及化学制品制造业三个高能耗行业，占全区规上工业企业能源消费总量的91.5%。全社会用电量56.82亿千瓦时，同比上升3.24%。其中工业用电量49.87亿千瓦时，同比上升1.75%，占全区总用电量的87.77%；区属工业用电量33.20亿千瓦时，同比上升2.77%，占全区总用电量的66.58%。全区供电量42.21亿千瓦时，同比增长6.52%。售电量41.46亿千瓦时，同比增长5.19%。平均售电价806.32元/千瓦时，全区电力用户数149143户。全区供电最高负荷70.42万千瓦，城镇供电可靠率99.97%，农村供电可靠率99.95%，综合电压合格率99.99%。

(余雷鸣　黄　炜)

2012年镇海区用电情况

表12

指标名称	用电量(万千瓦时)	同比增长(%)	占总用电量比例(%)
全社会用电量	568174.66	3.24	100

续表12

指标名称	用电量（万千瓦时）	同比增长（%）	占总用电量比例（%）
其中：一、农林牧渔业	1311.56	2.84	0.23
二、工业	498709.90	1.75	87.77
三、建筑业	5524.30	10.38	0.97
四、交通运输、仓储、邮政业	7880.15	13.00	1.39
五、信息传输、计算机服务和软件业	1708.08	29.36	0.3
六、商业、住宿和餐饮业	9833.93	28.38	1.73
七、金融、房地产、商务及居民服务	3738.83	28.39	0.66
八、公共事业及管理组织	10283.14	8.98	1.81
九、城乡居民生活用电	29184.77	13.85	5.14

注：不包括镇海发电厂的全部用电

2012年度各镇（街道）、石化区产销利情况表

表13　　单位：万元

指　标	工业总产值	同比增长（%）	销售收入	同比增长（%）	利润总额	同比增长（%）
澥浦镇	537634	-1.6	522439	-7.4	7301	-51.2
九龙湖镇	770755	-1.2	733656	-5.3	21258	-14.0
招宝山街道	1284930	-7.5	1395088	-5.0	-5070	-121.1
蛟川街道	2764685	-1.4	2912586	-1.7	94693	-35.8
骆驼街道	1749738	-9.9	1836587	-6.2	57682	-51.9
庄市街道	565358	3.7	552897	0.1	8616	-19.2
石化区	1768329	11.1	1910425	13.6	-8219	-122.1
其他单位	13720485	-5.0	13525229	-7.3	338147	-43.6
合计	23161914	-4.4	22270081	-5.6	525073	-46.0

区属工业企业

【概况】 2012年，全区区属工业企业2717家，资产总计925.2亿元，同比增长9.9%；负债合计613.8亿元，同比增长7.6%。是年，区属工业总产值946.9亿元，比上年下降1.5%，下降比例低于全社会2.2个百分点。区属工业全年完成主营业务收入989.0亿元，比上年下降0.9%；利税总额37.9亿元，比上年下降34.2%；利润总额18.3亿元，比上年下降52.4%。

区属规上工业企业540家，按登记注册分类，内资企业336家，港澳台投资企业95家，外商投资企业109家。规上工业企业资产总计784.2亿元（其中固定资产196.7亿元，流动资产510.0亿元），负债合计463.0亿元，所有者权益267.0亿元。规上企业全年完成工业产值838.4亿元，占区属工业总产值的88.5%。主要经济指标完成情况是区属工业企业实现主营业务收入989.0亿元，比上年下降0.9%，利税总额37.9亿元，比上年下降34.2%，利润总额18.3亿元，比上年下降52.4%。其中，规上工业企业主营业务收入870.1亿元，比上年下降2.8%，利税总额34.5亿元，比上年下降34.9%，利润总额19.0亿元，比上年下降49.9%。

是年，区经信局根据区属工业企业的规模特征、发展速度、行业结构等现状，通过综合评价等方法，筛选一批优秀企业实施分类管理，进行梯队式培育：全年培育工业总部经济企业3家，大企业（集团）39家，新增创新成长型企业25家，初创期企业14家，小巨人企业7家。8家企业入选市高成长企业培育计划，8家企业通过市"两创"（初创期企业和创新成长型企业）示范企业复评。加大企业培训力度。完善《镇海区培训资金补助办法》，加大企业培训资金扶持。开展以中高级管理人员和业务骨干为主要对象的培训。举办"民营企业发展论坛""突围-新形势下竞争力的再造"等高级经营管理人员培训班，累计培训900余人次；举办"现代物流运营管理培训班""企业财务管理培训班"等对企业班组长和基层员工开展岗位技能培训，累计培训1000人次。组织企业参加"企业盈利模式与竞争优势培训班""精益总裁战略与供应链管理培训班"等市经委局办的各类培训讲座，累计培训200余人次。

镇海区企业组团参加宁波服博会

是年，区经信局在区企业服务领导小组办公室（区企业服务办公室）的统一指导下，制定《镇海区开展"干部进村入企、一线解难创优"——走访企业促发展活动的实施方案》，牵头组织"进村入企——走访企业促发展"活动，成立新兴产业培育、重点项目推进等6个专业服务组，有序推进相关工作。其间广大干部共走访企业525家，梳理企业发展空间、贷款融资、人才引进及市场开拓等方面的困难和问题388个，实际协调解决73个。

2012年度产值前100名企业名单

表14　　　　单位：万元

序号	企业名称	工业总产值	主营业务收入	利润总额
1	宁波乐金甬兴化工有限公司	1016793	1042322	41207
2	百隆东方有限公司	292940	342315	29171

续表14

序号	企业名称	工业总产值	主营业务收入	利润总额
3	齐合天地(宁波)再生金属有限公司	168997	163949	-3799
4	宁波康兴电缆有限公司	149553	133426	10549
5	宁波市金龙铜业有限公司	127505	120712	2290
6	宁波阿尔卑斯电子有限公司	125990	130531	1161
7	宁波金海德旗化工有限公司	122928	121980	18990
8	宁波市镇海天地特种钢有限公司	122674	113956	397
9	浙江杭州湾腈纶有限公司	122233	139750	-10087
10	宁波盛发铜业有限公司	116605	115849	295
11	宁波涵盈金属工业有限公司	115284	111007	24
12	浙江恒河石油化工股份有限公司	99538	98475	423
13	爱敬(宁波)化工有限公司	98248	130023	5
14	阿克苏诺贝尔乙烯胺(宁波)有限公司	93786	90309	-15108
15	宁波新福钛白粉有限公司	90294	85151	2365
16	宁波埃美柯铜阀门有限公司	84387	83972	5858
17	宁波合恒钢铁贸易有限公司	83580	188705	-9358
18	金丰(中国)机械工业有限公司	80957	85142	7906
19	宁波镇洋化工发展有限公司	79194	79291	5550
20	宁波华冶钢材加工有限公司	76734	79895	-93
21	约翰迪尔(宁波)农业机械有限公司	74299	104952	-5751
22	宁波大安化学工业有限公司	70546	64917	11782
23	宁波巨化化工科技有限公司	67452	61490	4135
24	宁波金鼎紧固件有限公司	65868	63677	1625
25	宁波东来化工有限公司	65202	65037	900
26	宁波市镇海泰纳化工有限公司	65071	65208	1022
27	宁波杜亚机电技术有限公司	64957	65024	5140
28	宁波明辉再生资源有限公司	63288	63288	-749
29	宁波市镇海泰达化工有限公司	62224	91224	-832
30	阿克苏诺贝尔过氧化物(宁波)有限公司	57051	56514	14881
31	宁波富邦精业集团股份有限公司	56625	57435	332
32	宁波铝亿合金材料有限公司	56380	54976	277

续表14

序号	企业名称	工业总产值	主营业务收入	利润总额
33	浙江野马电池有限公司	52012	56454	7416
34	宁波招宝磁业有限公司	51847	46528	2912
35	宁波宁力高强度紧固件有限公司	51646	42947	221
36	宁波甬兴化工有限公司	49871	49947	343
37	宁波久丰热电有限公司	49749	51485	3158
38	镇海石化工业贸易有限责任公司	48982	155523	-46
39	宁波天翼石化重型设备制造有限公司	46837	47125	1370
40	宁波德泰化学有限公司	45332	45713	7208
41	宁波顺泽橡胶有限公司	45127	41362	-8823
42	宁波明欣化工机械有限责任公司	43416	44878	762
43	宁波人健医药化工有限公司	42159	39520	5997
44	宁波中鑫毛纺集团有限公司	42008	41811	1244
45	宁波顺利自行车有限公司	41194	40052	-314
46	华美线业有限公司	40096	38474	2496
47	宁波中化化学品有限公司	37676	36992	-798
48	宁波汉博贵金属合金有限公司	37394	38023	7
49	宁波福商再生金属有限公司	33506	33512	-1018
50	宁波佳信旅游用品有限公司	31486	31087	-1644
51	宁波市海达塑料机械有限公司	30691	28407	2124
52	浙江鑫甬生物化工有限公司	30676	27767	280
53	宁波金点电子有限公司	28572	28499	827
54	宁波沃宏金属有限公司	28391	30793	139
55	宁波家联塑料科技有限公司	28138	26470	1735
56	阿克苏诺贝尔化学品(宁波)有限公司	27811	28268	-16508
57	宁波市九龙紧固件制造有限公司	27771	27789	558
58	宁波四明化工有限公司	27668	24439	287
59	宁波市镇海热力有限责任公司	27405	24812	1388
60	宁波市成龙机械有限公司	26693	26693	124
61	宁波市天衡制药有限公司	25933	24420	3431

续表14

序号	企业名称	工业总产值	主营业务收入	利润总额
62	宁波永顺精细化工有限公司	25774	23845	117
63	宁波蛟川构件有限公司	25516	25526	325
64	宁波鼎正再生金属有限公司	25318	25187	-272
65	宁波市镇海光鑫铸业有限公司	24473	23904	-604
66	宁波富赛尔照相器材有限公司	24339	24339	439
67	宁波新安盛再生金属有限公司	24097	25160	342
68	鼎鑫（宁波）合金制造有限公司	23880	23963	-998
69	宁波陆霖机械铸造有限公司	22789	21487	2908
70	宁波龙欣精细化工有限公司	22178	21381	1530
71	宁波达尔轴承有限公司	22025	23476	1567
72	宁波特艾科机械制造有限公司	21066	21234	1373
73	宁波金海电子有限公司	20856	20445	2531
74	宁波市野马电池有限公司	20759	23458	1090
75	宁波甬华树脂有限公司	20651	21634	275
76	宁波华通电器集团股份有限公司	20464	19082	11
77	宁波九龙机械制造有限公司	20372	20069	933
78	瑞麦(宁波)机械设计制造有限公司	20249	20189	1162
79	宁波争光树脂有限公司	19905	20190	1462
80	海发（宁波）办公设备有限公司	19750	19651	284
81	宁波市镇海九龙混凝土有限公司	19070	19432	265
82	宁波萌恒线业有限公司	18823	19308	128
83	宁波华一包装有限公司	18668	18474	885
84	宁波市镇海银球轴承有限公司	17658	22817	315
85	宁波贝时特金属制品有限公司	17562	17067	1325
86	宁波连通设备制造有限公司	17440	17901	1838
87	宁波市镇海鑫旺再生金属有限公司	17391	18715	-310
88	宁波市镇海新鹏再生金属有限公司	17361	15910	104
89	宁波博汇石油化工有限公司	17317	18260	656
90	宁波市镇海荣昌金属工业有限公司	17099	18998	95
91	宁波沅鑫再造金属有限公司	16937	16912	-532

续表14

序号	企业名称	工业总产值	主营业务收入	利润总额
92	宁波杰成机械有限公司	16894	17131	129
93	宁波摩士集团股份有限公司	16759	16560	-1677
94	宁波浙华重型钢管制造有限公司	16672	15794	-1340
95	宁波中江高强螺栓有限公司	16641	16342	666
96	宁波康力玻璃有限公司	16523	15602	230
97	宁波海信紧固件有限公司	16281	16049	-170
98	宁波恒业再生金属有限公司	16274	14069	-460
99	宁波市镇海创业电镀有限公司	16028	16028	336
100	宁波新龙欣化学有限公司	16015	16607	355

【争取上级项目资金支持】 2012年，区经信局帮助企业争取上级各类补助资金7800万元。其中，技术改造奖励1773万元，梯队企业培育奖励1346万元，节地增效奖励1232万元，节能降耗奖励1183万元，淘汰落后产能补助700万元，信息化发展补助470万元，担保风险补助410万元。宁波浙铁大风化工有限公司10万吨/年非光气聚碳酸酯联合装置工程入选“2012年国家产业振兴和技术改造项目”，获专项补助5597万元，为宁波企业有史以来得到的最大一笔国家补助资金。宁波联成机械有限公司获区内首个“市先进装备制造业重点领域国内首台(套)产品”称号，奖励100万元；区紧固件行业协会获国家中小企业公共服务平台网络“窗口”服务平台补助225万元，宁波金鼎紧固件有限公司、宁波中江高强螺栓有限公司获国家中小企业发展专项资金135万元。

【区装备制造产业协作联盟成立】 5月，区经信局牵头成立区装备制造产业协作联盟，建立上下游、产学研信息、知识产权等资源共享机制，吸纳会员企业110家。全年联盟组织零部件制造企业与整机制造企业对接、中安锻造与中意马达配套合作、镇海减变速与金丰机械初步达成技术合作协议等活动；与杭州湾新区(上海大众项目)、北仑区、杭州经济技术开发区和杭州钱江经济开发区对接；组织企业以联盟形式参加第八届中国模具之都博览会(工业机械展)、第三届宁波新材料展等专业展会。建设装备联盟网上平台，制作联盟宣传册，编制成员企业产品目录，展示提升联盟影响力。

区装备制造产业协作联盟成立大会

【工业大项目支撑效应明显】 2012年，全区共完成区属工业投资额在1000万元以上的项目71个，完成投资额64.34亿元，占全部区属工业投资完成额的94%。其中完成工业投资在3000万元以上的项目有30个，累计完成57.5亿，占全部区属工业投资完成额的84.1%。区属技改投资额累计完成在1000万元以上的项目55个，累计完成投资额21.4亿，占全部技改投资完成额的86.6%。其中完成技改投资额在3000万元以上的项目23个，累计完成16亿，占全部区属技改投资完成额的64.8%。

【8家企业入围宁波市高成长企业培育计划】 2012年，经过镇（街道）申报、调查分析企业产业方向与技术水平等环节，区经信局筛选区内10家企业参加“宁波市高成长企业培育计划”入围评选，最终宁波明欣化工机械有限责任公司、宁波汇众粉末机械制造有限公司、宁波连通设备制造有限公司、宁波市联成机械有限责任公司、宁波达尔轴承有限公司、宁波市天衡制药有限公司、宁波德泰化学有限公司、宁波欧迅化学新材料技术有限公司等8家企业入选，入围率80%，在各县市区中推荐入选比例较高。

高成长企业名单

表15　　单位：万元

序号	企业名称	主营业务收入	利润总额
1	宁波汇众粉末机械制造有限公司	11146	2524
2	宁波连通设备制造有限公司	17901	1838
3	宁波明欣化工机械有限责任公司	44878	762
4	宁波市联成机械有限责任公司	2679	-667
5	宁波达尔轴承有限公司	23476	1567
6	宁波市天衡制药有限公司	24420	3431
7	宁波德泰化学有限公司	45713	7208
8	宁波欧迅化学新材料技术有限公司	3049	151

【石化开发区为全区工业投资主力军】 2012年，宁波石化经济技术开发区累计完成工业投资52.46亿，同比增长92.9%，占区属工业投资完成额的76.7%。其中技术改造投资完成10.28亿，同比增长37.5%，占区属技改投资的41.6%。实际完成1000万元以上的71个项目中，石化区的项目有27个，累计完成投资额52.06亿，占全部区属工业投资的76.1%。其中完成工业投资在3000万元以上的项目有19个，累计完成投资50.72亿，占全部区属工业投资完成额的74.1%。

（余雷鸣）

工业行业

【概况】 2012年，区属32个工业行业共有540家规上工业企业，完成工业产值838.4亿元，利税总额35.1亿元。制造业所属的30个行业共有规上企业535家，完成工业总产值829.5亿元，利润总额18.3亿元，其中亏损企业174家，亏损总额13.8亿元。重工业企业共有395家，完成工业总产值668.9亿元，利税总额25.5亿元。轻工业企业共有145家，完成工业总产值169.5亿元，利税总额9.6亿元。电力、燃气及水的生产和供应业所属的2个行业共有规上企业5家，完成工业总产值8.9亿元，利润总额7018.3万元。

2012年度规上各行业产销利情况一览表

表16　　单位：万元

行业名称	工业总产值	销售收入	利润总额
农副食品加工业	3309	2900	-82
食品制造业	41064	41192	1695
酒、饮料和精制茶制造业	12470	13499	-6840
纺织业	478966	526310	34756
纺织服装、服饰业	77167	77610	252
皮革、毛皮、羽毛及其制品和制鞋业	31607	30497	-48
木材加工和木、竹、藤、棕、草制品业	2833	3034	83
家具制造业	5899	5533	11
造纸及纸制品业	42790	42360	989
文教、工美、体育和娱乐用品制造业	53336	52382	-526
石油加工、炼焦和核燃料加工业	12529126	12368724	316983
化学原料和化学制品制造业	3399934	3558884	89657
医药制造业	93750	92149	12875
化学纤维制造业	141055	159059	-9959
橡胶和塑料制品业	144087	139151	1680
非金属矿物制品业	103342	99996	3490
黑色金属冶炼和压延加工业	386088	481785	-8684
有色金属冶炼和压延加工业	516397	501121	4463
金属制品业	267595	275357	6750
通用设备制造业	983457	984651	37671
专用设备制造业	306744	334781	5951
汽车制造业	97385	96211	3338
铁路、船舶、航空航天和其他运输设备制造业	91032	91521	-2725
电气机械和器材制造业	474167	461260	32516
计算机、通信和其他电子设备制造业	270662	277336	6016

续表16

行业名称	工业总产值	销售收入	利润总额
仪器仪表制造业	9404	9230	680
其他制造业	39992	39509	-1847
废弃资源综合利用业	915715	1042229	-18513
金属制品、机械和设备修理业	10892	10892	3221
电力、热力的生产和供应业	446813	445904	10264
水的生产和供应业	5015	5015	957

2012年，镇海区依托现有产业基础和港口优势，推进工业和信息化深度融合，促进石油化工、装备制造和纺织服装三大优势特色产业不断转型升级、提质增效。同时以大学科技园、澥浦创业工业园等为平台，优化空间和产业布局，助推新材料、新能源、新装备、新一代信息技术、节能环保、生物医药、海洋高技术、设计创意产业等八大战略性新兴产业发展，打造新的经济增长极，夯实“4+4”①产业发展格局。

是年，区属三大优势特色产业规上企业实现产值1898.6亿元，占全区工业总产值82%，扣除中石化镇海炼化分公司和宁波镇海炼化利安德化学有限公司，实现产值565.8亿元，占区属工业总产值59.8%。石油化工产业包括石油化工和精细化工产业，石油化工主要代表企业是镇海炼化、乐金甬兴、爱敬化工、东来化工，精细化工主要代表企业是镇洋化工、龙欣精细化工等，规上石油化工产业工业总产值为1592.9亿元，占全区工业总产值68.8%，扣除中石化镇海炼化分公司和宁波镇海炼化利安德化学有限公司，实现产值260.2亿元，占区属工业总产值27.5%。装备制造业包括成套装备、机械基础件、电子电器产业，主要代表企业是约翰迪尔拖拉机、康兴电缆、埃美柯铜阀门、金丰机械、金鼎紧固件、摩士集团等，规上装备制造业工业总产值为250亿元，占区属工业总产值26.4%。紧固件、轴承、液压马达列入宁波市机械基础件产业，规上工业总产值分别为29.4亿元、21.4亿元和5.9亿元。纺织服装业包括纺织业和服装业，纺织业主要以百隆东方、中鑫毛纺、康赛尼为代表，服装业主要以振纺制衣、洛克牛仔、艾特制衣为代表，规上工业总产值55.6亿元，占区属工业总产值5.9%。其中，百隆东方于6月12日在上海证券交易所挂牌上市，为区内第一家上市企业。

是年，区属规上战略性新兴企业57家，累计完成工业总产值222.2亿元，占区属工业总产值的23.5%，其中剔除LG甬兴后，新兴产业累计完成工业总产值120.5亿元，仅占区属工业总产值的12.7%。全区培育型新兴企业23家，累计完成工业总产值26.5亿元，占区属工业总产值的2.8%。

①“4+4”：指新材料、新装备、新能源、新一代信息技术四大战略性新兴产业和节能环保、生物医药、海洋高技术、设计创意四大培育型新兴产业。

2012年度区属三大优势特色产业产值情况

表17　　单位:亿元

产业名称	工业总产值	占区属比重(%)
石油化工产业	260.2	27.5
装备制造业	250	26.4
其中:紧固件	29.4	3.1
轴承	21.4	2.3
汽车零部件	23.4	2.5
液压件	5.9	0.6
纺织服装业	55.6	5.9

(余雷鸣)

工业投入与技术改造

【概况】 2012年,全区推进重点工业项目建设,完成区属工业投资68.4亿元,同比增长43.4%。全年共备案(核准)技改项目133个,计划总投资29亿元,完成年度投资额24.7亿元,同比增长18.6%。全年完成投资额1000万以上工业投资项目71个,累计完成投资额64.34亿,占全部区属工业投资完成额的94%,大项目支撑带动效应明显。

是年,区经信局建立项目分级管理机制,重点对1000万元以上的工业项目和500万元以上的技改项目进行全面调查和梳理,制订年度工业投资和技改投资计划。有序推进项目进度,全面掌握项目建设进展和存在问题、困难,实时了解项目开工、投产、投资完成进度。全年共备案(核准)技改项目133个,计划总投资29亿元。指导宁波金海电子有限公司、约翰迪尔(宁波)农业机械有限公司等企业完成技改项目申报。

2012年度完成3000万元以上工业投资项目一览表

表18　　单位:元

序号	项目名称	投资单位名称	计划总投资	历年累计投资	本年累计投资
1	30万吨/年聚丙烯50万吨乙二醇项目	宁波禾元化学有限公司	582849	336301	219900
2	8万吨/年顺酐及衍生物一体化工程	宁波江宁化工有限公司	157528	86950	86150
3	10万吨/年非光气法聚碳酸酯联合装置工程	宁波浙铁大风化工有限公司	177168	54700	54700
4	10000吨/年纤维素衍生物项目	阿克苏诺贝尔化学品(宁波)有限公司	50760	31984	30710
5	35000万吨/年乙烯胺项目	阿克苏诺贝尔乙烯胺(宁波)有限公司	140000	148258	16090
6	3万吨/日工业污水处理项目	宁波北区污水处理有限公司	29827	15960	15900

续表18

7	90万吨/年硫黄制酸资源综合利用项目	宁波新福化工科技有限公司	45300	15391	15391
8	9E燃油机改气工程项目	浙江浙能镇海联合发电有限公司	14239	14239	14239
9	电子产品生产线技改	宁波阿尔卑斯电子有限公司	14000	12063	12063
10	4万吨/年高档石油树脂项目	宁波金海德旗化工有限公司	41538	8860	8860
11	100吨/年高性能碳纤维	浙江泰先新材料股份有限公司	34575	8707	8707
12	殿跟变至沿海变110、220千伏双回路输电线路工程	宁波化工开发有限公司	9521	8696	8696
13	520万/年重量箱浮法玻璃生产线节能技改	宁波康力玻璃有限公司	7400	7400	7400
14	200吨/年头孢克肟原料药项目	宁波人健医药化工有限公司	17000	18612	6905
15	16500台/年小履带收割机生产线技改项目	约翰迪尔（宁波）农业机械有限公司	3718	5949	5949
16	供热锅炉技改项目	宁波久丰热电有限公司	7000	6970	5770
17	搬迁改造项目	宁波市天衡制药有限公司	17000	21149	5740
18	技术改造	宁波新福钛白粉有限公司	9800	10810	5210
19	混合C10精制联合装置	宁波旭泫工业有限公司	27546	14688	4990
20	1万吨/年异戊烯生产装置	宁波金海德旗化工有限公司	5236	6065	4520
21	非标设备6000吨/年、低温容器500台/年改扩建项目	宁波明欣化工机械有限公司	11500	13263	4249
22	300吨/年天然提取物项目	宁波立华植物提取技术有限公司	3800	4066	4066
23	300万平方米/年玻璃深加工生产线	宁波神鹰玻璃有限公司	14489	5651	3727
24	2万吨/年高铁紧固件生产线技术改造	宁波金鼎紧固件有限公司	4462	3706	3706
25	化学水处理系统技术改造项目	宁波久丰热电有限公司	4000	4130	3330
26	厂房迁建	宁波市镇海华日轴承有限公司	6000	4355	3238

续表18

27	2400台/年拖拉机变速箱生产线技术改造	约翰迪尔(宁波)农业机械有限公司	3376	3032	3032
28	5万吨/年铝板带材生产线技改项目	宁波富邦精业集团股份有限公司	7180	3031	3031
29	扩建工业用房	宁波市镇海骆驼锻压机床厂	5500	6541	3001
30	260万平方/年Low-E低辐射节能安全玻璃生产线技术改造	宁波神鹰玻璃有限公司	4000	3423	3000
31	废水预处理项目二期	阿克苏诺贝尔化学品(宁波)有限公司	4900	3000	3000
32	合　计		1461212	887950	575270

【技改项目经济效益明显】 2012年,全区以技术改造作为实现经济增长方式转变的重要抓手,通过技改投入,实现经济效益显著增长。宁波新福化工科技有限公司年产60万吨硫黄制酸资源综合利用生产线技改项目计划投资4.5亿元,年度完成投资1.54亿,投产后将新增销售收入10亿元以上,新增利税1亿以上。宁波阿尔卑斯电子有限公司电子产品生产线技改项目总投资2.3亿元,年度完成投资1.2亿元,改造后预计年新增销售收入2亿元,利税7000万元。列入全区2012年度重点技改计划的65个项目,计划总投资13.5亿元,预期新增销售收入54亿元,新增利税6.8亿元。

【推进工业设计工作】 2012年,区经信局继续推进工业设计工作,年内宁波市大学科技园被认定为宁波市工业设计园区,宁波卓一工业设计有限公司等5家企业合计获60万元市级补助资金,全区企业获“政府买设计”市级补助资金38.03万元。

(余雷鸣)

节能降耗与淘汰落后产能

【概况】 2012年,区政府对区内577家规上及规下重点用能和环保监管企业进行认真培训和调查。有558家企业报送数据,填报率达97%。其中120家企业自报有落后产能,占填报企业数的21.5%。

是年,全社会能耗总量920.27万吨标煤,同比下降1.47%;规上工业用能820.35万吨标煤,同比下降2.7%,占全区用能总量的89.1%。能源消费量高度集中在石油加工及炼焦业、电力热力的生产和供应、化学原料及化学制品制造业三个高能耗行业,占全区规上工业企业能源消费总量的91.5%。

全社会GDP能耗为1.74吨标煤/万元,同比下降5.4%;规上工业增加值能耗2.14吨标煤/万元,同比下降8.55%。全区年综合能耗1000吨标煤及以上的企业129家,能耗总量为801.15万吨标煤,占规上工业能耗的97.7%。

全社会用电量56.82亿千瓦时,同比上

升3.24%。其中工业用电量49.87亿千瓦时，同比上升1.75%，占全区总用电量的87.77%。区属工业用电量33.20亿千瓦时，同比上升2.77%，占全区总用电量的66.58%。

2012年度区属综合能耗5000吨标煤及以上企业名单

表19

序号	企业名称	工业总产值	综合能耗
1	宁波镇洋化工发展有限公司	791938	130761.8
2	宁波乐金甬兴化工有限公司	10167926	119435.6
3	宁波四明化工有限公司	276680	110782.8
4	浙江杭州湾腈纶有限公司	1222326	75797.14
5	阿克苏诺贝尔乙烯胺(宁波)有限	937855	65849.79
6	宁波大安化学工业有限公司	705464	53135.06
7	宁波金海德旗化工有限公司	1229280	41017.17
8	宁波巨化化工科技有限公司	674520	40774.87
9	宁波市镇海光鑫铸业有限公司	244730	40475.37
10	宁波新福钛白粉有限公司	902940	39691.21
11	宁波康力玻璃有限公司	165234	39413.94
12	宁波久丰热电有限公司	497494	33986.87
13	宁波海德针织漂染有限公司	148252	24371.73
14	宁波市镇海天地特种钢有限公司	1226737	20539.97
15	宁波九龙气体制造有限公司	54088	14796.08
16	宁波富邦精业集团股份有限公司	566250	14152.26
17	宁波中科绿色电力有限公司	41571	13926.96
18	百隆东方股份有限公司	2929402	13765.31
19	宁波合恒钢铁贸易有限公司	835804	12962.84
20	宁波宁力高强度紧固件有限公司	516464	12078.44
21	浙江鑫甬生物化工有限公司	306760	11868.32
22	华美线业有限公司	400962	11046.56
23	宁波盛发铜业有限公司	1166045	11039.11
24	宁波市镇海泰纳化工有限公司	650710	11035.16
25	爱敬(宁波)化工有限公司	982476	10261.73
26	浙江恒河石油化工股份有限公司	995381	9970.63

续表19

序号	企业名称	工业总产值	综合能耗
27	宁波顺泽橡胶有限公司	451268	9368.24
28	宁波金鼎紧固件有限公司	658683	8245.24
29	宁波陆霖机械铸造有限公司	227892	7992.73
30	宁波阿尔卑斯电子有限公司	1259900	7667.51
31	宁波九龙玻璃制品有限公司	53254	7122.98
32	宁波德泰化学有限公司	453319	7107.17
33	阿克苏诺贝尔过氧化物(宁波)有限公司	570514	6841.71
34	宁波安德机械有限公司	83478	6734.53
35	宁波人健医药化工有限公司	421586	6642.16
36	宁波贝时特金属制品有限公司	175616	6552.78
37	宁波市九龙紧固件制造有限公司	277705	6427.81
38	宁波萌恒线业有限公司	188227	6088.47
39	宁波明欣化工机械有限责任公司	434157	5424.62
40	宁波市金龙铜业有限公司	1275051	5183.97
41	宁波中斌紧固件制造有限公司	144548	5170.92
42	宁波橡胶有限公司	113010	5090.48
43	宁波争光树脂有限公司	199045	5056.87

【开展固定资产投资项目节能评估审查】 2012年，全区对126个项目开展固定资产投资项目节能评估审查。经评估审查，报送省、市级审查项目14个，批复13个，1个在审查中。区级审查项目上报114个，批复112个，2个项目不符合要求未予以受理。批复的125个项目累计投资额131.15亿元，可实现总产值246.21亿元，工业增加值58.09亿元，拟新增等价综合能耗29.08万吨标煤，工业增加值能耗0.5006吨标煤/万元，低于全市“十二五”工业增加值能耗控制指标（0.56吨标煤/万元）。

【开展节能技术改造活动】 2012年，区经信局牵头开展节能技术改造活动。全年完成115个节能项目、24家企业清洁生产审核。其中上报宁波启盛生物食品发展有限公司创建省绿色企业清洁生产先进，形成5.8万吨标煤的年节能能力。

【开展能源监察活动】 自6月开始，全区对20家区内企业开展能源监察活动，主要对企业年度节能目标、节能措施、能耗限额标准、生产工艺（设备）、项目节能评估审查、能源统计、能源利用、节能管理、能源计量、主要用能设备用能效率、节能项目等实施情况进行监察。经监察，区级20 家企业中，11家共有214台（套）落后设备（落后电机193台）、15家能源计量管理不完善、3家未建立节能管理机构、5家未制定节能管理制度，5月份对未按要求整改的企业下达《责令限期整改通知书》，要求在2013年4月30日前整改完毕。

【开展节能管理培训】 3月，区经信局组织为期3天的节能培训。其间通过节能工作形势分析、能评报告编写、能源计量和统计、能源利用状况报告编制及宁波市能源管理系统应用及报送方法等培训，提高节能管理队伍的节能管理意识与能力。本次培训总人数约300人，210名能管员发放新证，29名能管员续证。

【加强节能降耗理念宣传】 3月，区经信局制定《2012年镇海区节能宣传月活动方案》，启动镇海区节能宣传月活动仪式。其间通过推荐节能绿色信贷、节能产品（技术）产品推广、镇海区节能技术（产品）巡回展、低碳体验日、节能（技术）产品成果展及组织29家企业参加“能博会”等主题活动，营造全民节能的良好氛围。

（余雷鸣）

产业园区

综述

20世纪90年代开始，镇海区逐步改变“村村冒烟”的县域经济发展模式，通过招商引资进行工业行业结构和企业布局上的调整。1992年后，浙江省镇海经济开发区、宁波化学工业区（后改名为宁波石化经济技术开发区）、宁波（骆驼）机电工业园区（后改为城市工业功能区）相继建立，并逐年形成工业企业在园区的集聚。随着经济转型和产业结构调整，2003年后，区相继成立宁波市大学科技园、宁波（镇海）大宗货物海铁联运物流枢纽港两个管委会，致力于大宗商品贸易和新兴产业、创意产业的发展。

宁波石化经济技术开发区

【概况】 宁波石化经济技术开发区原名宁波化学工业区（简称化工区），成立于1997年11月，当时主要为接纳宁波市区因腾“笼换业”而搬迁的化工企业和引进精细化工、生物工程、化工新材料等企业，规划面积为117.81公顷。1998年9月，由宁波化工控股（集团）有限公司、宁波交通投资开发有限公司和宁波澥浦经济开发中心共同出资，组建宁波化工开发有限公司，注册资本5000万元，成为化工区的开发主体。2003年2月，宁波化工区实行“市区联合开发属地管理”体制，由镇海区正式成立宁波化学工业区管委会。同年3月，镇海区海江投资发展有限公司出资8920万元加入宁波化工开发有限公司，占公司注册资本的53%，化工开发公司注册资本增至1.68亿元，股东增加到四个。2005年4月，在国家对开发区进行治理整顿时，原属蛟川街道管理的蛟川工业区成建制划入，成为化工区蛟川区块。2006年4月，经国家发改委批准，宁波化工区升级为省级开发区。2010年12月30日，国务院正式批准宁波化工区升格为国家级开发区，定名为宁波石化经济技术开发区（简称石化开发区）。

此后加速推进规划编制，全力营造国家级园区形象。推进智慧园区建设，完成智慧园区建设总体规划方案并通过专家评审。委托省发展规划研究院开展产业发展定位研究，推进园区产业布局总规修编。完成铁路支线方案编制，澥浦、岚山片区控规编制，澥浦片、岚山片和湾塘片封闭管理专项规划及园区绿化景观规划研究和园区水资源总体规划等。按照提升澥浦片、完善岚山片、全力开发湾塘片总体思路，推进园区基础设施建设，2012年，全年新开工项目9个，完工项目11个，配电工程、管廊工程、污水处理工程、工业水厂扩建项目、低温罐区等重点工程全部建设完成，累计完成投资约3亿元，超额完成年度目标。启动封闭管理，按年初既定目标，实施蛟川区块、湾塘区块和岚山区块各项封闭管理，全年园区治安案件大幅下降，有效遏止违法乱弃渣土、工业垃圾等现象，取得显著社会效益。

统筹兼顾强化政策扶持。出台《关于促进宁波石化经济技术开发区工业经济转型升级奖励办法》《宁波石化经济技术开发区关于推进工业经济稳增长调结构促转型的实施意见》，从扶大扶强扶优、加快项目优化升级、培育扶持创新主体等方面引领产业发展。确定首批2家拟上市企业培育对象，在财政、税收等政策方面给以倾斜性支持，扶持企业上市。发挥中央和地方政府各项优惠政策导向作用，上报各类专项扶持政策，国家发改委“十二五”产业振兴专项补贴给浙铁大风的6000多万元到位，完成国家消费税免退给博汇石油5000多万申报。做好选商引资工作，全年共签订5个项目，总投资约51亿元。其中，SK年产5万吨乙丙橡胶、道达尔20万吨聚苯乙烯（一期）、阿克苏诺贝尔5万吨过氧化物，3个外资项目均为世界500强企业。与中国石油化工股份有限公司就联合成立石化高新技术产业园签署合作意向书，并寻求共建乙二醇、2-pH/辛醇项目，总投资约60亿元。与美国DOW、德国朗盛、韩国SK、赢创德固赛等世界知名化学公司稳步推进合成橡胶、合成树脂、新材料和石化开发区产业链对接项目招商工作。

抢抓机遇加快产业转型升级。先后考察国际、国内一批先进化工园区，提出全力推进产业结构高端化、产业布局优质化、产业发展生态化，着力促进园区产业“低能耗、低污染”，实现园区与产业的集约发展、清洁发展、安全发展和可持续发展，确定建设成“国内领先、国际一流”的石化产业基地目标。按照生态效应、经济效应、社会效应“三统一”发展要求，着力促进园区低能耗、低污染发展，推进产业结构转型升级。推动科技创新，全年新增高新技术企业2家，新获批省级工程技术中心2家、市级5家，国家火炬计划项目3项、国家重点新产品计划项目3项、宁波市重大攻关项目2项，共获授权专利100件，其中发明专利12件。发展新兴产业，按照创新经济发展政策，对重点优势企业实施定向培育辅导，推进“产业优化与集群”建设，加快调整产业结构。淘汰落后产能，开展漂印染、电镀等重点行业整治，加快推进专项转型提升，从2012年开始，力争用3年时间逐步搬迁或改造一批低端低效企业。开展节能降耗，完善节能降耗目标责任考核体系，重点加强对年能耗1000吨以上标煤的重点用能企业的能源监测，定期督查企业节能目标完成进度，确保完成年度节能工作任务。

加强环保安全监管。针对部分企业生产工艺落后、设备陈旧、跑冒滴漏现象明显的情况，开展2次百日环保整治，通过停产搬迁、废气治理和对水环境整治，进一步完善无组织废气收集和设施治理，减少异味对周边环境的影响。全年未发生较大以上安全责任事故，在宁波市2012年度安全生产目标管理责任制考核结果中，石化开发区被评为优秀单位，列宁波市开发园区第一位。与周边澥浦镇启动新一轮和谐联动结对活动，各部门和相关企业与村(社区)签约,推进区域的"大产业"发展,双方在共同寻求新的结合点、发展点,以达到双赢甚至多赢的目的方面又走出重要一步。

是年,石化开发区规划区域完成工业产值1634.5亿元,同比减少3%;完成工业销售1633.6亿元,减少5.1%;利税190.0亿元,减少23.5%。其中实控区域全年完成工业总产值176.8亿元,同比增长11.12%;完成工业销售191亿元,增长13.63%;完成工业投资49.7亿,增长96.01%;外贸总进出口额68006万美元,增长50.8%;实现财政收入5.89亿元,增长-11%。

【开展"百日环保专项行动"】 2012年,石化开发区共开展2次"百日环保专项行动",累计投资8.2亿元,共涉及企业22家,取得阶段性成效:进一步推进10家化工企业废气治理,其中搬迁4家;电镀企业专项整治全部完成;彻底改造澥浦片、蛟川片企业污水管网,明显减少园区内及周的异味等。

【盛华仁视察石化开发区】 4月16日,全国人大常委会原副委员长、原秘书长盛华仁一行到宁波石化经济技术开发区视察临港石化产业发展情况。盛华仁曾担任中国石油化工总公司、国家经济贸易委员会主要领导职务,对石化行业发展状况相当熟悉。其间盛华仁指出,宁波石化经济技术开发区要加快完善发展规划,主动向走在前头的先进开发区学习,引进大项目好项目,加强环境保护,推进循环经济发展;要加大企业政策扶持,完善配套设施建设,朝着打造"国内一流、国际领先"的石化产业园区方向不断努力。

【成立2个事业正处级机构】 3月底,石化开发区管委会新成立行政服务中心和社会事务管理中心2个事业正处级部门,标志管委会直属的两办(党政办公室、财政办公室)、五局(投资合作局、经济发展局、安全生产监督局、建设规划局、审计监察局)、二中心全部配置完成,开始正常运作。

【启动石化开发区与澥浦镇新一轮和谐联动】 9月13日,石化开发区与澥浦镇举行新一轮和谐联动启动仪式,标志区域和谐联动迈上一个新的台阶。2007年9月,宁波化工区与澥浦镇签订《和谐共创备忘录》。五年时间里,园区内有38家企业与澥浦镇的村(社区)结对共建社会主义新农村工作,探索区域联动、和谐发展工作的长效机制。双方按照大社区的理念,在解决区域内社会、经济、文化、政治等领域一些实质性问题上,进行有益探索和实践,为企业发展和周边和谐发挥积极作用。新一轮的和谐联动双方将通过整合资源,全面推进区域内党建、文化、社会事务、经济发展、和谐维稳、城镇建设等六大联动,努力实现区域和谐发展目标。

宁波石化经济技术开发区有关部门及企业与澥浦镇相关村(社区)签订协助协议

【低温乙烯终端和配套公用工程项目建成投入试生产】 7月4日，宁波瑞福特气体储运有限公司一期20000立方米低温乙烯终端和配套公用工程项目建成并开始卸车进料试生产。该工程总规划投资11亿元，引进世界先进的液态烃低温贮运技术，由德国TGE气体工程技术有限公司提供低温储运技术和监造。项目投用，将进一步优化石化开发区乙烯等原料运输模式，规范化操作流程将大大提高危化品储运安全性。

【3家化工区深化合作破解发展难题】 10月26日，宁波石化经济技术开发区与上海化工区、南京化学工业园区召开第二次合作发展会议，共同探讨化工园区转型发展中遇到的安全环保压力增大、能耗指标更严等难题，以推进长三角区域一体化进程发展。会议认为，长三角地区集中10余个大型化学工业园区，其中上海、南京、宁波三大化工区是国内最重要的三大化工专业园区，代表国内化工园区发展最高水平；会议指出，石化产业高速发展所带来的环境问题与能耗压力日益受到各地政府的高度重视和社会公众的广泛关注，面临着巨大的转型压力；会议要求，3家化工区开始进行合作交流，相互取长补短，协同发展，加强环境治理，深化节能减排，成为长三角化工园区迫切需要解决的共同挑战和难题。

（郭明豪）

镇海经济开发区

【概况】 2012年，镇海经济开发区（简称开发区）共有工业企业598家，其中产值2000万元以上的规上企业244家，产值上亿元企业16家。16家企业中5亿元以上7家，1家企业产值上百亿。是年，开发区把握转型升级和全域城市化两大主线，在宏观经济形势不利的情况下，基本保持区域经济平稳运行。全年共实现工业总产值275亿元，同比增长4.5%；工业利税13.5亿元，同比下降27.5%；工业投资6.1亿元，同比下降20.6%，其中技术改造完成5.1亿元，同比下降1.7%；合同利用外资5300万美元，实际到位外资2101.07万美元，实现进出口总额14.3亿美元，同比增长2.5%，出口6.9亿美元，同比增长10.2%，服务业投资完成7.5亿元。

是年，开发区开展企业隐患排查治理工作，全年共排查135家企业，发现一般隐患1669个，完成整改1496个。推进企业安全生产标准化建设工作，完成15家企业标准化建设，另有74家企业主动申报。加大安全生产培训力度，组织9批规上企业的主要负责人与安管员的安全培训，20000余名从业人员参加企业安全生产培训。加强安全生产宣传，向社会分发温馨提示卡、安全生产法定职责等安全生产宣传资料共计23000余份，发送短信5000余条。

是年，开发区引导企业自主创新，1家企业创建成市级创新团队，4家企业成功申报市级高新技术企业，1家企业成功申报市级工程技术中心，5家企业成功申报区级工程中心。申报省专利示范企业1家，推荐4家企业申报市科技进步奖，2家企业申报市级重大工业项目，3家企业申报区级创新团队。企业获授各类专利249项，2家企业（LG乐金甬兴、石化海达）获批市级优势总部企业，石化建安入选全省首批企业技能人才评价标准化体系建设基地企业。开展“百校千企”活动，5名企业高管参加EMBA学习，10名企业中层参加硕士研修班。引进海外工程师3名，申报市级大学生实习基地、区先进服务人才企业、区级大学生实习基地各1家。推广清洁生产、节能改造，完成3家精细化工企业整治和6台燃煤(油)锅炉淘汰，安排6家企业实施清洁生产，2家企业进入改造竣工验收阶段，9家企业按相关要求进行提升改造；申报实施节能改造企业25家，获批验收6家。

【1家企业进军国内轻轨行业】 2012年，位于开发区C区的宁波红杉高新板业有限公司中括宁波市轨道交通1号线一期工程甲控材料烤瓷铝板供应项目，中标金额超过千万元。给企业发展开辟一条新的“康庄大道”。是年，公司再度投入5000万元建成2条钣金生产线、1条喷涂生产线，设备产能和生产技术达国内领先水平。而后，公司先后完成宁波地铁2号线、南京地铁10号线、南京宁天城际地铁线烤瓷铝板和天花板的供货。

【1家企业跻身全球最大汽车压铸机生产行列】 2012年，位于开发区A3区的金丰(中国)机械有限公司生产的大型汽车压铸机跻身全球最大汽车压铸机生产商行列。全年公司销售额达7.8亿元，同比增长15%，为历年最高增速，利润7652万元。

(张　三)

宁波(镇海)大宗货物海铁联运物流枢纽港

【概况】 2012年，物流枢纽港管委会围绕现代化生态型港口强区建设目标，贯彻落实区十三届党代会精神，按照“三位一体”港航物流服务体系建设要求，着力推进打造国际强港工作。是年，物流枢纽港引进企业144家，完成注册资金5.13亿元，其中市外内资3.3亿元，服务业投资2.756亿元。大宗生产交易中心交易额110亿元，全区市场交易额650亿元。

是年，举行物流枢纽港招商洽谈会，与大型企业开展合作，宁波春和能源有限公司、宁波甬鑫大宗商品交易股份公司落户园区，与浙江物产物流宁波物流基地、中国五矿钢铁宁波工贸公司合作进一步拓展，今后将提供最便捷最优质的服务，为落户企业创设最佳的软硬环境。

【启动煤炭扬尘整治专项行动】 3月30日，区委办、区政府办联合下发《关于成立区领导小组及相关工作机构的通知》(镇区委办〔2012〕44号)，启动全区煤炭扬尘整治专项行动。在科学制定煤炭扬尘整治总体方案基础上，重点开展煤炭装卸船环节、煤炭堆存作业环节、道路运输环节3项专项整治，通过新建、改造、提升防尘设施的及治理车辆超载、超限、密闭、违行、违停、车体冲洗等，2~3年内达到抑尘90%的总体要求，并形成长效管理机制。

【获2011年度宁波市交通大物流扶持资金补助】 6月，物流枢纽港申报的2011年度宁波市交通大物流基地类扶持项目通过宁波市交通委的专项验收，获扶持资金100万元，用于宁波大宗生产资料交易中心的发展建设，提供行政服务、经济服务、中介服务、信息服务、金融服务等服务。

【建立区物流业发展服务办公室】 7月，物流枢纽港、区商务局合署组成“镇海区物流业发展服务办公室(以下简称区物流办)”，办公地点设于物流枢纽港大宗生产资料交易中心，负责全区大宗商品专业市场的管理服务及镇海保税物流中心的筹建，发挥物流枢纽港在全区大宗商品专业市场的功能效应、集聚效应和行业管理的政策效应，进一步加快发展、提升全区专业市场。

【1家企业大宗商品电子交易平台上线试运行】 8月31日，宁波甬鑫大宗商品电子交易平台上线试运行。该公司由浙江省物产集团、金银岛(北京)股份有限公司、物流枢纽港开发有限公司及镇海海江投资发展有限公司共同投资组建，注册资本2000万元，上线货种主要涉及钢材、化工、煤炭和木材等四大类。试运行后该平台将正式投入运营，年内计划发展200家客户单位，力争线上交易额突破10亿元。

【新增2家上交所铜交割库资质企业】 9月，物流枢纽港区域的宁波港九龙仓仓储有限公司和国家物资储备局浙江八三七处同时获上海期货交易所有色金属铜的期货交割库资质，核定库容均为2万吨。这将带动区域仓单、抵押质押、金融保险、供应链融资等金融服务产品集合，进一步促进物流枢纽港发展。

【1项工程获2012年度钱江杯奖】 2012年，由宁波中鼎建筑设计研究院设计、浙江省二建建设集团有限公司施工总承包、宁波创安工程管理有限公司施工监理的宁波镇海大宗生产资料交易中心工程荣获2012年度浙江省建设工程钱江杯奖(优质工程)。该工程总投资3亿元，占地约3.5万平方米，总建筑面积约6万平方米，于2009年12月开工，集“市场交易、口岸服务、经济服务、金融服务、信息服务、商务办公”等功能于一体，是打造“三位一体”港航物流服务的综合平台。

宁波镇海大宗生产资料交易中心现场施工照片

【启动物流枢纽港物流公共信息平台开发项目】 11月6日，物流枢纽港管委会与宁波颐博科技有限公司签约《宁波(镇海)大宗货物海铁联运物流枢纽港物流公共信息平台技术开发合同》，启动物流枢纽港物流公共信息平台开发。平台开发完成后，将实现与甬鑫电子交易系统、宁波口岸单位业务系统、园区企业业务系统及宁波港EDI等实现信息交互共享。

(王莞乔)

宁波市大学科技园

【概况】 2012年，宁波市大学科技园入驻企业总数197家，技工贸总收入3.88亿元，利税总额7190万元。全年引进市外内资9689.26万元，完成招商引资项目102个，其中文化创意产业87家。87家文创产业注册资本19634万元，基本形成以信息服务、动漫游戏、影视传媒、设计服务、软件产业、智慧城市应用等文化创意类项目为主导的新兴产业集聚示范园区。

是年，大学科技园提出"无边界大学科技园"发展思路，加快拓展产业发展空间，与庄市街道、镇海天地贸易有限公司三方合作，改装民营企业闲置办公楼，创建文化创意产业园。建立项目数据库，实时更新项目商谈进度，亚创二期、中软研发楼、人才公寓等3个重点工程项目进展顺利。加强创新团队和高技能人才队伍建设，参与各级人才活动的组织接待，引进各层次人才，组织企业参与人才交流和招聘、申报各类奖项，增强自主创新能力。深化院校合作，引进人才金港、西安电子科技大学宁波信息技术研究院和产业园，与北美洲中国学人国际交流中心、瑞典皇家理工学院严晋跃教授团队的国际能源创新研究院项目对接顺利，通过大平台积聚高层次人才成效显著。

是年，大学科技园致力优化服务，不断提升企业管理水平。成立全区首家园区妇联，推行"妈妈式、家人式"服务，为入驻项目提供全程代理服务，定期开展各项文化活动，丰富企业员工的工作生活。加强政策宣讲和项目申报指导，帮助入驻企业解读相关政策及开展各类项目申报；建立干部联系企业制度，及时掌握企业发展过程中的问题并合力解决；助推银企接洽，缓解企业融资难题。落实企业安全生产责任制并依托项目载体，搭建其他多个服务平台，规范完善"一企一档"企业档案目录及数据统计制度。

【成立党员(企业)服务中心】 年初，大学科技园成立党员(企业)服务中心。中心服务内容包括党群联络、党员组织关系接转、志愿服务、政策咨询、创业指导、教育培训、注册服务、阅览服务等，且专门设置党代表工作室、法律咨询室、休闲茶座和阅览角。中心目的在于以党建为龙头，带动工会、共青团工作，结合园区实际策划相关活动，开展创业沙龙、青春交友联谊会以及关于"两新"组织党建工作等主题活动。

【外国专家到大学科技园考察】 3月13日，爱丁堡大学教授、罗斯林研究所胚胎学家William Ritchie，美国终身教授、国家"千人计划"专家甘霖，苏格兰科学教育协会主席Alan Muirs率领的考察团到大学科技园交流考察，并期待与镇海区进一步合作与交流。此次交流，中外双方就生物产业项目、智能大厦项目进行对接。

【3个项目在上海投资推介会上签约】 5月8日，在2012宁波市镇海区(上海)投资推介会上，大学科技园的宁波人才金港管理有限公司项目、宁波昆园网络科技有限公司项目、宁波久丰热电有限公司2#汽轮发电机改造项目现场签约。大学科技园管委会主任、宁波人才金港总经理、宁波昆园网络科技有限公司总经理、宁晋节能总经理与上海安悦节能总经理出席。

【2012夏季文化创意集市开幕】 5月25日，为期一个月的2012夏季文化创意集市开幕酒会在宁波帮博物馆隆重举行，活动由宁波市大学科技园、宁波帮博物馆和宁波大学科学技术学院共同主办。其间举办宁波大学科技学院设计艺术学院优秀毕业设计展、当代民谣节、专家系列讲

座等活动。该届集市是大学科技园园校合作系列活动——创意文化节的重要组成部分。

宁波大学科技学院设计艺术学院优秀毕业设计展现场

【5个文创项目在第十四届浙洽会上签约】 6月10日，在开元宁波九龙湖度假村举行的第十四届浙洽会镇海分团项目签约仪式上，大学科技园信息服务建设战略合作项目、睿易教育软件开发项目、兰伯特工业设计项目、保亿建筑装潢设计项目、“西安电子科技大学宁波产业园”合作项目等5个文创类项目签订合作意向书。

【引进科技专营银行】 9月6日，镇海区首家科技专营银行杭州银行镇海支行在大学科技园区开业。杭州银行镇海支行主要服务于区内高新技术企业、科技创新型中小微企业、科技孵化企业等，对区内高新技术类企业的年度贷款额度将不低于贷款总额的50%；设立总额均为1000万元的“风险池资金”和“科技金融专项资金”，帮助更多的科技型中小微企业获得信贷支持，并对银行利息、担保费等进行补助。

【举行2012镇海区人才科技经贸文化月活动】 9月6日，2012镇海区人才科技经贸文化月活动在园区科创大厦广场举行。该届文化月以“创新驱动·创业镇海”为主题，分人才、科技、经贸、文化等四大篇章11项主体活动及13项其他有关活动。其间区长魏祖民为大学科技园“文化创意产业园”授牌并与清华校友总会副秘书长张伟共同为“清华校友创业创新基地”揭牌。区科技局与杭州银行宁波镇海支行签署战略合作协议。

魏祖民区长(右)为“文化创意产业园”授牌

【举行宁波人才金港开港仪式】 9月17日，宁波人才金港开港仪式在大学科技园球形报告厅举行。宁波人才金港是在市委组织部、区委和区政府的支持下，由上海陆家嘴金融城人才发展中心和宁波工程学院合作创办的一家涵盖人才引进、孵化、教育、培训、认证诸要素的政产学研一体化创新人才公共服务平台，是中组部全力推广的“人才金港模式”在宁波的实践运行平台。

【人才科技经贸文化月签约5个项目】 9月27日，在九龙湖开元度假村举行2012镇海区人才科技经贸文化月项目签约仪式上，大学科技园与宁波中钰文化传媒发展有限公司、宁波上朝文化发展有限公司、宁波卓一工业设计有限公司、宁波腾龙文化传播有限公司、浙江百代影视有限公司共5个项目签订合作协议，签约总额逾4000万元。

【建立创意产业人才培养基地】 11月16日，大学科技园与宁波大学科学技术学院签订战略合作协议。根据协议，宁波大学科学技术学院将在大学科技园内建立学生实习实践基地，每年面向园区企业举办一次学生实习实践招聘会；学院将聘请园区内相关企业家、专家担任该院的兼职教授、学生创业导师；双方将共建宁波市国家大学科技园创意产业人才培养基地和大学生创新创业基地，每年合作举办一次“宁波市大学生创意作品大展”活动等。此外，大学科技园管委会、宁波大学科学技术学院还和中国艺术研究院艺术创作研究中心签订协议，三方决定共建数字艺术应用研究院，一步加快数字动漫艺术创作和文化创意人才培养。

【“华东—长三角园区联盟”揭牌成立】 10月25日，在第十届上海软件外包国际峰会“长三角合作专场”中，大学科技园与兆联天下、复旦软件园、徐汇软件园、上海物联网科技园、蚌埠大学科技园、常州创意产业基地联合发起的“华东—长三角软件园区合作联盟”揭牌成立。联盟以大学科技园区服务需求为纽带，旨在促进园区企业间的信息沟通、资源共享、经验交流、科技研讨、业务合作、政策协调和行业自律。

【文化创意产业园开园】 11月15日，大学科技园文化创意产业园举行开园仪式。产业园由大学科技园管委会、庄市街道办事处和天地贸易公司三方合作共建，产业园建筑面积2万平方米，由两栋六层建筑组成，内设饮食、休闲、公共卫生等系列基础设施。北楼中自控华东公司、恒隆高科、卓一工业设计等公司正式开展办公，西电宁波产业园、纺院艺术产业园等40多个项目签订入驻协议。

文化创意产业园开园仪式

【举办首届“健康style”秋季运动会】 11月27日，大学科技园2012年第一届“健康style”秋季运动会在宁波大学科学技术学院金宗城体育场举行。该次运动会以“健康style”为主题，是大学科技园打造园区特色文化品牌建设的重要组成部分。比赛共有定点投篮、齐心协力、袋鼠跳、迎面接力等6个团体合作项目，设有一、二、三等奖及精神文明奖。

运动员们正在进行袋鼠跳比赛

【亚创二期主体工程结顶】 12月12日，大学科技园文化产业建设项目——亚创二期主体工程提前一个月结顶。该项目总投资资金1.3亿元，总建筑面积2.5万平方米，包括一幢14层主楼及二幢7层辅楼，8月被发改委列入2012年中央预算内投资国家服务业发展引导资金计划并获财政部预算资金500万元，成为本年区内获此类资金的唯一项目，至年底完成固定资产投资2000万元。另获上海银行1亿和镇海农商银行2000万元的融资授信额度，预计2014年年初可投入使用。

（方剑君）

驻镇省部属单位

20世纪70年代中后期，浙江炼油厂、镇海发电厂、宁波港镇海作业区、镇海渔业基地“四大工程”在镇海建设，一改过去镇海只有县办小企业局面。随之，一批为大工程建设配套的建筑工程、安装工程、交通工程、仓储企业迁入镇海或相继在镇海兴办。镇海地方政府和人民通过无偿划拨土地、提供劳动力，给予生活供应保障等措施支持和支援国家重点工程建设。省部属大工程企业的发展，促进镇海区域经济发展，镇海成为宁波重要临港产业基地。2012年，驻镇部省属企业共10家，行业分类有石油化工、电力等工业，建筑、安装等建筑业，港口、海陆运输以及大宗商品贸易、仓储等服务业。是年，驻镇省部属企业工业产值1369.29亿元，占区全社会工业总产值59.1%。

镇海炼化

【概述】 中国石油化工股份有限公司镇海炼化分公司（简称镇海炼化）是国内最大的炼化一体化企业，位于浙江省宁波市，前身为始建于1975年的浙江炼油厂。镇海炼化集2300万吨/年原油加工能力、100万吨/年乙烯生产能力、4500万吨/年深水海运码头吞吐能力，以及超过350万立方米的储存能力为一体，构成“大炼油、大乙烯、大码头、大仓储”的产业格局，集中代表中国炼油化工行业的先进水平，并正在向着“建设世界级炼化一体化标志性企业”的目标扎实迈进。镇海炼化致力向社会提供清洁产品、开发高端石化产品，致力带动下游产业发展。主要生产各种规格的汽油、柴油、3号喷气燃料、液化气、道路沥青、乙烯、苯类、丁二烯、环氧乙烷、乙二醇、环氧丙烷、苯乙烯、聚丙烯树脂、聚乙烯树脂等50多种优质石油化工产品。汽油、3号喷气燃料、柴油等多种产品，销往美国、日本、印度、韩国、新加坡等国及中国香港、台湾等地区。镇海炼化生产的“东海”牌沥青铺进上海F1赛道，铺进世博场馆、世界最大的隧桥、高铁以及美洲、澳洲等多个地区；供香港市场的欧V超低硫柴油实现国产柴油供应香港市场“零的突破”；开发生产的高熔体强度聚丙烯、高熔指聚丙烯纤维料、高熔指抗冲击共聚聚丙烯、超薄BOPP专用料等高端产品成为市场标杆。

2012年，镇海炼化持续推进管理变革创新，生产经营取得佳绩：加工原油2015.1万吨，生产乙烯110.27万吨；实现营业收入1308.24亿元，利润31.6亿元，上缴税费156.48亿元，其中留存宁波市地方财政31.73亿元。在炼油绩效继续保持亚太地区领先水平的同时，乙烯绩效在国内率先进入世界一流。镇海炼化被中国石化集团公司党组确定为企业发展的导向，再次荣获中国石化最高荣誉——“特别贡献奖”，并首获“浙江省企业杰出贡献奖”。

【盛华仁视察镇海炼化】 4月15—16日，第十届全国人大常委会副委员长兼秘书长盛华仁到镇海炼化视察工作。盛华仁深入生产一线看望慰问广大干部员工，期望全体干部员工再接再厉，在建设“世界级炼化一体化标志性企业”进程中，勇于创新，勇做“排头兵”，努力实现率先打造世界一流的目标。

盛华仁（左四）在镇海炼化视察工作

【100万吨/年乙烯工程获国优金奖及PMI大奖】 10月18日，镇海炼化100万吨/年乙烯工程通过竣工验收，创下中国石化大项目从投产到竣工验收时间最短纪录。工程技术上应用中国石化自主知识产权为核心的乙烯生产成套技术、百万吨乙烯成套技术、首套15万吨/年裂解炉技术；工程建设上创造业主管理团队人员最少、建设工期最短、百万吨级乙烯工程国产化率最高等纪录和重大安全环保质量事故为零、连续作业3000万工时的安全业绩；工程投资上节约35亿元，占整个项目总概算的14.9%。项目自投产至竣工验收，累计实现利润近70亿元，接近总投资的三分之一。装置运行不到半年，成为中国石化化工板块的标杆。是年11月，工程获国家优质工程金质奖，公司总经理江正洪获国家优质工程奖先进个人荣誉称号。这是中国石化成立以来获得的首个国优金奖，标志着中国石化大型乙烯项目自主技术水平、工程建设能力、生产运行水平处于国内领先水平并跻身世界一流。9月，在第三届美国PMI（中国）项目管理大会上，工程荣获PMI美国（中国）年度项目管理最高奖项——年度大型复杂项目奖。这是中国石化系统内首个获此殊荣的项目。

100万吨/年乙烯工程获国优金奖及PMI大奖

【获“中央企业思想政治工作先进单位”称号】 8月22日，国务院国资委党委发文表彰中央企业思想政治工作先进单位，镇海炼化榜上有名。

【获“国家技能人才培育突出贡献奖”】 12月，在第十一届高技能人才表彰大会暨全国百家城市职业培训工作推进会上，镇海炼化被授予“国家技能人才培育突出贡献奖”，成为中国石化唯一获此荣誉的单位。

【获“浙江省企业杰出贡献奖”】 9月，在2012浙江省企业领袖峰会上，镇海炼化荣获“浙江省企业杰出贡献奖”称号。“浙江省企业杰出贡献奖”是浙江省在“百强企业”基础上，对“长期以来注重实事、稳健发展、卓越管理，为浙江省经济发展做出特别贡献的企业”评定的，此次仅有10家企业获此称号。

【再登宁波市“纳税50强”榜首】 4月12日，宁波市公布2011年度创业创新风云榜，镇海炼化以上缴税收191.8亿元再度荣登“纳税50强”榜首。

【3家合资合作企业获“浙江省中外合资合作2011年度百强企业”称号】 11月，在第三届浙江省“百强”外商投资企业峰会上，镇海炼化3家合资合作企业即宁波镇海炼化利安德化学有限公司、镇海炼化碧辟（宁波）液化气有限公司、宁波镇海炼化利安德化工销售有限公司名列“百强”。2011年，这3家企业的营业收入分别达到99亿元、40亿元和39亿元。

【装置大修创“五个为零”新纪录】 5月15日，镇海炼化第一套PP装置（聚丙烯生产装置）成功产出产品，标志着历时92天的检修改造完美收官，完成涉及炼油、化工、码头三大区域，38套主体生产装置和辅助系统的4498项检修改造项目，实现“安全、环保、优质、准点、文明”的目标，创下“未发生一起事故、未报一次火警、未放一次火炬、未收到一起环保投诉、未发生一起意外跳车”的“五个为零”新纪录。

【国内首套催化烟气脱硫脱硝除尘示范装置投运】 12月27日，镇海炼化180万吨/年重油催化烟气脱硫脱硝除尘示范装置投运。装置是中国石化“十条龙”科技攻关项目之一，应用中国石化自主知识产权的烟气处理成套技术，填补国内催化装置烟气治理技术的空白，对中国石化今后推广应用具有战略意义。项目于2011年8月开始现场施工，是年11月8日实现锅炉和脱硝单元投运，12月27日完成脱硫单元中交并投入运行，项目整体进入试运行。装置运行后，催化烟气中的粉尘、硫化物和氮氧化物等污染物排放明显削减，其中SO_2排放量同比下降16%。

180万吨/年重油催化烟气脱硫脱硝除尘示范装置投运

【实施聚烯烃产品差异化战略成效显著】 2012年，镇海炼化实施聚烯烃产品差异化战略，开发聚烯烃新产品、专用料新产品，不断提高产品质量和主流品牌的产品产量。全年完成新产品及专用料33万吨，首次突破30万吨，比上年增加11%，其中新产品产量增加6.65万吨，新产品专用料比例增加3.72%，增效超过2500万元；聚烯烃产品专用料比例提升，相对通用料增加经济效益近5200万元。

【氮气直供宁波石化开发区】 6月12日，在保证公司安全生产用氮的前提下，镇海炼化乙烯空分装置富裕放空的氮气回收后制成的低压氮气直供宁波石化开发区内的林德气体公司，可年增收超400万元。

【与地方企业合作回收利用PX装置低温热】 2012年，镇海炼化利用检修改造机会，新增两台塔顶气——除氧水换热器，将250吨/时热水由85℃加热至150℃供给宁波石化经济开发区金海德旗公司作为塔底重沸器热源。是年8月29日，总长12公里的镇海炼化PX装置至宁波石化经济技术开发区金海德旗公司热水管线正式投用。投用后镇海炼化PX装置可节能2.2万吨标煤/年，增效约1400万元/年。这是镇海炼化加强与地方企业合作实现共赢，进一步利用区域优化实现节能的又一项重要举措。

【建立企业厂界外环境每日环保巡查监测机制】 10月起，镇海炼化建立企业厂界外环境每日环保巡查监测机制，主动走出围墙，对周边企业污染排放情况进行摸排巡查，白天每天两次、夜间每周两次（22：00-24：00）解周边企业污染物排放情况，截至年底，镇海炼化清晰掌握公司周边6大化工片区、36家化工企业，60余种大气特征污染物的时空分布。

【举行“走进中国石化——科技支撑绿色发展媒体采访活动”】 7月25—26日，来自人民日报社、新华社、中央电视台、中央人民广播电台、光明日报、经济日报等19家中央主流媒体39名记者走进中国石化，深入到镇海炼化实地采访，增强对中国石化整体解。记者们通过现场提问和实地采访，称镇海炼化走出一条“发展快、投资省、技术新、效益高”的科学发展之路，是中国石化实践科学发展的一个鲜活的例证。

【签订联合成立石化高新技术产业园意向书】 9月15日，在第二届中国海洋经济投资洽谈会上，镇海炼化与宁波石化经济技术开发区签订关于联合成立石化高新技术产业园的合作意向书。省委书记、省人大常委会主任赵洪祝，省长夏宝龙，中国石化股份有限公司副总裁张海潮出席签约仪式。

签约仪式现场

【144名员工加入中华造血干细胞库】 5月，镇海炼化19名员工报名参加镇海区红十字会举行造血干细胞志愿者募集活动，并有18人成功加入中华造血干细胞

库。截至年底，镇海炼化共有144位职工（含改制单位）加入捐献造血干细胞的志愿者队伍，受到地方政府表彰。

（李勤勇）

浙能镇海发电有限责任公司

【概况】 浙江浙能镇海发电有限责任公司（简称镇电公司）地处蛟川街道虹桥，占地63.7公顷。1978年12月和1979年9月首期两台12.5万千瓦燃油机组建成投产。1990年6月4台煤机建成，全厂6台机组装机容量达105万千瓦，成为当时浙江省最大的火力发电厂。2003年9月，1、2号燃油机组退役拆除。2007年7月和2008年6月，油改气项目11、12号机组通过试运行投入生产。至2012年年末，该公司拥有燃煤机组6台，燃气机组2台，装机总容量164.9万千瓦，除向浙江电网供电外，还对石化经济开发区及周边厂家供热。

镇电公司前身为镇海发电厂，在三十余年发展中几经改组和更名，于2008年6月最后一次由浙江镇海发电有限责任公司更名为浙江浙能镇海发电有限责任公司。2004年11月成立的浙江浙能镇海天然气发电有限责任公司（简称天然气发电公司），与镇电公司两块牌子、一套班子。

2012年，镇电公司四台煤机完成发电量45.47亿千瓦时，发电利用小时为5287小时，供电煤耗326.99克/千瓦时，综合厂用电率7.81%，实现产值19.37亿元，上缴税金1.17亿元。天然气发电公司两台9F燃机全年完成发电量21.59亿千瓦时，发电利用小时为2737小时，发电燃气耗率0.2立方米/千瓦时，综合厂用电率1.94%，实现产值13.44亿元，上缴税金1.27亿元。

是年，镇电公司和天然气发电公司推行精细化管理，推进技术进步，分别实施技改项目38个、7个，投入技改费用4220万元、254万元。围绕节能减排采取多项技改措施，提高效能，降低能耗。强化环保监督，实行有效管理，确保六台机组环保设施的稳定运行，优化脱硫设施的运行方式。实施废水、烟气（SO_2、NOx、烟尘）排放的在线监测和监控，粉尘、煤尘的季度监测和噪声的年度监测。

公司荣获全国电力行业优秀企业、全国电力行业新闻宣传工作先进单位、浙江省节能技术监督先进集体、宁波市污染减排工作先进集体称号；荣获浙能集团“四好”领导班子、审计工作先进集体、物流管理工作先进集体、绝缘技术监督先进集体、投资（资金）计划管理工作先进单位等荣誉称号。

【取得多项科技成果】 2012年，镇电公司开展科技创新，取得多项科技成果。一是发电设备远程在线集中诊断系统（燃气机组部分）开发，以实现远程监控，提高信息自动化管理水平。项目由集团公司生产安全部负责确定技术方案和统一安排实施，并于2012年2月底完成设计和建模及调试工作，3月份正式上线试运行。经半年试运行考验，各项主要指标均满足预期目标。该项目实际发生费用为138万元。二是对浙江省电力试验研究院、浙江大学协作下完成的大型燃气轮机振动试验研究项目进行总结与效益分析及资料整理汇总等工作，并于2012年1月6日在杭州召开科技成果鉴定会，顺利通过鉴定，获得较高的评价。后申报浙江省电力科学技术奖，获得一等奖。

【煤机在同行竞赛中获奖】 2012年,镇电公司的六台煤机完成发电量45.47亿千瓦时,发电利用小时为5287小时,供电煤耗326.99克/千瓦时。在全国火电200兆瓦纯凝级机组竞赛中,公司#5机组、#6机组、#4机组分获第三、四、六名。燃灰分场电控一班获全国“工人先锋号”荣誉。

【供热取得显著效益】 2012年,镇电公司供热取得显著效益:于2011年5月完成工程建设的一期供热改造工程竣工,8月通过省发改委验收。6月建成瑞福特支线、化工区湾塘片旭宏供热支线并向热用户正式供汽。镇海新城供热管线项目获区政府批复并全面铺开施工。热力公司加强热力营销工作,巩固现有用户并不断开发潜在用户。

【天然气热电联产工程启动】 5月21日,镇海动力中心天然气热电联产工程获省发改委核准,6月11日工程建设启动。工程位于宁波石化经济技术开发区海祥路999号,投资概算30.46亿元,占地面积17.601公顷,建筑面积41655平方米,拟建3×350MW级燃气-蒸汽联合循环供热机组,配套建设厂外热网、工业水专用支线、220kV升压变电站、天然气调压站等辅助设施,额定对外供热为1110吨/时。截至年末,场地平整完成95%以上,桩基工程初步设计外审通过,土建施工、安装工程招标和主辅设备采购合同签订。

建设中的镇海动力中心天然气热电联产工程

【5号机脱硝改造完成】 12月8日,镇电公司#5机脱硝改造完成。根据年度煤机脱硝改造安排,5月开始5号机大修,趁此机会完成机组脱硝和电除尘改造并投入运行。其间脱硝效率平均值为82.3%,氮氧化物排放浓度61.2毫克/标方,每年将减少氮氧化物排放约3500吨,该项目符合国家和地方有关节能减排的法律法规和产业政策,实施之后能达到节约能源、保护环境的良好效果。#6炉、#4炉脱硝改造同时启动。

【启动公共租赁住房建设】 8月,镇电公司结合国家和地方建造公共租赁住房相关政策,利用现有土地启动公共租赁住房建设。工程位于公司生活区1#、2#地块,建筑面积10000平方米,拟建3幢5层职工宿舍、1幢10层职工宿舍,计划2015年投用,可缓解公司青工阶段性住房困难,吸引人才、留住技术骨干。年内项目获镇海区政府批准同意,完成招投标工作,其他前期工作有序推进。

(陈宏福)

浙江浙能镇海联合发电有限公司

【概况】 浙江镇海联合发电有限公司(简称联合发电公司)成立于1994年11月,地处镇海区蛟街道虹桥,占地7.3公顷。

2009年7月更名为浙江浙能镇海联合发电有限公司(简称联合发电公司),由浙江省电力开发有限公司(省能源集团有限公司)、宁波市电力开发公司和浙能集团(香港)有限公司共同投资,总投资15亿元,投资比例分别占45%、30%和25%。公司所属电厂为浙江电网的主力调峰和事故备用电厂,拥有2套100兆瓦燃气轮发电机组和1套100兆瓦蒸汽轮发电机组,具有自动化程度高,能耗低、热效率高,启停速度快和调峰性能好等特点,其中调峰速率为同类燃煤电厂的10倍。

2012年,联合发电公司推行"安全高效、绿色和谐"理念,围绕安全生产、经营管理目标,钻研经济高效运营方式,深化内部改革,实施节能降耗和技改,完成燃油改气工程,实现清洁能源发电,取得显著成效:全年发电50734万千瓦时,完成年度计划电量的93.9%;利用小时1475小时,机组等效可用系数达66.16%,比年度计划指标提高1.66个百分点。全年营业收入3.85亿元,实现利润-1124.71万元,比年初预算减亏5796.58万元,供电煤耗283.24克/千瓦时,比年度目标低9.76克/千瓦时;综合厂用电率2.19%,比年度目标低1.31个百分点。安全生产再创佳绩,安全日高达4519天,创造四个百日安全无事故的业绩。公司董事长曹路,总经理邵志跃。

【完成9E燃机燃油改气工程】 5月28日,联合发电公司完成镇海9E燃机燃油改气工程,实现天然气清洁发电。发电机组污染物排放大幅下降:废气排放中的NOx最大排放浓度不到20毫克/立方米,低于可研和环评46.9毫克/立方米的目标值,仅为改造前的3.8%;烟尘、SO_2和工业废水基本达到零排放,未新增噪声和生活污水。工程除实施油改气改造项目外,还同步实施三台机组的扩大性大修,其中包括22项重点技改项目、13项重大特殊检修项目和103项一般特殊项目,参建单位达10余家,缩短工期18天,全面实现各项预期目标。工程投资实际完成投资12651万元,比核准估算节省1587.75万元。此项工程在浙能集团系统燃机电厂中尚属首例,也是首家由业主单位直接承担工程的全过程管理。

【节能措施显成效】 2012年,联合发电公司实施有效节能措施,取得显著效果:完成#7、8机燃油改气工程,提升机组设备的运行可靠性和发电经济性,其中全套联合循环总出力为344.0兆瓦,比改造前提高13.4兆瓦,SO_2和NOX的排放大幅降低;组织专题研究锅炉快速启动方案,现热态启动从燃机并网至汽机并网时间由原来的平均40多分钟缩短到30分钟;进行仪用空压机变频改造,年可节约厂用电16万千瓦时;对#9机转子和隔板进行喷丸处理,提高蒸汽通过汽机喷嘴的流动性和有效面积,对#7、8余热锅炉受热面进行清洗,使锅炉受热面的换热效率有较大的提高。

(卢　亮)

中交第三航务工程局有限公司

【概述】 中交第三航务工程局有限公司宁波分公司原名交通部第三航务工程局第四工程公司(简称三航宁波分公司),地处镇海区招宝山街道,成立于1974年,资质为港口与航道工程施工总承包特级，主要承接港口与航道工程、铁路、各等级公路、桥梁、风电、船坞、船台滑道、市政工程、海堤工程及陆域形成、软基加固、各种混凝土构件预制结构工程施工、土石方施工等工程施工以及航务工程设计及咨询服务。三航宁波分公司下设混凝土预制厂、船舶施工处、安装公司等部门和若干个项目总部，拥有大型打桩船等各类工程船舶27艘，拥有国内领先的通用门式起重机、固定式全回转起重机、固定式全回转起重机等风电拼装设备；拥有隧道内外通用新型架桥机、低位配套运梁车、轮胎式起重机等先进高铁设备。2012年，公司固定资产净值3.01亿元，全年施工项目54个，其中续建26项，新建28项，完成施工产值30.2亿元。现有职工1132名，其中各类专业技术人员493名，中级及中级以上技术工人273名。公司总经理徐捍卫。

是年，公司坚持实施多元化、国际化战略，克服国内宏观经济下行和市场竞争激烈的不利影响，实现新签合同额55.4亿元，其中水工、围堤项目28.1亿元，公路项目0.2亿元，风电及海外项目24.3亿元，其他项目2.8亿元。公司承接的舟山港钓浪码头工程施工进展顺利，台州港大麦屿抢去多用途码头一期工程3万吨级码头工程取得成功，梅山保税港区3#～5#集装箱码头工程项目进度快。开展质量管理工作产生QC成果23项，其中5项获国家级优秀QC小组奖，9项获省级优秀QC小组奖，9项获宁波市优秀质量管理小组奖。2012年，公司荣获全国水运行业优秀施工企业、全国实施用户满意工程先进单位、获中国交建首批优秀企业管理银奖等称号，通过浙江省文明单位复评。

【承建工程荣获国家、省部级多项奖】 2012年，三航宁波分公司承建的工程获国家、省部级多项奖：上海东海大桥100兆瓦海上风电示范项目获国家优质工程银质奖、中国电力优质工程奖，宁波大榭招商国际集装箱码头工程获全国优质工程奖，宁波-舟山港金塘区大浦口集装箱码头第一阶段水工及道路堆场工程获浙江省“钱江杯”优质工程奖，舟山长白岛海洋工程装备和船舶制造项目一期水工工程、宁波—舟山港镇海港区7#、8#泊位工程、温州市城区防洪堤三期工程第二阶段Ⅲ标段工程获中交优质工程奖。

上海东海大桥100兆瓦海上风电示范项目

【开展科技创新工作】 2012年，三航宁波分公司以科技创新为导向、依托工程实施技术开发项目，推动公司整体技术水平的提升，科研成果收获喜人。是年新立科研项目“海上风电基地风机组装技术研究”及“海上风电导管架基础施工关键技术研究——海上风电导管架安装与调平技术研究”获局A类科研项目立项。“钢混复合桩的研制与开发”项目获中国水运建设行业协会科学技术三等奖，“海上3MW风电机组施工关键技术研究”获局科技进步特等奖，“《港口工程后张法预应力混凝土大管桩设计与施工规程》修订”获局科技进步一等奖、“外海深水裸露基岩大直径嵌岩桩施工关键技术研究”获局科技进步二等奖。

（茅　君）

中交上航局航道建设有限公司

【概况】 中交上航局航道建设有限公司（简称上航公司）地处招宝山街道沿江东路221号，成立于1975年，隶属中国交通建设集团有限公司。公司拥有港口与航道工程施工总承包一级、航道工程专业承包一级、勘察测绘甲级资质和市政公用工程、地基与基础工程专业承包等资质，主要从事国内外港口与航道疏浚工程、海岸与近海工程、市政公用工程等业务。2012年，公司抓住新一轮沿海沿江再开发机遇，通过跟踪大市场，对接大业主，新签合同额、营业额、利润总额分别完成38.5亿元、31.1亿元、3.5亿元。全年累计在建项目30个，其中新开工项目16个，完工项目13个。公司执行董事、总经理王柏欢。

是年，公司围绕获批省级企业技术中心和中心试验室，加快企业技术创新体系建设，共完成研发项目6项，其中“沿海滩涂围吹软土一次性成陆关键技术研究”项目获集团科技进步二等奖，申请专利5项，其中发明专利1项，获软件著作权1项。新海虎9轮按计划建造投产，度过设备、人员磨合期，有效发挥施工能力。提高纳税筹划水平，节省海外项目税金241.2万美元。加强自有自用备件的出口退税管理，全年累计实现退税16万元。开展各类教育培训54项，在职工程硕士班入学考试通过率93%。公司先后获中国交建首批优秀企业管理金奖、全国优秀施工企业、全国水运工程建设优秀施工企业、全国安康杯竞赛优胜企业、全国交通运输企业文化建设卓越单位、浙江省建筑业诚信企业等荣誉，温州三标工程和三江清淤工程获中交集团优质工程。

【推进海外发展战略】 2012年，上航公司采取多种途径不断增强海外项目工程实施能力、挖潜增效能力及青年人才培养能力，保障海外项目赢利水平。航浚4011轮优质高效完成阿根廷北航道工程与乌拉圭蒙港24周二阶段工程，进一步树立上航局品牌。经过五年多的努力，公司较好适应南美地区阿根廷、巴西、乌拉圭等国家对施工生产和商务管理等方面的要求。

【开展节能减排活动】 2012年，上航公司开展节能减排活动：绞吸船在极浅水区的施工技术和安全管理取得较好成效，初步形成一套可行的浅滩施工工艺，为更好节能奠定基础。全年新品种油使用率达到39.5%，万方能耗6.53吨标煤，万元产值综合能耗0.54吨标煤。

（张　虎）

宁波港镇海港埠分公司

【概况】 宁波港股份有限公司镇海港埠分公司地处招宝山街道后海塘，建于1973年7月，有可使用自然岸线6120米，港区面积250余万平方米。2012年，公司在册人数2000余人，拥有生产泊位25座，其中万吨级以上泊位10座、5万吨级泊位5座；堆场、仓库面积96万平方米，液化、油品储罐总容量108万立方米；煤炭铁路装车能力600万吨/年；具备大中小泊位配套，专用及通用功能齐全，能满足煤炭、液体化工、散杂货、件杂货、集装箱、石油等货物装卸作业、贮存服务的需要。分公司总经理蒋一鹏。

是年，公司围绕宁波港股份有限公司下达目标，抓生产推建设强服务，港区生产实现跨越发展：全年货物吞吐量4750万吨，同比增长11.8%；集装箱达52万标准箱，同比增长14.6%。营业收入完成8.6亿元，同比增长8.3%，利润总额完成3.3亿元，同比增长12.2%。年末，镇海港区建成大中小泊位配套，专用及通用功能齐全，能适应煤炭、液体化工、散杂货、件杂货、集装箱、石油等货物的装卸储存需要，水、铁、公路、管道等集疏运网络完善的综合性现代化港区，基本形成“华东地区主要的煤炭物流体系、全国主要的液体化工物流体系、宁波港内贸集装箱物流体系、浙江省主要的钢材物流体系”发展格局。

【首次接卸五万吨级散货船舶】 3月16日，总载重吨为50679吨的煤轮“天盛18”靠上港埠分公司五万吨级通用散货泊位，经过近30小时奋战，于次日12:30完成接卸，平均接卸效率达1500吨/小时左右。这是镇海港区建港以来首次接卸5万吨级散货船舶，实现镇海港区由河口港向海港的历史性跨越。

【2个泊位水工工程通过验收并试生产】 4月20日，港埠分公司20#液体化工专用泊位水工工程通过由海事、引航等相关部门联合组织的交工验收，泊位批复口岸长度200米，借用18#泊位71米，宽22米，码头前沿水深负12.5米，设计等级为2万吨级。投产后，预计每年可为镇海港区增加75万吨的吞吐量。5月5日，载有1万吨货物的“宁化412”轮靠上20#泊位，标志该泊位开始试运营。6月21日，19#泊位水工工程交工验收，泊位为5万吨级液化码头，设计年吞吐量为110万吨/年，泊位长度为345米。9月19日，装载3400吨苯乙烯的“红枫”轮成功靠泊19#泊位，标志该泊位投入试营运。2个泊位试生产，标志镇海港区液化品吞吐能力跨上新台阶，在推进宁波港国际强港建设中迈出重要一步。

【6.8万吨干散货船舶靠泊】 8月14日11:00时，港埠分公司通用散货泊位首次靠泊总载重吨6.8万吨的煤轮“北仑海9”，是迄今为止靠泊镇司最大干散货船舶。此次靠泊是经由北二司减载后剩5.1万吨货物转至镇司卸货，公司合理组织生产，首次同时开四门卸船机进行卸船作业，于15日09:00时作业完毕，标志公司由河口港转型为海港的能力逐步显现。

【两期防风网通过验收】 6月16日，港埠分公司第2期防风网工程通过宁波港股份有限公司交工验收并交付使用。工程总长度为884.5米，高度为17米。11月27日，港埠分公司第3期防风网工程基本完工。改造后的防风网对堆场100米附近区域的大气环境质量改善程度在不同风速段平均值达到88.55%，对堆场5千米附近区域的大气环境质量改善程度为56.78%。

【胡耀华工作室获批国家级技能大师工作室】 7月27日，胡耀华工作室获批成为宁波市首家国家级技能大师工作室。此外，在4月27日宁波市庆祝“五一”国际劳动节暨先进表彰大会上，胡耀华作为全国劳模入选首批10位宁波市职工精神代表。

【获市级“评先创优”集体一等奖】 4月6日，宁波市港航局公布2011年宁波港口设施保安履约工作“评先创优”评定结果。此次共有30个涉外港口设施参评，港埠分公司以100.5分居于首位，荣获“评先创优”先进集体一等奖。

【获省、市级多项职工科技奖】 11月28日，在浙江省暨宁波市第三届职工科技周上，胡耀华技术创新成果《日本TCM车辆液力变速箱油温监控系统研发》获职工科技创新成果二等奖；以屠海炳名字命名的门机操作法获职工科技创新成果三等奖；戴光麒、李洪兵分别夺得科技周维修电工比赛第二、第三名；谢晓晖则荣获科技周工具钳工比赛第三名。

【举行“11·9”消防演习】 12月6日，港埠分公司在镇海港区化工区举行“11.9”消防应急演习。演习模拟化工区某储罐发生泄漏，港公安、消防大队、众安公司、化工队等部门在接到报警后迅速行动，封锁现场，封堵泄漏点，用水枪稀释泄露液化品，组织人员有序疏散。经过半个多小时的演练，各部门员工处置突发事件的能力获得提升，达到演习预期目的。

（王　勇）

浙江省二建建设集团有限公司

【概况】 创建于1958年的浙江省二建建设集团有限公司（简称浙江二建）是集房建、安装、钢结构、装饰、市政、地基与基础、高耸构筑物、房产开发等多元经营为一体的国有房屋建筑总承包特级企业，现有注册资金3.622亿元，拥有在册职工共计1410人。

2012年，浙江二建加强标准化、精细化、信息化管理，再次被住房和城乡建设部核准国家房屋建筑工程施工总承包特级资质。加强企业管控，项目经营实现重大收获。严把工程建设施工质量关，获国家优质工程金质奖1项，部省级质量奖10项，市级优质工程11项；工程项目部获工程建设优秀质量管理小组国家级1个、省级5个，市级6个。重视安全生产和文明施工，1个项目获全国安全文明标准化施工工地，9个项目获省、市级安全文明施工标准化工地。

是年，全公司实现经营新签合同额84.01亿元，同比增长15.08%；完成企业总产值82.04亿元，同比增长20.60%；利税总额21257.62万元，同比增长7.84%。公司荣获全国工程建设企业社会信用评价“AAA”级企业、全国优秀施工企业、国家创鲁班奖工程突出贡献奖银奖企业等国家、省、市级荣誉称号。集团董事长蒋莹。

【项目经营实现重大收获】 2012年，浙江二建在项目经营实现重大收获：承接的苏州轨道交通二号线工程主线车站机电安装及装修工程，是公司首次进入轨道交通领域施工项目及迄今对外承建的最大安装专业项目。承接的光大环保北仑生活垃圾焚烧工程，是公司首次在环保领域与央企合作承建的项目。承接的镇海盛世华庭BT大项目8.5亿元，刷新集团单个项目合同额历史记录。首次承接的外资投资宁海招商大厦BT项目，高166.9米，是首次承接的外资项目且为迄今最高承建项目。此外，集团拓展海外市场，承接澳洲BHP铁矿项目、白俄罗斯电厂等项目，企业实业再上新台阶。

【科技创新成果获国家、省级奖项】 2012年，浙江二建在科技创新中取得较大成果：公司编写的《火力发电厂汽机基座施工工法（升级版）》《烟囱外模拉索薄钢板支模体系施工工法》《大型煤罐清水混凝土施工工法》《埋弧自动横焊焊接施工工法》《竖向预应力混凝土结构施工工法》《地下室底板、外墙后浇带前置式止水施工工法》获浙江省工法。承建的镇海文艺中心项目部QC小组获全国工程建设优秀QC小组，宁波嘉裕酒店项目部、宁波文化广场Ⅳ标段工程、宁波保税区商务大楼工程、华能海门电厂1#2#圆形封闭煤仓挡煤墙工程、镇海文艺中心项目部等QC小组获浙江省工程建设优秀QC小组，还获宁波市优秀QC小组1个、“宁波建设杯”QC成果优秀奖5个。

【承建工程荣获多项工程质量奖】 2012年，浙江二建施工的中国石化镇海炼化100万吨/年乙烯工程荣获国家优质工程金质奖，宁波国际金融服务中心北区钢结构工程荣获中国建筑钢结构金奖，宁波镇海大宗生产资料交易中心、大榭综合服务楼、宁波嘉和中心C楼、宁波国际金融服务中心北区Ⅰ标段4个项目荣获浙江省“钱江杯”优质工程，宁波东部新城中心商务区B-10号地块、和丰创意广场Ⅰ标段、中国兵器院宁波分院二期项目Ⅰ标段3个项目荣获“浙江省优秀安装质量奖”。同时获宁波市“甬江杯”优质工程奖6个，宁波市建筑工程结构优质奖6个。

中国石化镇海炼化100万吨年乙烯工程

【夏宝龙视察2个公司承建援疆项目】 7月29—30日，省长夏宝龙等省党政代表团一行70余人在新疆阿克苏视察由浙江省对口援建，浙江二建承建的浙江物产南疆物流园一期工程和阿克苏市社会福利中心。浙江物产南疆物流园一期工程造价1850.1848万元，为地上三层的框架结构，建筑面积9474平方米；阿克苏市社会福利中心工程造价1222.81万元，为五层框架结构，建筑面积8201.11平方米。夏宝龙对援疆项目高效推进、快速建成的措施和做法给予充分肯定。

【公司基地大楼结顶】 8月31日，浙江二建基地大楼二建大厦结顶。二建大厦位于镇海新城核心区B5商务地块，总建筑面积36954平方米，总投资16400万元，主体建筑由两栋10层、16层的大楼组成，于2010年下半年开始破土动工。大楼结顶，标志公司立足甬城，加快发展步伐的决心。

（张明星）

宁波航标处

【概况】 地处招宝山街道沿江东路的交通运输部东海航海保障中心宁波航标处（简称宁波航标处）组建于1981年8月，原隶属于交通部上海航道局，2012年10月归属于交通运输部东海航海保障中心，为公益性事业单位。航标处现有职工280人，主要承担浙江沿海南起三门湾、北到长江口海域的国家公用干线航标管理和养护工作，并依法行使航标行业监管职权。

截至2012年12月31日，全处共设航标1260座，其中公用航标592座，专用航标668座。是年，航标处发布航标动态196次，航标动态通报准确率100%；维护航标400000座天，航标正常率99.98%，航标维护正常率100%，可用性99.99%，修复率99.24%，内在失常率0.23%，所辖海域没有因航标失常而发生水上交通事故。

【入选第三次全国文物普查“百大新发现”并授牌】 4月1日，第三次全国文物普查“百大新发现”授牌仪式在七里灯塔举行。市文广局、市文保所相关领导参加授牌仪式，宁波、舟山两地六家媒体参加。2011年12月，国家文物局公布“第三次全国文物普查百大新发现”，“浙东沿海近代灯塔群”作为近现代重要史迹位列其中。浙东沿海灯塔群由10处灯塔组成，其中宁波有3处，分别是位于镇海口的七里屿灯塔、象山海域的东门灯塔、渔山列岛的北渔山灯塔，其余7处位于舟山嵊泗列岛海域。

【开展航标文化建设活动】 2月21—23日，宁波航标处邀请国务院发展研究中心李春苗博士到宁波航标处调研和指导航标文化建设工作。其间，李博士深入海岛灯塔调研，做题为《中国交通文化对宁波航标处文化建设的启示——方法和实践》的讲座，对宁波航标文化建设和文化品牌建设提出指导性的意见和建议，全处共50余人参加。

国务院发展研究中心李春苗博士到宁波航标处做航标文化讲座

【宁波电视台在宁波航标处拍摄航标发展成果】 9月20日，宁波电视台《行进宁波》新闻专题组一行6人在宁波航标处拍摄宁波海域航标的发展变化，展示与宁波港口发展密切相关的航标发展成果。宁波航标处辖区从十年前的300多座助航标志，至当年底达到1000多座助航标志，从十年前的单一助导航服务，至今建成综合性的助航服务体系。

【“航测发展30年纪录片”开拍】 7月15日，“航测发展30年纪录片”摄制组一行4人赴宁波航标处定海航标管理站辖区开展拍摄工作。该纪录片集中展示中国海事航测部门30年间在保障航行安全、保护海洋环境、支持港口建设、应对海上突发事件、服务社会经济发展等方面的发展及贡献。

【镇海区领导参观考察宁波航标处】 6月11日，镇海区委副书记、区长魏祖民率相关部门负责人参观考察宁波航标处及下辖的七里与灯塔。

镇海区委副书记、区长魏祖民一行参观考察宁波航标处七里屿灯塔

【海标105轮完成10座水中标志抛设工作】 10月，宁波航标处海标105轮在象山港大桥水域完成10座水中标志（灯浮）抛设工作。镇海电视台、象山电视台和两地报社进行现场拍摄和采访，浙江卫视、浙江经视和宁波电视台等多家新闻媒体进行集中报道。

（贾贵娟）

国家物资储备局浙江八三七处

【概况】 国家物资储备局浙江八三七处（简称八三七处）系国家发改委物资储备局下属、从事国家储备物资管理转运和口岸直拨、非国家储备物资保管与转运的大型综合仓库，地处后海塘片区。八三七处于1986年筹建，1998年竣工，2004年进行安全改造。仓库占地面积18.73公顷，其中库房44000平方米，堆场68000平方米，配有铁路专用线等设备设施，仓储能力达到20万吨，年物资吞吐能力超过120万吨。仓储品种主要有黑色金属、有色金属、固体化工等。自2001年开始，在区政府支持下，八三七处开展物流业务活动，相继成立宁波市镇海钢材市场有限公司、浙江国储物流有限公司，成功申办起海关监管公用型保税仓库，郑州商品交易所PTA指定交割仓库，大连商品交易所PVC和LLDPE指定交割仓库，上海期货交易所铝、锌、铅指定交割仓库，成为天津渤海商品交易所和华商商品交易所化工产品现货交割库，拓展仓库功能，提高市场竞争力。2012年，钢材销售额18.7亿元，利润604万元，增值税759万元，所得税76万元。

【获批铜指定交割仓库】 8月17日，上海期货交易所根据《上海期货交易所指定交割仓库管理办法》等有关规定，经考查研究决定，批复八三七处成为上海期货交易所铜的指定交割仓库，核定库容：2万吨。

（林　涛）

八三七处获批上海期货交易所铜的指定交割仓库

宁波港铁路有限公司

【概况】 宁波港铁路有限公司（简称港铁公司）主要经营场所为洪镇铁路线和北仑、镇海两港区铁路，主营业务是铁路货物运输、装卸和代理，铁路工程承建与设备维修。2012年，公司铁路线全长64.2千米，其中洪镇铁路正线19千米、北仑港区铁路11.9千米，镇海站区33.3千米。公司拥有道岔102组，信号机179架，机车8台。公司有员工621人。

是年，公司利用铁路直通码头前沿优势，承担宁波港进出口物资的集疏运任务和洪镇线铁路沿线企业重要铁路物资的转运任务。公司主要货种有集装箱、金属矿石、油类、化肥、化工产品、水泥、钢铁、煤炭、粮食等十几个品种，形成以矿石、煤炭、成品油、杂货疏运为主的“宁波港铁路直通车”专列运输品牌，实现港口到企业（点到点）的快速、高效、便捷的铁路货物专列运输方式。全年完成货运量2010万吨。其中集疏港完成1606万吨，占总运量79.9%。完成集装箱海铁联运箱量66295.5标准箱，同比增长25.9%；铁矿868万吨；煤炭482万吨；成品油338万吨。

是年，公司“王康荣工作室”第一个自主研发成果俞范道口列车接近告警系统投入使用。公司下属江西分公司荣获“2011年度江西省口岸物流服务先进企业”称号，公司北仑港区站专用线荣获2011年度“货运安全管理优秀专用线”称号。

【GPS定位系统投入使用】 4月10日，港铁公司调度室三块152.4厘米的视频监控大屏幕和小运转机车GPS定位系统投入使用，这是公司推进现代化管理，践行“科技保安全”的有力举措。

公司调度室三块152.4厘米视频监控大屏幕

【铁水联运新模式取得预期成效】 2012年，港铁公司铁水联运新模式驶上快车道：4月中旬，从西安发至宁波港的10标准箱铁水联运集装箱验收完毕，标志公司在内陆腹地以“属地申报、口岸验收”为通关模式的铁水联运首次成功运作；上饶—宁波集装箱铁水联运五定班列被铁道部纳入全国“百千”快捷货运班列规划，5月10日起正式以“百千快捷班列”图定方式运行，宁波港通往江西内陆腹地的铁水联运变得更加高效畅通。8月6日，公司采用集装箱从大连等港口集结装箱，至宁波港后卸船再由铁路专列发运至江西目的地，即“水铁”支线集装箱铁水联运模式操作获得成功，进一步提升铁水联运水平。9月21日，公司第二批“西安—宁波”铁水联运集装箱到达北仑港站，此次联运从“西安、宁波两次申报、两次放行”转变为“西安申报、宁波放行”区域通关模式。是年，公司铁水联运自主揽货箱量320标准箱，环比增幅240%，铁水联运新模式获得预期成效。

（疏　影）

铁水联运集装箱到达北仑港站

建筑业 房地产业

建 筑 业

【概况】 2012年，镇海区召开建筑业发展大会，加大对本地建筑业的政策扶持，引导建筑企业加快发展，从单一业务向多业务领域发展。区住房建交局按照国家和省市建设部门部署，建立建筑企业信用档案，实施信用评级，严格不良行为记录和公示制度。逐步推行住宅工程分户验收。开始建筑施工现场关键岗位QQ视频监管试点。1月，区建筑工程质量监督站更名为区建筑工程安全质量监督站。

年末，注册在镇海区并有资质的建筑施工、勘察设计、监理、招标代理等建筑业企业共87家。其中，施工总承包企业25家、专业承包企业31家、劳务分包及一体化企业19家、勘察设计（含施工设计一体化）企业5家、监理企业4家、招标代理1家、质量检测机构2家、能评机构0家。25家施工总承包企业中，资质特级1家、一级5家、二级5家、三级14家。

是年，全区共受理招标项目报建154项，合同金额64.07亿元；办理与建设相关的审批71件，发放施工许可证71件（开工面积213.15万平方米）；竣工验收备案84个。全区建筑业行政处罚10个案件，处罚金额20.3万元。全区建筑业总产值207.97亿元，比上年增长31.65%。其中，省外产值60.5亿元，比上年增长16%。年度建筑业企业新签合同额227.5亿元，比上年增长11%。建筑业税收（地税）58244万元，占地税收入18.2%，比上年增长26.5%。

【14家建筑施工企业产值占比89.1%】 2012年，区内产值超亿元的14家建筑施工骨干企业完成产值186.7亿元，占全区建筑业总产值的89.1%。其中浙江二建公司、中交上航局航道建设公司2家部省属企业完成产值110.1亿元，占总产值的52.5%。

2012年区建筑业企业主要经济指标

表20　　单位：亿元

建筑业总产值	建筑工程产值	安装工程产值	其他产值	房屋施工面积（万平方米）	年末自有施工机械设备(净值)
209.60	191.62	12.86	5.13	964.9	11.2

注：数据来源《镇海统计年鉴2013》P142—143页。

2012年全区骨干建筑企业经济指标

表21　　单位：万元

企业名称	产值	利润	税金
浙江省二建建设集团有限公司	820386.2	7188	20695.2
中交上航局航道建设有限公司	280121.4	28791	9065
浙江泰阳建设有限公司	116983	2779	2767
镇海建筑工程公司	115906.2	4010.3	3989.9
宁波市第四建筑工程公司	114589	1709.4	2409.1
天鸿建设集团有限公司	91310.4	1633.5	408.4
中亿建业集团有限公司	91126.5	5625	3949.8
浙江省二建钢结构有限公司	72236.9	1000	113.6
宁波华业钢结构有限公司	54868.5	1485	—
浙江省二建建设集团安装有限公司	33208.1	527.5	933.2
宁波市华欣建设工程有限公司	26669.4	1126.8	1193.5
浙江民欣建设有限公司	23156.8	293.1	579.2
宁波市镇海区市政工程公司	16109.3	206.3	1078.8
宁波阳光建设有限公司	10213	215	343

【开展建筑施工“百日安全督查”专项行动】 自5月10日起，区建设交通联合区安监局、区安质站等部门在区内开展建筑施工“百日安全督查”专项行动。全年共检查在建工程112个，开展安全和建筑市场执法巡查432次，出具书面安全整改通知书287份，停工通知书31份，限期改正违法行为通知书52份，发现安全隐患2739条，消除安全隐患2739条，查处违法违规工程11个，违规行为11起，年度未发生较大安全生产事故。

【1个工程获国家优质工程金奖】 11月，中国石化炼化100万吨/年乙烯工程获2011—2012年度国家优质工程金奖。工程由中国石油化工股份有限公司镇海炼化分公司出资，浙江省二建建设集团有限公司建造和申报，中石化上海工程有限公司设计，宁波华光建设监理有限公司监理。

【2个工程获“浙江省钱江建设杯”优质工程奖】 7月，区2个建筑工程项目获评2011年度“浙江省钱江建设杯”优质工程奖，分别为宁波镇海大宗生产资料交易中心工程——交易中心、镇海招宝广场二期。2项工程分别由浙江省二建建设集团有限公司、浙江欣捷建设有限公司建造、宁波创安工程管理有限公司、宁波创安工程管理有限公司监理。

【4个工程获“宁波市甬江建设杯”优质工程奖】 2月，区4个建筑工程项目获评2011年度“宁波市甬江建设杯”优质工程奖，分别为宁波镇海大宗生产资料交易中心工程——交易中心、迁建3万吨/天工业水厂工程、古海塘树木移植及环境整治工程、镇海招宝广场二期。4项工程分别由浙江省二建建设集团有限公司、浙江省二建建设集团有限公司、宁波市镇海区园林绿化工程公司、浙江欣捷建设有限公司建造、宁波创安工程管理有限公司公司、宁波国际投资咨询有限公司公司、宁波创安工程管理有限公司、宁波创安工程管理有限公司监理。

（董小萍）

房地产业

【概况】 2012年，镇海区新增房地产开发企业5家，年末，注册登记房地产开发企业66家。房地产企业中，一级资质1家，二级资质3家，三级资质14家，余为暂三级或四级。是年，房地产开发投资88.83亿元，同比增长30%。其中，住宅53.2亿元，办公楼11.5亿元，商业营业用房8.23亿元，其他15.9亿元。住宅房屋施工面积215万平方米，其中新开工面积179万平方米；房屋竣工面积75万平方米。

2012年镇海区3级以上房地产企业名录

表22　　　　　　　　　　　　　　　　　　　　　　　　单位：万元

企业名称	资质等级	注册资金	地　址
镇海住房投资发展有限公司	1	20800	聪园路127号
镇海茗园房地产开发有限公司	2	2800	茗园路2号
镇海华鑫房地产开发有限公司	2	2200	镇骆路201号
宁波众茂置业股份有限公司	2	19423	镇海经济开发区铜帆楼
宁波太一房地产开发有限公司	3	1200	镇海开发区1号楼
镇海耀华房地产开发有限公司	3	1000	车站路63号
镇海区城市建设投资开发有限公司	3	13000	聪园路118号
宁波华通房地产开发有限责任公司	3	2800	庄市光明村王大路
宁波合生创展房地产有限公司	3	22000	庄市街道兆龙路184号
宁波开元华城置业有限公司	3	30000	九龙湖镇风景区
镇海银亿房产开发有限公司	3	30000	镇海清泉花园
镇海新城开发建设投资有限公司	3	25000	骆驼文智西路168号
宁波亚杰置业有限公司	3	1000	蛟川街道五里牌21区金锚楼
宁波金鹏房地产开发有限公司	3	360(美元)	蛟川工业园区
宁波景瑞投资股份有限公司	3	1200	九龙湖镇河头村

续表22

企业名称	资质等级	注册资金	地址
镇海维科房地产开发有限公司	3	2000	城河西路106号
宁波世联置业有限公司	3	8000	骆驼街道菜场路
宁波百隆房地产有限公司	3	7126.9(港元)	蛟川工业园区

是年，商品房销售62.65万平方米，其中住宅54.17万平方米，办公楼3.67万平方米，商业用房3.16万平方米，其他房屋1.65万平方米。商品房销售额602672万元，其中住房539235万元，办公楼25752万元，商业用房32334万元，其他房屋5351万元。万科城、拉菲庄园、保利城、公元世家、宁波(镇海)物流商务信息港、红墅湾和华荣风景九园等为主销楼盘。受国家房地产调控政策影响，全区商品房销售价格明显回落。年末，可销售商品住房4500套，约67.14万平方米。

是年，区住房建交局加强房屋交易登记和权籍管理，注重房产初始信息建立。推进住宅房屋安全信息建档，开展房屋安全综合等级判定，实施房屋安全常态化、网格化监管。区房地产管理处办结房地产买卖9223件，建筑面积130.81万平方米，成交金额62.4亿元。其中，商品房交易6000件，建筑面积55.15万平方米，成交金额42.04亿元；二手房交易3194件，建筑面积75.43万平方米，成交金额20.34亿元；首次上市的房改房348件，面积2.24万平方米，成交金额1.19亿元。办结房地产抵押登记7236件，建筑面积423.45万平方米。办理发放房屋所有权证18560本(其中初始登记权证6575本)、他项权证7108本，产权注销登记221件、抵押注销登记4289件。

【商品房销售量增价降】 2012年，全区商品房成交6240套，面积64.39万平方米。其中，商品住宅成交6127套，同比增加81.27%，成交面积62.5万平方米，同比增加114.33%；非住宅成交1460套，同比增加0.41%，成交面积8.33万平方米，同比增加19.51%。全区商品住宅销售均价9954元/平方米，同比下降12.03%。

2011—2012年镇海区商品房网上销售对比

表23 单位：套、万平方米、万元

年份	住宅	面积	金额	加权平均价(元/平方米)	商业房	面积	金额	加权平均价(元/平方米)
2011	2386	25.26	275544.02	10908	322	3.22	56071.91	17414
2012	4744	55.34	551486.10	9965	257	3.35	34661.56	10348

【15个新楼开盘交付】 2012年，星城半岛、合生国际、碧水莲晴、海悦花苑、明海商业广场等15个楼盘新开交付。交付楼盘的总建筑面积115.9万平方米，其中，住宅4655套（面积51.4万平方米），商业用房228套（面积5.8万平方米），办公用房832套（面积11.2万平方米）。

【加快农村拆迁安置房建设进程】 2012年，镇海区新开工农村拆迁安置房项目12个，建筑面积145万平方米，可提供房源10178套，总投资额61.1亿元，预计2015年可基本建成并交付使用。全年续建安置房项目11个，合计建筑面积约90万平方米，可提供房源6447套，总投资额35亿元，预计2013年可基本建成并交付使用。其中可竣工项目8个，合计建筑面积约47.8万平方米，可提供3419套安置房。至年末，金邑华庭、骆兴家园（西侧地块）、碧水莲晴三期、茗莲春晓一期交付，其余4个楼盘竣工。

【二手房成交活跃】 2012年，镇海区二手住宅成交2150套，面积19.30万平方米，金额112025.51万元，比上年分别增长11.8%、16.3%、16.4%。二手非住宅成交1039套，面积40.29万平方米，金额83198.05万元，比上年分别增长102%、12.5%、26.2%。

（董小萍）

商贸服务业

综　述

2012年，镇海区加快推进商贸重点项目，优化现代服务业体系，开拓国内外市场，着力保障改善民生，全区商务工作总体发展态势良好。招宝广场、银亿海尚广场和世贸广场相继建成开业，保利商业文化广场、万科城和郁金香中心等城市综合体项目建设有序推进，城市商业形象进一步提升；丰田、广汽、三菱等汽车4S店落市开业，汽车4S店成为拉动零售业态增长的主要动力；骆驼建材市场和东洲商城建成投用，专业市场进一步发展；开元大酒店全年营业额接近亿元，住宿餐饮业的规模和档次得以提升。全区社会消费品零售总额比上年增长15.6%，服务业增加值同比增长21.9%，专业市场营业额增长16.2%。

是年，全区限额以上批发和零售业企业235家，其中批发业企业211家，零售业企业24家。限额以上批发零售企业全年商品销售额569.04亿元，其中批发额530.39亿元(11.09亿元为出口)，零售额38.65亿元。按批发行业商品分类，矿产品、建材及化工产品销售额494.06亿元，占绝对多数。按零售行业商品分类，汽车、摩托车、燃料及零配件销售额38.81亿元，占限额以上零售业企业商品销售额的绝对多数，其中汽车销售额32.89亿元，机动车燃料销售额5.91亿元，汽车已成为区内限额以上零售行业的主体，并带动石油制品类销售同步趋旺。(数据来源《2013统计年鉴》)

是年，区商务局完善对各镇(街道)、园区的商贸服务业考核评价激励机制。制定出台《关于促进现代服务业发展若干政策意见的实施细则》和《关于扶持民生商贸业发展的政策实施细则》，加大对商贸服务业的政策扶持。镇海区荣获宁波市商贸流通考评外资工作先进奖铜奖、外贸工作先进奖银奖、外经工作先进奖铜奖、外包工作先进奖铜奖、外经贸人才工作先进奖铜奖。

2012年社会消费品零售总额完成情况

表24　　　　单位：万元

指标名称	2012年	同比增长%
社会消费品零售总额	904010.3	15.6
1.批发和零售业	823742.4	15.5
2.住宿和餐饮业	80267.9	16.9

(张涵阳)

零售业

【概况】 2012年,全区不含住宿餐饮业的社会消费品零售额82.4亿元,同比增长15.5%。其中4S店汽车销售额33.00亿元,增幅达7.7%,占零售总额的40.0%。限额以上超市(卖场)达到12家。海景4S店开业,全区4S店达15家,汇集18个品牌。银亿海尚广场开业,形成百货、超市、餐饮、休闲娱乐、文化教育等业态。蛟川片区商贸商务环境逐渐完善,北大荒物流产业园区投入使用。

是年,区商务局落实经济转型升级战略。推进商贸项目建设,完善商贸流通网络。开展"消费促进月"和"中秋黄金周"活动,挖掘消费潜力。继续推进"家电下乡"和"节能家电惠民工程",继续实施"万村千乡市场工程"和"便民消费进社区、便民服务进家庭"的"双进"工程,指导商场超市创建"平安商场"。进一步推进现代服务业建设,促进商贸市场加大招商引资力度。加强监测调控,与区统计、工商部门加强联系,确保这项工作。

2012年全区重点零售企业销售情况表

表25　　　　单位:万元

企业名称	全年销售额	同比增减%
三江超市西街店	19850	-6.6
三江超市顺隆店	6170	-7.2
三江超市骆驼店	4742	-25.4
三江超市棉丰店	5800	1.1
三江超市庄市店	4606	1.5
三江超市蛟川店	5262	0
加贝购物大卖场	7404	-15.6
加贝超市骆驼店	3788	-15.7
加贝超市庄市店	4491	-4.4
欧尚超市镇海店	17475	0
华润超市镇海店	3879	0
苏宁电器镇海店	3083	-11.7
国美家电镇海店	1956	0
医药公司	28030	14.5
五交化公司	4772	-15.6
新华书店	2330	26.3
合　计	123638	24.6

【开展"平安商场(超市)"及标准化创建活动】 3月,经市贸易局牵头的专家组评审后,三江超市城关店、庄市店获评市级2012年度平安商场(超市)。10月,区商务局引导欧尚超市镇海店、加贝购物广场、三江超市城关店等3家超市展开安全生产标准化创建并通过三级达标验收,成为全市首批通过安全生产标准化建设评审的商贸企业。

【开展消费促进月活动】 4月2日—5月4日,全区各大超市、家电卖场、汽车4S店开展以"畅想品牌展""绿色消费行"和"社区欢乐购"为主题的活动,通过消费促进活跃市场,拉动城乡居民消费,扩大企业知名度。全年共吸引区内近100家商贸企业参与,实现销售额2.5亿元,同比增长19%。

【推进"家电下乡"和"节能家电惠民"工程】 2012年,区商务局推进"家电下乡"

和“节能家电惠民”工程，提升城乡便民化水平。截至12月底，全区21家家电下乡备案网点累计销售“家电下乡”产品11103台，销售金额达2611万元，同比增长39.6%和44.1%；累计销售节能家电6590台，销售额近1708.5万元。

【镇海华润万家开业】 9月28日，位于蛟川街道的华润万家镇海店开业。华润万家入驻镇海世贸广场，是首家在镇海区开设的标准型大卖场，经营面积达16000平方米，至年底实现销售额3879万元。华润万家的开业，对提升全区商贸流通业的整体发展意义重大。

【中秋国庆黄金周消费市场供销两旺】 中秋国庆黄金周，消费市场繁荣有序，销售额大幅度增长。9月30日至10月7日，全区重点商贸企业实现销售额5396.6万元，同比增长32%。其中三江超市、加贝超市、华润万家镇海店、欧尚超市镇海店和开开超市农村连锁便利店等五大超市共完成销售额2933.8万元，同比增长28.5%；开元华城大酒店、招宝山饭店、九龙山庄、石浦大酒店、曙光丽亭大酒店、海尚大酒店和四季永逸大酒店等7家企业营业额共计1372万元，同比增长54.2%；苏宁电器镇海店、苏宁电器骆驼店、国美电器、国贸家电和国贸家电骆驼店等5家家电卖场实现销售额747.2万元，同比下降18.5%。

【汽车零售业增速放缓但总体向好】 2012年，汽车销售增速放缓，全区10家汽车4S店共实现销售额30.2亿元，同比增长18.5%，同比下降5.6个百分点。汽车销售历来是全区社会消费品零售的重要组成部分，占比达到三分之一，高端车销售依然是拉动全区汽车消费增长的重要因素，以天华（路虎）和宁兴新宇（奔驰）为例，2家企业合计实现销售额占全区汽车销售额比重的68.9%，拉动汽车销售额增长24.0个百分点。随着丰田、广汽、别克等汽车4S店在庄市、骆驼开业，区内逐步形成以庄市—骆驼片区为中心的汽车销售产业聚集区。在汽车零售业快速发展中，也有多家4S店经营业绩出现大幅下滑，隐含汽车市场竞争激烈，发展不平衡。

2012年全区汽车4S店销售情况

表26　　　　　　　　　　单位：万元

企业名称	全年销售额	同比增减%
天华路虎	107400	197.6
宁兴新宇	98971	6.6
腾峰4S店	29150	-30.2
腾峰荣威	15435	9.6
英菲尼迪	8928	-69.8
海景汽车	6364	921.5
名爵汽车	7976	89.8
腾峰双龙	8144	17.6
马自达汽车	1654	-71.7
龙华汽车	24667	-12.8
合　计	301718	18.5

【海景4S店开业】 年初，地处招宝山街道俞范东路368号的海景汽车销售服务有限公司开业。该店系宁波地区最大的上海大众4S店，总投资将近2个亿，员工300多人，占面积50000多平方米。内设

展厅、休息室等设施，销售帕萨特、凌渡、途观、朗行等车型。涉足业务领域涵盖整车销售、二手车置换、汽车维修、汽车零配件、美容快修、汽车金融、汽车用品、汽车专业市场及租赁、投资等多个领域。至年底销售额8亿多元。

【成品油市场零售趋稳】 2012年，全区加油站和加油点销售成品油15.5万吨，同比增长3.3%，其中汽油7.5万吨，同比增长21%，柴油8万吨，同比下降9%。成品油销售总额10.66亿元，其中汽油5.7亿元，柴油4.96亿元。年末，全区成品油经营企业38家，其中零售34家，批发仓储4家。

（张涵阳）

住宿餐饮

【概况】 2012年，全区实现住宿餐饮业营业额8.03亿元，同比增长16.9%。年末，全区限额以上住宿餐饮企业29家，资产总计1.03亿元，营业额4.58亿元。6家住宿业企业中，属旅游饭店的5家，其中五星1家、四星1家，三星2家。

是年，全区餐饮业在发展中呈现以下特色：全区餐饮市场日益呈现多元化发展态势，规模以上正餐营业额比例下降。传统餐饮向现代餐饮的转化加快，连锁经营加速发展；同时大众化餐饮需求旺盛，品牌特色成亮点。随着居民生活方式的变化和生活节奏的加快，早餐、单位团餐、社区快餐、外卖送餐等便民餐饮快速发展。餐饮业全面进入“微利时代”，传统的管理、经营模式遭遇严峻挑战，需要向精细化、流程化、连锁规模化经营转型。餐饮企业竞争局面激烈，由单纯的价格竞争、产品质量的竞争，发展到产品与企业品牌的竞争，文化品位的竞争。品牌店、特色店深受消费者青睐，特别是火锅、休闲餐饮、地方小吃、特色正餐、农家乐等逐渐成为大众餐饮消费的热点和亮点；创新经营、品牌营销的力度加强，管理与人才的作用突出。随着租金、人工、食材、能源等成本不断上涨，不少餐饮企业进入微利时代，部分高端餐饮在转型之后降低人均消费水平，上座率有所回升，但集团客户消费量直线下降，企业利润下滑明显。

2012年重点住宿餐饮业经营情况

表27　　　　单位：万元

企业名称	床位数（个）	客房出租率（%）	年营业额	同比增减%
开元大酒店	553	27.7	9706	−2.3
四季永逸大酒店	—	—	3292	—
招宝山饭店	235	64.2	4490	−10.3
九龙山庄	136	54.9	3760	−0.4
世纪丽亭大酒店	176	50	3122	5.2
石浦大酒店	—	—	2937	−12.5
山外山酒楼	18	91	2034	9.7
海尚大酒店	—	—	1529	—
一串红大酒店	—	—	1661	16.7
雄镇大酒店	168	63.7	1524	24.5
新天天渔庄	—	—	620	—
合　计	1286	—	34675	17.4

【海尚大酒店开业】 4月1日，海尚大酒店开业。酒店位于镇海新城东邑北路

528号。周边有欧尚超市、保利国际影院、休闲步行街等，商业氛围浓厚。酒店总共有19层，拥有好莱坞房、高级大床房和豪华大床房等多种房型，客房数量达157余间。酒店还设有3个会议室，可分别容纳20～350人不等，可提供各种会议服务。年末，海尚大酒店实现营业额1529万元。

【四季永逸大饭店开业】 4月1日，四季永逸大饭店开业。饭店位于骆驼街道慈海南路（329国道），建筑面积5万平方米，总共有16层，拥有各类豪华客房、商务套房206余间（套）。配备中、西餐厅，VIP包厢，咖啡厅，宴会厅、会议室可满足2500人的就餐和会议。年末，四季永逸大饭店实现营业额3292万元。

（张涵阳）

专业市场

【概况】 2012年，在实施经济转型升级战略的背景下，镇海区"三位一体"港航物流服务体系基本建成，甬鑫大宗商品交易平台上线运行，钢材现货市场、宁波食盐储备配送中心、中国五矿钢铁剪切配送等项目加快推进，保税物流业务先行先试工作积极推进。在巩固生产资料专业市场优势地位的同时，开发建设建材、蔬菜水果等生活资料专业市场，着力形成新的亮点和重点。全区专业市场进场企业达到1144家，较去年末增加259家，实现成交额655.87亿元，同比增长16.2%，继续保持稳中向好的发展态势。

2012年专业市场营业额情况

表28 单位：亿元

序号	市场名称	营业额	同比增减(%)
1	大宗生产资料交易中心	30	53.2
2	液化市场	167.9	10.0
3	煤炭市场	171.62	26.5
4	金属园区	110	-5.4
5	厚恒物资城	118.6	14.4
6	有色金属市场	21.7	111.5
7	八三七处钢材市场	21.09	23.0
8	货运市场	9.12	-2.5
9	其他市场	5.84	0.0
10	合　计	655.87	16.2

【宁波镇海大宗生产资料交易中心】 系物流枢纽港首个核心发展项目，是镇海区政府性投资公司建设的市场平台，由宁波大宗货物海铁联运物流枢纽港开发有限公司开发建设，位于招宝山街道后海塘平海路，2011年投用。市场占地面积3.4万平方米，建筑面积6万平方米，集"市场货物交易、公共物流信息服务、物流中介服务、口岸及商务管理服务"四大功能于一体，为入驻企业提供市场交易、物流配送、仓储监管、电子信息、商务办公、口岸、船货代、金融、保险、法律等多功能服务。2012年，进场企业280家，实现销售额成交额30亿元，同比增长53.2%。

【镇海液体化工产品交易市场】 成立于1999年，位于蛟川街道大运路，占地面积3.5万平方米，建筑面积7万平方米。拥有标准化物业服务、融资担保服务和第三方物流服务的三大服务功能。旗下的“中国液体化工在线网”是服务进场企业的一个信息平台。依托镇海港区液化品码头、液化品储罐和石油化工行业优势，市场高速发展。2012年，场内382家企业实现销售额167.9亿元，同比增长10.0%。

【镇海煤炭交易市场】 2007年搬迁到招宝山街道后海塘宏远路，占地面积50万平方米。市场建有办公大楼一幢，设商务办公室104间，周边绿化面积达1.6万平方米。场内配备电子抑尘装置、双车道电脑程控排列喷嘴清洗台、高压喷枪和道路喷枪。市场销售辐射东至舟山、西至衢州、南至温州、北至杭州，是浙江省规模最大的煤炭交易市场和重要的煤炭集散基地。2012年，进场企业68家，实现销售额171.62亿元，同比增长27.2%。

【厚恒物资城】 成立于2007年，位于骆驼街道机电园区，占地13.33公顷。主要从事大宗物资交易、石材贸易。随着市场的不断发展，成为宁波地区规模最大的钢材现货交易市场之一，除占据省内市场外，在上海、江苏、福建等地都具有一定影响力。2012年，进场企业150家，实现销售额118.6亿元，同比增长17.6%。

【骆驼有色金属市场】 成立于2009年，位于骆驼街道机电园区，占地3.33公顷，市场经营面积4万平方米，拥有200间标准商务套间，2万平方米室内仓库，是宁波唯一的专业有色金属交易市场。市场以铜、铝、锌、铅、锡等有色金属原材料为主要交易品种，并兼营不锈钢、有色合金材料、黑色金属等。2012年，进场企业41家，实现销售额21.7亿元，同比增长111.5%。

【八三七处钢材市场】 成立于2001年，位于招宝山街道后海塘片区，占地面积18.73公顷，室内库房面积3.4万平方米，库外堆场面积7万平方米，库存能力达16万吨。依托镇海港区的接卸优势，通过与港区的密切合作，主要经营线材、板材、碳结钢、特殊钢、不锈钢等各种材料。2012年，进场企业55家，销售额达到21.09亿元，同比增长23.0%。

【镇海货运市场】 成立于2001年，位于招宝山街道后海塘定海路，占地面积6.8万平方米，营业面积2700平方米。市场是交通部运输发展规划的全国四十五家公路主枢纽货运站之一，专营普通货运、仓储和危险品物流运输为主营业务。2012年，进场企业97家，实现营业额9.12亿元。

【泰来模具市场】 成立于2011年，位于骆驼街道九龙大道666号（与荣吉路交叉口）。市场一期工程总投资1.8亿元，占地面积46666平方米左右，建筑面积5万多平方米。2012年，区商务局引导泰来模具市场认定为培育期专业市场，形成集模具材料、模具、模具加工机械及模具设计为一体的区域性市场，实现营业额5.84亿元。

【甬鑫大宗商品交易平台】 成立于2012年，位于招宝山街道平海路1188号，营业面积120平方米。作为物流枢纽港大宗商品交易平台，打造以物流服务体系和金融服务体系为支撑，政策叠加、信息服务为亮点的第三方大宗商品现货电子商务平台。2012年，进场企业2家，实现营业额5.84元。

（张涵阳）

注：按统计行业分类，金属园区内企业归属工业；货运市场归属运输业。“综述”中的批发零售额、批发额不含这两个市场的数据。

菜篮子工程

【概况】 2012年，全区共有菜市场24个，其中城镇中心菜场7个，农村菜场17个，菜市场销售总额约28亿元。区商务局优化商贸流通环境，按照“政府引导、业主负责、部门参与、属地管理”原则，推进菜市场改造提升工作。开展省级菜场安全生产标准化建设评审和省级文明示范农贸市场评审，提升菜市场软硬件水平。强化菜篮子商品保障供应，抓好“菜篮子”基地建设，增加地产蔬菜在区内市场的自给能力，全区有7个蔬菜基地成为市级“菜篮子”基地。实施生活必需品储备，提升生活必需品应急保障供应能力。全面运行肉类蔬菜流通追溯体系，加强对菜市场农残监测，提升菜篮子商品消费安全水平。

【推进菜市场改造提升实事工程】 2012年，镇海区累计投入建设资金1983万元，对南街、庄市等4家中心菜场和俞范、清水湖等7家农村菜市场共3.7万平方米营业面积实施改造提升工作。截至12月底，完成11家菜场的改造提升工作。

【保障菜市场蔬菜安全】 2012年，区商务局与工商部门密切配合，加强城乡“菜篮子”安全。全区各菜场农残监测点抽检各类蔬菜样品68412个，合格率99.9%；抽检“六合一”（针对甲醛、亚硝酸盐、二氧化硫、吊白块、硼砂、过氧化氢含量的检测）样品16840个，合格率99.3%，销毁不合格产品129公斤。全区蔬菜总体安全。

【开展肉品质量安全问题严打整治】 2012年，区商务局制定开展肉品质量安全问题严打整治方案，联合相关部门抓好组织实施。其间共出动执法人员390人次，联合专项执法检查29次，约谈责任单位38家。召开专项整治会议2次，检查户次777家，处理举报投诉7起，依法处罚媒体曝光的注水牛肉事件，关闭庄市阮家菜牛屠宰场。

【举办第十届春节年货暨北大荒绿色食品展销会】 1月8—16日，区商务局在招宝山街道鼓楼广场举办镇海区第十届春节年货暨北大荒绿色食品展销会。展销会共设240个展位，全国各地200余家参展企业和经销商参展，商品种类1000余种，销售商品除传统年货外，还引进各地特色产品及进口食品。进场购买年货的市民10万余人次，总成交额660万元。

【2家公司通过市级菜篮子商品供应基地审核】 10月中旬，镇海康源生态农场、镇海科奥农业科技有限公司通过市级菜篮子商品供应基地的审核。截至年底，全区共有繁荣等7家市级菜篮子基地，区内菜市场规范管理水平进一步提升。

【17个肉菜流通追溯体系流通节点建成试运行】 12月初，镇海区投资300万元建成17个肉菜流通追溯体系流通节点并

试点运行，初步实现流通环节的肉类蔬菜"来源可查、流向可追、数量可计、质量可控"目标，全区肉品蔬菜市场运行安全平稳。

【2家菜场通过省级文明示范农贸市场验收】 12月底，招宝山街道南街菜场、庄市街道庄市菜场通过省级文明示范农贸市场考核验收，至此，全区共有3家菜市场获此殊荣。通过省级文明农贸市场创建，以点带面推进全区菜市场的软硬件水平，进一步改善镇海人民的菜篮子商品消费环境。

（张涵阳）

粮食购销

【概况】 2012年，全区粮食供应平稳有序。区商务局累计收购粮食9163吨，其中早籼谷3154吨，晚粳谷5874吨、糯谷95吨、小麦40吨，订单履约率达96.65%，同比提高3.9%。签订地产粮食订单总量9350吨，其中早稻3300吨，晚稻6000吨，订单粮食种植面积1846.06公顷，较上年增加7.67公顷。是年，继续推进星级粮库创建，区粮食收储公司所属长石粮站被复评为省一星级粮库，贵驷粮站升级为省二星级粮库。10位种粮大户被评为镇海区2011年度"守合同重信用"粮食订单农户。

【开展储备粮轮换工作】 2012年，区商务局结合粮食储备实际，合理制订镇海区地方储备粮和周转储备粮轮换计划，完成地方储备粮轮换8426.86吨，其中2009年产早籼谷3909.68吨、2010年产晚粳谷3867.19吨、2012年产成品粮650吨，全部轮换为当年产新粮；完成周转储备粮晚粳谷轮换销售6015.411吨，其中早籼谷3353.437吨、晚粳谷2534.010吨、晚籼谷127.964吨，全年粮食轮出销售任务分9批次完成，补库粮源为本地产和鄞州、余姚、余杭及江西高安等地产新粮。至年底全部完成轮入补库任务。

【区中心粮库一期工程启动】 年初，位于九龙湖镇长宏村的区中心粮库一期工程启动。项目总用地7.92公顷，总投资1.49亿元，其中，一期工程概算1.35亿元，用地面积6.8万平方米，建筑面积3.2万平方米，拟建储存能力7万吨仓储库(折合稻谷为5万吨)；二期以仓储规模为依托，将配套建设日处理150吨稻谷的粮食储备应急加工车间、日处理210吨稻谷的粮食烘干车间，以及地方储备应急粮配送区，建成后将实现"业务流程智能化、仓储管理数字化、粮机作业自动化、信息集成网络化"，使镇海区粮食仓储科技水平处于华东地区前列，成为集仓储、加工、应急体系于一体的现代化粮库。年内，一期工程完成整体土建工程量的71.86%。

【粮食购销合同签订顺利】 5月，全区粮食购销合同签订工作顺利推进，共签订农户数402户，订单粮食播种面积1846.06公顷。粮食订单总量9350吨，其中早稻数量3300吨，晚稻6000吨，小麦50吨。

【开展军粮质量专项检查】 8—9月，区商务局联合相关部门开展军粮质量专项检查。重点对军供大米定点加工点，面粉、食用油定点采购点及军粮粮食流通消费数量统计、军粮财务进行检查，确保军粮质量。

（张涵阳）

供销合作社

【概况】 区供销合作社有骆驼、贵驷、庄市3个基层供销合作社和镇海蔬菜公司、镇海土产日杂2家公司。2012年，基层供销社销售总额9034万元，利润总额94万元，均与上年基本持平。2012年区供销社直属企业及基层社本级房产租金收入640万，费用总支出357万元，均与上年基本持平。

是年，区供销社推进现代流通网络建设，健全农产品营销网络体系建设。做好化肥淡季储备和春备耕、“双夏”农资集中供应，供应优惠价尿素100吨，落实农资储备补贴资金30万元。新建“庄稼医院”5家，累计达15家。新创建联兴、陈家2家村级综合服务社，累计达17家，年销售额4865.4万元，同比上升13%。全系统有18家农资网点签约加盟市甬丰农资公司，从4月开始实行农资商品连锁配送。区政府扶持农资淡季储备和农资连锁经营，给予农资淡季储备一次性补贴30万元，农资连锁经营给予农药配送销售额2%经济补贴。经区供销社年终考核，各加盟店销售的化肥配送率达90.15%、农药配送率达76.72%。全社系统农资销售总额4418.2万元、化肥销售15147吨、农药销售710.4吨，其中售给生产用农资销售总额1288.1万元、化肥销售2223吨、农药销售610.7吨。

【成立农产品经纪人协会】 9月，区供销社在骆驼举行区农产品经纪人协会成立大会。大会选举产生第一届理事会领导班子，其中会长1名，秘书长1名，理事15名。协会首批单位会员41家、个人会员50名。协会取得农品经纪人资格证书的共有41人，其中中级16人，初级25人。

镇海区农产品经纪人协会成立

【推进农民专业合作社发展】 2012年，全区由供销社创办、领办的专业合作社有10家，有5家获评为规范化农民合作社。其中晓华果蔬专业合作社获评2012年度宁波市供销社系统优秀专业合作社。10家农民专业合作社有标准化种植面积379.33公顷，养殖面积3.33公顷，全年总销售额3511万元，同比上升16%。

【推进农资庄稼医院建设】 2012年，全区新建“庄稼医院”5家，至此全区有“庄稼医院”15家。加强农资经营人员“庄稼医生”考核，年底有10人获初级证书，11人获中级证书。

（高　瑜）

烟草专卖

【概况】 2012年，镇海区烟草专卖局（分公司）销售卷烟2.48万箱，同比增长

2.93%。其中省产卷烟1.07万箱，同比增长3.7%，销量比重43.2%；省外卷烟销售1.41万箱，同比增长2.34%，销量比重56.59%。批发销售额8.12亿元，同比增长12.96%。单箱销售额3.27万元，同比增长9.74%。重点品牌销售1.83万箱，同比增长18.11%。查获各类违法案件75起，涉案卷烟1.49万条，案值233万元，破获4起国家烟草专卖局标准网络案件。区烟草专卖局（烟草分公司）“陈列结构多层票夹”被国家专利局授予“实用新型”专利，《KPI在民主管理中的应用与实践》荣获省烟草行业创新评选三等奖。

【推进卷烟零售终端建设】 2012年，区烟草分公司通过做好信息数据分析，及时解决卷烟零售终端设备各硬、软件问题。至年底，全区卷烟零售户网上订货比重90.95%，销量比重93.88%，卷烟零售终端信息采集完整率98.39%，准确率98%以上。

【构建“三员三查”监管机制】 2012年，区烟草专卖局（分公司）突出客户经理、送货员、市场管理员三员协作，通过内部管理预警监控、日常市场走访检查、“以码寻源”等方式，重点监管辖区内卷烟违法违规经营行为。全年发现并处理商业预警23445个、异常问题128个；实地核查156次，查处卷烟外流案件10起。

【破获1起“部督”特大走私卷烟案件】 2012年，区烟草专卖局与宁波市烟草专卖局、宁波海关、公安部门通力协作，根据线索，破获一起案值2000万元的特大走私卷烟案。涉案卷烟11万余条，抓获犯罪嫌疑人6名。年初，宁波烟草部门陆续接到群众举报，反映某市场附近有几家烟店出售来历不明的走私卷烟。6月14日，犯罪嫌疑人王某抓获。经查实，从2009年1月起，王某通过伪造船舶印章及船长签字大肆骗取免税指标烟，骗取免税指标烟36种11万余条，然后加价销售给蒋某，蒋某再加价销售给林某、徐某、卓某和姚某等卷烟零售户。该案经上报被公安部列为部督案件。

（岑海荣）

再生资源回收

【概况】 2012年，镇海再生资源行业协会共有会员138家，其中生产性（指对再生资源作加工处理）104家，生活性（指回收居民或单位的废旧物资）34家。年底，回收废旧物资约40.2万吨，销售金额168068万元。

【开展再生资源无证经营和高价回收整治】 2012年，由区再生资源管理办公室牵头，对主要道路两边的无证高价回收点和废旧金属回收经营户开展多次整治，累计检查有证经营户50余次，督促其进一步规范收购物品登记管理台账，取缔无证经营户及高价回收网点累计170余个，收缴违法广告牌220余件。

（张涵阳）

商务服务业与居民服务业

2012年，全区商务服务业工商行政登记在册的非个体工商户（包括独立法人和非法人的分公司、门市部）405户，注册资本605864万元。其中投资与资产管理类66家，注册资本451242万元，占全部商务服务企业注册资本的74.5%，这些公司大部分为政府的投融资公司。登记为企业总部、企业管理、市场管理、咨询等服务的84家，这些单位所经营的业务包括摊位租赁、酒店管理、物业管理、市场筹建开发及商务咨询等，有不少从属于公司，承担公司非主营业务。登记为劳务派遣、职业中介和人力资源服务的26家，从事劳务输出的居多。其他商务服务业主要有广告业77家，会计、审计及税务服务21家，法律服务2家，旅行社及相关服务18家。商务服务业的个体工商户仅77户，注册资本505.85万元，主要从事广告业、职业中介和咨询服务等。

是年，全区工商登记在册的居民服务业个体工商户893户，注册资本4400万元；非个体工商户111户，注册资本17576万元。居民服务业主要类型的个体工商户和非个体工商户家数分别为理发及美容服务227家、1家，洗浴服务32家、1家，洗染服务50家、1家，保健服务2家（个体）、家庭服务14家（非个体），婚姻服务4家（个体），殡葬服务2家、6家，其他居民服务业204家、14家。

（董　玲）

外向型经济

综　述

2012年，镇海区出台促进开放型经济发展政策，召开开放型经济发展大会，将外资引进指标分解落实到各镇（街道）、产业园区，并实行目标责任制考核。外经外贸工作着力引进先进制造业、现代服务业，鼓励企业扩大出口，走出口创牌之路，拓展对外经济合作领域，进一步提升开放型经济水平。

针对外向型经济面临较大压力，区商务局克服国内外宏观经济持续低迷影响，引导经济发展方式转变和产业转型升级，着力引进先进制造业、现代服务业等，鼓励企业利用26个市级以上、32个区级出口名牌，扩大出口，拓展对外经济合作领域。组织区内企业参加广交会、华交会、新加坡宁波商品展、消博会等国内重点展会，鼓励和引导企业赴境外参展。成立镇海区贸促支会和镇海国际商会，提升对外联络、涉外商事法律服务能力。依托市外经贸培训中心，开展进口贸易实务、电子商务、外贸单证、报关报检等培训。搭建“镇海外贸咨询台”QQ群等平台，宣传、解读外经贸政策。会同区经合局开展招商活动，新引进威新机械等鼓励类项目6个，吸引3家世界五百强企业和行业龙头企业落户区内。

是年，全区进出口总额67.82亿美元，比上年减少1.3%。其中，出口30.85亿美元，比上年增长8.02%；进口36.97亿美元，同比下降7.93%。对外贸易总体保持平稳，进出口总额好于全市平均水平。其中，出口实现逆势增长，出口增幅全市第一。

对外合作营业额1.41亿美元，境外投资0.75亿美元。服务外包执行额4.14亿元，同比增长313.92%，其中服务业外包离岸执行额3341万美元，同比增长120.5%。镇海区获市贸促系统工作创新奖、外贸工作先进奖铜奖、外包工作先进奖铜奖、公共服务先进奖二等奖等奖项。

【服务外包快速发展】 2012年，全区经认定的服务外包企业20家，累计服务外包企业48家，完成服务外包执行总额4亿元，同比增长313.92%。新增企业不仅包括专业从事信息技术外包、业务流程外包和知识流程外包的企业，而且通过政策引导，鼓励一批外贸生产企业转型升级，开拓工业设计和检测、认证等服务领域，推动服务外包，尤其是离岸服务外包快速增长。

【离岸外包迅速发展】 2012年,全区离岸外包成绩显著,离岸执行额突破3000万美元,同比增长203.68%,迈入全市第一梯队行列。据商务部服务外包统计系统显示,全区2012年报送离岸外包数据的企业共26家,比上年增加16家。其中,离岸执行额50万美元及以上的企业共12家,离岸执行额合计占比91.76%。这主要依靠培育德泰化学、杜亚机电、科曼电子等一批承接工业设计、测试研发等技术性知识流程外包业务的外包队伍,促进全区离岸外包业务迅猛发展。

(史鑫鑫)

对外贸易

【概况】 2012年,全区在进出口总额同比下降1.3%的情况下,出口保持8%的逆势增长。30.85亿美元的出口额中,最大的美国7.09亿美元,占22.98%,排在第二、三位的是巴拿马等。36.97亿美元进口额,最多的也是美国,达8.56亿美元,占比23.17%,排名第二、三的是日本和韩国。是年,全区共有进出口贸易实绩企业737家,其中出口实绩企业606家。年度进出口额上千万美元企业126家,其中自营进出口生产企业60家,外商投资企业60家,外贸公司6家,形成以外商投资企业和自营进出口生产企业为主,外贸公司相辅助发展的良好外贸进出口企业整体格局;年度进出口额上亿美元企业10家。与镇海有直接贸易往来的国家(地区)179个,贸易额超亿美元国家(地区)发展到14个,对外贸易依存度达142%。

是年,全区出口企业依托广交会、华交会、消博会和新加坡宁波商品展等境内外展会平台,利用境外营销网络,继续巩固欧盟、美国、日本等传统市场的同时,努力拓展东盟、中东、非洲、拉丁美洲等新兴市场。是年,新兴市场进出口贸易额20.04亿美元,占比29.55%,比上年提高3个百分点。

2012年镇海区商品进出口情况

表29 单位:万美元

		出口			进口		
		实绩	增长率(%)	比重(%)	实绩	增长率(%)	比重(%)
合计		308504	8.02	45.5	369685	−7.93	54.5
商品构成	初级产品	41477	37.57	13.44	182948	−19.77	49.49
	工业制成品	267027	4.53	86.56	186737	7.62	50.51
按企业类别分	外贸公司	7435	−24.69	2.41	26619	−1.06	7.2
	自营进出口生产企业	129925	9.6	42.11	150265	9.87	40.65
	外商投资企业	170036	8.69	55.12	192087	−18.44	51.96
	其他企业	1108	49.13	0.36	714	−69.5	0.19

续表29

		出口			进口		
		实绩	增长率(%)	比重(%)	实绩	增长率(%)	比重(%)
按贸易方式分	一般贸易	227818	3.58	73.85	281323	-5.7	76.1
	加工贸易	42740	15.49	13.85	25378	-21.25	6.86
	其中:来料加工	301	2.38	0.1	121	21	0.03
	进料加工	42439	15.59	13.76	25257	-21.39	6.83
	其他贸易	37946	32.42	12.3	62984	-11.28	17.04
	其中:外商投资进口的设备	—	—	—	1151	-11.87	0.31
按商品大类分	机电产品	162779	8.32	52.76	31057	33.52	8.4
	高新技术	20964	59.93	6.8	11674	-15.22	3.16

2012年镇海区进出口额前10位商品情况

表30　　单位:万美元

	排名	商品名称	总额	比重%	增长率%
出口	1	石油、石油产品及有关原料	38597	12.51	38.42
	2	金属制品	37351	12.11	-0.80
	3	电力机械、器具及其电气零	30805	9.99	6.06
	4	纺纱、织物、制成品及有关	25838	8.38	-12.49
	5	杂项制品	25320	8.21	8.81
	6	通用工业机械设备及零件	22903	7.42	1.85
	7	陆路车辆(包括气垫式)	18503	6.00	-5.71
	8	有机化学品	16018	5.19	28.96
	9	电信及声音的录制及重放装	14487	4.70	57.04
	10	动力机械及设备	13416	4.35	22.24
	合　计		243238	78.84	9.51
进口	1	金属矿砂及金属废料	152234	41.18	-18.72
	2	有机化学品	127484	34.48	3.53
	3	初级形状的塑料	10912	2.95	26.08
	4	有色金属	8572	2.32	-27.45

续表30

	排名	商品名称	总额	比重%	增长率%
进口	5	软木及木材	8435	2.28	9.22
	6	通用工业机械设备及零件	8016	2.17	42.43
	7	石油、石油产品及有关原料	6913	1.87	-11.16
	8	动力机械及设备	5762	1.56	157.58
	9	电信及声音的录制及重放装	5689	1.54	9.17
	10	纺织纤维(羊毛条除外)及	5258	1.42	-54.84
	合　计		339275	91.77	-8.58

【第22届华交会镇海分团成交额增长15%】 3月,在上海新国际博览中心举行的第22届中国华东进出口商品交易会上,镇海分团22家企业设摊位28个,成交额2500万美元,同比增长15%。参展企业以家居用品、电子消费品和服装为主。成交客户的70%来自日本、中国香港和东南亚,订单以小单、短单为主,其中三个月内的短单占到80%以上。

【两届广交会镇海企业成交近2.9亿美元】 2012年,在第117、118届广交会上,镇海区146家(次)企业参展,展位数273个。订单成交和意向成交额合计2.9亿美元。订单客户主要来自欧盟、北美、中东、东南亚等地区。

(史鑫鑫)

【参与出国招商活动】 2月13—17日,宁波百隆东方股份有限公司总经理韩共进受商务部邀请,作为宁波市唯一受邀的企业代表成为中国经贸团企业家代表团成员,随同国家副主席习近平赴美国考察、商谈。其间百隆东方与美国企业签订5000吨棉花进口协议,总金额达1300多万美元。

(刘斯琼)

对外经济合作

【概况】 2012年,镇海区新批境外投资机构15家,新批核准中方投资额7534.5万美元,实际中方投资额2594.2万美元。是年,新增境外投资企业11家,至年底,区内企业在境外设立的投资机构(含办事处)4家。全区完成境外承包劳务合作营业额1.86亿美元,同比增长10.48%。主要依托中交上航局航道建设有限公司、中交三航宁波分公司等省部属企业在海外承揽、拓展的项目业务。

【百隆(越南)有限公司成立】 12月,区内境外最大投资项目百隆(越南)有限公司成立。该公司位于越南西宁省福东工业园区,由镇海百隆东方有限公司出资9800万美元,在越南设立百隆(越南)有限公司,主要从事各类纱线及其副产品生产、加工、销售。

(史鑫鑫)

交通运输邮政业

综　述

2012年，全区推进全域城市化战略。实施重点线型道路及基础设施建设，现代化综合交通出行网络初具规模。镇海大道二期、北外环东延二期329国道拓宽改造、骆霞线维修、中官路大修等项目全面竣工，镇海大道三期、长邱线改建、329国道镇海段路面维修等工程开工建设。

是年，全区航运总运力继续保持省、市领先水平。水路旅客运输量0.98万人，旅客运输周转量854.79万人千米；沿海货运量3315.73万吨，货运周转量4572418.05万吨千米；道路客运量309万人，客运周转量17144万人千米。道路货运量988万吨，货运周转量222183万吨千米。年末，从事道路运输、车辆维修等行业的单位3019家。其中货物运输2752家、旅客运输2家、出租车客运经营21家、汽车维修经营240家、机动车驾驶员培训学校4家。

（董小萍）

水路运输

【概况】 2012年，全区新增水路运输企业1家，注销2家，新增船舶6艘。年末，水运企业28家，营运船舶122艘，载重109.5万吨，与2011年持平。辖区船队平均规模43800吨，最大340228吨。航运业从业人员1535人。是年，24 家航运企业获　国家（省、市或区级）运力补助金和退税合计1942.8万元。开展水路运输企业和水路运输服务企业的年度核查，共核查水运企业26家，水运服务企业19家，年审率100%。是年，全区港航管理以“平安港航”为基本要求，以防范事故为目标，提高安全保障能力，营造水运行业安全稳定的环境。

【新增水运企业1家】 2012年，全区新增宁波珑华海运有限公司，3名自然人出资，民营企业。注册资本5000万元，主营国内沿海及长江中下游成品油运输。固定资产原值7600万元。有油船1艘，载重吨7647吨。

【“金宁18号”轮船下水】 5月8日，“金宁18号”轮船下水，投入国内沿海及长江中下游航线运输，业主为宁波合众海运有限公司。该轮由宁波市东方船舶修造有限公司制造，船长195米，宽34米，型深16.5米，载重52002吨，主机功率8280千瓦。至此，全区运力突破10万吨的民营水运企业增至4家。

【镇海—大衢—嵊泗航线停航】 8月24日9时，宁波市镇海威远海运有限公司运营的“威远2号”轮载着45名乘客离开镇海客运中心码头，驶往嵊泗，完成镇海—大衢—嵊泗航线的最后一个航班。8月25日起，镇海—大衢—嵊泗航线停航。至此，镇海区开通的沿海客运航线唯剩2条。

（董小萍）

道路运输

【概况】 2012年，全区有道路运输经营业户3023家，同比减少3.3%，其中道路货物运输经营业户2773家；有维修企业240家，同比增长11.6%。机动车驾驶员培训学校4家，机动车模拟驾驶培训中心、车辆综合性能检测站各1家。有营运性货车5267辆55674总吨，同比分别增加8.3%、8.27%。其中危险品运输车774辆20524.3总吨，同比分别增长1.6%、4.2%；普通货物运输车4513辆，35782.2总吨，比去年增长15.7%、37%。全年完成旅客运输量309万人，旅客运输周转量17144万人千米；货物运输量988万吨，货物运输周转量222183万吨千米。

是年，全区道路运输管理以安全生产为主线、以危化品运输业监管为重点。根据市政府和市交通委有关通知精神，区住房建设交通局组织开展“安全生产百日行动”和道路运输业安全生产专项检查。全年上路检查227天，出动执法人员3892次，检查车辆6898辆，查处违章车847辆。排查治理安全隐患单位106家，隐患461条，整改459条，整改率99.57%。旅游包车，三类以上班线客车和运输危险化学品、烟花爆竹、民用爆炸物品等“两客一危”车辆GPS实时监控系统安装率100%。年末，全区无客运及4级以上货运企业行车死亡责任事故和其他重大安全生产事故。

【继续实施节日客运服务保障】 2012年，区住房建设交通局合理安排运力，继续实施节日客运服务保障。40天春运期间，公路客运发送班车1940次，发送旅客33051人，是上年同期的98.77%；出动城市公交8162辆次，公交运输旅客313.3879万人。清明期间，安排5条清运专线和3条接驳线，出动运力1596余班次，发送旅客3.3235万余人。其中，清明当日发送旅客1.9246万余人；国庆期间，公路客运发车48班次，运送旅客8605人，比上年同期略有增加。

【举行危化品道路运输事故应急救援演练】 6月20日，由市运管局和市危化品运输协会主办，区公路运输管理所、镇海石化物流有限公司承办，宁波立鑫液体化工运输有限公司等协办的危化品道路运输事故应急救援演练在镇海石化物流有限公司举行，区环保、安监、急救中心、消防等单位参演。演练以装有苯乙烯的槽罐车为避让对面来车，驾驶员动作失误，车辆侧翻，发生苯乙烯泄漏，押运员受轻伤为假设，组织疏散人员、临时管制、抢救伤员、喷洒稀释泄漏物、监测周围环境和实施槽罐车堵漏、倒罐、扶正作业，检验区应急救援体系成员单位实战操作能力和现场处置能力。

6月20日危化品道路运输事故应急救援演练

【开展治理超限超载专项行动】 2012年，区路政大队根据市公路管理局统一部署，组织开展“亮剑1号至6号”治超专项行动。上路巡查人数8632/364人次/天，共检测车辆23318辆，查处违章车辆549辆，卸载车辆489辆、罚金185.33万元，卸载车辆489辆计14436.43吨。

（董小萍）

城市公交

【概况】 2012年，镇海区新增公交线路2条，调整优化公交线路2条。年末，全区开通运营的公交线路34条，其中区内运营线路24条、跨区10条。运营公交车308辆，其中镇海公司229辆，永平公司8辆，永安公司57辆，北仑公司14辆。单车里程155千米，日运营1878班次，日均客运量8.75万人次。

【环线公交392路开通】 6月1日，招宝山街道公交环线392路恢复开通。线路全长9.5千米，起点和终点都是镇海客运中心（渡口）。全线采用2辆中巴车，每车有9座位。途经后海塘物流枢纽港，设置物流枢纽港、镇海客运中心、自来水公司等12站点，主要解决后海塘片区的客流往来。

环线公交392路开通

【“迷你”环线公交802路开通】 8月28日，宁波市北高教园区首条“迷你”型环线公交802路开通。线路全长3.2千米，起点和终点都是宁大学生二村。全线采用空调中巴车，每车有9座位。设宁大学生二村、宁大学生一村、宁镇公路、宁波大学、宁波大学科技学院（浙江纺织服装学院）、商帮文化公园6站，运营约10分钟。

（董小萍）

邮　政

【概况】 镇海区邮政局下设综合办公室、市场经营部、计划财务部3个职能机构，函件局、金融业务局2个专业机构，大客户中心、分销业务中心2个专业中心，有商函广告、集邮、报刊发行投递等专业公司，辖7个支局，16个邮政所，职工314人。2012年，邮局继续做好函件、报刊、集邮传统业务，不断拓展航空客票、短信、邮乐卡销售和代理速递、分销业务渠道；加强安全、质量管理，提高信息化水平；做好邮速分网运行的邮路调整，明确邮件送达时限。全年邮政业务总收入6231万元，同比增长12.69%，主要业务分别是代理金融3814万元，函件823万元，集邮424万元，报刊515万元，增值192万元，分销90万元。完成收支差额499万元，同比增长28.63%。报刊发行投递分局被授予省级青年文明号，俞范邮政支局被授予浙江省邮政模范职工小家称号。

2012年邮政业务量情况

表31

指标名称	计量单位	指标值
国内平常函件	件	1008723
国内平常信件	件	681473
国内平常印刷品	件	327250
国际和港澳台平常函件	件	1511
邮送广告	件	3027083
国内包裹	件	51754
国内汇票笔数	张	235190
报纸累计份数	份	25554319
杂志累计份数	份	579113
集邮业务	枚	786620

注：根据《镇海统计年鉴2013》制作

【推进电子银行发展】 2012年，区邮政局加强对用户引导，分流柜面压力，新增ATM3台，CRS5台。全局自助银行业务分流率56.28%，在全市名列前茅，其中联丰网点CRS日均存款交易量位居全省第一。新增个人网银10620户，完成年度目标111.79%；网银客户激活率达30%，激活率有所提升，有效户列全地区第二。新增电话银行4373户，完成年度目标109.35%；新增手机银行9106户，完成年度目标151.77%。加大ATM、CRS等自助设备的投入。

【加强平台建设】 2012年，区邮政局加大网点改造进度、加强分销渠道建设，除根据相关要求改造转型试点网点外，还改造银凤，联丰，龙洋，澥浦等网点，提升网点硬件设施，为实现网点转型提供保障。年底全面完成40个村邮站、27528个信报箱建设及分销中心和仓储中心装修改造工作。其中35个站点正常对外营业，12个站点实现报刊和信件投递。全年各村邮站共发生便民服务4000余笔，产生交易量43万余元。

（蔡东升）

信息业和信息技术推广

综　述

2012年，全区以启动“国家级智慧城区”试点为契机，推进“光纤入户”工程、“免费无线上网”试点工程和“三网融合”试点。建设高速安全的宽带接入网络，完成城区和农村重点区域光纤到户改造和新覆盖11.7万户，覆盖全区61个行政村；新增无线热点近257个，AP点3010个。在城区文化广场、沿江景观带、新城海尚广场等公共休闲场所实施市民免费无线上网工程，通过政府购买服务，让市民分享智慧城区的建设成果；召开智慧城区基础设施建设座谈会，明确三大运营商的建设任务，推动基础通信设施集约化建设，在庄市街道万科城和芳辰丽阳等新开发住宅小区开展创新建设试点。

是年，全区重点围绕打造先进制造业基地，以示范项目评选为载体，以政策资金扶持为导向，以生产装备自动化、产品智能化、管理信息化为目标，逐步培育一批智慧企业。出台《镇海区企业信息化与工业化融合项目管理办法》，明确项目补助申报流程，加大对企业信息化建设的扶持力度。区经信局全年共兑付“两化融合”政策资金470万元，促进工业企业两化融合发展，杜亚机电等3家企业被列入市级两化融合重点项目试点。

广播电视和传输服务

【概况】 2012年，区新闻中心不断完善数字电视网络建设和客户服务工作，全年全区数字电视用户总量约10.9万户，受理广电业务咨询6.7万次。

【完成农村平安小区视频监控系统建设】 2012年，区新闻中心实施全区农村（社区）平安小区视频监控项目建设。该项目为年度政府实事项目，总投资1500万元，共设立监控室39个，安装摄像头1168个，与全区社会治安动态视频监控系统平台联网对接，构建“一室、多点、联动”的治安防控模式，是打造平安镇海的一项重要举措，在全省尚属首创。系统于12月投入试运行，试运行期间，农村区域发案数量明显下降。

【国内首个3D高清电视频道落地镇海】 5月16日，镇海数字电视公司将3D节目信息写进数字电视前端系统，区内同时具备3D电视机和高清机顶盒的用户重新搜索频道后可免费收看3D高清频道。该频道由中央电视台、北京电视台、天津电视台、上海电视台、江苏电视台、深圳电视台等六家单位联合开办,中央电视台统一播出,在镇海区频道号为"150"。

(倪寅初)

电信和互联网

【概况】 2012年,全区电信业实现业务收入6.13亿元,比上年增长7.4%,年末拥有固定电话用户16.65万户,移动电话用户84.62万户,互联网用户8.94万户。

【电信镇海分公司】 2012年,中国电信宁波镇海区分公司实施智慧城区助推计划,实施创新领先和服务领先两大系统工程,开展更大规模的FTTH改造建设,完成农村信息化村15个点的改造。是年,镇海分公司与镇海区人民政府签订"智慧城区·光网城市"十二五信息化建设战略合作协议,开展全面合作。镇海区政府在行业政策、建设协调、专项基金等方面,给予指导与支持。镇海分公司对镇海区范围内家庭用户和商务楼宇、专业市场、企事业单位实施光纤接入改造,对新建楼宇和小区实施全光网络接入,使单位用户具备千兆接入能力、家庭用户具备百兆接入能力,农村区域完成镇(街道)及部分信息化需求区域的光纤改造,实现以光网为基础的有线网络和无线网络的全覆盖、全融合,为镇海区"智慧城区"建设提供网络基础。新建光小区28个,完成城关光小区、骆驼和庄市重要小区改造。EPON网络建设配合管线退铜任务,提高ADSL速率达标率,新增FTTN室外机柜35个,共计涉及语音16000多线、ADSL7000多线。铜退工作全年新设32只FTTN远端模块,割接语音用户约5000线、ADSL用户约2000线,拆除各类电缆约120吨。是年,镇海分公司被评为"宁波市工人先锋号""宁波市星级治安安全单位"。

(李君欣)

【移动镇海分公司】 中国移动通信集团浙江有限公司镇海分公司(简称镇海移动公司)是镇海地区主导的通信和信息运营商。2012年,公司全年运营收入3.19亿元,同比增长9.03%,通信用户数约50万户。是年,镇海移动公司结合本地民生服务,打造自己的门户,助力各单位拓展无线城市应用,完成无线政务(政务新闻、公示公告、共青团WAP建站)、医疗保健(预约挂号、化验单通知应用)、智能旅游(招宝山景区、郑氏十七房景区自助导游应用)、教育应用(我的大学)四大应用开发。与区教育局合作,通过12580助力广大考生查询中考成绩,全年中考查询12580拨打量超10000次。

(陈文嫣)

【联通镇海分公司】 中国联合网络通信有限公司宁波市镇海区分公司(简称联通镇海分公司)成立于1997年4月,主要承担中国联通在镇海地区的通信工程建设、网络运行和业务经营。有员工54人,设立招宝山营业厅1家,下设骆驼、庄市2个区域中心。共有183个室外基站,45个室内分布点。2012年,公司营业收入6782.79万元。是年,公司承载保障镇海11余万户移动电话、固定电话以及宽带用户的通信需求,为辖区提供功能全面的数字通信系统。引进宁波华旅信息科技有限公司作为阳光分销平台,借助其市场档口的吞吐量,做好3G、4G渠道产能提升与2G末端渠道拓展及分销运作工作,新发展2G、3G用户10.92万户。提升4G网络质量,完成LTE网络(4G网络)所有站点单站验证测试、簇优化及区域优化,助推"智慧镇海"建设,在智慧交通、智慧环保、智慧教育等领域建设取得成果。

(蔡晓丹)

软件和信息技术服务

【概况】 2012年,全区新一代电子信息产品制造业实现产值12亿元,软件业务收入预计突破4亿元。是年,区经信局通过组织企业进行双软认定和信息集成资质认定,全年共新增软件企业4家,获著作权登记31件,取得软件产品认定17件;共组织辖区10家企业参加第二届智博会,参展展位60个。同时,以发展文化创意产业为依托,全年引进信息服务和软件企业35家。

是年,全区引进信息服务和软件企业116家,其中注册资金500万元以上企业23家,合计注册资金2.24亿元。

(余雷鸣)

智慧城区建设与"两化融合"

【概况】 2012年,全区推进智慧基础设施建设,不断提高智慧应用水平,着力培育智慧产业,优化智慧城市发展环境,提升区域信息化和工业化发展的融合水平。区政府建立区智慧城区建设工作领导小组及相关试点推进协调小组,通过定期召开智慧城区建设重点单位的联络员会议,建立日常工作联络制度,加强部门协调,组织专家对区综治办农村治安视频监控系统、招宝山街道老居民小区智能安防系统等项目进行技术方案论证。

是年,智慧基础设施加快建设。通过加快光纤到户改造,建设高速安全的宽带接入网络,为智慧城市应用系统建设提供网络基础设施保障。成立区网络与信息安全协调小组,逐步建立完善信息安全协调机制。加强与区网监大队的工作联系,共同推进全区等级保护工作。

【有序推进智慧应用试点项目】 2012年,全区农村平安小区视频监控系统完成项目招投标,进入施工阶段。城区老居民小区智能安保项目,完成智能巡更系统和非机动车智能防盗系统,小区智能监控即将完成。智慧环保项目获得立项,并落实资金250万元。个人住房信息系统建设项目完成一期的档案整理工作,二期信息系统建设资金正在落实。区级肉类蔬菜流通追溯管理平台建设稳步推进。骆驼菜场实行"先肉后菜、分步实施"的建设思路,在区内率先试点肉类溯源电子秤,年内运行比较平稳。落实专项资金的其他8个流通节点开始安装设备。澥浦镇瑞雪花卉基地实施智慧农业试点初步建成。全区13个智慧应用项目向市经信委申报市级智慧应用试点,宁波港通物流公司等6家企业列入市级试点名单。

【两化融合发展初显成效】 2012年,全区重点围绕打造先进制造业基地,贯彻区委、区政府《关于促进全区经济发展的若干意见》《关于加快促进工业转型升级的实施意见》文件精神，以示范项目评选为载体，以政策资金扶持为导向，树立一批两化融合示范企业。加强企业信息化建设培训，5月、11月两次举办企业信息化建设培训会，各镇（街道）、园区企业120余人参加培训。出台《镇海区企业信息化与工业化融合项目管理办法》，明确项目申报流程，加大对企业信息化建设的扶持力度。兑现政策资金200万元，杜亚机电等3家企业列入市级两化融合重点项目试点。

【加强智慧产业发展服务工作】 2012年，区经信局多措并举加强智慧产业服务工作：做好区内23家软件产值申报、8家新一代电子产品产值申报企业的经营情况监测。结合进村入企活动，全年走访企业120余家，及时收集、发现企业发展中的难题，为上级领导应对决策提供资料和数据；强化服务保障，帮助企业素质提升。组织企业进行双软认定和信息集成资质认定，全年新增软件企业4家，取得软件产品认定证书或获得著作权登记16件。组织辖区10家企业参加第二届智博会，参展展位60个；做好政策宣传工作，建立相对固定产值申报工作网络，引导企业做好产值统计，及时掌握相关数据。

【加强智慧产业招商引资】 2012年，区经信局、经合局等部门通过洽谈，引入信息服务和软件企业6家，其中宁波东蓝控股有限公司落户宁波市大学科技园区。5月，区经信局组织人员赴衢州巨化集团对接招商项目。6月，启动国家级“智慧城区试点示范”创建，浙洽会期间，中国城市科学研究会丁有良副主任代表住建部科技司与区政府、东蓝控股签订三方项目合作协议，共同推进创建工作。8月14日，启动镇海区国家级智慧城区建设规划编制工作，9月13日，住建部城科会规划组完成第二次部门需求调研，进入初稿编制阶段。

（余雷鸣）

旅 游 业

综 述

2012年，全区旅游工作以推进项目建设、创新旅游营销、提升服务品质为重点，加快旅游业转型升级，旅游业呈现稳定发展态势。全年全区旅游总收入24.24亿元，同比增长7.4%，其中旅游外汇收入2407.8万美元，同比增长6.6%；国内旅游收入22.63亿元，同比增长14%。旅游直接收入4.31亿元，同比增长12%。接待游客542万人次，同比增长13%，其中入境旅游接待2.6万人次，同比增长7.4%；国内旅游接待539.4万人次，同比增长13%。截至年底，全区5家旅游社、4家分社和21个旅游服务网点共接待游客5.8万人次，同比增长5.3%，营业收入0.4亿元，同比增长5.1%。

是年，省旅游局副局长考察郑氏十七房景区，市人大代表镇海中心组视察区旅游业发展，区四套班子领导多次指导调研旅游工作。区旅游局更名为区风景旅游管理局，明确对全区旅游业的规划与建设职能，以区旅游业“十二五”规划为指导，科学推进全区旅游项目规划策划。加强区域合作，在上海举办“2012年新春答谢会暨镇海旅游产品推介会”，专题推介镇海旅游产品和奖励政策。加大对华东主要客源市场的形象宣传和线路推广，组织旅游企业参加浙江省（南京）旅交会、上海世界旅游资源博览会、国内旅交会、青岛“宁波推广周”、上海“宁波推广周”、中国义乌国际旅游商品博览会、召开镇海爱国主义教育与红色旅游产品推介座谈会，招宝山景区纳入春秋国旅华东地区夏令营基地、国家级红色旅游线路。举行2012中国老年旅游高端论坛暨市场供应商合作峰会。推行旅游代理商制度，拓展远端旅游客源市场，在上海旅游集散中心设立镇海旅游形象推广店。围绕国家旅游局“欢乐健康年”主题，协调各镇（街道）和景区管委会开展旅游营销，先后举办“招宝旅游文化周暨龙年招宝大典”“传承 奋进——我们的红色青春印记”主题、中国防空博览园系列军事体验等节庆活动。加强媒体网络宣传，区旅游局与20余家媒体合作，在中央电视台《沿海行》栏目等广电媒体、新民晚报等平面媒体及新浪网等网络媒体宣传镇海旅游形象。完善镇海旅游网商务版，以镇海旅游形象推广中心为整合平台，编印《镇海旅游》宣传册、

《镇海旅游地图》《24小时玩转镇海》等宣传品5万份，丰富镇海旅游宣传营销、信息咨询、产品策划等系统功能。

是年，区旅游局与各旅游企业签订《镇海区旅游行业2012年度安全生产及综合治理工作目标管理责任书》，修订全区旅游突发公共事件应急预案。开展安全专项检查5次，常规检查7次；组织安全培训6次，大规模集训3次，共参训700余人次。开展“3·15国际消费者权益日”旅游消费安全宣传等专项检查活动，共受理业内有效投诉8起，协调理赔金额1674元，全年全区未发生旅游责任事故和重大旅游投诉案件。开展省级旅游度假区创建，深化“平安景区”创建活动。完成花园大酒店三星级、曙光丽亭酒店四星级、开元九龙湖度假村五星级评定，完成全区星级饭店复评复核工作。

是年，全区旅游业进一步整合资源优化空间，推动四大区域旅游产业组团联动发展。镇海新城围绕“商帮文化”“都市文化休闲”主题，完善旅游配套设施，发展都市休闲文化产业，推动宁波植物园、城市休闲大本营、保利文化商业广场、万科城五星级酒店、豪晨国际大酒店等项目建设，宁波海尚大酒店、四季永逸大饭店对外营业。以招宝山老城为主体的泛招宝山旅游风景区推进沿江景观带四期、郁金香中心、海尚国际及特色街区等项目开发建设，实现老城旅游功能提升。九龙湖休闲旅游度假区推动御水龙都、普罗旺斯风情小镇、香山教寺二期等项目建设。郑氏十七房民俗体验区引进开元旅业集团公司参与二期开发建设。全年完成旅游项目总投资6.39亿元。

是年，区旅游局加强旅游行业规范管理。开展星级饭店评比活动，新增市级三花级（经济型酒店）酒店1家，优秀星级饭店2家，最佳旅游景区1家，优秀旅游景区1家。至年底，全区共有星级饭店9家，其中五星级饭店1家，四星级饭店2家，三星级饭店3家，二星级饭店1家。开展旅游行业安全生产标准化创建活动，创建成安全生产标准化达标单位4家，国家银叶级绿色旅游饭店1家，省级特色旅游村1家，省特色旅游经营点2家。开展旅游企业复核复评活动。开展节能“六个一”[①]管理活动，共投入397.76万元用于锅炉、空气源空调以及中央空调改造。雄镇大酒店创建成国家银叶级绿色饭店。至年底，全区有国家金（银）叶级旅游绿色饭店2家，环保模范（绿色）饭店4家。招宝山景区等3家旅游企业受市节能办节能重点项目补助（奖励）11.2万元。发放《旅游行业节能减排指南》宣传管理手册4000余份。开展上门服务旅游企业活动，共排查走访农家乐24家，重点旅游项目建设单位7家，旅游景区4家，新兴休闲企业12家，饭店及特色餐饮19家。

【推广镇海旅游护照】 1月，区旅游局贯彻旅游惠民精神，联合区内景区、星级宾馆饭店等旅游企业共同推出《镇海旅游护照》。旅游护照免费对镇海居民及新镇海人发放，方便市民了解镇海、游览镇海。至年底，共发放《镇海旅游护照》4000余

①节能“六个一”：指建立健全一份节能责任书、一个节能领导机构、一套节能管理制度、一份节能计划书、一份能源利用台账、一个能管员。

本，护照不再限制市民游览次数（招宝山景区佛诞日、除夕夜及各景区重大活动期间除外），持证人入住辖区内各星级酒店可享受低于当期网络价的优惠力度。

镇海旅游护照

【泛招宝山休闲旅游基地创建成“宁波市休闲旅游基地”】 2月，经自评申报、县区推荐、市基地办检查、专家评定、市休闲旅游基地建设工作领导小组审核，泛招宝山休闲旅游基地被授予“宁波市休闲旅游基地”称号。

【2012年新春中国老年旅游高端论坛在镇海举行】 2月28日—3月1日，2012年中国老年旅游高端论坛在镇海开元九龙湖度假村举行，全国29个省市240名旅游界人士、300多家主推“银发市场”旅行社参加会议。会议就全国老年旅游的行业现状和发展前景进行广泛探讨，区旅游形象推广中心与中国老年旅游联合体浙江分会签署“万名游客游镇海”合作协议。

【举办郑氏十七房第三届端午文化周】 6月18—24日，区风景旅游管理局与郑氏十七房景区联合举办郑氏十七房第三届端午文化周，来自宁波全大市范围的150名京剧、越剧、昆曲、豫剧、评剧、黄梅戏的票友们让广大戏迷过足戏瘾，吸引周边游客亲身参与。

戏剧票友精彩演出

【招宝山景区入选华东学生夏令营基地】 7月1—2日，招宝山景区入选华东地区学生夏令营活动基地揭牌仪式举行，国家旅游局全国红色旅游工作协调小组办公室副主任为基地揭牌。镇海旅游资源被列入上海春秋国旅重点推荐线路并入选华东地区学生夏令营基地，有利于政府与企业强强联合的旅游营销模式促进全区旅游市场的开拓与培育，将为镇海旅游业平稳健康可持续发展提供有力保障。

【举办"镇海旅游暑期推广暨九龙湖葡萄节宣传推荐会"】 7月30日，区旅游局协同镇海旅游形象推广中心、九龙湖旅游度假区、郑氏十七房景区在上海旅游集散中心举行"镇海旅游暑期推广暨九龙湖第六届葡萄节宣传推荐会"，市旅游局驻上海办事处、上海一日旅行社、上海春秋国际旅行社、上海海鑫国际旅行社等19家当地游影响力的旅行社和《新民晚报》《旅游时报》等媒体参加。此次活动进一步推广镇海旅游品牌形象，增加镇海旅游在上海暑期档的市场份额，提升九龙湖葡萄节的社会影响力。

【宁波市星级饭店技能比赛获奖】 8月23日—24日，在宁波凯洲皇冠假日酒店举行宁波市星级饭店技能比赛上，镇海区代表队共派出8名选手参赛，获得工装展示二等奖、最佳组织奖、三星组团体优胜奖等奖项。

【开展校地旅游合作】 12月28日，区委副书记、区长魏祖民一行赴浙江旅游职业学院，会商对接加强校地旅游合作相关事宜。省旅游局副局长出席对接会。双方重点围绕旅游营销、继续教育、岗位培训、人才招聘等具体事宜深入交流，并就强化校地合作、培养旅游人才达成共识。

（黄　山）

招宝山旅游风景区

【概况】 招宝山是宁波市十大风景游览区之一，是集自然风光、人文景观、宗教文化于一体的综合性游览区，也是镇海口海防遗址的重要组成部分。招宝山距宁波市区15公里，位于宁波甬江出海口，是镇海关隘、甬江咽喉、海防要塞，素有"浙东门户"之称。因为处于出海口，"商舶所经、百轸交集"，改称招宝山，寓"招财进宝"之意。景区内有威远城、鳌柱塔、宝陀寺、镇海口海防历史纪念馆、中国防空博览园等景点。2012年，景区实现收入1202.97万元，其中门票收入800万元，同比增长37.36%。全年接待团队7.53万人，同比增长350.06%；接待散客6.52万人，同比增长24.26%。是年，招宝山景区荣获宁波市休闲旅游基地、中国防空博览园荣获国家国防教育示范基地称号。

【举办第四届招宝旅游文化周】 2月，第四届招宝文化周在招宝山景区举行。其间开展"上头香、撞头钟"祈福迎新，"跳财神、迎财神"招宝大典，曲联唱、民俗杂艺精粹展等品牌活动。共接待游客6万人，其中日接待外地旅游团队近20个约2000人次，影响力扩大到上海、江苏等长三角地区。

【举办首届青少年爱国主义文化嘉年华】 5月，招宝山景区联合团区委等单位举行为期一个月的"传承·奋进——我们的红色青春印记"镇海青少年爱国主义会演，拉开镇海青少年爱国主义文化嘉年华活动序幕。其间举办国防文化体验帐篷集市、红色主题故事会、爱国主义主题会演、首届真人坑道CS赏金联赛等系列活动，参加活动的青少年超过1000人次。

【拓宽新媒体营销渠道】 2012年，招宝山景区继续拓宽新媒体营销渠道：利用新浪微博、腾讯微博、浙江旅游网、宁波旅游网、凤凰网、途牛网、欣欣旅游网等网络媒体开展推广活动，发布景区活动信息1000余条，景区新浪微博官方微薄粉丝达18万，提高“招宝山和中国防空博览园旅游”知晓率。与多家旅游网合作，以适应迅速发展的电子网络购票形势，现签约网站24家，新增签约网站9家，同比增长60%，全年通过网络收客3652人次，同比去年增长240%。

【开拓长三角旅游市场】 2012年，招宝山景区确定“立足散客、放眼团队、面向长三角”整体营销战略，将营销市场细分成以甬台温为主的南线、以义乌、金华为主的西南线、以湖州、长兴为主的西北线的3条主要线路，通过网络、传统媒体、平面媒体，增加景区在这些重点区域游客中的知名度，景区与9家旅游代理商151家旅行社签订合作协议，并与长三角各地区龙头旅行社建立了良好的合作关系。至年底，景区接待江省内团队57400人次，上海团队15900人次，江苏团队4000人次。同时实现安徽新市场重大突破，团队量超过500人次；江西新市场初步实现近400人次的团队量；福建新市场和舟山普陀串线游客量明显增加，达1500多人次。

（翁　侃）

九龙湖旅游度假区

【概况】 2012年，九龙湖旅游度假区管委会延续2011年基础，继续加快创建省级旅游度假区进度，度假区旅游项目建设、接待能力、景区管理等方面得到长足进步，创建取得明显成效。编制的《九龙湖省级旅游度假区可行性研究报告》通过省政府组织的联合评定验收。度假区完成服务业投资约5.12亿元，同比增长91%。九龙湖景区基础设施迈上一个新台阶，完成北纬30°旅游景观一期工程建设并投入试运营。

是年，九龙湖旅游度假区内的景区、开元酒店、九龙山庄和横溪农家乐接待游客89.83万人次，实现旅游收入14874万元。其中景区共接待游客63.2万人次，同比增长23.6%，景区营业收入498万元，同比增长32.3%。

【开展形式多样旅游营销活动】 2012年，九龙湖旅游度假区开展多种途径旅游营销活动，综合接待能力逐步增强：开展多元化景区宣传，联合招宝山和十七房景区，制作大型LED广告屏，利用报纸、旅游门户网站主流媒体及公交线路和高速路口广告牌发布广告，发行“乐游浙江”优惠明信片，实施全方位广告宣传。多途径开展景区促销，依托同程网、骑客网等网媒平台，开展电子门票销售业务；借助浙江邮政网络销售平台开拓散客市场；发挥度假区网站作用，宣传、推销景区旅游项目，带动区域内酒店会务及旅游业务。举办丰富多彩节庆活动，在春节、妇女节、儿童节、教师节等节假日，举办葡萄节、旅游文化节、踏青体验、民间艺术会演、登山节等10余个大中小型活动，提高游客的旅游参与热情，增强景区人气。这些营销措施使九龙湖旅游度假区在宁波大市乃至长三角地区影响力不断提高。

（张　放）

宁波帮旅游文化区

【概况】 宁波帮旅游文化区地处庄市街道，是集江南第一学堂、宁波帮名人故居、宁波帮博物馆等景点为一体的旅游风景区。2012年，宁波帮博物馆举办“故乡行——上海宁波同乡书画院成立十周年汇报展”“秋实咏书画音乐雅集——龙年海峡两岸及香港、澳门地区书画名家邀请展”等活动，旅游区旅游商品参展第四届中国国际旅游商品博览会。全年景区接待游客55.3万人次，实现收入27万元，同比分别上升17.1%、22.2%。

【参展第四届中国国际旅游商品博览会】 5月24日，宁波帮文化旅游区特色纪念品—“叶氏美孚灯”“电动抹布”参展第四届中国国际旅游商品博览会。本届展会由国家旅游局、浙江省人民政府主办，以“引领旅游风尚、共享休闲品质”为主题，共设国际标准展位2000个。其间“叶氏美孚灯”博得大批国内外游客、参展商及采购商的关注。

【江南第一学堂举办系列旅游节事活动】 2012年，江南第一学堂举办系列旅游节事活动：6月15日，开展以“走进百年学堂、了解名人故事、学习商帮精神”为主题的亲子游学活动。6月23日，举办第三届开笔礼大典，针对学龄儿童循古礼，近百名儿童亲身体验中华经典国学课的魅力。

【故乡行——上海宁波同乡书画院成立十周年汇报展揭幕】 4月22日，《故乡行——上海宁波同乡书画院成立十周年汇报展》在宁波帮博物馆隆重开幕。该次展览由上海市宁波经促会、上海市工商联宁波商会、宁波市人民政府驻沪办事处、宁波经促会联合主办，上海宁波同乡书画院、宁波帮博物馆承办。其间展出124位旅沪甬籍书画家的170余幅作品。该次展览作为沪甬两地新一次的文化交流，既显示当代宁波人在书画界的骄人业绩，更传达宁波帮薪火相传的爱国爱乡精神。同时，陈燮君、金立德、胡曰龙三位书画家分别向宁波帮博物馆赠送作品，并由宁波帮博物馆回赠捐赠证书。

故乡行——上海宁波同乡书画院成立十周年汇报展

【龙年“海峡两岸及香港、澳门地区”书画名家邀请展开幕】 9月17日，《秋实咏书画音乐雅集—龙年“海峡两岸及香港、澳门地区”书画名家邀请展》在宁波帮博物馆揭幕。此次邀请展汇集“海峡两岸及香港、澳门地区”书法家创作的127幅珍贵的书法与绘画名作，饱蘸浓情的笔墨尽显艺术家们深厚的功力。此次联谊活动的举办，将为推动宁波、香港、澳门、台湾“海峡两岸及香港、澳门地区”文化交流产生更为深远的影响。

（周　颖）

秋实咏书画音乐雅集——龙年“海峡两岸及香港、澳门地区”书画名家邀请展开幕

乡村休闲旅游

【概况】 2012年，区政府大力推动乡村旅游发展，乡村旅游成为全区旅游发展和“三农”建设的重要力量。是年，区风景旅游管理局围绕交通节点和旅游景区周边，依托现代农业和乡村环境，推进九龙湖、沿山大河线和蛟川高速出口三大乡村旅游集聚区发展。开展“乡村旅游行”活动，举办“老房子里品民俗，十七房里寻美食”活动、九龙湖休闲文化旅游节暨葡萄品尝周、“登山越野”活动、“唱响九龙湖——大学生音乐节”，“相约镇海、品味端午——阿拉的节日”系列活动，扩大农家乐知名度。全年乡村旅游共实现营业收入5840.5万元，同比增长12.3%；接待游客115.2万人次，同比增长20.9%。

【开展农家乐星级创建活动】 2012年，区旅游局开展农家乐星级创建活动，促进农家乐提档升级，引导乡村旅游标准化、特色化、规模化发展。至年底，澥浦镇湾塘农庄、骆驼街道百卉农庄通过市级农家乐休闲旅游示范点验收，骆驼金华村完成省特色旅游村创建，九龙湖镇横溪龙悦、龙居、龙眼泉农家乐完成省四星级农家乐经营户创建，九龙湖镇完成省级旅游强镇（特色旅游村）复评复核。

【举办“2012镇海快乐乡村游”活动】 2012年，区旅游局、农业局联合举办主题为“美丽乡村、快乐农家”的2012镇海快乐乡村游活动。活动贯穿全年，期间推出乡村旅游线路，将乡村旅游与挖掘乡村特色民俗活动有机结合，包括乡村美食节、九龙湖毛笋节、九龙湖葡萄节、乡村钓鱼比赛、乡村旅游发展成果展、草莓采摘节等活动，扩大镇海乡村旅游知名度。

（黄　山）

22012镇海快乐乡村游启动仪式

金融业

综　述

2012年，区金融办以创建金融“支农支小”创新示范县（市）区为抓手，将“缓解中小企业融资难”作为破解难题，引导金融机构创新金融产品，深化银企对接，拓展中小企业融资渠道，推动全区金融业平衡健康运行。加大对区内各金融机构的走访调研，建设、提升上市企业资源库、农村信用体系、中小企业融资信息“三个平台”，实现企业上市和中小企业融资的“两大突破”。

【发行宁波市首单中小企业集合票据】 3月1日，宁波新福钛白粉有限公司、宁波德泰化学有限公司、宁波太平洋海运有限公司发行“宁波市中小企业2012年度第一期集合票据”，是为区内企业发行的宁波市首单中小企业集合票据①。票据期限两年，信用级别AAA级，合计融资1.8亿元。

【确认首批拟上市企业】 3月，经区企业上市指导协调小组评审，确认宁波新福钛白粉有限公司、宁波佳信旅游用品有限公司、宁波天衡制药有限公司、宁波争光树脂有限公司等4家公司为区内首批拟上市企业。

【百隆东方登陆A股市场】 6月12日，百隆东方有限公司在上海证券交易所主板挂牌上市，成功登陆A股市场。上市公司代码601339，名称“百隆东方”，总股本75000万股，向社会公众公开发行股票15000万股，发行价为每股人民币13.60元，对应市盈率12.5倍，募集资金万元20.4亿元。百隆公司主要从事“BROS”品牌色纺纱的研发、生产及销售，并向上游延伸至原材料棉花的采购及加工环节，具备纵向一体化的完整产业链。同时，公司经过多年发展，积累一批优质客户资源，能够在单一订单呈现“小批量”的前提下，通过整合客户发挥规模效应，实现更高经济效益。百隆东方上市标志着

①中小企业集合票据：是指2个（含）以上、10个（含）以下具有法人资格的中小非金融企业，在银行间债券市场统一产品设计、统一券种冠名、统一信用增进、统一发行注册方式共同发行，约定在一定期限还本付息的债务融资工具。

区属企业上市工作“零”的突破。

【发挥镇海金融网中小微企业融资服务平台作用】 2012年，镇海金融网中小微企业融资服务平台发挥提供金融服务信息、促进银企对接的作用。截至年底，平台注册企业37家，提交贷款总额11740万元，银行授信总额10240万元。该平台于2011年年底开通。

【推进农村信用体系建设】 2012年，区金融办会同人行北仑支行继续推进全区农村信用体系建设，开展农村金融信用户、信用村（社区）、信用镇（街道）创建活动。经各级农村信用联社和农办等部门联合确定，全区共有2011年度农村合作金融省级信用村1个，市级信用村1个，区级信用镇1个、信用村29个。

（俞秀玲）

银行

【概况】 2012年，区内新增银行4家。至年末，19家银行实现净利润11.78亿元，比上年减少2.06亿元；资产总额787.51亿元，同比增加40.69亿元；负债总额770.56亿元，同比增加38.49亿元；从业人员1708人。

2012年全区银行存贷款情况

表32　　单位：亿元

名　称	本外币存款	同比增长%	本外币贷款	同比增长%
工商银行	59.06	3.6	107.90	4.7
石化工行	28.80	1.5	44.83	5.9
农业银行	55.40	4.6	57.10	17.7
中国银行	60.07	4.3	61.92	7.2
建设银行	79.51	2.5	67.09	-6.8
农发银行	0.14	-65.3	2.23	-0.1
交通银行	40.70	0.4	30.99	9.9
中信银行	4.92	-	4.34	
光大银行	21.76	38.4	13.24	-5.3
平安银行	7.68	-	7.98	-
招商银行	8.65	-6.5	11.59	37.0
浦发银行	23.48	-1.1	24.24	1.7
兴业银行	14.33	7.9	12.50	20.5
民生银行	2.48	-	0.04	-
宁波银行	40.14	23.2	29.78	14.3
杭州银行	1.26	-	0.04	-

续表32

名　称	本外币存款	同比增长%	本外币贷款	同比增长%
农商银行	50.59	11.4	36.61	15.8
富登村镇银行	0.73	–	0.64	–
邮储银行	35.09	3.2	6.63	22.0
合　计	545.13	7.4	519.69	9.6

是年，央行两次下调存款准备金率，两次下调利率，灵活开展公开市场双向操作。人民银行开发区支行加强窗口指导，运用信贷政策导向评估、差别准备金率等政策工具，引导金融机构合理安排信贷投放计划。重视存款增长放缓给银行业务带来的约束，指导商业银行处理好资金来源和运用的关系，促进辖区信贷平稳增长，结构优化。推出“金融支持小微企业业务竞赛”活动，引导金融机构加大对中小微企业的扶持。截至年底，中小微企业贷款余额302.1亿元，比年初增加38.72亿元，占新增贷款的85.1%、全部企业贷款的69.1%。制定出台债券发行制度，排摸出首批符合发行条件企业157家、符合发行资格且有发行意向企业38家，建立债券发行企业资源库，实施重点辅导、分类推进。推广大宗商品交易第四方物流①市场网上结算，为即期现货交易提供网上支付业务和贸易融资业务，推动商业银行开发大宗商品交易中心网上融资业务。

是年，金融脱媒效应②逐步显现，银行资金受到分流影响，区内企业通过上市融资、债券融资、海外融资等渠道实现融资40.35亿元，银行融资占社会融资的比重下降至65.7%。政府平台类贷款“降旧控新”的严格措施，也使得银行信贷增长受限。但全区存贷款形势变化与区域经济增长、融资结构变化基本相适应。

开发区银监办把系统性和区域性风险作为风险防范重点，召开案防专题会议，部署案防工作重点，开展信贷风险排查，与辖区银行机构主要负责人签订案件防控责任状。举办风险案防主题讲座，区内19家银行的120余位业务人员参加。开展不规范经营专项整治，纠正部分金融机构发放贷款时附加不合理条件和收费管理不规范等现象，“规范贷款行为、科学合理收费”。

（汪梓雯　夏晓迪）

【开展支持小微企业金融服务宣传月活动】4月10日，开发区银监办会同区金融办组织区内17家银行开展“支持实体经济服务月暨小微企业金融服务宣传月——镇海主题日”活动。97家企业提出融资需求11.99亿元，银企达成意向金额10.83亿元，当天直接发放贷款6.98亿元。

（俞秀玲　夏晓迪）

①第四方物流：是为第一方、第二方和第三方提供物流规划、咨询、物流信息系统、供应链管理等活动，不实际承担具体物流运作活动。

②脱媒效应：是指资金供给通过一些新的机构或新的手段，绕开商业银行这个媒介体系，输送到需求单位。

【省首家中外合资村镇银行开业】 2月，浙江省首家中外合资村镇银行中银富登村镇银行在骆驼街道开业，是为区内第一家银行业独立法人。该行注册资本5000万元人民币，其中中国银行出资4500万元人民币，占注册资本的90%，新加坡淡马锡富登金融控股出资500万元人民币，占注册资本的10%。

（何靓靓）

中银富登村镇银行开业

【三家银行开业】 2月，平安银行镇海支行在招宝山街道开业，是为该行在全市设立的第8家支行。9月，杭州银行镇海支行暨镇海科技金融服务中心在庄市街道开业。是为该行在全市设立的第4家支行，是全区首家科技金融机构，为大学科技园和周边文化创意产业提供金融服务。同月，民生银行镇海支行在骆驼街道开业，是为该行在全市设立的第16家一级支行。

（于　澜　杜　冉　成嘉露）

【农信联社改组为农商银行】 11月，在农信联社基础上改制的镇海农村商业银行挂牌开业，成为全省第一家由农信联社直接改制的农村商业银行。该行由境内自然人、非金融机构和银监会认可的其他发起人共同发起，设股份总额22200万股，由法人股11727.23万股、社会自然人股6345.15万股和职工股4127.62万股构成。该行在原农信联社营业网点基础上，继续在区内偏远农村设立“便民服务中心”，至年末，村级便民服务中心对接率达到100%，基本实现全区农村金融服务全覆盖。

（王瑞斌）

改制后的农商银行开业

【银政签署战略合作协议】 8月，中国银行宁波市分行与宁波石化经济技术开发区管委会签署战略合作协议。协议约定，三年内由中行市分行为园区基础设施建设、产业结构升级提供30亿元人民币贷

中行宁波市分行与石化经济开发区管委会签署合作协议

款，为园区引进的重大项目和企业提供30亿元融资安排。签约当天，中国银行镇海支行向宁波北区污水处理有限公司、镇海蛟川物业管理有限公司发放首批1.5亿元贷款。

（周化伟）

【发行企业债10亿元】 12月，建行镇海支行为宁波海江投资发展有限公司发行企业债，募集金额10亿元。该债券年利率6.65%，存期6年，公开发行对象为在中央国债登记公司开户的境内机构投资者。

【对公业务推出新形式】 2012年，区内银行在开展对公业务中推出多种新形式：工行石化支行首次办理应付款融资业务，单笔业务余额2000万元。建行镇海支行营销建信转债增强债券基金两笔，共计1075万元。农行镇海支行针对客户大额结算资金留存，提供对公理财产品；针对担保难的困难，推动国内信用证业务，发展国内保理，到年末，国内保理余额9700万元。浦发银行镇海支行对公业务的发展重心放在创新业务上，全年完成银票+存单（或是保证金）质押的DF业务17509万美元，增幅120%；开展海外代付业务，全年达人民币139459万元，增幅353%。光大银行镇海支行与光大集团子公司光大租赁公司合作，向卫生系统发放设备租赁贷款3.3亿，占当年对公贷款余额的21.7%。宁波银行镇海支行推出“宁行E家人”服务平台，为企业客户提供方便。客户可以直接通过网络发起业务需求，建立相关信息。

（张琳琳　赵敖杰　李　逸　郑超颖　周文涛　刘海波）

【支持区内重点工程】 2012年，浦发银行镇海支行重点支持各类区内重大在建、续建项目和区域重点招商引资项目。至年末，为满足御水龙都、防空博览园、安捷物流、蛟川物业、城投等项目资金需求的政府性贷款余额3.3亿元。

（郑超颖）

【支持区内重点企业】 2012年，招商银行镇海支行重点支持石化经济开发区内企业，新增贷款30838万元，比年初增长36.46%。兴业银行镇海支行参与政府支持区内重点企业发展，至年末，重点企业贷款余额57200万元，增长45.4%，占全部公司贷款余额的50.4%。

（郑天城　严　涛）

【扶持中小企业】 2012年，各银行加大区内中小企业发展扶持力度：工商银行镇海支行与15户中型企业、38户小型企业新建信贷合作关系，中小微信贷客户总量超过250家。宁波银行镇海支行新增中小企业贷款3.73亿元。邮储银行新增中小微企业贷款0.79亿元，增速45.67%。兴业银行镇海支行上报中小企业授信49户，金额11.17亿元。中银富登村镇银行小微企业贷款0.55亿元，占该行全部贷款的85%。

（谢隆亮　刘海波　胡芳芳　严　涛　何靓靓）

【支持粮油收储和粮库建设】 2012年，农发银行镇海支行把支持粮棉油收储、粮库建设作为业务重点，累计发放收购、储备贷款2697万元，为粮食收储公司中心粮库建设项目提供9700万元贷款。

（徐燕燕）

【阻止电话诈骗汇款两起】 2012年，区内银行阻止电话诈骗汇款两起：建设银行庄市支行员工在接待准备汇款5万元到上海市公安局的客户中发现疑点，及时提醒客户、采取查证措施。证实系电话诈骗后，配合客户报案，避免5万元损失。客户送来“为民排忧，心系百姓”锦旗。中国银行镇海庄市支行识破一起借口“社保账号被冻结”要求当事人另行汇款的网银诈骗案件，及时阻止一客户打算汇款150余万元的行为。

（张琳琳　周化伟）

【外币对公存款大幅增长】 2012年，工行石化支行对公外币存款11386.93万美元，较年初增加10283万美元，增幅932%。

（赵敖杰）

【发展电子银行】 2012年，工行石化支行新增个人网银证书客户6100户、手机银行客户5781户，实现电子银行业务中间收入328.33万元，创历史新高。邮政储蓄银行手机银行开户1635户。

（赵敖杰　胡芳芳）

【工行胜利桥支行再获好评】 9月，工商银行胜利桥支行在银行业协会“中国银行业文明规范服务千佳示范单位”现场检查中，赢得评估组一致好评，评估分位居全市首位，顺利通过复评。宁波银行业协会在该网点召开服务工作现场推进会。

（谢隆亮）

【1家中外合资村镇银行落户镇海】 2月20日，浙江省首家中外合资村镇银行-宁波镇海中银富登村镇银行落户镇海，为区内中小企业、微型企业和工薪阶层提供专业化的金融产品，让市民体验一种全新的金融服务。该行由中国银行与富登金融控股合作建立。富登金融控股是新加坡淡马锡旗下的全资子公司之一，拥有服务大众市场，包括微型金融和中小企业的丰富经验，开发出一整套服务于中小企业、微型企业及个人客户的独特商业模式。富登金融控股与中国银行自2005年建立战略合作关系以来，通过资源整合实现优势互补，探索出一套适合中国中小企业金融服务的“淡马锡模式”。

（刘斯琼）

【镇海农商银行开业】 11月20日，镇海农商银行开业，成为宁波市获批筹建的第一家农村商业银行，也是浙江省第一家将由农村信用合作联社直接改制为农商银行的机构。新成立的镇海农商银行是一家现代股份制公司，下设1个营业部和8个支行，共36个营业网点，遍布镇海各镇、街道，是镇海区银行业中网点最多、分布最广的金融机构。镇海农商银行将为全区经济发展和新农村建设提供更为有力的金融服务。

（娄宗莹）

保险业

【概况】 2012年，区内各级各类保险机构网点共计28家，其中支公司16家、营业部1家、营销服务部11家。保险从业人员1183人。全区保险业实现保费收入7.39亿元，同比增长15.99%，增幅高于全市平均数10.84%、在11个县市区中居首位。其中财产险收入3.81亿，人身险收入3.58

亿。是年,保险业服务“三农”,扩大政策性农业保险范围,全年承保785户次,保费收入131.47万元,其中种植险承保面积达2706.67公顷。继续开展“新农合”附加意外伤害保险,承保3.5万人次,保费收入77万元,支付赔款54万元。发挥保险惠民作用,继续推行安全生产责任险、环境污染责任险等。

(俞秀玲)

【及时理赔“海葵”台风损失】 8月,遭受强台风“海葵”袭击,农作物、农房、家庭财产、企业财产等遭受重大损失,各相关保险公司迅速开展查勘定损和理赔。人保财险镇海支公司支付赔款952万元,太保财险镇海支公司支付赔款258.1万元,永安保险镇海支公司支付赔款630万。

(李银萍　张朝君　朱久安)

【环境污染责任险试点扩大】 2012年,全区扩大环境污染责任险试点,新增参保企业14家,参保的石油化工生产企业增加到35家。人保、太保、平安、大地、华泰6家财险公司组成共保体,承保总额8800万元,保费110.03万元。

(李银萍)

【推进安全生产责任险承保】 2012年,全区继续推进安全生产责任险承保,参保企业68家,比2011年减少4家。由镇海人保、太保、平安3家财险公司组成的共保体,承保总额9300万元,保费116.12万元。

(李银萍)

【简化车险处理程序】 2012年,太保财险镇海支公司推出一系列简化车险处理措施,以缩短理赔周期:3月起,对责任明确、单证齐全、单车损失在1万以下的非人伤车险案件实行免费上门收单证服务。7月起,对保险人或第三者因事故受伤,同意不住院治疗、一次性定损的案件,实行现场一次性处理或门诊就诊后一次性处理方式赔付,赔款在3个工作日内支付。8月起,推出车险人伤案件“一对一”调解的快速结案方法,至年底,“一对一”调解 95起,成功率85%。11月起,实施车险小额案件车损零单证索赔操作办法,客户提车时只需将修理发票交给4S店、定损中心等网点即可获赔,至年底共受理小额案件1248件。提高3G车险移动视频查勘技术和效率,3G查勘的2128件案件,现核量1671件,现核平均时间10分钟。

(张朝君)

【推出自用汽车贷款履约保证保险】 2012年,太保财险镇海支公司大力发展自用汽车贷款履约保证保险,全年实现保费收入275万元,同比增长232%。

(张朝君)

【船舶险业务首次出现负增长】 2012年,受航运业不景气影响,导致船舶险业务萎缩:太保财险镇海支公司船舶险保费收入为660万,同比下降43%,船舶险业务首次出现负增长。

(张朝君)

证 券 业

【概况】 2012年,证券市场自年初单边上扬,5月初开始进入下跌,直到12月才出现反弹。长达7个月的连续下跌,影响多数投资者交易意愿，导致交易额下降。是年，新开股东账户958户，交易额319.58亿元，比上年下降15.2%。

【传统经纪业务向综合财务顾问服务转型】 2012年，光大证券镇海营业部成立理财服务部，打造全新的理财经理、投资顾问队伍。为资金量前1000名客户配置专业人员，提供“一对一”专业财富管理服务。

（周琳琳）

其他金融和商务服务

【概况】 2012年，区内2家小贷公司继续开拓市场，创新产品结构，控制贷款风险，提升专业水平。全年发放贷款1083笔40.6亿元，年末贷款余额87271万元，实现净利润为5928.78万元，上缴各项税金2634.02万元。

（杨姝瑜　施蓓瑾）

【开天小贷股权变更】 2012年，开天小额贷款股份公司股权变更，3位自然人将持有的1400万股权，转让给新增的4家企业。变更后公司由13家民营企业及5位自然人共同控股，总股本不变。

（杨姝瑜）

【为中小企业提供融资担保】 2012年，区工商联会同中信银行镇海支行、中银富登村镇银行召开银企洽谈会，中信银行授信区工商联及区紧固件行业协会2.5亿元，中银富登村镇银行授信定向投放紧固件企业5000万，解决30家企业融资需求。发挥融资平台作用，全年商会企业转贷互助资金为154家企业转贷715次，转贷金额27.89亿元；所属联合担保公司全年为50多家企业融资担保及自有资金投资约1.6亿元。

（虞春娜）

区工商联联手中信银行宁波镇海支行举行2012年银企洽谈会

综合经济管理

经济管理与服务

【概况】 2012年，镇海区围绕基本建成现代化生态型港口强区的目标，按照“稳中求进、进中求好，积极有为、走在前列”的总体要求，深入实施“六大战略”，加快建设“六个示范区”，经济运行回升向好，生态整治成效明显，全域城市化全面推进，转型升级不断加快。全年完成区属生产总值305.25亿元，同比增长8.4%；完成财政总收入75.04亿元，同比增长12%；完成全社会工业总产值2316.19亿元，同比下降3.7%，但降幅自8月份起，呈筑底回升走势，其中区属工业总产值946.90亿元，同比下降1.5%；完成全社会固定资产投资201.04亿元，同比增长24.4%，其中区属固定资产投资193.20亿元，同比增长28.8%；完成社会消费品零售总额90.40亿元，同比增长15.6%；实际利用外资1.84亿美元，同比增长1.4%；实现进出口总额67.82亿美元，同比下降1.3%，其中出口额30.85亿美元，同比增长8%；城镇居民人均可支配收入37902元，同比增长11.3%；农村居民人均可支配收入19801元，同比增长14.5%。

是年，区发改局完成全区2011年国民经济和社会发展计划执行情况与2012年国民经济和社会发展计划报告。继续推进“十二五”各专项规划对接工作，完成《养老设施专项规划》《老城改造提升专项规划》等11个专项规划并于年内完成发布，拟定《发展海洋经济五年行动计划》《镇海区实施民生保障改善战略五年规划纲要（2012—2016）》，明确未来五年镇海区海洋经济和保障民生的目标任务和工作举措。配合区委政研室制定《促进全区经济发展的若干意见》，全力推进全域城市化综合配套改革试点，制作实施《关于开展全域城市化综合配套改革试点的实施方案》，细化八大改革重点，在推进公共文化服务外包、开展预算绩效管理方面创新亮点。

区商务局完善对各镇（街道）、园区的商贸服务业考核评价激励机制。制定出台《关于促进现代服务业发展若干政策意见的实施细则》和《关于扶持民生商贸业发展的政策实施细则》，加大对商贸服务业的政策扶持。

区农业局加快现代农业建设，推进农村土地流转，加大对葡萄、草莓、花卉等主导产业的扶持,"低散小"传统农业经营模式逐步向规模化、集约化、专业化、商品化转变。农业龙头企业、农民专业合作社、农家乐等经营主体逐渐壮大,农超对接、"企业+农户""合作社+农户"和"农业+旅游"等多途径利益联结机制逐步稳固完善,农户的农产品品牌、电子商务等意识逐步觉醒,现代农业经营方式和理念逐步形成。

区经合局建立健全招商信息资源"一网三库"①,立足"引进来"和"走出去"相结合,通过首届世界"宁波帮"大会、上海宁波周、浙洽会、镇海经贸文化月等大活动平台,加强赴北京、上海、深圳等国内重点城市的驻点招商和小分队招商工作。出台《关于加快文化创意产业发展实施细则》,明确文化创意产业分类,加大产业发展政策扶持力度。实施招商项目"百日攻坚"专项活动,通过"七个一工作法"②,引进一批大型优质产业项目。统筹协调相关职能部门,为重点招商项目提供"零距离、面对面、一站式"的"全程代理人"服务。全年共引进市外内资(含增资)项目196个,其中重点产业领域项目52个,引进市外内资65.34亿元,同比增长32.19%。

(俞　晴　张涵阳　卫良志)

【出台经济转型升级"1+X"政策】 7月,区委、区政府下发《关于促进全区经济发展的若干意见》,围绕积极培育城市经济、加快发展海洋经济、提升发展创意经济、大力发展循环经济、着力推进开放经济、做强做优民营经济等方面,提出促进全区经济转型升级扶持奖励意见。根据该文件精神,区政府办陆续印发《关于加快推进企业上市工作的实施细则》《关于鼓励金融业发展的实施细则》《关于鼓励发展股权投资的实施细则》《关于加快推进科技创新的实施细则》《关于促进现代服务业发展的实施细则》《关于提升发展开放型经济实施细则》《关于大力推进人才优先开发的实施细则》《关于加快促进工业转型升级的实施细则》等,明确具体的奖励、扶持办法,形成促进全区经济转型升级"1+X"政策。

【出台加快发展海洋经济五年行动计划】 12月,区委、区政府下发《镇海区加快发展海洋经济五年行动计划》,提出以加快海洋经济发展为主线,统筹陆域经济和海洋经济发展,加快港航服务业、临港先进制造业、海洋工程建筑业、海洋新兴产业等发展,进一步完善海洋基础设施,注重海洋生态保护和科学开发,努力将镇海区建设成为海洋经济强区,为宁波海洋经济发展发挥先行示范和辐射带动作用。通过体制机制创新、重点项目建设等一系列举措,力争到2016年,全区海洋生产总值占区属生产总值比重达20%以上、海洋新兴产业占海洋经济比重达12%以上、区内大宗商

①"一网三库":镇海招商网,客商信息库、土地厂房资源信息库、项目信息库。

②"七个一工作法":即拜访一批目标客商、推出一批招商项目、洽谈一批意向项目、签约一批在谈项目、破解一批项目难题、开工一批签约项目、投产一批在建项目。

品交易市场总成交额突破1000亿元、海洋研发投入占海洋经济生产总值比重达到3%左右，海洋科技进步对海洋经济贡献率达70%左右、排入镇海海域的主要污染物化学需氧量（COD）、氨氮分别比2010年削减13%、12%。

【扩大对外开放综合配套改革试点】 9月，区委办制定实施《关于做好进一步扩大对外开放综合配套改革试点2012年度工作的通知》，重点围绕预算绩效管理改革、小微企业扶持机制、农村土地综合整治体制机制、国内市场拓展机制和国内合作平台运作机制、服务业综合改革试点、高层次创新创业人才引进机制、就业创业促进机制、国家教育改革试点和排污权有偿使用和交易试点等十项重点改革任务推进。

【区属经济全面增长】 2012年，区属生产总值（GDP）305.25亿元，按可比价格计算，比上年增长8.4%。其中第一产业增加值6.48亿元，增长1.8%；第二产业增加值165.33亿元，增长5.3%；第三产业增加值133.44亿元，增长13.8%。三次产业的比重由2011年的2.3∶60.3∶37.4调整为2012年的2.1∶54.2∶43.7。按户籍人口计算，区属人均生产总值为161710元（按年平均汇率折算为25617美元）。

【固定资产有效投资快速增长】 2012年，区属固定资产有效投资快速增长，完成投资总额193.20亿元，同比增长28.8%。其中第二产业投资68.53亿元，同比增长43.3%；第三产业投资124.61亿元，同比增长21.9%。

【工业企业收入下滑】 2012年，区属工业企业实现总产值946.90亿元，比上年下降1.5%；利润总额18.29亿元，比上年下降52.4%。其中，规模以上工业企业实现总产值828.92亿元，下降4.7%；利润总额18.69亿元，下降49.9%。

【建筑业快速增长】 2012年，镇海区拥有资质等级的建筑施工企业56家。全区实现建筑业总产值207.97亿元，比上年增长31.7%。建筑业企业完成房屋建筑施工面积971.91万平方米，比上年增长17.2%；房屋建筑竣工面积369.52万平方米，比上年增长3.8%。

【内外贸齐头并进】 2012年，镇海区实现社会消费品零售总额90.40亿元，比上年增长15.6%。其中批发和零售业82.37亿元，增长15.5%；住宿和餐饮业8.03亿元，同比增长16.9%。全区实现外贸自营进出口总额67.82亿美元，比上年下降1.3%；其中出口总额30.8亿美元，增长8.0%。

【开放型经济喜人】 2012年，镇海区引进外商投资项目22个，比上年增长57.1%；总投资额10.89亿美元，比上年增长324.8%；合同利用外资3.28亿美元，比上年增长58.5%；实际利用外资1.84亿美元，比上年增长1.4%。

【交通运输业发展迅速】 2012年，镇海区实现旅客运输量430.98万人次，旅客周转量6.26亿人公里；货运量4523.23万吨，货运周转量505.07亿吨公里。年末拥有营运性公路运输车辆5351辆。航运业总运力达109.5万吨。

【金融业运行稳健】 截至年末，镇海区金融机构人民币各项存款余额516.41亿元，比上年增长3.3%。其中单位存款余额263.52亿元，下降1.4%；个人存款余额242.15亿元，增长12.6%。金融机构人民币各项贷款余额471.05亿元，比上年增长9.2%。其中短期贷款余额252.66亿元，增长8.6%；中长期贷款余额207.75亿元，增长7.6%。

【农业和农村经济发展良好】 2012年，镇海区实现农林牧渔业总产值10.77亿元，比上年增长6.1%。农作物播种面积9906.67公顷，农业产值7.60亿元，增长6.9%。

【全域城市化统筹推进】 2012年，镇海区统筹推进全域城市化，城市建设呈现新形象：招宝山城区提升步伐加快，郁金香中心、海尚国际一期等项目加快推进，东河新村整治和西长营弄完成改造，后海塘区域市容环境整治深入实施，城区机构养老改扩建一期工程基本完成，招宝山景区获宁波市休闲旅游基地称号。蛟川片区商贸商务环境逐渐完善，北大荒物流产业园启用，古塘丽景三期、银凤晓月四期等项目启动建设。骆驼、庄市城区有序发展，市民服务中心和市民广场建成，东西侧商务楼、保利城、万科城等项目加快推进，明海商业广场、金色广场建成投用，利时百货项目基本建成，骆驼老镇改造有序推进。九龙湖旅游型集镇建设步伐加快，御水龙都、九龙家苑项目稳步推进。澥浦镇区详规获市政府批复，郑氏十七房引进开元集团参与开发。幸福美丽新家园建设扎实开展，加快推进"2016"工程①，碧水莲晴三期、锦绣曙光一期等项目建成投用，全区完成农房改建面积46.38万平方米，安置2635户；加快中心村、特色村、小康村、区域风景线建设，九龙湖镇创建成市幸福美丽新家园先进乡镇。基础设施建设加快，年初确定的59个重点项目顺利推进。货运铁路北环线、北外环快速路加快建设，镇海大道二期、北外环东延二期工程全线贯通，镇海大道三期工程开工建设，中官路、镇骆路主车道路面、329国道镇海段完成改造维修，长邱线改建、庄俞公路改造等项目稳步推进。有序推进220千伏沿海变、田胡变和110千伏海塘变、清泉变等项目建设，完成居民中高层住宅二次供水改造，基本完成招宝山城区天然气转换工程。加强要素保障，推进土地集约节约利用，全年完成征地424公顷，拆迁面积105万平方米；开工、续建安置房面积234.8万平方米。推进城市管理标准化创建，实现镇(街道)城市管理联合执法机制全覆盖，开展建筑渣土非法清运、城区户外广告清理、"道路清爽"等专项整治行动。

【安排59个重点项目】 2012年，镇海区安排重点项目59个，其中道路交通7个，分别为新区主干道二期、北外环东延二期(宁波舟山港镇海港区疏港专用公路)、新区主干道三期(前期)、世纪大道北延二期(前期)、宁镇公路改造工程(前期)、镇骆路拓宽改造工程(前期)、雄镇路拓宽工程(前期)；城市基础设施、社会公建8个，分别为镇海泥螺山北侧围垦工程、新泓口东侧围垦工程、镇海东排南线工程、姚江东排镇海段整治工程三期工程(南支线工

①2016工程：详见《镇海年鉴2012》第224页。

程）、北区污水处理厂3万吨/日工业污水处理项目、镇海动力中心（天然气热电联产）、宁波植物园、宁波北区污水处理厂二期扩建工程（前期）；科教文卫4个，分别为镇海区人民医院（二期）、镇海新城文化艺术中心、亚创二期、龙赛医院改扩建工程（前期）；新社区建设7个，分别为联兴集中居住区（二期）、曙光集中居住区（一期）、锦绣曙光安置工程（二期）、东邑地块保障房工程、骆驼片区B2地块安置房工程、人民医院南侧地块安置工程（前期）、勤勇村集中居住区（前期）；服务业10个，分别为宁波化工区低温及压力罐区、保利箭湖文化商业广场及居住地块、万科城（庄市绿核地块）、后世博国际园（含后世博商住地块）、御水龙都、普罗旺斯·欧洲风情小镇、十七房二期工程、镇海区中心粮库、红星美凯龙家具广场（前期）、九龙湖旅游度假区主入口综合提升（前期）；工业14个，分别为禾元化学年产40万吨聚丙烯50万吨乙二醇项目、中金石化有限公司年产90万吨芳烃项目、浙铁大风年产10万吨/年非光气法聚碳酸酯联合装置工程、江宁化工年产8万吨/年顺酐及衍生物一体化项目、泰先新材料年产100吨/年高性能碳纤维项目、金海德旗年产1万吨异戊烯、4万吨高档石油树脂项目、阿克苏诺贝尔年产1万吨/年纤维素衍生物项目、大安化学二期扩建项目、全生物降解塑料生产基地项目、朗盛年产7万吨无机颜料项目（前期）、阿克苏诺贝尔过氧化物搬迁项目（前期）、道达尔年产20万吨聚苯乙烯项目（前期）、年产5万吨合成橡胶（前期）。59个重点项目，年度计划投资107.2亿元，全年完成投资110.4亿元，完成率102.99%。

【支持部省市重点工程建设】 2012年，区发改局发挥部省属联动企业联谊会作用，加强与驻镇部省属企业联络沟通、协调处理重点工程建设中需要地方解决的事宜，支持部省市企业的工程项目建设，促进区域联动发展。协调、做好建设前期等工作，支持重点工程实施的主要项目有中石化甬绍金衢成品油管线工程镇海段、中航油镇海炼化至宁波机场成品油管线镇海段、舟山大陆引水二期、慈东天然气管线工程、动力中心建设前期相关工作、镇海炼化“一体化”前期工作等；下达有关大工程单位2011年度财政补助奖励资金156.65万元。

（俞　晴）

【大活动平台招商成效显著】 2012年，全区利用大活动平台招商成效显著：首届世界“宁波帮”大会，全区有2个项目签约，协议资金111亿元。2012镇海区（上海）投资推介会，全区共有11个项目签约，协议资金91.77亿元，签约数及投资额均列全市第一。第十四届浙洽会，镇海分团共签约协议外资2.98亿美元，超额完成市下达的指标任务。镇海人才科技经贸文化月活动，共签约58个项目，其中投资额500万元以上项目23个，总投资额超过17亿元。

2012年镇海区人才科技经贸文化月项目签约仪式

【文化创意产业招商成效显著】 2012年，全区共引进文化创意企业201家，完成年度目标任务的134%，合计注册资金4.57亿元。其中，注册资金在500万元～1000万元项目17个，注册资金在1000万元以上项目23个。201个项目中，信息服务类项目98个，设计服务类项目70个，软件产业类项目18个，影视传媒类项目7个，动漫游戏类项目5个，艺术品业类项目3个。

【出台加快文创产业发展政策】 3月，区政府办出台《关于加快文化创意产业发展实施细则》（镇政办发〔2012〕21号），在财政税收、引进政策、鼓励重点发展行业、保障文化创意产业服务等做出明确规定。根据全区产业发展现状，重点发展信息服务、动漫游戏、影视传媒、设计服务、软件产业、艺术品业等6大产业，给予资金扶持，吸引创意人才向镇海集聚。成立2000万元文化创意产业发展专项资金，对新设立或新引进的文化创意企业自企业首次获得营业收入起三年内，按其对地方税收贡献的100%给予补助。

【举行清华校友镇海行活动】 6月，清华校友一行40多人镇海行考察洽谈活动举行，薛维海、魏祖民、张江华、王悦等区四套班子领导陪同。此次活动由清华大学校友总会和区政府共同主办，旨在加强镇海与清华校友的联络联谊，发挥清华校友的智慧与资源，鼓励和推动清华校友到镇海投资创业。其间清华校友重在考察洽谈新兴产业发展，出席清华校友镇海行投资恳谈会，参观考察镇海新城、宁波市国家大学科技园和宁波帮博物馆暨浙洽会镇海分团项目签约仪式暨招待酒会。

【组团参加“港浙企业合作周”系列活动】 8月，区经合局带队参加“2012转型升级——浙港企业合作周系列活动”，宁波卓一工业设计有限公司、宁波市镇海柯怡工业设计有限公司、镇海中小企业研究所等企业代表参加。该活动旨在借鉴香港先进的现代服务业和科技、品牌、管理等方面的创新优势和经验，加大宁波制造与香港现代生产服务业融合互动力度，为企业搭建“走出去”的平台，寻找更多的合作机会，助推企业转型升级。

【召开区文化提升发展战略领导小组（扩大）会议】 4月，全区文化提升发展战略领导小组（扩大）会议召开，区委主要领导、区政府分管副区长及各镇（街道）、园区相关负责人出席会议。会议要求贯彻落实《关于加快文化创意产业发展的实施细则》，充分发挥文化创意产业在“六大战略”实施中的作用，引进和建设一批辐射带动作用强、创意和科技含量高、市场潜力大的重大项目，积极拓展文化创意产业集聚区，加快推进文化发展示范区建设，全面提升镇海区文化软实力和竞争力，全年引进文化创意企业150家。

区“文化提升发展战略”领导小组（扩大）会议召开

【首部独立制作动画片诞生】 10月，宁波千懿文化传媒有限公司制作完成52集动画片《八颗牙齿晒太阳之微笑达人》，并登陆湖南卫视播放。该片以诙谐幽默的手法，展现田七和茄子两位主人公日常生活中的趣事，并打破国内市场传统，将受众定位为年轻上班族，获得不少电视台的青睐。作为区内首部独立制作的动画片，为镇海动漫产业的发展树立发展信心。

【举办甬港文化创意产业合作论坛】 9月，以“创意让城市更美好”为主题的首届甬港文化创意产业合作论坛在宁波香格里拉大酒店举行，来自中宣部、文化部以及内地和香港的120余名文化创意产业领域的专家、学者、企业家参加论坛，活动由区政府承办。其间，全国政协副主席、上海文化创意产业协会会长厉无畏发来贺信，分管副市长出席论坛并致辞，与会嘉宾作关于“文化与科技融合发展战略”“文化创意与产业升级”“两地动漫文化产业的合作与交流”等主题演讲。

首届甬港文化创意产业合作论坛在宁波举行

【开展对口帮扶活动】 2012年，全区新增与舟山市定海区经济合作项目6个，确定双方政府帮扶项目6个，拨付帮扶资金80万元。做好对口帮扶贵州普安县工作，拨付帮扶资金70万元。确定对口帮扶余姚市梁弄镇项目6个，拨付帮扶资金100万元。

（卫良志）

国有资产管理

【概况】 2012年，全区共有国有独资及国有控股、参股企业130家，其中区国资办出资企业77家，各镇政府、街道办事处出资的企业28家，区属部门下属的尚未脱钩的国有企业和事业单位出资的企业25家。除5家参股企业外，区国资办对其直接出资的72家国有企业实施监管，其中一级企业7户、二级34户、三级27户、四到五级4户，各级控股及以上企业实收资本为57.63亿元，其中国有资本为56.62亿元，占比98.25%；各级次企业的国有资本分别为13.03亿元、24.88亿元、16.66亿元、2.05亿元。

宁波镇海投资有限公司（以下简称镇投公司）与镇海区海江投资发展有限公司（以下简称海江公司）均属区政府直属单位，实行两块牌子，一套班子，主要承担政府融资、项目投资等职责。镇投公司下属子公司20家（属政府性投资公司的7家）。2012年年末，镇投公司资产总额91.08亿元，负债总额40.74亿元，所有者权益50.34亿元，资产负债率为44.7%。海江公司资产总额 46.89亿元，负债总额23.2亿元，所有者权益23.72亿元，资产负债率为49.4%。

【实施国资经营考核】 2012年，区国资办首次对全区19家区属重点国有企业进行考核，并下达考核结果和管理建议书,形成倒逼机制,提升政府性投资公司管理水平。其中考核登记确定为优秀的有10家,确定为良好的有7家,合格的2家。同年,联合区纪委下发《镇海区区属政府性投资公司招待经费和会议经费核定通知书》,按照"考虑历史、控制总量"的原则,以控制政府性投资公司费用总量为目的,考虑各政府性投资公司历年费用开支规模,结合各公司投融资规模、经营特点和实际情况,剔除一次性费用等年度间不可比因素后,在综合平衡的基础上确定各公司的招待经费和会议经费。

【做好热电厂关停资产处置工作】 2012年,区国资办根据热电厂股权结构、资产实际,起草热电厂资产处置方案,内容包括资产处置的步骤、职责分工,明确资产处置工作。截至年底,热电厂各方股东签订股权转让协议,关停工作顺利推进。

【融资支持城市建设】 2012年,镇投(海江)公司以融资工作为中心,履行投融资、项目管理、资产管理等职能,为城市建设提供资金保障,全年共计融资额达27.4亿元。镇投(海江)公司根据区政府项目投资计划,安排资金15.9亿元,用于镇海东排南线工程、姚江东排南支线工程、镇海大道二期工程等41个项目建设投入。

【出资支持国有企业发展】 2012年,镇投(海江)公司对甬鑫大宗商品交易公司出资300万元、对港城出租车公司出资1000万元、对海邦人才增资200万元,以支持经营性国有企业发展壮大。

(张　慧)

国土资源管理

【概况】 2012年,宁波市下达给镇海区的新增建设用地指标共154.97公顷(耕地122.92公顷)。其中,切块指标71.53公顷(耕地54.47公顷),市统筹指标55.20公顷(耕地50.51公顷),小微企业专项用地指标13.33公顷(耕地9.73公顷),追加指标10公顷(耕地3.33公顷),重点项目专项指标4.93公顷(耕地4.88公顷)。加强用地指标精准配置,对重点项目和民生工程倾斜。是年,开展农用地转建设用地报批,上报建设用地8个批次、2个单独选址项目,申请用地面积186.36公顷,占用耕地122.03公顷。推进国有建设用地供应,全年供地131宗,面积374.93公顷。其中,经营性地块出让16宗、面积63公顷、出让金13.73亿元;工业地块出让24宗、面积49.53公顷、出让金2.66亿元;行政划拨项目供地83宗,面积259.53公顷;协议出让用地8宗,面积2.86公顷,出让金0.21亿元。

是年,区国土分局配合国家土地督察局上海局对镇海区开展土地例行督察。加强土地执法快速反应机制建设,全年土地动态巡查1754次,发现项目违法用地319起,个人违章建房249起,违法用地面积8公顷。各镇(街道)拆违队通过落实土地快速反应机制,共组织大小规模拆违136次,拆除复耕5.6公顷,违法用地形势明显好转。严厉打击越界开采与偷盗矿山行为,全年共组织矿山动态巡查93次,立案查处非法偷盗矿产行为16件,查扣车辆、挖机共10余辆,罚没款9.86万元。强化建设用地批后监管，全年办理竣工复核验收57宗、面积126.73公顷；发送建设项目批后跟踪卡45份，《开、竣工催促函》20份；办理建设期限延期项目28宗，收取处罚金9.84万元。落实土地规范登记措施，颁发土地证书11164本，其中国有土地使用权证9922本，集体土地使用权证476本，土地他项权利证书766本；办理土地抵押1353.35公顷，抵押金额134.56亿元；受理法院土地查封125宗，解除查封75宗。完善土地分割登记制度，完成风景九园三期、静德商业广场等小区5140户房屋土地使用权的分割登记。推进农村集体土地确权登记发证，出台《关于土地使用权与变更登记审批（审核）职能归并工作的通知》，将成套房、商业店面房的土地使用权转让与变更登记审批事项等职能归并。全年受理涉及土地的信访总量296件、424人次，同比下降46%、49%。全年无重大集体信访事件发生。

全区围垦工作以优质、高效、安全为主线，全力推进各项围垦工程。区围垦局全力推进泥螺山北侧围垦一期工程全面建设，跟踪抓好泥螺山北侧二期工程报批工作，加速推进新泓口东侧围垦工程前期报批进度。开展泥螺山北侧一期围垦及新泓口围区内的渔民政策处理工作，实施泥螺山北侧二期围垦渔民调查摸底工作和新泓口东侧围垦渔民调查登记工作。

（吴正水　方莉莉）

【加强用地指标精准配置】 2012年，区国土分局合理分配使用各类用地指标，强化对中国金融数字文化城、勤勇集中居住区、九龙新天地安置房三期、红星美凯龙等重点项目保障力度，保障开发建设项目合理用地需求。全区通过公开出让、协议出让、行政划拨等方式供应国有建设用地131宗，面积374.93公顷。

【落实基本农田保护数量】 2012年，市下达镇海区的基本农田保护任务6080公顷。结合基数转换后确定的实有耕地面积，区对各镇、街道按应保耕地数量落实基本农田保护责任：蛟川街道444.23公顷，骆驼街道1950.29公顷，庄市街道784.25公顷，澥浦镇1208.75公顷，九龙湖镇1692.48公顷。区国土分局牵头设立统一规范的镇级基本农田保护牌5个，村级基本农田保护牌57个，基本农田保护界桩1077个，标志牌标示出基本农田示意图、位置、面积、保护责任人和监督举报电话等信息。

【滨海耕地开发一期项目通过竣工验收】 2012年，滨海耕地开发一期项目通过区国土分局竣工验收。该项目位于石化区，总投资2452万元，新增耕地面积约68.87公顷。

【开展土地例行督察】 2012年，区国土分局配合国家土地督察上海局对镇海区土地利用和管理情况开展例行督察，并根据督察反馈意见开展整改。年内完成违法用地拆除复耕9宗，面积1.74公顷，收缴罚没款82.17万元；对违法用地10名相关责任人进行党政纪处分，4宗涉嫌刑事犯罪案件移送公安机关。

【多项举措推进耕地保护】 2012年，区国土分局开展耕地保护工作，协同各镇（街道）推进农村土地综合整治。完成5个农村土地综合整治项目的省级立项申报，申报面积41.53公顷，可复垦新增耕地面积39.2公顷。配合区政府办制定出台《关于进一步规范土地开发整理复垦工作的意见》，规范土地整理复垦开发项目管理。

【开展低丘缓坡荒滩开发利用试点】 2012年，区国土分局开展低丘缓坡荒滩开发利用试点，基本摸清全区低丘缓坡和荒滩资源的规模、分布、开发建设潜力等情况，上报项目面积483.00公顷，其中荒滩380.00公顷，低丘缓坡103.00公顷。

【开展土地卫片执法检查】 2012年，区国土分局开展卫片执法检查，对下发的疑似违法用地图斑227个，图斑面积180.55公顷，耕地面积49.31公顷进行核查。经核查，确属违法用地图斑126宗，面积44.32公顷，其中耕地面积18.21公顷。推进违法用地查处工作，拆除违法建筑并复耕违法用地29宗，耕地面积6.92公顷；补办建设用地2宗，耕地面积1.66公顷。通过补办手续、复耕等措施，全区违法占用耕地比例控制在5.46%。此外，按照既查人又处事的原则依法查处80宗违法用地，作出行政处罚决定罚没款566.31万元，实际收缴492.26万元，向纪检部门提出处人建议函41份，落实党政纪处分26人，移送公安违法用地4起。

【土地利用效率有所提高】 2012年，区国土分局推进存量工业用地挖潜，鼓励企业新建标准厂房，以最少的土地最大化建设有效生产用房。全年审批存量工业用地扩容项目8宗、面积4.93公顷，增加有效生产用房建筑面积3.20公顷。推进“退二进三”工作，鼓励企业利用原有工业土地和厂房临时改变用途发展服务业，批准“工改商”（工业用地改变为商业、旅游、娱乐和商品住宅等经营性用地）项目3个，涉及改变用途建筑面积1.80公顷。至年底，全区二、三产业亩均GDP年均增加值达36.80万元，土地利用效益不断提高。

【开展农村集体土地确权登记发证】 2012年，区国土分局在第二次土地调查的基础上，对辖区内农村集体土地的位置、权属、界线、地类、面积等状况进行调查或复核。至年底，完成67个农村集体土地所有权主体的外业核查和权属界线确认，集体土地12040公顷，调查宗地750余宗。《中国国土资源报》第3568期对镇海区农村集体土地确权登记发证工作进行报道。

【开展国土资源管理基础数据专题图层建库】 2012年，区国土分局开展国土资源管理基础数据专题图层建库①。至年底，完成“农转用”图层1464个项目、土地开发整理44个项目上图入库。土地供应图层分为单位用地与私人建房用地两部分，其中单位用地应上图入库项目共2159个，上图率达99.7%；私人建房应上图入库项目共10780个，上图率为88%。

①专题图层建库：对“农转用报批”、土地供应、土地开发整理、违法用地等方面的属性数据和图形数据进行调查和数据转换，按照统一标准建立国土资源管理数据库。

监察违法图层应上图入库项目1148个，上图率86.1%。

（吴正水）

【推进泥螺山北侧围垦一期工程建设】 2011年4月，泥螺山北侧一期围垦工程全面开工。至2012年年底，工程完成投资3.59亿元，占总投资的46%（工程概算投资7.8亿元）；完成建安投资2.36亿元，占工程投资的67.42%；东围堤除龙口外全部到3米高程平台。

【完成泥螺山北侧农业围垦用海报批工作】 2012年，泥螺山北侧农业围垦用海报批工作完成。工程东濒灰鳖洋，西依泥螺山围垦工程，南靠泥螺山北侧围垦一期工程。围区面积481.67公顷，排涝河道及滨河景观带面积74.33公顷，概算投资6.42亿元，截至年底，项目海域论证报告上报国家海洋局，规划环评报告上报省海洋与渔业局并将转报国家海洋局，等待评审。

【推进新泓口东侧围垦工程前期报批进度】 2012年，区围垦局与镇海炼化、金塘大桥和宁波港集团及相关科研单位等对接，推进新泓口东侧围垦工程前期报批进度。至年底，完成系列前期原始资料积累，政策处理工作同步跟进，经与省、市海洋部门沟通衔接，以分块审批方式完成项目用海审批。

（方莉莉）

财政管理

【概况】 2012年，全区实现财政总收入93.13亿元，比上年减少41.5%（以下简称增长）。其中，公共财政预算收入75.04亿元，比上年增长12.0%，政府性基金收入18.09亿元，减少193.5%。公共预算收入中，归属中央的财政收入33.91亿元，增长10.8%；地方财政收入41.13亿元，增长9.2%。

2012年镇海区地方一般预算财政收入

表33

单位：万元

指标名称	金额	指标名称	金额
地方财政收入合计	411273	三、排污费收入	3933
一、税收收入	380650	四、教育费附加收入	11432
其中：耕地占用税	1407	五、水资源费收入	254
契税	16113	六、行政事业性收费收入	3159
其中：企业所得税	51094	七、罚没收入	5036
其中：国有企业所得税	3639	八、国有资源（资产）有偿使用收入	19324
集体企业所得税	2640	九、矿产资源补偿费收入	27
外资企业所得税	36489	十、其他收入	30
二、国有企业计划亏损补贴	-21700		

2012年镇海区地方政府性基金预算财政收入

表34 单位：万元

指　标　名　称	2012年	指　标　名　称	2012年
基金收入合计	180918	七、新增建设用土地有偿使用费收入	4313
一、墙体材料专项基金收入	0	八、地方水利建设基金收入	12603
二、文化事业建设费收入	167	九、残疾人就业保障金收入	2490
三、地方教育附加收入	8397	十、城镇公用事业附加收入	1116
四、国有土地使用权出让收入	145018	十一、彩票公益金收入	599
五、国有土地收益基金收入	4566	十二、散装水泥专项资金收入	0
六、农业土地开发资金收入	1282	十三、其他政府性基金收入	367

全区财政公共预算支出完成40.95亿元，增长23.3%，收支相抵，略有结余，实现当年财政收支平衡。政府性基金支出22.09亿元，减少55.7%。

2012年镇海区地方一般预算财政支出

表35 单位：万元

指 标 名 称	2012年	指 标 名 称	2012年
合　计	409511	11. 环境保护	31284
1. 一般公共服务	50292	12. 城乡社区事务	72981
2. 外交	0	13. 农林水事务	17624
3. 国防	957	14. 交通运输	7551
4. 公共安全	35322	15. 商业服务业金融等事务	9426
5. 教育	0	16. 资源勘探电力信息等事务	52920
6. 科学技术	31534	17. 其他支出	1527
7. 文化体育与传媒	5993	18. 国土气象事务支出	1932
8. 社会保障和就业	42992	19. 住房保障支出	8807
9. 社会保险基金支出	17184	20. 粮油物质储备管理支出	762
10. 医疗卫生	20423		

2012年镇海区政府性基金预算财政支出

表36　　单位:万元

指标名称	2012年	指标名称	2012年
合计	220887	城镇公用事业附加支出	950
一、一般公共服务	0	六、农林水事务	13646
二、教育	7211	其中:地方水利建设基金支出	13641
其中:地方教育附加支出	7211	大中型水库移民后期扶持基金支出	0
三、文化教育与传媒	92	七、交通运输	0
其中:文化事业建设费支出	92	其中:养路费支出	0
四、社会保障与就业	2842	八、资源勘探电力信息等事务	70
其中:残疾人就业保障金支出	2824	其中:墙体材料专项基金支出	70
五、城乡社区事务	196632	九、其他支出	394
其中:国有土地使用权出让金支出	156091	其中:其他政府性基金支出	26
农业土地开发资金支出	1071	彩票公益金支出	368

是年,区财政局完善税源管理系统,应对营改增扩面、重点税源和潜在税源动态、重大税收政策出台和征管办法调整、土地及房地产市场形势等对财政、税收收入的影响,加强对排污有偿使用费、海域使用金等征收管理。全年税收收入71.98亿元,增长11.0%,其中归属中央33.91亿元,增长10.2%,地方38.07亿元,增长11.6%;非税收入3.06亿元,下降29.8%。围绕产业结构调整,项目提质增效目标,当年区本级预算安排政策资金4.0亿元,通过上年结转和专户调剂,全年可用额达4.05亿元,同比增长13.3%;另外,对上争取到位资金1.05亿元。安排民生资金26.25亿元,占新增财力七成以上,提高民生保障标准和保障区里重大民生工程建设。

【完善1+X企业扶持政策体系】 2012年,区财政局围绕稳增长、调结构目标,对2011年制定的1+X政策作进一步完善,全年参与制定工业转型升级、现代服务业、科技人才、开放型经济等配套实施细则27个,资金重点用于缓解企业困难,促进海洋经济、城市经济、文化创意等新兴产业发展及支持自主创新、引进培育人才等方面。全年兑现政策资金4.80亿元,增长3.4%,兑现项目374个,惠及企业(个人)5374家。

10月25日 财政管理工作人员走访小巨人企业

【民生支出26.25亿元】 全年各项民生投入26.25亿元，占财政总支出的64.1%，增长39.0%。其中，投入3.2亿元保障医疗卫生事业发展，增长108.4%。健全基层医疗卫生机构，推进公立医院改革；提高新型农村合作医疗和城镇居民基本医疗保险的补助标准，其中新农合人均筹资标准补助达到全市最高水平。投入3.53亿元加大社会保障力度，增长31.0%。完善统筹城乡社会保障制度体系，安排被征地人员养老保障、城乡居民养老保障、老年居民养老保障、精简职工补贴共1.43亿元；增加高龄老人的生活补贴，标准居全市首位；安排创业就业补助资金7100万元。投入7.3亿元支持教育发展，增长30.4%。设立1000万元学前教育专项补助资金，完善学前教育“政府主导、社会参与”的财政支持机制；安排职高国家助学金和免费教育经费283万元；落实教育培训专项资金1100万元；支出帮困助学资金362万元。投入7551万元推动文化事业发展，增长13.7%。支持“雄镇大舞台”“公益文化免费培训、免费开放”等文化品牌创建；推进城乡一体化公共图书馆服务体系建设。投入3.44亿元提升环境整治保障水平，增长7.3%。推进生态区建设，保障清洁空气行动、精细化工行业整治、生态绿化建设等项目实施；支持区域环境监测监控系统扩容及安全提升工程。

【国库集中支付动态监控系统上线】 2012年，作为全市试点单位，区财政局启动国库集中支付动态监控系统建设，对全区146家预算单位财政资金支付活动实现全过程动态监控，对核查中发现的违规行为采用预警、冻结的手段及时作出处理，确保财政资金安全运行。

【绩效管理纳入党风廉政建设责任制考核】 2012年，区财政局制定《镇海区2012年度预算绩效管理工作考核办法》，全市率先将预算绩效管理工作纳入党风廉政建设责任制考核。对2012年申报预算安排的项目，预算金额在50万元以上（含50万元）的新增项目，需同步提交项目预算绩效目标。全年共落实评价项目25个，评价金额约6.39亿元。

9月6日 全面推进预算绩效工作动员会

【开展财政专户清理整顿】 2012年，区财政局根据财政部专户清理整顿工作要求和银行账户管理规定，首次组织开展各预算单位和镇（街道）银行账户清理，全年共撤销3个财政专户，推进财政资金集中管理，提高财政资金使用效率。

【推进公务卡制度改革】 2012年，区财政局全面推广第三批个人公务卡，把全区所有财政拨款的行政事业单位纳入公务卡结算范畴，本次推广共涉及各学校等61家行政事业单位。同年，出台《关于实施镇海区区级预算单位公务卡强制结算目录的通知》，扩大公务卡适用范围，减少公务支出中的现金提取和使用。

【推进行政事业单位资产管理改革】 2012年，区财政局开展全区231家区级行政事业单位资产清查和资产登记上报工作，并对上报资产核销申请进行审核和批复。在此基础上，建立财政、主管部门、行政事业单位三级网络平台，实行对行政事业单位资产动态监管，解决部分单位由于长期以来资产处置不及时、不规范等造成的资产坏账问题。

（张　慧）

税收管理

【概况】 2012年，区国税局坚持“依法征税，应收尽收，坚决不收过头税，坚决防止和制止越权减免税”的组织收入原则，争取免抵调库指标，确保税收及时、足额、均衡入库。全年完成国税收入40.01亿元，同比增长11.33%，剔除免抵调库后完成29.71亿元，同比下降14.28%。其中，入库增值税31.62亿元，同比增收9.47亿元，同比增长42.78%；企业所得税8.36亿元，同比减收5.20亿元，同比下降38.36%。47户市级重点税源入库各类税收11.47亿元，同比下降33.26%。落实系列结构性减税政策和税收优惠政策，帮助企业破难解困，累计办理各类减免1.95亿元。区国税局被命名为“宁波市廉政文化进机关示范点”、档案通过省二级认定；办税服务厅被国家税务总局、共青团中央命名为“全国级工人先锋号”，荣获省国税系统示范办税服务厅和市窗口行业“文明杯”规范化服务达标竞赛优胜单位荣誉称号；稽查局获区创建“群众满意基层站所”示范单位和“镇海区2010—2012年创先争优先进基层党组织”荣誉称号。

是年，区地税局共组织地方税费收入48.91亿元，同比增长10.4%，增收4.60亿元。其中，地方税收收入32.01亿元，同比增长9.8%，增收2.84亿元；社会保险费收入13.28亿元，同比增长13.5%，增收1.58亿元；其他基金、费收入3.62亿元，同比增长5.1%，增收0.18亿元。以组织税费收入为中心，以建设地税文化为引领，推动各项税收业务工作有序开展。完善税务行政执法责任制，加强事前、事中、事后监督。严格执行行政处罚案件查审分离制度，及时报备重大行政处罚案件。开展税收执法督察，提高税收执法水平。开展税收新政业务培训16期，参训干部758人次，组织业务考试2次。区地税局被评为全国税务系统企业所得税业务考试优秀单位、省级文明单位，位列全市地税系统小企业会计准则考试团体第一。

（宋良辰　姚　贞）

【启动“营改增”试点】 12月1日，区国税局启动营业税改征增值税试点。试点围绕交接确认征管信息、强化信息系统支撑、加强发票使用保障、全面开展业务培训、加大政策宣传力度等环节，以“开得票、报得税、控得住风险”为原则，统筹推进各项工作。全年试点纳税人1044户，累计为试点企业发售增值税专用发票35096份，代开货运专用发票861份，增值税专用发票107份，涉及金额2058.96万元，征收税额59.97万元。区地税局通过开展摸排试点企业情况、政策调研、专题培训、“一对一”辅导等形式推进“营改增”试点，全年完成1488户试点纳税人的确认和移交。

（宋良辰　姚　贞）

区国税局办税服务厅开设“营改增”专窗服务纳税人

【加强税收征管】 2012年，区国税局结合镇海区税源特点，完善《镇海区国家税务局深化税收征管改革实施方案》，明确专业化改革内容、架构及相关征管事项操作流程，实施税源专业化管理，进行“以明晰征纳双方权利义务为前提，以促进税法遵从、提高纳税人满意度为目标，以风险管理为导向，以专业化管理为基础”的税收征管改革。区地税局继续开展地税、国税联合办税，在国税局办税服务厅设立地税窗口，全年征收2681户次纳税人的地方税费223万元，双方共联合办理税务登记等业务2969户次，交换各类信息8352户次。推进纳税评估，通过建立模型、指标比对、实地核查、分类约谈等手段，评估补缴税费2783万元。健全房地产项目动态监控机制，有序推进土地增值税清算。建立土籍资料共享制度，加强房、土两税征管底册资料比对。开展数据质量清理，提高数据质量。抓好所得税征收方式认定、定期定额户个人所得税定额调整、股权转让行为纳税情况审核把关、企业政策性搬迁税收政策调整等工作。

（宋良辰　姚　贞）

2012年税收宣传月暨镇海区国地税联合办税启动仪式

【开展出口退税“破难提速”专项行动】 2012年，区国税局在风险可控的前提下，落实外贸企业“征退合一”管理模式，在镇海辖区内首创“申报到位、送交到位、责任到位、服务到位”的“四位一体”工作模式，开展出口退税“破难提速”专项行动。全年为镇海区730户出口退（免）税企业累计退税13.40亿元，其中生产型出口企业退税11.52亿元，外贸型出口企业退税1.88亿元，同比增长8.06%。

【开展税收专项检查】 2012年，区国税局开展金属制品业、化学原料及化学品制造业、矿产品、建材及化工产品批发业、三年以上未查规模企业等专项检查。查处宁波市镇海圣润贸易有限公司、宁波焱炀贸易有限公司等100万元以上大要案2件，20

万元以上大要案8件。共计稽查补税1627.96万元，其中重点稽查各类纳税人91户，查结案件90件，有问题查结87户，查补金额1437.96万元，自查补税190万元。

（宋良辰）

【落实税费优惠政策】 2012年，区地税局落实促进企业创业创新、转型升级和支持工业经济稳定增长各项税费优惠政策，全年共计减免各项税费1.44亿元，惠及企业1200余户。其中，为高新技术企业、小微企业减免税费2481万元，为符合条件的困难企业减免税费1.18亿元，为残疾人等社会弱势群体减免税费66万元。免收小型微利企业发票工本费41万元，惠及2754户企业。

【加强社会保险费征收】 2012年，区地税局做好社保费基数调整，开展催报催缴，强化社会保险费征收，全年完成社会保险费收入13.28亿元，同比增长13.5%。加强社保费催报催缴，全年社保费实际征缴率达99.97%。开展社保费欠费清理，全年共清理欠费140万元。落实临时性减征社会保险费和临时性下浮基本养老保险费缴费比例政策，共计减征相关社保费6671万元。

【开展便民办税服务】 2012年，区地税局办税服务厅在落实“一窗式闭环服务法”的基础上，进一步加强业务培训、服务礼仪培训和心理疏导，促进服务专业化。拓展外网“地税快线”服务平台，发布纳税人办税指南4大类30种，更新“视频讲堂”8期，及时发布回复纳税人政策咨询128条，促进服务便捷化。开展局班子走访、分局长走访、管理员走访三个层面的纳税人分级走访活动，听取纳税人意见，改进服务举措，促进服务针对性。

【开展税务稽查】 2012年，区地税局完善以自查为先导的税收专项检查模式，分行业组织10场税收自查辅导会，安排企业自查463户，查补收入1082万元。集中稽查优势力量，打击发票违法犯罪活动等税收违法行为，重点检查“2·14”虚开用于抵扣税款发票案等要案，共实施稽查50户，查补收入306万元。

【推进地税信息化建设】 2012年，区地税局上线运行存量房交易评税系统和房地产交易税收征管一体化系统，实现房地产交易环节所有税费纳入一体化管理。推广企业网上申报、CA证书应用和机打发票，截至年末，网上申报企业已达到8651户，占开业企业纳税人97%；开通CA证书应用企业7247户，占网上申报企业83.8%；使用机打发票纳税人1207户。维护更新“税易07”、平易系统等征管软件，巩固信息管税基础。

（姚　贞）

工商行政管理

【概况】 2012年，全区工商行政管理工作围绕政府关心、群众关注，严查非法添加非食用物质和滥用食品添加剂、非法经营“地沟油”等食品经营违法行为，共查处各类食品案件83件，罚没款40.8万余元。区工商分局将3245家食品经营主体纳入电子监管范围，加强对批发企业、大中型超市、乳制品、酒类经营户等重点对象的动态监控。优化定性及定量检测工作，形成覆盖镇（街道）、村（社区）主要菜市场的菜篮子检测网络体系，定性检测项目增至26项，通过下柜销毁方式处理各种不合格食品1678.2公斤，立案查处22起；定量检测完成876批次检测，不合格45批次，立案查处20起。发挥65家食品安全示范店对全区农村食品经营户的示范作用。开展网络交易行为监管，完成600余家涉网企业的网络建档，网上亮照等基础性工作，查获各类涉网违法案件11起，罚没款6.3万元。普及消费维权知识，全年处理消费者投诉528件，挽回经济损失287.44万元。搭建“银企”沟通交流平台，推广股权出质、动产抵押等，帮助企业融资。实施品牌升级战略，开展商标资源普查、创牌知识宣传、行业专题培育、企业特别辅导等工作，推进镇海紧固件产业成功申报省专业商标品牌基地产业。

是年，共办理各类企业登记3758户，其中新设企业登记906户，变更登记2573户，注销登记279户。年末，全区实有市场主体25645户，同比增长7.07%。其中内资企业8933户，增长8.45%；外商投资企业598户，减少0.85%，外国企业常驻代表机构6户；个体工商户16108户，增长8.41%。完成内资企业年检7685户，外资企业及分支机构年检596户，个体工商户验照10559户。对外资企业及分支机构实行100%的网上年检。全年新申请商标注册288件，续展6件，核准注册114件，全区商标总量达2541件，其中中国驰名商标8件、省著名商标26件、宁波市知名商标55件。全年受理消费投诉918件，为消费者挽回经济损失585.32万元。

【推行审批“立等可取”服务】 2012年，区工商分局针对特殊文化创意企业等创业群体、新兴企业，进一步提高行政审批办理效率，实行“当时受理、即刻办结”的“立等可取”服务，即对于资料齐全、符合法定形式的项目，实行当场受理、尽快发照。是年，全区新增文化创意企业35户，落户大学生创业园的企业达120家。

【开展限制销售使用塑料购物袋整治行动】 2012年，区工商分局联合商务局开展限制销售使用塑料购物袋整治行动。其间，通过采用横幅、标语、宣传单和便民小册、与电视台合作拍制“限塑”公益广告等方式宣传限塑政策，并利用重点市场驻场管理优势，收缴和查处不合格塑料袋，同时推进环保塑料袋的销售工作，共查处不合格塑料袋46.2万个。

【开展“春季打假百日行动”】 3月，区工商分局联合供销、农业、质监等部门，以种子、农药、化肥等春耕生产必需的农资为重点，突出检查有无过期、变质、失效、质量不合格以及国家禁用的农资产品，有无掺杂使假、以次充好、有效含量不足、来源不清等假冒伪劣农资，共检查农资经营户21家，未发现销售无证、假冒伪劣产品的行为。

【全面治理废旧物资回收行业】 4月，区工商分局会同区再生资源管理办公室、城管、公安、街道等部门对区内废旧物资回收行业开展专项整治。共取缔无证经营网点32个，查获电缆线250公斤左右、消防专用管10根、全新紫铜线、紫铜管50多公斤等，5名嫌疑收赃人员已移交当地派出所处理，同时规范有照重点回收企业6家。

【开展消费领域"霸王条款"整治行动】 2012年，区工商分局结合镇海网络问政平台、《今日镇海》、镇海电视台滚动播放、社区LED滚动播放等形式向公众征集霸王条款，共计收到覆盖电信、房地产、餐饮、美容美发、洗涤、婚庆、服装鞋帽、旅游等行业的近30条条款，并联合法院、律师团等对这些条款展开集中点评，对其中10起违法情况予以立案查处，罚没款0.67万元。

【设立快递、汽车4S店消费维权联络站】 2012年，区工商分局落实消费维权联络员制度，在区内顺丰、申通等快递企业，海景、腾峰等汽车4S店设立消费维权联络站，要求快递、4S店配备专人专职处理消费者投诉，并将其纳入到12315举报申诉中心联动单位的体系。通过前移调解关口，为消费者提供"就近维权"的便利，进而节约维权成本。

【开展守合同重信用创建活动】 2012年，区工商分局继续在全区企业中开展"浙江省工商企业信用"创建活动。当年新申报认定A级"守合同重信用"单位11家、续展申报认定A级3家；新申报认定AA级4家、续展申报认定AA级5家；新申报认定AAA级3家，续展申报认定AAA级4家。另认定10位种粮大户为"守合同重信用"粮食订单农户。

【搭建企业融资平台】 2012年，区工商分局为符合条件的企业办理股权质押登记25户，帮助企业融资8.7亿元；办理动产抵押登记104份，涉及主债权9.5亿元。挖掘企业信用的应用价值，向金融机构提供信贷"红名单"，帮助信用等级A级以上企业获"信用贷款"近亿元。

（董　玲）

安全生产监督管理

【概况】 2012年，全区安全生产监督管理工作贯彻落实省、市安全生产工作总体部署，围绕区委"六大战略"和"平安镇海"创建总要求，以预防事故为主攻方向，抓安全生产责任、筑安全生产防线、强安全生产基础，开展安全生产各项工作。区安监局开展"安全生产月""安康杯"、交通安全"五进""11·9消防日"等活动，安全生产主流媒体宣传力度位列全市前列。开展安全培训，全年累计完成全员安全培训65039人，其中企业主要负责人1528名、安全生产管理人员1979人、特种作业人员1532人、其他从业人员6万余名。实施船舶安全检查共计295艘次，查出缺陷1890项，滞留船舶10艘，对辖区客、渡船实施现场检查共575艘次，发现并纠正违章43次；对到港危险品船舶实施检查共870艘次，发现并纠正缺陷共427项，现场检查小型船舶301艘次。

是年，全区安全生产形势平稳好转，共发生各类生产安全事故（包括工矿商贸企业、道路交通、水上交通、渔业船舶、不含石化区事故）204起、死亡40人、直接经济损失229.6万，同比分别下降5.6%、16.7%、45.1%；发生生产经营性火灾24起，持平，无人员伤亡，直接经济损失54.95万。组织辖区水上巡航1114艘次，巡航里程32710海里。未发生较大及以上安全生产事故。

（周旦旦　徐可汗）

【开展安全生产标准化和诚信机制建设】 2012年，区安监局开展安全生产标准化建设，至年底完成241家，两年累计完成344家，提前一年完成市下达的创建目标。出台《镇海区企业安全生产信用激励约束政策》，开展安全生产诚信机制建设，年内完成首批83家一般工业企业信用等级评定，企业隐患排查治理进一步好转，季报率97.2%、零隐患率14.4%、重大事故隐患按期治理率100%、企业自主填报率100%，均达到上级要求。

【开展危险化学品管理整治专项行动】 2012年，全区开展危险化学品管理整治专项行动。其间，启动危化品道路运输服务中心建设，新增庄俞南路和海天路2个双向登记点，解决蛟川高速口禁行危化品车辆问题；严厉打击非法经营销售偷盗危化品行为，打击非法违法行为6起，累计收缴危化品60余吨；加强危化品道路运输途中监管，共登记检查危化车辆32万余辆，查处违规违章行为209起；开发危化品运输管理软件并投入运行，对危化品运输车辆和从业人员实行计分管理；开展行政许可提速行动，重新梳理行政许可流程，强化服务，实现“提速、提质、提效”三提升；推进油气管道隐患治理工作，完成隐患整治81项，对其他17项隐患进行分类管理并落实相应安全防范措施。

【开展“打非治违”专项行动】 2012年，区安监局开展“打非治违”专项行动。全年共组织检查1215人次，检查企业1348家，实施责令改正处罚5442起、责令停产停业20起、关闭非法违法企业15家，排查无证无照生产经营单位1202个，整治1194个(其中高风险点574个)，整治率99.3%。

执法人员对无照无证经营液化气罐人员进行执法

【开展安全生产月活动】 6月，全区开展“安全生产月”活动。其间区安监局举行以“科学发展、安全发展”为主题，组织开展学习安全生产宣传咨询日、安全隐患随手拍、安全生产事故警示教育等宣传教育活动，共悬挂标语(横幅)196条，张贴宣传画200张，发送短信5000条，发放宣传资料10060份。

【开展“安全生产执法月”活动】 2012年，镇海区开展首个“安全生产执法月”活动。其间区安监局探索“长效式”执法，组织开展安全生产执法检查，共监督监察生产经营单位2766家次，查处事故隐患4447条，完成整改3896项，整改率92.4%；修订完善《镇海区生产安全一般事故调查组工作制度》，规范生产安全一般事故调查处理工作。

(周旦旦)

【强化危化车辆管理】 2012年，镇海公安分局对全区31家危化运输企业，763辆危化品运输车辆实行统一管理，开辟危化品运输车辆通行专线，建立危化车辆GPS及

3G视频监控平台，对注册的危化车辆实行24小时监控。

（乐俊凯）

图为镇海公安分局开展危化品车辆检查

【开展船载自动设别系统补助安装】 4月13日，宁波辖区首台政府补助的船载自动识别系统（AIS）设备在"镇渡9"轮上安装并调试成功。至此，镇海区共有7艘客渡船接受AIS设备的免费安装，大幅提升客渡船的安全性能，有利于海事部门对客渡船的监管，进一步改善辖区水上客运安全状况。

【开展服务重大涉水工程活动】 2012年，镇海海事处共完成包括泥螺山北侧围垦工程、宁波—舟山港镇海港区通用散货码头工程等涉及水上水下施工作业监管28项，实施作业检查195次，现场警戒22次，并查处违章14起，有效规范涉水施工作业秩序，保障辖区内各项省市重点工程顺利建设。

【开展"绿色通道"服务活动】 2012年，镇海海事处深化电煤、鲜活农产品"绿色通道"的"一条龙"式服务，全年保障电煤战略物资安全运输2053万吨。坚持重点船舶护航制度，共对客船、危险品船、电煤运输船等船舶护航30余艘次。

（徐可汗）

质量技术监督管理

【概况】 2012年，全区质量技术监管工作围绕质量强区建设展开，镇海质监分局牵头环保、建交、商务等部门全面构建产品质量、环境质量、工程质量、服务质量"四位一体"大质量建设格局。开展以质量大讲堂、质量管理提升项目为驱动的"双质"工程，举办全区性质量大讲堂5期。创新企业管理培训模式，帮助40余家企业导入卓越绩效、精细化管理等先进的质量管理方法。全年新增国家（行业）标准制修订项目7项，省级名牌3个，市级名牌4个，市标准创新示范企业3家。围绕"食品、特种设备、安全类产品、民生计量"，开展各类专项执法打假行动，查处违法案件47起，处罚款67万元。镇海质监分局被评为"全省生产环节食品安全大整治百日行动先进单位""全市食品安全大整治百日行动先进单位""全市农业标准化工作先进单位"。

【建立"四位一体"大质量建设格局】 9月，镇海质监分局牵头环保、建交、商务等部门，围绕产品质量、环境质量、工程质量、服务质量等四大领域制定《镇海区加快建设质量强区实施方案（2012—2015年）》《镇海区质量强区"十二五"规划》，设定四大类十八项质量事业发展指标，明确"十二五"质量强区建设工作要通过实施知识产权战略、品牌战略和标准化战略，健全质量管理体系、质量诚信体系和质量安保体系，实现由产品质量向发展质量、质量监管向质量建设、“制造大区”向“品牌强区”转变。全年累计落实用于引导企业导入卓越绩效管理模式、提升质量管理水平和开展宣传、教育、培训等活动的质量强区发展专项资金约120万元。

【加强企业质量管理】 2012年，镇海质监分局加强企业质量管理：完善质量奖培育目录，将埃美柯等13家获得市级、区级政府质量奖企业的经验心得汇编成册，供其他企业学习借鉴；组织辖区内16家企业、71名管理人员参加卓越绩效高层培训班和自评员培训班，全年新导入卓越绩效管理模式的企业达23家；邀请浙江大学管理学院教授为区内50家骨干企业负责人带来关于质量管理创新的“头脑风暴”，在区政府质量奖评选中新设立“见习评审员”；开展“质量大讲堂、质量管理提升”的“双质”工程，举办管理创新、建筑节能、物流发展、标准化建设等领域的全区性质量大讲堂5期，培训415人次。

【推行两结合名牌培育战略】 2012年，镇海区实施名牌培育与国家产业导向、企业质量管理水平提升相结合战略，将实施先进管理方法和开展质量损扶率统计作为名牌申报的优先条件，提高高新企业申报比重。是年，全区有12家企业申报省、市级名牌产品12个，电动卷门机、炭黑、道路货物运输3个产品被评为浙江省名牌产品；高强度紧固件、超细研磨湿磨机、塑料增塑剂、微小型深沟球轴等4个产品被评为宁波市名牌。至此，全区省级名牌累计达到21个，市级名牌26个，覆盖工业、农业和服务业。

2012年省、市名牌产品

表37

企　业	产　品	获得时间	等级
宁波杜亚机电技术有限公司	电动卷门机	2012.12	省级
宁波德泰化学有限公司	炭黑	2012.12	省级
宁波金洋化工物流有限公司	道路货物运输	2012.12	省级
宁波金鼎紧固件有限公司	高强度紧固件	2012.12	市级
宁波市联成机械有限责任公司	超细研磨湿磨机设备	2012.12	市级
宁波东来化工有限公司	塑料增塑剂	2012.12	市级
宁波达尔轴承有限公司	微小型深沟球轴承	2012.12	市级

【标准化建设取得成效】 2012年，镇海质监分局引导企业开展标准化建设取得成效：会同区农业局引导农业生产企业实施标准化生产，镇海区大棚西瓜种植标准化示范区和骆驼葡萄标准化示范区2个项目申报成市级农业标准化示范区并获得立项。引导企业利用标准化奖励政策，宁波金洋化工物流有限公司和宁波瑞丽

洗涤有限公司2家企业申报成市级服务业标准化试点项目。全年新增宁波市标准创新示范企业3家，国家(行业)标准制修订项目7项，完成产品采标企业11家，新增标准化行为良好企业6家，共计下发标准制修订财政奖励36.5万元。

【推行能源计量精细化管理】 5月，镇海质监分局联合市计量学会对区内新增年耗3000吨标煤以上重点用能单位开展能源计量管理员培训，在重点用能企业中大力推行能源计量精细化管理，共出动50多人次，服务企业20余家次，年内2家企业通过2012宁波市能源计量审查，9家重点用能单位通过计量检测体系评审。

【建立特种设备安全管理队伍】 2012年，镇海质监分局按照“镇(街道)、园区负属地监管之责，质监部门负监察之责，企业负主体之责，社会参与监督”的特种设备安全监管新模式，继续落实特种设备隐患排查治理长效机制，建立一支手中有安全监察条例、脑中有企业设备资料、心中有生产安全责任的“三有”地方专管员队伍。全年累计组织5次专家授课、交流研讨会，举办8期企业负责人特种设备使用安全讲座，21期特种设备安全管理员和作业人员培训，对辖区内106家重点企业和151台重点监控设备开展监督检查，审批小型锅炉房26个，确认淘汰锅炉43台，查处无证叉车127台，处理严重事故隐患39份，处置率达100%，实现全区特种设备安全运行的目标。

【区内企业产品质量稳中有升】 2012年，镇海区共接受国家、省、市各级质监部门对辖区产品实施监督抽查143批次。其中，实物不合格8批次，标签不合格5批次，产品质量合格率达94.4%，同比上升2.8%。

【开展食品百日整治行动】 6月—9月，镇海质监分局开展“食品百日整治”行动，按照食品生产加工特点、生产季节性、风险系数等规律提高巡查效率，突出关键环节和重点隐患检查，同时对媒体关注、群众关心的“明胶”“蜜饯”“地沟油”“咸鸭蛋”等敏感食品问题，第一时间采取排摸检查和监督抽查。行动共出动执法人员669人次，巡查食品企业223家次，发现问题27个，整改率100%。

【筹建区级公共服务平台】 10月，镇海质监分局组织成立区质量技术监督检测中心筹建工作领导小组，对检测机构日常运作和组织架构，实验室认证认可程序、检测环境保护程序、检验项目和仪器配备等相关内容进行论证，编制《建立宁波市镇海区质量技术监督检测中心可行性报告》，提交区长办公会议审议通过。

(夏名屏)

食品药品监督管理

【概况】 2012年，全区纳入食品监管的生产、流通、服务等市场主体共7513家，纳入药品监管的生产、流通、使用等市场主体共116家。全区完善“分段监管、首问责任、及时应对、部门联动”工作机制，食品安全工作列入镇(街道)工作年度考核。完善区、镇(街道)、村(社区)三级监管网络体系，执法人员、镇（街道）药监助理员、村（社区）药品质量信息员的“三员”队伍达142人。

区加强食品安全监管，完成食品定量检测2208批次，实施食品评价性抽样111596份，合格110885份，总合格率99.36%，全年未发生一起重大食品药品安全事故。区食品药品监管部门开展餐饮环节违法经营织纹螺等有毒有害食品专项检查，查处违法经营织纹螺案件9起，查获并收缴割香螺7.51公斤，罚款人民币15万元，在全区餐饮服务行业起到较大的警示作用。区农业部门对辖区内未达到兽药GSP要求的兽药经营企业实施清理，开展地产蔬菜、水果、竹笋、茶叶、食用菌、水产品等质量安全风险评估和检测，对年出栏500头以上的规模养猪场（户）落实“瘦肉精”自检制度，进一步推进病死动物无害化处理。区质监部门开展清泉行动、饮用水十日整治行动和糕点生产企业专项整治行动。通过整治，饮用水和糕点的合格率分别从原来的76.9%、90.9%提高至100%。区工商部门加强流通领域食品安全监管，联合区环保、食品药品监管部门开展中小型餐馆联合审批试点工作。区城管部门加强对城乡接合部非法生产“地沟油”窝点、边远绿化林带私屠滥宰窝点等地进行重点巡查，共依法取缔“地沟油”加工点7个。区商务部门开展打击私屠滥宰行为专项突击检查，重点巡查城乡接合部，流动肉摊，原私屠滥宰窝点、边远绿化林带等地，及时处置牛肉注水事件，第一时间查封和关闭菜牛屠宰场，罚没款24.33万元，及时处置率100%。区卫生部门开展餐饮具集中消毒企业专项整治，取缔4家，指导提升4家。

【开展市级药品安全示范镇街道创建】 2012年，区食品药品监管局组织镇（街道）开展市级药品安全示范镇街道创建。年底6个镇（街道）通过市级考核验收，被宁波市食品药品监督管理局授予市级药品安全示范镇（街道）称号，市级药品安全示范创建覆盖率100%。

【开展食品安全大整治百日行动】 7月15日—10月25日，全区部署食品安全大整治百日行动，重点整治非法添加工业染料、非法添加孔雀石绿、非法使用工业硫黄、工业明胶冒充食用明胶、病死猪等肉品质量安全、劣质食用油、问题豆芽菜、滥用果蔬保鲜剂、滥用含铝膨松剂、鲜笋农药残留、茶叶质量安全、校园周边食品安全、网售食品安全等13个突出问题。共出动执法人员4735人次，检查相关单位7873家次，检测各类食品577份，合格率98.44%，查处食品违法行为290起，罚没款48.06万元。

执法人员检查餐饮单位

【出台突发食品安全事件应急预案及操作手册】 12月，镇海区率先在全市出台《镇海区突发食品安全事故应急预案及操作手册》，对食品安全事件应急预案的适用范围、启动条件、组织体系、主要职责、应急程序等进行规范。进一步明确食品安全突发事故应急中各部门的职责,完善报告网络、风险预警和快速反应机制,使应急预案及操作手册更具针对性、操作性和实用性,提高处理食品安全突发事件的能力。

【开展食品安全示范学校创建】 2012年,区食品药品监管局组织区内中小学(幼儿园)开展食品安全示范学校创建。11月,经学校(幼儿园)申报,区食安办、教育局初审,区工商、卫生、城管等5部门联合考评,综合评审、公示等程序,评选出龙赛中学、职业教育中心学校、精英小学、应行久外语实验学校、艺术实验幼儿园、镇海实验幼儿园等6所学校(幼儿园)为区首批食品安全示范学校(幼儿园)。

(黄春波)

市、区食品药品监管部门执法人员检查学校食堂

口岸管理

【概况】 2012年,镇海海关按照海关总署统一部署,贯彻落实《长江经济带海关区域通关一体化改革方案》,改进监管和服务,改善服务优化口岸通关环境,促进外贸稳定增长,各项业务稳中有进,税收保持较低上升幅度。全年征收税款102.1亿元,同比上升1.6%,再创历史新高;监管进出口货运总量602.2万吨,同比增长14.3%,货运总值61.5亿美元,下降3.08%。全年共查验报关单7449票,查验率为43.5%,查验率为43.57%,查获33票,查获率为0.44%。稽查查发各类情事14起,其中移交缉私3起,补办相关手续11起,累计实现稽核查补税3370.64万元。在辖区内在辖区内开展“管理年”活动和“国门之盾”行动,加大对散装固体废物辐射超标情事的查验,全年行政立案22起,案值1257.3万元,涉税98.82万元。推动镇海大宗散货物流枢纽港在保税物流中心(B型)开展分拨、转口、贸易等业务,支持口岸液化贸易发展。

是年,镇海检验检疫局共检验检疫出入境货物16948批、货值40.56亿美元,同比分别降低7.23%、42.66%。其中,出境货物2997批、货值1.11亿美元,同比增长12.12%、38.75%;入境货物13951批、货值39.45亿美元,同比降低10.54%、43.53%。检疫出入境人员2.88万人次、船舶1937艘次,同比减少6.64%、10.9%。进境集装箱检疫11585批次,32106标箱,同比减少6.95%和5.59%。签发出入境货物证单16251份,同比降低2.5%。签发产地证1.048万份,签证金额3.99亿美元,共计减免关税约2000万美元,新增产地证企业注册21家。完成检验检疫收费1747.71万元,同比降低35.22%。

是年,宁波边防检查站镇海分站紧密对接“四大国家战略”,以做好十八大安保工作为主线,全年检查出入境船舶2004艘次、出入境人员29478人次,查处违法违规案件52起56人次(其中包括外籍船员3名)，破获海上团伙盗窃一起。支持镇海大宗货物海铁联运物流枢纽港建设，探索总结适合该物流枢纽港发展的边检勤务模式，建立涵盖船舶、代理、企业三方的ABC信用等级评定体系，推出优惠服务举措，简化进出口检查手续，企业报检差错率由原来的5%下降到0.8%。

(郗冯昕　王　申　郑　勇)

【加强船舶监管】 2012年，镇海海关加强船舶实际监管，查获宁波某免税品公司采用加盖私刻船舶印章、伪造船长签名等手法，骗取免税指标，内销免税烟酒，偷逃国家税款。案值约2522万元，涉嫌偷逃税款1635万元，涉及免税烟21万余条，免税酒800多瓶。

【开展“国门之盾”行动】 2012年，镇海海关贯彻落实中央经济工作会议精神和国务院领导指示，开展为期一年的“国门之盾”行动，重点加强对散装固体废物辐射超标情事的查验。全年共查验7449票，查验率为43.5%，共计移交案件27起，刑事案件2起，涉案金额3058万元，查获2起辐射超标情事，涉及货物2344吨。其中1起1127吨辐射超标货物经国家级媒体播出后引起强烈反响；3起不符合国家环控标准案件，涉及货物150吨，涉案货物全部退运，超额完成“国门之盾”任务要求。

镇海海关工作人员查验散装固体废物辐射超标情事

【取消五项收费项目】 从10月1日起，镇海海关取消五项收费，即停止收取进出口货物纸质报关单证明联(进口付汇用、出口收汇用)和出口报关单退税联打印费(以下简称“两单打印费”)、报关单条码费和海关监管手续费，共取消收费3万余元。

【多项措施服务地方经济发展】 2012年，镇海海关参加镇海区“亮诺、践诺、评诺”活动，在媒体上公开服务承诺。加强企业调研，全年共走访百隆东方、LG乐金甬兴等重点企业40余家，择优选取4家企业入围宁波关区50家重点帮扶企业，建立“一对一”的联系机制。推动镇海大宗散货物流枢纽港在保税物流中心(B型)开展分拨、转口、贸易等业务，支持口岸液化贸易发展。开展“学雷锋”志愿服务活动，推进“文明海关”志愿服务品牌建设。与宁海县越溪乡金钥匙希望小学、丽水市缙云县壶镇镇团结小学的5位贫困小学生结对助学，到江苏省句容市郭庄镇希望小学义务支教，到奉化大堰镇赵岙村开展扶贫帮困活动。镇海检验检疫局针对国际市场疲软和人民币升值给出口企业带来的困难，继续执行出口农产品出入境检验检疫费减免政策，对14家小微企业免征一般原产地证书签证费及工本费。推进检验监管模式改革，全面实施船舶检疫“365白加黑”工作制和进境散装废物原料全天候检验检疫机制，实行365天24小时预约加班服务，提高通关速度。建立高风险项目严密监管和低风险产品快速放行相结合、以风险管理为核心的出口食品、农产品和化妆品检验监管机制，将检验监管重点从产品检验检疫向企业监管转变，降低出口产品抽检率。加强与地方卫生部门联系，巩固合作机制，设立应急处置“绿色通道”，提高入出境伤病员抢救应急处置能力。联合区商务局举办“镇海区产地证培训会”，共吸引100余家外贸企业负责人及申报员（手签员）113人参加。

（鄢冯昕　王　申）

【镇海检验检疫局挂牌】 12月27日，镇海检验检疫局举行挂牌暨镇海检验检疫技术用房启用仪式举行。镇海区委书记薛维海、区长魏祖民出席。

（王　申）

【首艘液体化工品班轮试运行】 2月13日，宁波口岸首艘液体化工品班轮“中化成都”装载6000吨化工品平稳靠泊镇海港，标志宁波口岸探索液体化工品运输班轮化业务平稳试运行。该班轮于2011年11月21日开始试运行，开创国内液体化工品运输的先河，主要往返于海峡两岸，有效提高现有码头能力下的货物中转量。经统计，该班轮试运行至今累计运载约5.2万吨液体化工品，主要为乙二醇、正丁醇和异丙醇。镇海检验检疫部门根据该班轮试运行情况，给予多种便利检疫措施，优先办理船舶手续，有效提高口岸工作效率。

【开展“两个专项”活动】 2012年，根据上级要求，镇海检验检疫局开展安全风险排查整治和道德领域突出问题专项整治活动，经过全面排查不留死角、集中整治不留情面、巩固提高不留隐患三个阶段整治，共排查企业25家，34人次，内容涉及企业分类管理、进境原木、出口宠物饲料、添加剂、出口水产品、口岸监管场库及进出境动植物及其产品生产企业质量安全控制和疫情防控等。

（朱宏伟）

【建立“创卫”检港约谈会制度】 2012年，镇海检验检疫局建立“创卫”检港约谈会制度，定期约谈宁波港股份有限公司镇海港埠分公司，进行面对面交流和探讨。其间，向镇海港埠分公司传达市委王辉忠书记、市长刘奇对宁波口岸全面创建国际卫生港的批示和2012年质检总局对宁波口岸核心能力考核安排，双方就镇海港口存在的各种困难和可行的解决方案进行探讨，全面推进镇海口岸创卫工作。

（袁　军）

【首次电讯检疫入境化工班轮】 2月27日，全国首条化工班轮航线“中化成都”轮停靠镇海口岸16号化工泊位，镇海检验检疫局按照国际航行船舶风险分析体系要求和船舶检疫相关规定对该轮实施电讯检疫。这是镇海口岸自2009年开展国际航行船舶风险分析体系探索以来，首次对入境外轮实施电讯检疫。此次镇海口岸再次成功运用国际航行船舶风险分析体系对入境化工班轮实施电讯检疫，标志镇海口岸对国际航行船舶风险分析体系的探索和建设又向前迈进一步，将进一步提升镇海口岸检验检疫人员加强执法把关和服务地方经济发展的能力。

【首次检出入境船舶沙门氏菌】 2012年，镇海口岸检验检疫人员在对入境的国际航行船舶“银龙”轮进行卫生监督过程中，经对垃圾泔水采样送保健中心检测，检出致病菌沙门氏菌。这是宁波口岸首次从国际航行船舶垃圾泔水中检出沙门氏菌，也是继检出阪崎肠杆菌、溶藻弧菌、克雷伯氏肺炎杆菌等致病菌后，宁波口岸检出的又一人类健康杀手。

【查处1起船员健康证集体造假案】 2012年，镇海检验检疫局查处1起国际航行船舶“健康证明书”集体造假案，共查获假冒“健康证明书”7份。经调查取证，相关船员均承认未进行任何体检而通过劳务公司以300元每本的价格购买健康证的违法事实，并监督他们立即重新办理健康体检手续。

（冯建利）

【成功抢救1名外籍受伤船员】 6月4日，巴拿马籍“永和7”轮从海门港空载开往日本。当日凌晨3时，途经宁波外海附近，该轮缅甸籍船员AUENG HEIN意外摔落生活区楼梯，腰椎受伤，异常痛楚。通过宁波万谦国际船舶代理有限公司通报宁波口岸，要求紧急协助送治。镇海口岸3家联检单位启动口岸突发事件应急协调机制，迎往锚地现场办理。经宁波出入境检验检疫局检疫人员检查，该船员腰椎受伤严重，在镇海区“120”急救中心人员协助下，安排船员及时登陆就医，使患者转危为安。事后船员家属和所属船东将承有感激之情的“国际救援爱的奉献”的锦旗送抵宁波检验检疫局镇海办，以感谢镇海办检疫人员给予的紧急救助。

（袁　军）

【加强进出口食品质量安全监管】 2012年，镇海检验检疫局多措并举加强进出口食品安全监管：利用出口食品农产品风险管理平台，在严控产品质量风险基础上，结合企业诚信状况，最大限度地减少检测项目、缩短检测周期，抽检率最低降至8.5%，部分产品的检测项目由最高的17项降至最低的5项，为企业节约检测费20%以上，有效降低经营成本，提高产品竞争力。实施减免检验检疫费用措施，为出口农产品减少50%的检验检疫费用（四季度免收检验检疫费用），全年为辖区内出口动物产品、食品和非食用动物产品企业节约检验检疫费用近15万元。开展企业实验室分级工作，指导和帮助1家出口企业获宁波局三级实验室资格，其两项检测结果可直接作为检验检疫机构的执法判定依据，提高出口产品通检速度。帮助企业做好对外注册认证，协助出口宠物食品企业对美国、俄罗斯的注册考核，以及帮助出口氨基酸企业迎接FDA现场考核等，为企业打开国际市场提供坚实的技术支持。做好企业正面宣传，推荐辖区2家企业获质检总局“诚信百家”企业，3家获宁波地区一类企业，并在各级报刊、网络对镇海地区的出口水煮笋、水产品、氨基酸等特色产业进行大力地宣传报道。开展出口食品安全领域“潜规则”排查，全年共排查食品企业3家，参加排查人员12人，开展检验检疫队伍自查1次、互查3次。加强进境粮谷存放检疫监管，全年监测杂草三次，发现加拿大一枝黄花、野燕麦、扁穗雀麦、山莴苣、空心莲子草等多种杂草。

（张国瑛　韩　度　王雅飞）

【加强进口废物原料监管】 2012年，镇海检验检疫局多项措施加强进口废物原料监管：严把环保监管关。对园区行政管理部门、场地、国内收货人实行三位一体监管，构建具有镇海口岸特色的进口废物原料监管体系，保障进口废物原料符合相关环控标准。全年共发现环保不合格9批次。澄清进口废物原料辐射超标事件。针对“宁波海关查获千余吨日本进口辐射超标废金属”的报道引起的社会关注，通过及时核实、有效应对、全面澄清等步骤，驳斥相关报道中的失实情况，并接受钱江晚报和中央电视台的采访，在最大层面正面回应网络上有关镇海口岸进口大量福岛辐射超标废金属的不实传言。开展年度审核。对宁波（镇海）再生金属资源加工园区内现有国内收货人71家和园区外有转场检验检疫资格的国内收货人6家，开展年度审核工作，重点对进口废物原料国内收货人的硬件设施、软件管理以及对检验检疫有关法律法规落实情况进行走访调研，查找国内收货人生产过程中的风险环节，采用全面评估程序，对质量管理体系进行评审。全年发现各类问题10项并全部落实整改。

（谢栩铖　高占旺）

【加强口岸核放射性监测】　2012年，针对日本地震引发核泄漏事件，镇海检验检疫局加强口岸和放射性监测：对来自或途径日本的进口船舶及货物实行100%放射性监测，范围涵盖进境散装液化品等非法检产品，严格保证放射性监测范围和项目的100%全覆盖；运用码头巡检、登船检测、人员检测和船用食品饮用水检测等手段，强化口岸船舶放射性监测；提高进口散装废物原料巡检频次，落实进口散装废物原料放射性监测“五道关”，即卫生检疫关、开舱查验关、卸货巡检关、通道式检测关、堆场复验关，全面扫除监测盲点，确保放射性超标情况检得出、检得快。全年共对来自日本的919艘次船舶、905批次进境废物原料实施核放射性监测，检出2批次进境废物原料放射性超标情况，均及时汇报和处置。

（高占旺　施　波）

统计管理

【概况】　2012年，区统计局加强统计基础建设，完善统计制度方法，着力提高统计能力、统计数据质量和政府统计公信力，全面提升统计工作水平。组织开展城镇住户、农村住户、规模以下工业、生产者价格等抽样调查。完成“三思三创”满意度调查、“亮诺、践诺、评诺”活动、银行系统民主行风评议的测评工作和“进村入企”大走访的数据录入、汇总和分析工作。配合有关部门，完成“组工调查”“党风廉政建设民意调查”“非公有制企业人才资源及岗位工资”“5‰人口变动、群众安全感”等民情民意调查。加强法制宣传，普法培训1700余名统计人员，开展法制知识竞赛，覆盖全区1000多家企事业单位，提升统计人员依法统计意识。分期分批开展全区规模以上工业企业和限额以上服务业企业统计业务培训，提升1500余名企业统计人员业务技能。组织全区244人报名参加全国统计从业资格考试，24人报名参加全国统计专业技术资格考试。

【开展城乡一体化住户调查】　10月，区统计局完成前期宣传动员、落实人员经费、制定工作方案、抽选调查样本、开展人员培训等准备工作，组织对全区2200户调查样本开展入户摸底调查。至年底，全面开展记账工作，城乡一体化住户调查制度初步建立。是年，荣获“全市一体化住户调查先进集体”称号。

【开展“四上”企业统计稽查】 2012年，区统计局对59家规模以上工业企业、资质等级建筑业企业、限额以上批零住餐企业、限额以上服务业企业进行稽查，重点核查“四上”企业的基本情况和主要数据质量，进一步加强统计执法，有效提高源头数据质量。组织8名干部参加市级执法培训班，提高依法行政能力。

【推进基本单位名录库建设】 2012年，区统计局按照“先进库，后出数”的原则，做好“四上”专业年报调查单位与基本单位名录库的比对、核实、申报和维护。全年全区新登记法人单位848家，注销81家，变更350家；新增产业活动单位62家，注销4家，变更7家。全区在库规上工业企业561家，资质以上建筑业企业66家，房地产开发经营企业64家，限额以上批零企业225家，住餐企业27家。

【全面实施“企业一套表”制度】 2012年，区统计局完善“企业一套表”业务制度和流程，组织全区943家规模以上工业、资质以上建筑业、限额以上批发、零售、住宿、餐饮业及房地产企业，全面采用“企业一套表”联网直报方式报送统计数据，确保制度实施的稳定和顺畅，提升统计工作效能。

（叶晓芬）

价格管理

【概况】 2012年，全区价格管理工作把维护价格总水平基本稳定作为首要任务，加强价格调控监管。区发改局继续深化民生商品、工业原材料、出厂工业品、区内主导产品、柴油批发价格和生猪价格监测和预警，依法规范定价、调价行为，开展价格监督检查，规范市场价格秩序。全年八大类居民消费价格同比呈“7升1降”格局，总体水平保持平稳，镇海区居民消费品价格总指数为101.7。

宁波市居民消费分类价格累计指数

表38 计量单位:%

年份	居民消费价格总指数	食品类	烟酒及用品	衣着	家庭设备用品及维修服务	医疗保健和个人用品	交通和通信	娱乐教育文化用品及服务	居住
2012年	101.7	105.2	102.4	101.7	103.3	101.1	99.6	95	102.1

注：表中镇海区居民消费分类价格指数与宁波市区指数一起统计

是年，区发改局继续开展民生商品价格发布工作，在确保粮油等重要民生商品价格监测的基础上，根据市场供求和季节变化及时调整民生商品监测品种；继续开展钢材、煤炭、液体化工主导产品市场价格、柴油批发价格、工业原材料及出厂品价格、生猪价格的监测和预警。做好价格备案，完成保利城F3地块、公园世家等6个住房小区前期物业收费标准的核定；贯彻落实药品价格相关政策，转发《浙江省物价局关于公布浙江省国家基本药物和省增补非基本药物目录药品县及县以上医疗机构集中采购药品零售价格的通知》等药品价格文件10余个，规范区内各医疗机构的药品价格行为；贯彻落实省、市物价部门有关机动车停放服务政策，规范区内机动车停放服务收费价格行为；完善城区小客油运价格联动机制；做好价格监督检查，开展涉农涉企、教育收费、商品房销售、农贸市场和药品服务价格等专项检查和整治工作。开展行政事业性收费的清费减负。

【调整核准部分收费价格】 2012年，区发改局对部分收费进行调整和核准：公布2012年镇海区集体土地房屋拆迁时各类地段商品住宅平均价格：一级地段每平方米5500元，二级地段每平方米5000元，三级地段每平方米4700元，四级地段每平方米4200元；调整镇海区城区小客燃油附加费由现行每车次1元调整为每车次2元；核定宁波碧海供水有限公司工业供水价格3.30元/立方米。

【开展价格监督检查】 2012年，区发改局开展涉农、涉企、商业银行、医疗服务和药品价格等各类价格检查。全年共查处价格违法案件6件，涉案金额36.42万元，实施经济制裁总额35.42万元，其中退还违法所得0.88万元，没收违法所得21.6万元，罚款5.02万元。

【行政事业性收费大幅下降】 6月，区发改局完成2011年度全区行政事业性收费年检工作。全区共24个收费系统，66个收费单位，全年收费总额为26618.02万元，占财政一般预算收入的3.79%，绝对额比2010年减少16703万元，降幅为38.54%。

（俞　晴）

审　计

【概述】 2012年，区审计工作围绕区委、区政府“六个加快”战略部署，确立“在服务中实现有效监督、在服务中推进审计转型、在服务中体现审计价值”发展目标，以提升质量为根本，以改进方式方法为抓手，着重关注财政资金安全、政府投资和民生工程资金使用效益，当好公共财政“卫士”，发挥审计“免疫系统”功能。全年共完成审计计划项目26个，查处违规金额1217万元、管理不规范金额4680万元，查处非金额问题99项。审计、审核政府性工程项目100个、涉及资金10.3亿元，核减工程造价8510万元，核减财务费用156.8万元。

是年，区审计局协助区委区政府或相关职能部门出台《镇海区政府性资金使用绩效问责暂行规定》《关于进一步加强政府性投资公司费用支出控制的通知》等10项制度，进一步修订完善《镇海区领导干部经济责任审计告之承诺办法（试行）》《镇海区领导干部经济责任审计联席会议制度》等6个指导性文件，将审计工作从预算执行、专项资金、经济责任、工程造价等方面延伸至各类基金、非税收入、政府债务、国有资产经营收益等领域，构建财政审计大格局。对公共财政资金从收入组织、预算编制、拨付执行、管理使用等环节实行全过程审计监督，对公共财政资金的流向进行跟踪，并对其真实性、合规性和效益性发表审计意见，避免财政资金的流失和浪费。开展“同级审”工作，审计调查发现扶持政策的限制规定执行不到位等8方面问题，提出有针对性建议，并主动服务被审计单位做好整改落实。抽调10余名业务骨干参加审计署组织开展的土地出让金和耕地保护审计，纠正部分土地出让收入返还、欠缴、超范围使用等问题，促进土地市场规范管理。全年投入审计力量千余人次，向被审计对象或有关单位提出审计建议46条，向上级审计机关、区委区政府提交审计专题报告、综合报告和信息简报共105篇，出具审计报告和专项审计调查报告28份，向社会发布审计结果公告3篇，各类审计信息被区以上媒体录用80篇次，区以上领导批示10篇次。选取“农村集体经济和镇属事企单位审计”为题，撰写《关于加强农村集体经济审计监督的调查及建议》调研报告，为区领导科学决策提供重要参考。1篇论文在国内期刊上公开发表，1篇信息被审计署录用。1个项目入围2011年度宁波市优秀审计项目。

【开展同级审工作】 2012年，区审计局开展同级审①工作，即首次开启在区长办公会议上通报同级审结果情况。全年区审计局完成区教育局、人口计生局等部门预算执行审计、庄市街道财政决算审计、住房公积金管理中心2011年财务收支审计。审计后发现个别单位存在经费预算编制不够明细、公务卡消费欠规范、下属单位捐赠款形成账外资产、专项经费使用未经审批移用、调剂、列支纪念品及部分违法生育者提供虚假信息、出具虚假收入证明导致社会抚养费漏征等问题。通过审计，指出财政运行中不安全因素和潜在风险，提高预算执行效果和财政资金使用效益。财政审计报告受到区人大肯定。

【对10名党政领导干部进行经济责任审计】 2012年，区审计局对计生局、司法局、科技局、旅游局、供销社、庄市街道等9家单位的10名区管领导干部进行经济责任审计。审计由以查处违纪违规问题为主转向财务审计和绩效审计并重。经审计，查处领导干部应负领导责任的违规金额785万元，其中违规金额32万元，管理不规范金额753万元，收缴财政违规资金15万元。

【跟踪审计4个政府重大投资项目】 2012年，区审计局按照《镇海区国家建设项目审计实施办法》，跟踪审计新城核心区总部经济商务楼、文化艺术中心工程、泥螺山北侧围垦工程等3个项目。跟踪审计把事前预防、事中控制和事后监督结合起来，有效渗透到政府投资领域各个环节，发现个别监管单位管理缺位，部分施工单位在隐蔽工程记录上做假、虚列工程项目、以少报多、重复计算甚至偷工减料等问题。此外，完成省同步项目中小学校

①同级审：审计机关对本级政府及其部门(含直属单位)的预算执行情况和决算草案以及其他财政收支情况进行审计监督。

舍安全工程专项审计调查，全面真实解掌握区内中小学校舍安全工程建设情况。

【对2个民生项目进行审计】 2012年，区审计局根据审计署的统一部署，对全区社保实施审计，时间跨度为2005—2011年，涉及单位包括人社、民政、卫生、财政等多个部门，查处一些不符合条件人员领取低保金问题，指出社会保障资金取得的成效以及管理中存在的财政负担沉重、信息系统不够完善等困难和问题，得到市审计局肯定。完成慈善资金收支和管理情况审计，提出规范冠名基金和定向捐赠资金的运作规程、规范村级帮扶基金、加强会计基础工作、招募义工队伍等多项审计建议，被全部采纳。此外，参与区纪委组织的“四项经费”专项检查、公务卡专项检查、区财政局组织的经济责任履行情况审计“回头看”专项检查。

（沈文叶）

城乡建设与管理

综　述

2012年，全区针对空间优化、产业转型升级等难题，筹谋空间布局优化，科学推进全域城市化发展。开展《镇海区“十二五”空间发展优化提升研究》，协调完成《九龙湖组团空间规划研究》《镇海区甬江北岸发展规划研究》《新围垦区域规划研究》《镇海区绿道系统研究》《轨道站点用地空间应对及控制研究》等规划研究。组织编制《宁波市花卉园林示范区（宁波植物园）规划》，为植物园开发建设提供规划指导。编制完成《宁波化工区澥浦片区控制性详细规划》《宁波化工区岚山片区控制性详细规划》《澥浦镇区控制性详细规划》《镇海区庙戴地段控制性详细规划》等4个控制性详细规划并获市政府批复。

是年，全区继续推进城市基础设施建设，镇海大道二期贯通，镇海大道三期开工建设，中官路大修工程完工，聪园路改造及北延工程下穿后海塘段方案确定，货运铁路北环线建设继续推进。继续改善区域内的生态环境，村庄截污三期、四期、九龙湖片区污水主干管铺设、城市供水环网西延工程等项目完成年度目标。全面推进自来水接入宁波市供水网改造工作，完成横溪、秦山2个高山自然村水改工程，西河刘家、方俞2个自然村生活污水生态化处理工程投入使用，全面完成广源变至九龙湖镇10千伏供电线路铺设，220千伏田胡变、110千伏田央变项目前期工作顺利推进。加大环境整治力度，开展以“西经堂、九龙湖”为两点和以“九龙大道、汶骆路”为两线的农村环境卫生整治。

招宝山街道40个老小区、6所幼儿园和西街服装城完成智能改造；4条背街小巷完成提升改造；城东社区东河新村全部1～12号老住宅楼和车棚完成改造。蛟川街道丰颐家园一期项目竣工交付，启动大运路一期、蛟川医院改扩建工程。改善农村人居环境。清水浦创建成市级环境整治村，陈家村创建市级森林村。庄市街道总投资5亿元的万科酒店开工建设，明海商业广场、金色广场建成并于年底开业，锦绣曙光一期444套安置房和植物园242套过渡房完成分配，书香丽景一期竣工，联兴家园二期、锦绣曙光三期、翰香景庭一期开工建设。加快推进新城的开发建设，行政中心、市民广场竣工验收，东西侧商务楼、文化艺术中心主体结顶，保利文化广场住宅一期进入装修阶段，宁波海尚大酒店开业运营；宁波植物园（花卉园林示范区）完成立项；核心区“三路一河”（东邑南路、民和路、金华南路、金华河）及西大河南路进入工程扫尾阶段，截至12月底，新城累计完成各类投资76亿元。

（董小萍）

规　划

【概况】 2012年，区规划部门围绕区委、区政府中心工作，践行“融管理于服务，以服务促管理”理念，发挥城乡规划公共政策职能作用，创新规划管理和服务举措，加强基础测绘和地理信息管理，有序开展规划编制工作，为全区实施“六大战略”提供规划保障。

是年，区规划分局针对镇海区空间优化、产业转型升级等难题，筹谋空间布局优化，科学推进全域城市化发展。开展《镇海区“十二五”空间发展优化提升研究》，理清“十二五”镇海空间发展方向及各组团发展重点，为经济发展提供规划保障。按照《宁波市总体规划（修改）》编制进程，启动镇海区分区规划评估，促成镇海与全市的发展目标相吻合。

是年，区规划分局紧抓重点区域规划，协调完成《九龙湖组团空间规划研究》《镇海区甬江北岸发展规划研究》《新围垦区域规划研究》《镇海区绿道系统研究》《轨道站点用地空间应对及控制研究》等规划研究。组织编制《宁波市花卉园林示范区（宁波植物园）规划》，为植物园开发建设提供规划指导。编制完成《宁波化工区澥浦片区控制性详细规划》《宁波化工区岚山片区控制性详细规划》《澥浦镇区控制性详细规划》《镇海区庙戴地段控制性详细规划》等4个控制性详细规划并获市政府批复。《宁波大学科技学院东侧地段控制性详细规划》通过审查并完成公示，《宁波城市工业功能区（机电园区区块）控制性详细规划（镇海片）》完成报批稿。截至年底，除镇海电厂、炼化等工矿区和九龙湖旅游度假区外，12个功能片区控制性详细规划获市政府批准。

加强基础设施与民生工程、公共服务设施等专项（专业）规划，编制完成加油加气站设置、环卫设施、养老设施、河网水系和管线综合、镇海区生态休闲农业布局、公共交通、菜市场等专项规划，进一步增强城市建设的民生属性和服务功能。围绕提升新城城市形象，编制完成新城门户体系研究及控制导引、新城核心区商务地块景观规划、世纪大道绿化景观提升概念方案。推进新农村建设规划编制，配合各镇（街道）推进生态镇海和美丽新农村建设。编制完成联勤、民联、曙光、西经堂、长石、董家畈6个集中居住区建设规划；清水湖、田顾、永旺、兴丰、勤勇、长宏6个村民集居点建设规划，以及横溪村村庄整治与建设规划。完成觉渡集中居住区和湾塘、岚山、庙戴3个村民集居点建设规划报批稿。优化调整“2016”工程，促进农村生活品质提升。

依法加强规划许可管理，全年共核发规划选址意见书82件，出具规划条件58件，核发建设用地规划许可证107件，审查规划设计方案182件，核发新建项目建设工程规划许可证78件，完成竣工规划核实80件。

【宁波化工区澥浦片区（ZH11）控制性详细规划获批】 2月17日，市政府发文批准该规划。该片区规划范围东至澥浦大河、西至澥浦镇与慈溪市龙山镇交界处，南至海天中路，北至规划杭甬高速复线，总用地面积约281.7公顷。功能定位为以精细化工原材料为主导产业的宁波化工区重要组成片区。

【宁波化工区岚山片区(ZH12)控制性详细规划获批】 2月17日，市政府发文批准该规划。该片区规划范围东至规划杭甬高速复线，南至海呈路，西至海天中路，北至规划望海路，总用地面积为359.3公顷。功能定位为以石化中下游基本有机化工产业为主导的宁波化工区重要组成片区。

【澥浦镇区(ZH10)控制性详细规划获批】 2月17日，市政府发文批准该规划。该片区规划范围东至规划道路及汇源路、西至慈海路、南至镇浦路、北至山体，总用地面积292.1公顷。功能定位为宁波中心城北部工业型综合城镇、宁波石化经济技术开发区综合配套服务基地、以历史民居为特色的镇海旅游区重要组成部分。

【镇海区庙戴地段(ZH10-04)控制性详细规划获批】 9月27日，市政府发文批准该规划。该片区规划范围东至广源路延伸段，西西至慈海路、南至现状高压电力走廊、北至规划镇浦路，总用地面积66.92公顷。功能定位为以先进制造业为主导产业、为石化经济技术开发区等周边区域配套的工业功能区。

【开展“中小微企业服务年”活动】 2012年，区规划分局围绕“为地方企业排难解忧，促进实体经济发展”主题，开展“中小微企业服务年”活动。调研全区规划为生态带、备用地等非城市建设用地内的现状工业企业，综合考虑城市建设时序、周边基础设施配套和建设、环保等因素，提出《非城乡建设用地内的现状工业地块容积率控制原则》并报经区政府批准实施，最大程度挖掘和提高现有工业用地的潜力、满足工业企业发展的实际需求。与区国土分局协调，共同推出工业用地宗地分割办理实施办法，突破一个工业项目地块只能办理一个土地证的做法，进一步理顺工业用地可分割登记条件及办理审批流程，帮扶解决企业融资抵押问题。对小微企业集聚区内同一地块联建，按同一方案予以认可，待各企业取得土地证后，可直接分开申请办理建设工程规划许可证，共享道路、围墙等各类配套设施，集约利用土地。

【推出“5S”服务】 2012年，在“三提前、三服务”①办法基础上，区规划分局实行“5S”服务，即提前介入上门沟通，进行主动服务(self-motivated)；提前审查早出成果，进行高效服务(speed)；全程跟踪规范流程，进行标准服务(standard)；强化学习链式拓展，进行延伸服务(stretch)；创新机制强化宣传，进行满意服务(satisfaction)，助推项目审批提速。“5S”服务被省政府法制网、宁波规划网及今日镇海等媒

①“三提前、三服务”：“三提前”为提前介入、提前审查、提前准备出成果；“三服务”为温馨提示服务制、重点项目专人跟踪服务制和批前现场服务制，旨在提升我局服务水平和审批效率，服务企业、方便群众。

体宣传报道，规划窗口在区行政服务中心入驻窗口“高效之窗”竞赛排名中长期名列前三。

【完成多个区块地形图测绘】 2012年，区规划分局实施新城区域沉降监测和基础地理信息数据新标准改造项目，相继完成贵驷片区和长石片区16.6平方千米1∶500地形图测绘、新城北区6.2平方千米三维模型建设项目验收、2011年遗留管线探测项目等工作。

（陈炜佳）

城市和市政建设

【概况】 2012年，全区城市和市政建设工作坚持建、管、养“三权分立”制度，强化市政公用设施养护管理，推进民生工程，优化市政公用设施，推进智慧城管升级，提升公用事业水平。

是年，区城管局继续推进背街小巷改造，投入525万元实施老城隧道北路升级、车站路盲道等改造，投入152万元实施路灯智能监控升级改造，投入94万元实施新城主干道等道路桥梁的安全检测和接坡，投入63万元实施老城威海路—海天路路口绿化改造。推进“道路清爽行动”，投入800余万元购置专用车辆（其中老城区15辆，新城区8辆），区属道路保洁车辆达45辆，重点区域道路机扫率提高到75%以上。修复城河路、中官路等26520平方米沥青路面，人行道8824平方。投入200万元实施老城白龙新村、渔丰弄、港务新村等老小区排水防汛设施改造，提高老小区排涝能力。对区管1376只公共消火栓进行油漆，906只公共消火栓实行大修保养。

是年，区公建中心实施政府投资的工程项目9个，总建筑（改造）面积11万平方米，总投资6.5亿元。全年累计完成投资2.24亿元。其中竣工验收和交付使用的有区公安分局骆驼派出所和镇海检验检疫技术用房工程，在建工程有区中心粮库工程、区老年大学整体搬迁工程、区人防培训某地装饰工程等7个。

（袁晓君　邱　红）

2012年区政府投资项目代建进度情况

表39

序号	项目名称	2012年完成情况
1	镇海区公安分局骆驼派出所	6月4日通过竣工验收
2	镇海区中心粮库工程	综合办公楼、食堂倒班宿舍主体结构结顶；平仓房完成部分墙砌体；大米车间二层楼面、烘干房完成钢结构2/3；维修车间主体完成70%
3	镇海区人民医院二期工程	门急诊楼完成主体工程的90%，传染病房及发热门诊主体结构二层完成，医技楼基础及一层结构完成
4	宁波大学科技园亚创二期工程	中软大厦主体结顶，A01研发楼完成至二层结构
5	镇海检验检疫技术用房工程	9月7日通过竣工验收
6	骆驼中心学校综合楼改造工程	通过中间主体验收

续表39

序号	项目名称	2012年完成情况
7	镇海区老年大学整体搬迁工程	完成南、北楼电梯井锚杆桩加固，室内涂料、门套、木线条装饰，卫生间等，完成各种管线的安装
8	镇海区人防培训某地装饰工程	完成1号楼的水、电管线埋设，墙体拆除修补等。完成1、2号楼样板房施工
9	镇海区拘留所工程	组织项目前期工作

【推进老城区背街小巷改造】 2012年，区城管局投资2101万元推进老城区童李衙弄、马贺弄、龚家弄、西长营弄等7条背街小巷综合整治工程，改造项目有路面拓宽、下水道水管更换、绿化美化环境、路灯改造及沿街立面整治等。均在本年度内完成。其中，童李衙弄、马贺弄整治工程结合周边民居地域特点，通过对立面、道路、城市家具（路灯）、绿化及架空线等"上改下"等工作，店面檐口统一改造成马头墙风格后，充分体现江南传统民居特色风情。

童李衙弄完成整治

【老城区天然气改造完成】 2012年，区城管局完成招宝山街道港务新村、白龙小区、武宁桥小区等4个5000余户住宅的天然气改造。老城区天然气改造工程自2008年启动，经过5年实施，招宝山街道有29800户居民家庭开通天然气或具备通气条件，实际开户近22500户，完成计划改造任务。此外，建成蛟川街道青青路天然气支管和蛟川工业园区金元路天然气支管等2条支线环网。

【开展抗"海葵"台风及灾后处置活动】 2012年，"海葵"台风其间，区城管局落实24小时值班制度，成立应急小分队积极应对突发事件，及时处置沿江路海水倒灌、俞范东路大幅广告倒塌等事件，第一时间强排积水较为严重的低洼地区。台风过后，督促市政、园林、环卫开展灾后处置工作，及时修复受损的市政设施、抽排低洼地段积水，共清理积水40余处，疏通下水道1000余米；扶正各类树木70000余株。

招宝山街道邬家弄路防汛工程

【中高层住宅二次供水改造完成】 12月，区城管局完成招宝山街道锦绣福兴、庄市街道柳岸晨韵等10个小区中高层住宅二次供水改造。至此，2011年启动、工程总投入960万元的对全区13个小区80幢中高层住宅二次供水改造完成。二次供水设施改造后，中高层住户用水的水质、水压等均得到明显改善。

（袁晓君）

【拟建立市场代建企业名录】 7月20日，区政府办出台《镇海区政府投资项目代建管理办法实施细则》，于8月20日开始实施。根据《实施细则》，拟建立全区市场代建企业名录库。

【完善项目建设管理系统】 2012年，区公建中心完善工程项目建设数字化管理，开发远程电子眼监控，实现对工程现场远程监控，首次在区人民医院二期工程施工现场安装使用。

（邱　红）

新城开发建设

【概况】 2012年，新城管委会面对建设重任和融资困境，以“三思三创”为动力，转职能调重心、聚合力破难题，克服不利影响和实际困难，加快推进新城大开发大建设，力促城市形象的初步显现。截至12月底，续建、新建项目58个，累计完成各类投资76亿元，同比增长42%。其中征地拆迁5.8亿元，安置房8.6亿元，基础设施及公建配套2.8亿元，服务业（含商品房）58.8亿元。

【宁波植物园（花卉园林示范区）完成立项】 2012年，根据《关于同意宁波市花卉园林示范区建设项目立项的批复》（甬农产办〔2012〕62号）文件，宁波植物园项目获批立项，立项名称为“宁波市花卉园林示范区”。截至12月底，该项目拆迁清零工作基本完成，开园前21个专类园3500余种植物名录初稿编制完成，引种基地基础配套的施工建设完工，正在进行植物园构建筑物方案设计。

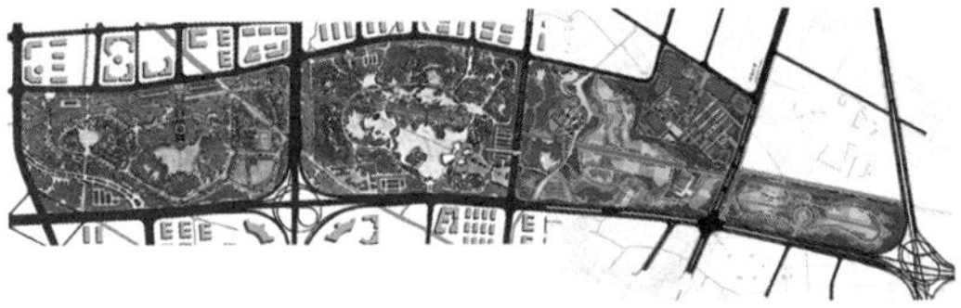

宁波植物园总平面图

【新城核心区城市形象雏形显现】 2012年，新城核心区城市形象雏形显现：行政中心、市民广场竣工验收，行政服务中心进入工程扫尾阶段；东西侧商务楼、文化艺术中心主体结顶；保利文化广场住宅一期进入装修阶段，二期地下室施工，三期桩基施工。核心区“三路一河”（东邑南路、民和路、金华南路、金华河）及西大河南路进入工程扫尾阶段。

【镇海文化艺术中心主体结顶】 7月，镇海文化艺术中心主体结顶。项目位于新城核心区箭港湖北岸，总投资4.6亿元，总占地面积约3.95万平方米，总建筑面积约5.97万平方米，涵盖青少年活动中心、剧场、图书馆、文化性消费（商业）四大块功能，是镇海最大的城市公共文化地标性建筑。

【宁波海尚大酒店开业运营】 5月，宁波海尚大酒店开业运营。酒店位于银亿·海尚广场东北角，由银亿集团投资建设，是镇海新城引进的首家四星级酒店。项目总占地面积6620平方米，总建筑面积19807平方米，共19层，拥有157间客房和3个功能各异的会议厅，中餐厅、西餐厅、大堂吧、美食屋一应俱全。项目建成开业，不仅完善区域城市功能、提升城市形象，也满足区域市民对餐饮、住宿的高品质需求。

银亿海尚大酒店

【市政基础设施日臻完善】 2012年，新城管委会在建市政项目共计20个。至年底，完成公共服务设施、城市公共开放空间、夜景照明、东西侧商务区块地面景观整合方案等规划提升。

【招商引资成效明显】 2012年，面对严峻融资形势，新城管委会加大土地出让力度，保障开发建设资金需求。全年共完成招商引资4.2485亿元，出让10个商务地块（包括镇海大道北侧6幢商务楼、世纪大道西侧3号商务楼、绿核南半圈地块等）。

【安置房建设加快推进】 2012年，新城在建安置房项目8个，累计总投资约45亿元，可安置约7370套。其中，骆兴家园三期、书香丽景一期、金邑华庭进入工程扫尾阶段，锦绣曙光二期进入内部装修施工；联兴二期、东邑锦苑、景城花苑、锦绣曙光三期等安置小区全部开工建设。

【社会性投资项目有序推进】 2012年，新城在建社会性投资项目26个。商品房方面，保利城住宅一期、万科2号住宅地块、合生国际城、银亿海悦花苑、保亿丽景英郡、芳辰丽阳、华晨雅苑、维科商住地块等项目进入装修阶段，后世博国际园2号商住地块进入地下室施工，保利城住宅二期进入地下室施工，三期桩基施工。酒店方面，镇海豪晨国际大酒店正在装修施工，万科酒店地下室完工，银亿海尚大酒店开业，B7酒店地块进入地下室施工。

（吴焱湘）

农村建设

【概况】 2012年，全区农村建设围绕《2012年农业农村工作要点》，推进新型城镇化和美丽乡村建设，加快全域城市化进程。推进村级集体经济改革，保障农民合法权益。出台《关于印发镇海区农村住房集中改造建设有关政策的通知》，开展幸福美丽新家园建设，推进农村住房制度改革和住房集中改建（简称农房“两改”），全年投资15.12亿元完成农房改建面积46.38万平方米，拆迁农房2632户，安置农民2635户。实施全面小康村、中心村、特色村、精品线（简称“三村一线”）建设，骆驼街道清水湖村通过市级中心村考核验收，骆驼街道朝阳村、庄市街道万市徐村创建成市级全面小康村，九龙湖镇通过首批市级幸福美丽新家园先进乡镇验收。"九龙问茶"（九龙湖村—杜夹岙村—中心村—汶溪村）和"商帮寻根"（勤勇村—永旺村—光明村—万市徐村）两条精品线完成规划初稿。完善农村基础设施，完成6条4.27公里农村联网公路建设，3.27公里农村公路大中修和15个公交候车亭新建、改迁任务。九龙湖镇横溪自然村水网工程完工，实现宁波城市供水大网全覆盖。开展"温馨家园、秀美村庄"十佳示范村创建活动，探索农村保洁长效机制，提高动态保洁经费。推进菜市场提升行动，投入建设资金2000万元，完成4家中心菜场和7家农村菜场的改造提升。扩大惠农力度，促进农民创业增收。加强农民培训，扩大农村实用人才队伍。

是年，区农业局按照城乡一体化发展要求，继续抓好全面小康村建设和村级财务监管，农村面貌得到提升，农村集体"三资"管理进一步规范。全区农村经济发展良好，实现农业总产值11.3亿元，同比增长11%；农民人均纯收入19700元，同比增长14%；农村经济总收入580.63亿元，同比增长4.3%，连续九年实现两位数增长，城乡居民收入比进一步缩小。

（娄宗莹　俞明敏）

【推进农房"两改"工作】 2012年，区农办根据《镇海区域村庄布局规划》方案，推进农房"两改"工作，加快实施"2016"工程（即加快推进20个村民集居点和16个集居区建设）。至年底，完成庙戴、湾塘、岚山、中心、西河5个集居点和觉渡集居区规划编制，实现"2016"工程建设全覆盖。完善农房建设相关政策，出台《关于印发镇海区农村住房集中改造建设有关政策的通知》，建立农房两改项目库，提高农房"两改"补助标准，将高层公寓补助标准从每平方米100元提高至120元，拆旧按5000元/户补助到村。6个延续项目4个项目完工，分别为银凤晓月三期、西经堂二期、十七房二期和书香丽景一期。年内新开工银凤晓月四期、盛世华庭、联兴二期、古塘丽景三期、长石集居区、翰香景庭等6个项目，其中银凤晓月四期列入宁波市农村住房制度改革项目。

【推进村级集体经济改革】 2012年，区农办起草《关于进一步发展壮大村级集体经济的若干意见》《关于深化完善村级集体经济改革工作的指导性意见》，推进农村集体经济股份制改革，保障农民合法权益。成立区深化农村集体经济改革和管理工作领导小组，下半年在庄市街道曙光村开展村级集体经济改革试点。

【开展农村基础设施建设】 2012年，全区投资5.7亿元推进镇海东排南线工程、姚江东排镇海段三期工程建设。开展河道整治，至年底整治河套10公里。九龙湖镇横溪自然村水网工程完工，实现宁波城市供水大网全覆盖；完成6条4.27公里农村联网公路建设，3.27公里农村公路大中修和15个公交候车亭新建、改迁任务；投入建设资金2000万元推进菜市场提升行动，完成4家中心菜场和7家农村菜场的改造提升。

【开展农村环境卫生整治】 2012年，全区开展农村环境卫生整治：出台《2012年度镇海区农村卫生动态保洁工作考核办法》，推进“温馨家园、秀美村庄”十佳示范村创建活动，动态保洁工作经费由人均10元提高至20元。推进公厕新建（改建），累计建成公厕1043座。投入资金150万元，开展农村庭院绿化试点，在骆驼街道董家畈、妙胜寺村开展农村庭院绿化示范点创建活动，整理闲杂地7000平方米，美化庭院墙体3000平方米。

（娄宗莹）

【新增2个市级全面小康建设示范村】 11月，骆驼街道朝阳村、庄市街道万市徐村经市“百千工程”工作协调小组办公室审核，被认定为市级全面小康建设示范村。至年底，全区有26个市级全面小康建设示范村。

【完成26个村集体经济审计】 2012年，由区农业局牵头，委托第三方开展村集体经济审计。是年，全区完成26个村审计，其中，庄市街道4个、骆驼街道8个、蛟川街道6个、澥浦镇4个、九龙湖镇4个，涉及资金1.95亿元。

【创建成市级农村集体“三资”代理标准化服务中心】 12月，庄市街道农村集体“三资”代理服务中心经市农业局审核，被认定为市级农村集体“三资”代理标准化服务中心，为区内首个。

【新增2个市级农村土地承包经营权流转标准化服务组织】 11月，经市农业局审核，九龙湖镇、骆驼街道被认定为市级土地承包经营权流转标准化组织。至年底，全区创建成3个市级土地承包经营权流转标准化组织。

（俞明敏）

交通建设

【概况】 2012年，全区继续推进城市基础设施建设，完善城市综合交通网络。全年交通基础设施建设开工项目7个，续建项目3个，年度完成投资5.4亿元。镇海大道二期贯通，镇海大道三期开工建设，中官路大修工程完工，聪园路改造及北延工程下穿后海塘段方案确定。货运铁路北环线建设继续推进。

2012年镇海区交通建设项目实施情况

表40　　　　单位：万元

项目名称	建设内容	计划投资	完成投资	完成情况
329国道拓宽改造工程	北起彭王庙桥，南至常洪隧道口，长2.45千米，水泥路改沥青路，路面由4车道改为6车道	1394	1394	完工
329国道镇海段路面维修工程	北起澥浦，南至北外环路，长12.2千米，首次采用沥青纤维碎石封层、超粘磨耗层、泡沫沥青冷再生3种新工艺、新技术、新材料，对沥青路维修	1376	1376	在建

续表40

项目名称	建设内容	计划投资	完成投资	完成情况
骆霞线维修工程	全长7.7公里，公路等级为一级公路，路基宽度35米，主车道原水泥砼路面改造为沥青混凝土路面，本工程配套建设标志标线、绿化等相关附属设施	5300	5300	在建
县乡道公路、桥梁维修工程	对长邱新线、雄镇线沥青路、余汶线、老长邱线水泥路及邵家汇、刘杜、勤勇、河头、河头陈5座县乡道公路桥梁进行维修	622	622	在建
长邱线改建工程	全长1.551公里，路基宽度26.5米，路面采用沥青砼，全线无桥梁，工程按一级公路标准设计，设计速度80公里/小时。本工程配套建设路灯、红绿灯、标志标线及绿化等相关附属设施	4458	4458	在建
中官路大修工程	对中官路全线13个主要节点交通优化，对金川路至镇骆路破坏严重路面进行修复，面积约1.1万平方米，对金川路至金丰路人非混行道改造成非机车道和人行道	993	993	完工。完成投资993万元
镇海公路客运中心	搬迁长途汽车站和招宝山公交场站，用地1.67公顷，总建筑面积3500平方米	1300	1300	至2012年年底，主体工程完成，完成投资约1300万元
北外环东延二期工程	全长2.528公里，路基宽度44米，路面采用沥青砼。采用一级公路结合城市主干道标准设计，设计时速80公里/小时，全线有桥梁4座（含菱形互通一处），设计荷载公路—Ⅰ级。本工程配套建设雨水管、给水管、路灯、红绿灯、标志标线、公交候车亭、电子警察及绿化等相关附属设施	18000	18000	完工
镇海大道二期工程	起于世纪大道，终于东外环路，全长3.73公里。本工程道路等级为城市主干路Ⅰ级，计算速度为60公里/小时，路面结构设计荷载为BZZ-100标准车。桥梁设计荷载为公路-Ⅰ级，抗震设防类别为B类，设计基准期为100年。主要建设内容为道路、桥涵、雨水管、污水管、给水管、电力管、天然气管、综合通讯以及配套绿化、路灯、交通、环卫设施等	19360	19360	完工

续表40

项目名称	建设内容	计划投资	完成投资	完成情况
镇海大道三期工程	工程西起东外环路，东至镇骆路，道路全长约2083米，道路路幅标准断面为60米。主要建设内容为道路、桥涵、雨水管、污水管、给水管、电力管、天然气管、综合通信以及配套绿化、路灯、交通、环卫设施等	1200	1200	年底开工建设

【329国道拓宽改造工程完工】 1月5日，329国道拓宽改造工程完工，被市交通主管部门评为优良工程。工程投入资金4402万元，于2011年6月23日开工，北起彭王庙桥，南至常洪隧道口，长2.45千米，水泥路改沥青路，路面由4车道改为6车道，路基宽34米，主车道宽3×3.5米，辅车道宽2×3.5米。

329国道拓宽工程完工

【骆霞线维修工程完工】 年底，骆霞线维修工程完工。工程共投入资金9466万元，于7月12日开工，西起骆驼街道村，东至蛟川街道陈家村，长7.7千米，首次采用共振工艺破碎水泥路面，将水泥路改沥青路。

【维修县乡道4条、桥梁5座】 11月18日，区公路段完成长邱新线、雄镇线沥青路、余汶线、老长邱线水泥路维修。工程投入资金510万元，于9月10日开工。5—11月，区公路段完成邵家汇、刘杜、勤勇、河头、河头陈5座县乡道公路桥梁维修。工程投入资金487万元，其中骆观线邵家汇桥投入资金30万元，6月底完工；329国道刘杜桥投入资金74万元，5月8日开工，6月底完工；常镇线勤勇桥投入资金312万元，计划2013年7月完工；余汶线河头桥、河头陈桥投入资金71万元，计划2013年9月完工。

【长邱线改建工程启动】 2月，长邱线改建工程启动。工程投资估算7247万元，南起九龙湖景区，北至慈溪界，长1.551千米，为329国道连接线，按一级公路标准建设，面宽26.5米，配套路灯及相关附属设施，计划2013年11月完成。

【中官路大修工程完成】 7月，中官路大修工程完工。工程投资概算995万元，东起镇骆路，西至庄市大道，长5.9千米，优化设计现状道路沿线11个交叉节点，修补路面碎板，改造金川路至金丰路段2.1千米慢车道。

【镇海公路客运中心主体建筑完工】 12月，镇海公路客运中心主体建筑完工。工程计划投资2900万元，位于聪园路与雄镇路交叉口，占地面积16973平方米，建筑面积3607平方米，由宁波市镇海公共交通有限公司建设于4月开工，可以满足日发送旅客3000人次。

【北外环东延二期道路竣工】 12月，北外环东延二期道路竣工。工程投资估算37985万元，于2011年4月开工，西起临江互通，东至雄镇路，长2.5千米，按一级公路标准建设，路宽44米。

【镇海大道二期工程竣工】 12月10日，镇海大道二期竣工。工程投资估算60344万元，于2011年11月开工，西起世纪大道，东至东外环路，全长3.73千米，路基宽60米，两侧各15米绿化带，拆迁农户约160户。

【镇海大道三期工程启动】 12月，镇海大道三期工程启动。工程投资概算39845万元，西起东外环北延，东至镇骆路，长1.76千米，道路红线宽60米，按双向八车道城市主干道标准设计，设计车速60千米/小时，含跨线桥一座。计划建设周期22个月。

（董小萍）

电力、管道设施建设

【概况】 2012年，全区扩建220千伏殿跟变3号主变，新增主变容量18万千伏安。至年底，镇海电网所辖变电所共78座，其中220千伏变电所4座，110千伏变电所17座，35千伏变电所57座；另有46座10千伏开关站和1323台10千伏公用配变，总容量678.86万千伏安。是年，区供电局完成城网工程项目6个，新增公用配变50台，新建高压电缆10.91千米，高压架空线路4.52千米，低压电缆4.65千米，低压架空线路3.61千米。年末，全区35千伏和10千伏线路总长1425.96千米，其中35千伏线路长178.67千米；10千伏线路长1247.29千米。全年拆除旧高压线路10.8千米。区住房建设交通局继续改善区域内的生态环境，村庄截污三期、四期、九龙湖片区污水主干管铺设、城市供水环网西延工程等项目完成年度目标。全区累计建成三级及以上污水管网200千米，城镇生活污水集中处理率92%，农村生活污水处理率57%。

（黄　炜　董小萍）

【村庄截污工程四期管网铺设完成】 12月，全区村庄截污工程四期管网铺设完成。工程投资估算807万元，于9月开工，在3个自然村铺设污水管2.6千米，分别为九龙湖镇老邵家铺设管径300～700毫米污水管0.7千米，澥浦镇庙戴、庙后铺设管径300～500毫米污水管1.9千米。

村庄截污工程管网铺设

【老城区污水西排管铺设竣工】 1月，镇海老城区污水西排管铺设竣工。工程投资估算2500万元，于2011年2月开工，沿石化区主干道（镇海污水处理厂—北区污水处理厂）铺设管径800毫米主干管4.5千米，超镇海污水处理厂处理能力的污水将分流至北区污水处理厂处理。

【镇海污水处理厂中水回用工程竣工】 3月，镇海污水处理厂中水回用工程竣工。工程投资估算2351万元，于2010年10月开工，建设规模为2万吨/日，包括厂外中水管网总长2260米，管径400～500毫米；厂内中水管改造总长350米，管径100-150毫米，是生态区创建的一项重要内容。

【推进城市供水环网西延工程建设】 2012年，镇海区推进城市供水环网西延工程建设。工程投资概算6248万元，于2010年年底启动，建设包括：给水主干管铺设，沿九龙大道（镇海大道—河横线）、沿河横线（九龙大道—河头泵站）分别铺设600毫米管7.4千米、0.91千米，沿汶骆路（九龙大道—汶溪泵站）铺设500毫米管7.5千米。给水次干管铺设，沿长邱路（余汶路—汶骆路）铺设400毫米管4.2千米，沿规划二路（余汶路—九龙大道）、长邱路（长邱路—九龙大道）、规划七路（长邱路—汶骆路）铺设300毫米管3.2千米；铺设200毫米及以下管道7.7千米。给水支管铺设，沿御都大道（九龙大道—御景路）铺设400毫米管1.3千米，沿环湖西路（河横线—横溪村）、御景路（御都路—金池村）、余汶线（吴家村—河头陈村）、三星路、规划六路铺设300毫米管6.5千米，沿规划道路、村庄道路铺设200毫米及以下管道20.5千米。水厂改造、泵站建设，将河头水厂、汶溪水厂改造为河头泵站和汶溪泵站，使其供水规模分别达1.5万吨/日、0.5万吨/日，同时预留中、远期用地，并在九龙大道和汶骆路交界处新建1座加压泵站（九龙湖加压泵站）。是年，工程基本完工，进入换表、割接等扫尾工作，累计完成投资约5623万元。

【农村二轮水改工程扫尾】 2012年，全区农村二轮水改工程扫尾。工程投资概算293万元，于2010年9月开工，改造澥浦镇汇源社区、庙戴小区242户，九龙湖镇零星安装300户，骆驼街道（贵驷片王家村）85户，庄市街道1000户（其中万市徐村950户，钟包村50户）。

（董小萍）

【实施浙能镇海220千伏动力中心配套送出工程】 4月，根据省电力公司关于所有前期工作归属当地供电局开展精神，区供电局实施浙能镇海220千伏动力中心配套送出工程。工程镇海段新建架空线路长度共约2.6公里，铁塔共16基，电缆线路约0.4公里，工程动态投资约12401万元（包括慈溪段）。9月中旬完成线路地质勘探工作，通过省电力公司初步设计审查。

【殿跟输变电工程扩建建成投产】 10月底，投资约0.27亿元的220千伏殿跟输变电工程扩建投产。工程主要新增1台容量18万千伏安主变及2台1万千伏乏低压电容器，工程投产提高石化区及广源工业园区的供电可靠性，提供可靠电源接入点。

【有序推进4个输变电前期工程】 2012年，区供电局有序推进4个输变电前期工程：220千伏田胡变5月取得土地证，8月启动所址及进所道路政策处理工作；220千伏沿海变5月通过国网公司的可行性研究的审查，6月通过省发改委等部门的联合会审，8月份取得核准批复；110千伏海塘变9月取得土地证，完成进线工程规划方案审查及部分塔位放样工作，12月完成外部自来水接入和场地垃圾清除工程；110千伏清泉变5月取得土地证，9月完成初步设计文本的编制工作。

（黄　炜）

园林绿化

【概况】 2012年，全区新增建成区绿地面积80.15万平方米，累计2533.19万平方米，绿地率为43.18%。其中，新增公园绿地8.73万平方米，累计203.21万平方米；生产性绿地没有增加，保持184.16万平方米；新建防护绿地3.01万平方米，累计1057.87万平方米；新建居住绿地29.71万平方米，累计176.54万平方米；新建单位绿地2.64万平方米，累计377.96万平方米；新建道路绿地35.56万平方米，累计532.95万平方米；其他绿地没有增加，保持208.76万平方米。

区有关部门和各镇街道继续按照原有分工开展绿化造林。新建镇海新城金华河西侧沿河景观带、镇海市民广场、大市堰公园，共计50300万平方米，总投资2996.5万元。

【推进城市绿化和环境美化】 2012年，区城管局继续实施城市绿化建设和环境美化：在元旦、两会期间对各主要公园、绿地、城区主要街角4处约4809平方米进行摆花布置。对老城区入口7000平方米的绿地进行改造。推进公园改造，在完成西门公园、枫园的改造的基础上，当年投入180万元对文化广场、宁波帮文化公园改实施改造，面积1400平方米。投入63万实施老城威海路—海天路路口绿化改造。投入21万元实施古树名木调查复壮工作。

（袁晓君）

征地拆迁

【概况】 2012年，全区拆迁集体土地房屋面积68.14万平方米，征收国有土地房屋面积37.8万平方米，共计完成105.95万平方米。区房屋征收办公室会同各镇（街道）共拆迁农户2935户，征收国有土地上住宅358户、商铺160家、企业64家；完成清零地块20个。征迁地块涉及旧城改造、植物园建设、宁波轨道交通二号线一期、长邱线北延、镇海大道三期、明海大道及逸夫路、镇海东排南线工程及书香丽景、丰颐家园、古塘丽景安置房、经济适用房等项目。

2012年全区房屋征收拆迁情况

表41　　单位：万平方米

单位	农拆		城拆				征迁总面积
	住宅(户)	面积	住宅(户)	商铺(家)	企业(家)	面积	
澥浦	46	1.78	245	1	21	11.67	13.45
九龙湖	695	13.9	14	2	3	0.48	14.38
招宝山			6		4	1.4	1.4
蛟川	609	12.93	26		8	3.06	15.99
骆驼	871	21.2	1	157	11	9.24	30.44
庄市	714	18.33	66		17	11.96	30.3
总计	2935	68.14	358	160	64	37.8	105.95

【公布2012年集体土地房屋拆迁商品住宅平均价格】 3月，区物价局、国土分局、住房建交局联合发文，公布镇海区2012年按四种地段等级确定的集体土地房屋拆迁货币安置商品房均价：一级地段5500元/平方米，二级地段5000元/平方米，三级地段4700元/平方米，四级地段4200元/平方米。

集体土地房屋拆迁商品住宅平均价格

表42　　单位：元/平方米

等级	范　围	均价
一	庄市街道、骆驼街道辖区范围	5500
二	蛟川街道石塘下村、俞范东路(老镇骆路)以南范围	5000
三	九龙湖镇辖区范围	4700
四	蛟川街道俞范东路(老镇骆路)以北、澥浦镇辖区范围	4200

【制定阳光征迁工作流程】 8月，区征地拆迁办制定镇海区房屋“阳光征收(拆迁)”①工作流程，涉及征收(拆迁)工作公开内容与方式，政策依据，调查结果，评估机构选定，评估结果，补偿结果等方面。工作流程要求各征收(拆迁)项目全方位公开征收(拆迁)工作程序，保障被征收(拆迁)人知情、参与决策并获得公平补偿的权利，促进公平补偿。

【区征地拆迁办更名为房屋征收办】 9月，经区机构编制委员会研究，区征地拆迁办公室更名为区房屋征收办公室，挂区征地拆迁办公室牌子。

【建立区房屋征迁工作联席会议】 12月，区政府办发文，区房屋征收办、发改局、财政局、规划分局、住房建交局、国土分局、审计局、监察局、法制办和各镇、街

①“阳光征收”：指在国有土地上房屋征收与补偿工作中，将房屋征收相关政策法规、工作程序、补偿结果以及与被征收人有利害关系的房屋征收补偿信息在一定范围内公开并接受监督的行为。

道征收(拆迁)办组成建立区房屋征收(拆迁)工作联席会议。联席会议由区房屋征收办负责召集,通过集体会商的形式,研究确定征收(拆迁)重大(重要)工作的具体政策措施,加强相关部门间的协调配合,协调处理房屋征收(拆迁)补偿工作中的疑难问题。

(陈　芳)

城市管理

【概况】 2012年,全区城市管理工作以构建"大城管"格局为基础,立足群众关心的热点、难点问题,创新城管体制机制,开展各类专项整治,进一步提高城市管理水平。区城管局继续整合执法力量,在辖区内形成城管、公安、工商、环保等综合执法合力,集中力量解决一批群众关心的热点难点问题。

是年,区城管局继续加强联合执法行动,加大对背街小巷、校园周边、城乡接合部、城中村、新城开发建设区域的管理整治力度。开展房产中介行业、户外广告、建筑渣土、食品安全等重点行业专项整治,拆除各类广告1000余块,移动广告灯箱200余只;规范渣土清运行为,共立案356件,罚款208万元。加大校园周边流动食品摊贩整治,共纠正查处各类违规行为648起,暂扣各类违法经营工具358件(辆)。拆除及保障拆除违章建筑面积共计12794.95平方米。抄告违章停车4198起。推进全区"智慧城管"平台建设,"数字城管"上报案件53509起,立案51583起,结案率96.40%,按期结案率99.99%。群众举报投诉涉及城市管理的问题2572起,基本做到按时办结。

是年,继续落实"清洁空气行动"方案,开展道路扬尘整治,实施雄镇路、环城北路、宏远路等主要道路两侧绿化改造,消除破损绿地及裸地现象,减少扬尘污染。全年保洁面积214.7万平方米,加强城区主道路洒水和路面人行道冲洗频率,主道路洒水频率增加至3次,一级保洁道路每周冲洗达2次。实施河道清淤综合整治,完成后海塘宏远河、定海河段等2条河道清淤3260米。

【开展后海塘环境集中整治】 2012年,按照区里统一部署,区城管局会同招宝山街道在后海塘区域开展早点摊、户外灯箱广告、水果车与违章搭建等整治。共取缔违规早点12处,清理各类违规灯箱82只,取缔违规水果车16辆,并按照"疏堵结合"原则,在宏远路与定海路交叉口设置疏导点,拆除违章建筑600余平方米。

【开展主要道路专项整治】 2012年,按照城区主要道路两侧的街面保序要求,区城管局开展主要道路专项整治。其间共教育整改违规行为500余起,立案查处20余起,实施人行道违停抄告4500起,在城区设置人行道车挡1058只,推进新城及庄市等区域的人行道车挡设置,有效减少人行道车辆违停行为。

【推进"智慧城管"平台建设】 2012年,区城管局整合区智慧城管平台400余路公安视频探头,36路自建高清监控探头完成市、区平台对接,124台"四通"(即城管通、处置通、执法通、指挥通)、14台单兵执法装备、8个车载视频和56个车载GPS等终端设备全部到位,在全市率先建设建筑工地噪声智能化管理系统。进一步发挥和提升智慧城管在老城核心区4.8平方公里的精细化管理作用，推进老城后海塘区域6.5平方公里、新城2.96平方公里拓面覆盖工作。

【推进“道路清爽行动”】 2012年，区城管局全面推进“道路清爽行动”：将全区道路保洁划分为四个等级，其中一级保洁区域实行18小时动态保洁，二级保洁管理区域实行16小时动态保洁。加大投入，提高保洁的机械化水平，投入800余万元购置23辆专用车辆（老城区、新城区分别投放15辆、8辆），区属道路保洁车辆达45辆，重点区域道路机扫率提高到75%以上；投入32万元购置400只金属分类果壳箱，安装在主要道路、公园等区域。

【试点“组团网格式”城市管理模式】 2012年，区城管局在招宝山街道辖区内试点“组团网格式”城市管理模式，即建立一包到底、信息互通、力量互补、处置互动、监督互促、成效互惠的“一包五互”机制，通过分割网格落实“一包到底”责任提高效率，整合力量形成“多团组合”模式强化协作，拓展内涵深化“便民服务”等举措巧解精细化城市管理“方程式”。“组团网格式”城市管理模式的推行，提升网格队员出门巡查频率、街面巡查时间、发现和处置问题效率、管理覆盖面等各项管理指标，使得招宝山街道这一老城区市容市貌为之一新，在街面保序考核中始终名列前茅。

（袁晓君）

地名管理

【概况】 2012年，区民政局地名办公室以规范地名标识，创建平安边界，拓展地名服务等为主要工作，全年新命名住宅小区名8个，道路3条，建筑物（群）8个；编制企业门牌89家，制作门（幢）牌1747块。创新地名服务模式，开展地名清理整顿活动，转换利用地名普查成果，签订3条平安边界协议，基本完成《政区大典》编纂。

【创新地名服务模式】 3月，区地名办利用已建立的区、镇（街道）两级地名管理网络机制，将出具地名证明的权限下放至各镇（街道）。由各镇（街道）地名协管员利用现有的地名数据库，即时为当事人出具地名证明。

【开展地名清理整顿活动】 4月，区地名办启动地名标识牌查漏补缺及纠错工作，共查出地名标识不规范88处，缺失232块。同时，联合公安、建交、文化等职能部门开展地名标识牌的整改、补设，新增设地名标识389块，纠正地名标识119块，清除不规范地名标识29块。

【签订3条平安边界协议】 9月，全区开展“北镇线”“仑镇线”“镇鄞线”3条县级界线毗邻镇（街道）平安边界协议签订工作，实现全区县级界线毗邻镇（街道）平安边界协议签订全覆盖。

【开展地名普查成果转换利用】 2012年，区民政局以原政区图为基础，结合地名普查成果图，编制新的各镇（街道）地名图。同时在《今日镇海》开辟《镇海地理》专栏，选取具有代表性的、特色的、有文化内涵的地名进行宣传。

【基本完成《政区大典》编纂工作】 3月，区成立《政区大典》编纂委员会，形成区府办牵头协调，民政部门督促指导，地方志办公室把关审稿，各相关单位配合的工作格局。6月，编纂工作基本完成，初稿报市、省审核。《政区大典》（镇海篇）涉及县级词条1条，乡级词条6条，涵盖政区概况、自然经济、社会发展、基础设施、名胜旅游、重大事件、著名人物等内容。

（黄超梅）

物业管理

【概况】 2012年，镇海区出台《关于进一步加强住宅小区物业管理工作的若干意见》，对老小区、拆迁安置小区、保障性居住小区、农村集居房小区加强物业管理作出规范。年末，竣工交付住宅小区共109个，建筑面积700.25万平方米。其中，商品房小区40个，建筑面积305万平方米；1998年前建成老小区45个，建筑面积181万平方米；拆迁安置小区22个，建筑面积198万平方米；保障性居住小区1个，建筑面积14.5万平方米；农村集居房1个，建筑面积1.75万平方米。实施物业管理和准物业管理的小区89个，占81.6%。当年登记备案的物业服务企业28家，从业2350人，物业服务营业收入6542万元。

是年，区住房建交局继续完善物业管理相关政策，出台配套《关于成立镇海区物业管理工作促进会的通知》《关于印发镇海区房屋日常维修资金使用管理暂行办法的通知》。

【8个新小区实施前期物业管理招标】 2012年，保利城F3地块、金邑华庭、公元世家、锦汇财富广场、镇海新城D2、D4商务区、镇海新城B4地块商务区、茗莲春晓、汇智佳园8个新建小区实施物业前期招投标，分别由保利物业、联合物业、天宁物业、鼎天物业、亚太物业、新上海国际物业、永佳物业、亚太物业中标。

【2个物业小区获市表彰】 2012年，维科物业服务的招宝山街道南熏别院被评为宁波市物业服务示范小区。大有酒店物业服务的庄市街道嘉盛银座被评为宁波市物业服务优秀小区。

【14个老小区获物业管理经费补助】 2012年，招宝山街道朝宗坊、东河、西门、工农、银桂、刘家弄、茗园二区、镇棉、招宝紫荆、聪园、江口、张鑑碶、童仓、白龙等14个老小区，经考核后实施老小区物业费街道财政补助260万元，小区建筑面积66万平方米。

【10个社区绿化提升改造竣工】 10月，招宝山街道胜利路、总浦桥、后大街、城东、西门、顺隆、白龙、车站路、白龙等10个社区以及后海塘区域绿化提升改造竣工。工程投资概算313万元，其中海港社区改造绿地资金占228万，于1月开工，主要内容为绿化新增和补种修复，停车位建设，绿地花坛设施维修等，改造绿地面积共36万平方米。

【4条背街小巷提升改造完成】 12月，招宝山街道童李衙弄、马贺弄、西长营弄、沿江路4条背街小巷完成提升改造。工程投资概算2100万元，主要内容为实施路面沥青、人行道铺装、排污管道翻修、街路立面招牌规范齐整、绿化改造。

【12幢楼房完成改造】 7月，招宝山街道城东社区东河新村全部1~12号老住宅楼和车棚完成改造。工程投资概算480万元，总建筑面积约19000平方米，整修主要内容为屋顶平台修缮，外立面维修粉刷，综合管线上改下，周边路面铺设和污水纳管处理，绿化修复。

【实施老小区智能化改造】 8月，招宝山街道40个老小区、6所幼儿园和西街服装城完成智能改造。工程投资概算250万元，新增监控摄像头350个，进行整体数字化改造，增加宽带接入点。

（董小萍）

生 态 环 保

综 述

2012年,镇海区第十三次党代会提出未来五年实施“六大战略”、创建“六个示范区”的总体要求和奋斗目标,其中“实施生态环境整治战略”和“创建国家生态文明示范区”名列首位,标志着环境整治和生态文明建设上升为镇海区的首要工作。

是年,从2011年起始的“清洁空气行动”继续以较大力度推进,镇海港区及后海塘煤尘、化工企业有机废气、堆场扬尘等影响空气质量的突出污染得到遏制;污染行业转型提升速度加快,电镀、酸洗、印染等传统污染行业经历新一轮整治,污染物排放量有所下降;燃煤电厂(自备电站)脱硝工程取得实质性成果,“禁燃区”范围内燃煤燃油锅炉淘汰数量明显增加。环境监管执法首次实行“无缝执法”模式,填补环境监管的时段空白,强化夜间、节假日的“零点行动”“绿剑行动”。按照实施生态环境整治战略要求,区委、区政府出台《镇海区生态文明示范区创建暨生态环境整治五年行动计划》,成立镇海区国家级生态文明示范区创建工作领导小组,确定“七项行动”和37项重点生态工程,全年计划投入生态环境整治资金30亿元。

全年常规空气质量优良率(以API计)为92.6%,比2011年提高3.8%。地表水环境和噪声环境达到功能区标准。10月通过环保部组织的国家级生态区现场验收。

但多年积累的环境污染问题及由此造成的矛盾也达到爆发的临界点。10月下旬,因对镇海炼化“一体化”项目存在异议,部分镇海居民上街堵路表达抗议,最终演化为波及宁波市中心的大规模游行示威事件。

(尚立峰)

环境质量监测

【概况】 2012年,全区环境质量总体状况较上年没有明显变化,环境容量与污染排放总量的矛盾依然突出,造成环境质量改善难度大。四项主要污染物年度排放数据为化学需氧量4243吨,比上年上升1.22%;氨氮735吨,下降0.23%;二氧化硫25709吨,下降2.44%;氮氧化物30136吨,下降6.54%。全年常规空气质量优良率(以API计)为92.6%,比2011年提高3.8个百分点,为2007年来最高。36个特殊污染因子达标率保持在99.9%。全年空气质量优良率较往年提高主要得益于气候因素,居民对有机废气异味等问题的反映仍然十分突出。水环境质量(按监测点位数据)达标，其中十字路、郎家坪、三圣殿等3个饮用水源水质均保持在Ⅱ类以上，内河水质依据5个监测断面数据在Ⅳ类以上，但实际上区域内绝大多数是Ⅴ类、劣Ⅴ类水体。声环境质量达标。土壤检测未在区级实质性开展，其质量状况缺乏评价数据。

【推进环境监测设施建设】 2012年，区环保局加大环境监测设施建设力度。宁波乐金甬兴化工有限公司1-7号废气焚烧处理装置(RTO)及厂界特殊污染因子监测系统、宁波四明化工有限公司厂界硫化氢与氨气监测系统建成并与区环境监控中心联网，实现在线数据实时监控。9家电镀企业新建雨水在线监控系统，3家酸洗、电镀企业新建污水排放在线监控设施，金属园区新增12家企业视频在线监控设施，新增5家化工企业污染治理视频监控设施。在镇海港区和煤炭交易市场边界安装2套总悬浮颗粒物监测设施和3套高空瞭望视频监控设施。

（尚立峰）

生态绿化建设

【概况】 2012年，镇海区创建国家级生态区进入尾声，在2011年通过技术评估并进行整改的基础上，开展迎接现场验收工作。围绕国家级生态区建设五个基本条件、22项建设指标，进行生态工程收尾和台账资料整理。10月下旬，环保部专家组宣布镇海区创建国家级生态区工作通过现场验收，标志着自2007年开始的国家级生态区创建告一段落。根据区第十三次党代会提出的“创建国家生态文明示范区”的新目标，启动新一轮创建工作。区农业局落实省级“森林城市”创建工作要求，在现有海天、镇骆、雄镇、清风以及绕城高速五条林带的基础上，开展总体规划布局，开展重点河道景观绿化，森林村庄建设，提升平原绿化质量。

（尚立峰　俞明敏）

【制定生态文明示范区五年行动计划】 2012年，按照实施生态环境整治战略和创建国家生态文明示范区的要求，区委、区政府制订出台《镇海区国家生态文明示范区创建暨生态环境整治五年行动计划》，提出未来五年，镇海区将开展清洁空气、节能减排、产业提升、碧水绿岸、宜居城区、美丽乡村、行为创新等七大行动，全面推进生态文明示范区建设。是年，启动煤尘整治、有机废气治理、燃煤锅炉淘汰等40项重点工程，涉及总投资30亿元，其中28项在当年完成。

（尚立峰）

【启动省级“森林城市”创建】 11月12日，区委、区政府举行省级“森林城市”创建工作启动仪式，区四套班子领导、区属各部门、各镇街道、村主要负责人参加会议。会上区政府同各责任单位签订责任状，成立区创建“浙江省森林城市”工作领导小组，办公室设在区农业局。是年，区发布《关于创建“浙江省森林城市” 推进“森林镇海”建设的实施意见》，编制完成《镇海区森林城市建设总体规划》，并通过评审。

【完成2个标段重点河道绿化】 2012年，区农业局继续推进重点河道绿化，完成姚江东排镇海段三期(西经堂—上河严段)、东排南线试验段(老镇骆路至世纪大道)景观绿化,绿化长度分别为1公里、4.5公里,面积2.3万平方米、20万平方米。

【完成4个森林村庄建设】 2012年,区农业局启动村庄村口、路口、河口的“三口”绿化,全面推进村庄绿化。是年,全区完成庄市街道永旺村1个省级森林村庄和骆驼街道陈家村、敬德村、朝阳村3个市级森林村庄建设。

(俞明敏)

污染整治与减排

【概况】 2012年,环境污染整治的重点仍然是大气环境,“清洁空气行动”仍然是最重要的污染整治行动。由物流枢纽港管委会牵头,包括环保在内的10多个职能部门和招宝山街道、镇海港埠公司等单位联合开展煤尘综合整治。对精细化工等行业的20家企业进行有机废气治理,镇海港区12家液化储运企业的161个化学品储罐启动分类提升改造。后海塘仓储堆场实现主要道路硬化,扬尘得到一定遏制。与此同时,电镀行业完成新一轮整治并通过验收;紧固件酸洗行业新一轮整治启动,首次提出新建集中酸洗中心的计划;印染行业治理稳步推进。全年工业污染治理资金投入约7亿元,有机废气排放量较2011年下降约10%,工业废水排放稳定达标率继续保持在95%以上。

【启动新一轮煤尘整治专项行动】 3月30日,区委办、区政府办联合下发《关于成立区煤炭扬尘整治领导小组及相关工作机构的通知》,全面启动新一轮煤炭扬尘整治专项行动。领导小组由区委书记任组长、区长任常务副组长,19个成员由有关职能部门、有关街道和宁波港股份有限公司镇海分公司、镇海煤炭交易市场、镇海煤炭商会的相关负责人组成。专项行动主要目标任务是,制定煤炭扬尘整治总体方案,开展煤炭装卸船环节、煤炭堆存作业环节、道路运输等环节整治。通过新建、改造防尘设施以及对车辆超载超限、违行违停、车体脏乱等问题治理,达到三年内煤尘下降90%的目标并形成长效管理机制。是年,领导小组下发《关于开展煤炭及散货运输车辆扬尘专项整治的通告》,率先整治道路运输环节煤尘污染。整治对象为出入后海塘区域未按规定装载、未采取密闭措施、未按规定路线行驶或停靠、未进行冲洗清洁处理、货物洒落等煤炭及散货运输车辆。至年底,镇海港埠分公司启动2、3号泊位搬迁计划,建成防尘网(三期)及配套喷淋设施,新建部分洗车台;在港区煤炭作业集中区安装视频监控和悬浮颗粒物自动监测系统;后海塘煤堆场实行煤堆篷布覆盖、堆高限制5米和6级以上大风暂停作业制度;12家未落实煤尘治理措施的企业受到行政处罚。

镇海港区煤堆场及防尘网

【深化有机废气治理】 2012年，全区投入2亿多元，通过新建或改造废气治理设施、更新生产设备或生产工艺、淘汰高污染生产项目等手段进行有机废气治理。在38家汽车维修企业中的5家进行汽修喷漆废气治理试点。对精细化工等领域的20家企业进行有机废气治理，削减有机废气排放总量。是年，镇海港区12家液化储运企业的161个化学品储罐被纳入治理范围，有机废气排放量比上年下降10%。

化工企业建成的废气焚烧处理装置(RTO)

【开展电镀行业新一轮整治】 2012年，全区累计投入2亿元，对区内10家电镀企业进行整治。这一轮整治共削减手工线(槽)183个、半自动线289条、车间62个，新增自动线124条，新建、改造废气治理设施305套。启动电镀废水处理中心重建项目，新中心处理能力为4000吨/日，中水回用能力为1500吨/日。至年底，镇海第二化工厂(电镀企业)关闭，宁波天宝锌合金制品有限公司搬迁改造，其余8家电镀企业完成整治并通过市级验收。整治后电镀企业排水量累计削减35万吨。

蛟川电镀中心改造提升后的全自动电镀生产线

【启动九龙湖紧固件酸洗中心建设】 2012年，区政府提出在九龙湖镇紧固件企业集聚区建设集中式酸洗中心。中心选址九龙湖镇西河村，占地面积约4公顷，规划布设2条全封闭自动化酸洗生产线，先期建设一条1.8万吨/月的全封闭自动化酸洗生产线，土建施工当年完成。环保部门督促九龙湖镇紧固件企业进行燃(煤)油锅炉、退火炉实施天然气改造，提升生产工艺装备，提高清洁生产水平，废气排放量有所减少。

【主要污染物减排取得进展】 2012年，全区“十二五”主要污染物减排工作取得实质性进展。镇海炼化一号催化烟气脱硫脱硝工程完工并投入使用，镇海发电厂4X215兆瓦燃煤机组中的5号机组率先完成烟气脱硝改造并投入运行，脱硝效率达到70%。全年淘汰148台燃煤燃油锅炉和工业炉窑，集中供热供气管网稳步推进。镇海联合发电公司完成油改气工程并恢复发电。镇海污水处理厂2万吨/日中水回用项目建成并通过验收；宁波北区污水处理厂二期10万吨/日生活污水处理及6万吨/日再生水项目启动，3万吨/日工业污水处理项目完成施工并进行联动调试。

镇海污水处理厂一期项目

【“镇海炼化一体化”项目引发群体性事件】 2012年10月下旬，镇海炼化1500万吨炼油、120万吨乙烯一体化扩建项目在社会上公开，引起镇海区和宁波市居民对项目进一步造成环境污染的担忧。项目地块周边村部分村民因未纳入拆迁范围而上街堵路，引起公众对“一体化”及其所包含的PX项目的广泛关注和议论。其间，天一广场、宁波市政府门前等市中心地带发生数万名市民大规模游行示威事件，镇海城区发生派出所受冲击、警车遭掀翻事件。游行示威在27日、28日两天达到高潮，引起国内外媒体广泛关注。28日晚，宁波市委、市政府宣布：坚决不上PX项目，中石化镇海炼化一体化项目停止推进，再作科学论证。此后，事件迅速平息。此次事件是继2002年“五一八”事件之后，镇海区又一次因环境问题发生大规模群体性事件。

（尚立峰）

镇海居民在区委大院前表达诉求

【开展煤车扬尘专项整治】 2012年，镇海公安分局会同运管、路政、城管等单位联合开展煤炭及散货运输车辆扬尘专项整治行动。执法人员采取源头控制、卡口执法、道路巡查等措施，查禁运输车辆“滴、漏、洒、扬”等违法违规行为。全年检查车辆12211辆(次)，查处各类违法违规车辆282辆。

（乐俊凯）

镇海交警在329国道检查煤车扬尘违章

环保监管执法

【概况】 2012年，区环保局继续加强环境监管执法，严厉打击各类环境违法行为，首次提出“全时段无缝执法”概念，实行“5+2”“白+黑”执法模式，加大夜间、节假日等薄弱时段的执法力度。继续加强与北仑区的跨界污染联动处置和与公安、城管等部门的联合调处机制，制定《镇海区环保公安部门环境执法联动协作机制工作方案》。全年出动执法检查6300余人次，检查企业2920余家次，处罚环境违法企业152家，其中责令停产停业25家，累计罚款570万元，征收排污费3672余万元。否决不符审批原则或选址不合适项目62个。处置环境信访投诉492件。

【实行全时段“无缝执法”模式】 5月起，区环保局实行“5+2”“白+黑”执法模式。根据新的执法模式，环保部门每晚开展常规巡查、每周开展较大规模“零点行动”、每月开展大规模的“绿剑”专项行动，双休日与工作日、夜间与白天执行同等执法标准。执法人员围绕大气、水、辐射、固废等主要保障项目和后海塘、石化区、重点敏感企业等主要保障部位，展开立体式的环境排查行动，严厉打击偷排漏排、超标排放等环境违法行为。至年底，开展33次“零点行动”，48家夜间和节假日违法排污企业受到行政处罚，累计罚款180余万元。

【开展放心放射源和固废规范化创建】 2012年，区环保局对区内49家涉及医用射线、工业探伤、金属熔炼、固定放射源单位开展“放心放射源”创建，5家固定放射源单位的21枚放射源、4家移动源单位的45枚移动放射源以及1个储源库实现在线监控管理。同步开展固体废物规范化达标创建，51家危废单位除4家停产、搬迁外，其余47家均完成创建，其中20家达到规范化示范企业标准通过验收。

（尚立峰）

科学技术

综述

2012年，镇海区落实全国科技创新大会精神，坚持以服务区域产业转型升级，增强区域创新能力为主线，以培育企业自主创新能力、壮大高新技术产业、深化产学研合作、开展科技惠民活动为着力点，不断提高科技进步服务经济社会发展的贡献度，推进科技强区和创新型城区建设。科技经费投入快速增长，区属R&D（研究与试验发展）经费支出8.41亿元，同比增长27%，占区属GDP比重达2.76%。科技成果产出丰富，获市级以上科技进步奖6项，专利授权量达2460件。高新技术企业群体逐步扩大，新认定市级科技型企业9家、区级科技型企业21家。是年，科技进步水平综合评价位列全省第7位，荣获"全国（县、市）科技进步考核先进单位"称号。

（徐　剑）

高新技术企业及高新技术产业

【概况】 2012年，全区发挥高新技术企业在提升区域科技水平和创新能力中作用，成立区高新技术企业协会，拓宽政府与高新技术企业之间交流和协作渠道。新增国家级高新技术企业14家，累计达53家。区属高新技术产品产值达320亿元，同比增长7.1%，占规上工业产值比重达39%。区属规上工业新产品产值达174.5亿元，新产品产值率为20.9%。

（徐　剑）

镇海区2012年新增高新技术企业名单

表43

序号	高新技术企业名称	所在地	认定年份
1	宁波克泰液压有限公司	蛟川	2012
2	宁波汉博贵金属合金有限公司		2012
3	宁波万盛轴业有限公司		2012
4	镇海石化建安工程有限公司		2012
5	宁波明泰流量设备有限公司	骆驼	2012

续表43

序号	高新技术企业名称	所在地	认定年份
6	宁波爱立德汽车部件有限公司	骆驼	2012
7	宁波海州机械有限公司		2012
8	宁波鑫海爱多汽车雨刷制造有限公司		2012
9	宁波诺士敦机电有限公司		2012
10	浙江久而久化学有限公司	石化区	2012
11	宁波金海德旗化工有限公司		2012
12	宁波新宏液压有限公司	澥浦	2012
13	宁波升亚电子有限公司	庄市	2012
14	宁波杰杰工具有限公司		2012

科技创新与成果

【概况】 2012年，全区新增省级企业工程技术中心4家、市级9家，各级各类工程中心95家，其中省级高新技术企业研究开发中心21家。科技成果产出增长，全年各类企业申报科技项目200多项，其中被市级以上立项的科技项目数达150多项，获市级以上补助资金1758万元。全区专利申请量3025件，同比增长88.2%，其中发明专利申请量586件，同比增长37.9%；专利授权量2460件，同比增长125.9%。其中发明专利授权234件，同比增长61.4%。

【支持企业研发机构建设】 2012年，区委、区政府扶持和鼓励企业工程（技术）中心建设，全年新增工程（技术）中心省级4家、市级9家、区级21家，下发补助经费615万元，全区区级以上工程技术中心总数达95家，其中市级以上工程技术中心总数达62家（含省级22家）。落实企业技术开发费150%加计扣除企业所得税优惠政策，全年加计抵扣除额达1.62亿元。

2012年度镇海区省级企业工程技术中心名单

表44

序号	省级企业工程技术中心名称名称	依托单位
1	镇海银球轴承工程(技术)中心	宁波市镇海银球轴承有限公司
2	镇海恒河碳九化学工程(技术)中心	浙江恒河石油化工股份有限公司
3	镇海克泰螺纹插装阀及系统工程(技术)中心	宁波克泰液压有限公司
4	镇海联成造纸机械工程(技术)中心	宁波市联成机械有限责任公司

续表44

序号	省级企业工程技术中心名称名称	依托单位
5	镇海安力酚醛树脂成型材料工程(技术)中心	宁波安力电子材料有限公司
6	镇海欧迅精细化工工程(技术)中心	宁波欧迅化学新材料技术有限公司
7	镇海博汇芳烃化工工程(技术)中心	宁波博汇石油化工有限公司
8	镇海国创轨道交通管路连接件及控制阀门工程(技术)中心	宁波市镇海国创机车配件有限公司
9	镇海金鼎高强度汽车紧固件工程(技术)中心	宁波金鼎紧固件有限公司
10	镇海富莱茵汽车发动机零部件工程(技术)中心	宁波富莱茵汽车部件有限公司
11	镇海新宏液压马达工程(技术)中心	宁波新宏液压有限公司
12	镇海大红鹰生物工程(技术)中心	宁波大红鹰生物工程股份有限公司
13	镇海正元特种铜合金工程(技术)中心	宁波正元铜合金有限公司
14	镇海世通汽车玻璃升降器工程(技术)中心	宁波世通汽车零部件有限公司
15	镇海创源液压马达工程(技术)中心	宁波创源液压有限责任公司
16	镇海光亚密封件工程(技术)中心	宁波市光亚汽车配件有限公司
17	镇海科曼智能开关与插座工程(技术)中心	宁波科曼电子科技有限公司
18	镇海万盛轴业工程(技术)中心	宁波万盛轴业有限公司
19	镇海减变速机工程(技术)中心	宁波市镇海减变速机制造有限公司
20	镇海富伟精密机械工程(技术)中心	富伟精密机械(宁波)有限公司
21	镇海固特静音轴承工程(技术)中心	宁波固特轴承有限公司

【实施科技创新工程】 2012年,全年组织申报科技计划项目200多项,其中国家级立项项目12项,包括国家火炬计划2项,国家科技型中小企业技术创新基金9项,国家重点新产品计划1项。全年共获市级以上科技经费1918.5万元,其中国家科技创新资金570万,各项计划、扶持创新基金数额为历年最多。围绕重大技术、共性技术、关键技术和促进产业升级及产品结构调整的技术开发项目,组织企业和高校院所征集上报15个宁波市重大(重点)共性关键技术难题项目,其中4项获市级工业择优委托项目立项。落实区级科技重大项目政策,共立项4个区级重大科技计划项目。

2012年度镇海区获省、市科技进步奖项目名单

表45

2012年	省三等奖	高分散性炭黑N220及尾气综合利用	宁波德泰化学有限公司	黄锡甫 朱社教 纪益彪 张存敏 郑忠东 周银春 马伟伟 赵建成 张丽萍

续表45

2012年	市二等奖	具有安全自愈功能的金属化薄膜蒸镀技术及其在电容器中的应用	宁波新容电器科技有限公司	陈才明 贾德星 邵智金 朱一元 席光华 范丽娜 陈学燕 吕红奋 戴宁宁
2012年	市二等奖	四氯化碳转化四氯乙烯工艺技术研究及应用	宁波巨化化工科技有限公司	郭志毅 黄 波 雷 俊 陈鸿福 屠仁华 夏林兵 徐忠良 徐 翔 应仲阳
2012年	市三等奖	高能氧化锌压敏电阻片制备工艺及产业化	宁波市镇海国创高压电器有限公司 中国科学院宁波材料技术与工程研究所	陈 越 李向军 高奇峰 许高杰 段 雷 蒋 烨 姜玉根
2012年	市三等奖	铝芯特种阻燃中压电力电缆(ZR-YJLV22-12/20 3*240铝芯交联聚乙烯绝缘钢带铠装聚氯乙烯护套阻燃电力电缆)	宁波康兴电缆有限公司	何 亮 王献民 卢占宇 王 跃 郑 琳 张 涛 贾风华
2012年	市三等奖	大型燃气轮机振动试验研究	浙江浙能镇海发电有限责任公司 浙江省电力试验研究院 浙江大学化工机械研究所	胡松如 应光耀 郑水英 吴文健 吴 斌 刘淑莲 袁伟中

【实施知识产权保护战略】 2012年，区委、区政府鼓励企业申报专利，保护企业自主知识产权。全年专利授权总数达2460件，其中发明专利授权数234件，分别同比增长125.9%、61.4%，增幅双双位列全市第一。新增市级专利示范企业2家，全区市级以上专利型企业累计达16家。

（徐 剑）

镇海区2012年专利申请及授权情况一览

表46

县市区	发明申请	实用申请	外观申请	合计	发明增长率	总量增长率
镇海区	586	1179	1260	3025	37.9%	88.2%
	发明授权	实用授权	外观授权	合计	发明增长率	
	234	1014	1212	2460	61.4%	125.9%

科技合作、服务与交流

【概况】 2012年，全区在巩固“一府十校十所”和“三校一所”等原有合作平台基础上，继续围绕新兴产业拓展新平台。全年新引进4个科技合作平台；签约共建西安电子科技大学宁波信息技术研究院；与中科院大连化学物理研究所建立科技人才全面战略合作关系，拟设立大连化物所国家技术转移中心宁波分中心；哈尔滨工业大学镇海技术转移中心正式落户；由瑞典皇家理工学院严晋跃教授领衔的国际应用能源创新研究院落户镇海。此外，浙江大学化学系与石化开发区签订全面合作协议。

【开展科技合作专项对接活动】 2012年，区科技局组织科技合作专项对接系列活动：在产学协作·创新集成—科技合作项目签约暨高新技术成果推介会上，邀请20所高校、科研机构参会，共促成18个产学研合作项目签约，技术交易额达5375万元；举办中科院宁波材料所—镇海区民营企业科技项目合作交流会，30余位民营企业家与宁波材料所的专家进行对接交流；先后组织10余家企业赴哈尔滨工业大学、中科院沈阳自动化研究所、中科院大连化学物理研究所等进行专项科技对接活动。

【引进产学研合作项目】 2012年，全区签约科技合作项目38项，其中国际项目3项，技术交易额2.07亿元；利用网上技术市场开展合作申报项目20项，交易额达1.1亿。中金石化与美国环球油品公司签订的国际科技合作项目，成为2012年宁波市人才科技周最大的一单签约项目。参与海外高层次人才创业项目引进评审工作，协助促成10个海外人才创业项目注册落户。

【开展“海智”到镇海考察对接活动】 2012年，区科技局开展各类“海智”到镇海考察对接活动：庄市街道光明村社区被中国科协列为“海智”项目年度重点课题—新农村“和谐社区”的样本，接受中国科协冯长根副主席率领的海内外10个专家组成的调研组的深入调研；组织“海智”宁波之旅镇海行活动，先后邀请海外科技团体负责人及海外专家31人次到镇海，促成中国留学人员创业协会、澳华科学技术协会与镇海区签订共建海智宁波镇海基地工作站两项战略合作协议，成功引进严晋跃创新团队并达成“电镀添加剂”项目落户意向。

【加强校企人才合作】 2012年，区科技局深化“三校一所”科技人才合作，举办镇海区与中科院宁波材料所、宁波大学、宁波工程学院、浙江纺院科技人才合作恳谈会，聘请14位校所专家为企业科技顾问。先后组织14位专家走访家联塑料、恒河石油、福达电气等15家企业，帮助企业解决技术难题，促成合作项目4项。

（徐　剑）

科学惠民工作

【概况】 2012年，镇海区以农业项目支撑发展现代农业，全年列入国家星火计划项目3项，市级农业创新创业项目4项、农业科研攻关项目3项。宁波市农业科技创新型企业2家、上报“金桥工程”2项。巨高兔业发展有限公司获得美国一家风险投资基金公司5000万元的风险资金，探索用兔血液制作生物药品，成为全省农业企业首家获得风险投资基金的公司，相关做法曾被《浙江日报》报道。

【加强农业科技示范基地建设】 2012年，区科技局继续发挥基地科普示范作用，促进农民增产致富。全年培育宁波市星火示范基地宁波市镇海绿佳佳蔬菜专业合作社星火示范基地和宁波市镇海九龙康得助农庄星火示范基地2家。镇海庄市繁荣瓜果蔬菜试验示范场郑荣希荣获全国科普惠农兴村带头人，宁波市镇海味满园果品专业合作社被评为“科普惠农兴村计划”农村科普示范基地，镇海九龙康得助农庄周银康被评为2012年度宁波市科普带头人。农业科普示范基地和农村科普带头人各1名。

【组建成立农业科技服务团队】 2012年，区设施农业发展科技服务团队和畜禽标准化养殖推广示范科技服务团队被列为市级科技特派团队，至此全区共有10家农业企业（基地、合作社）与宁波大学、宁波市农科院等不同科技特派团队签署长期合作协议，科技支撑现代农业发展能力不断加强。其中由畜禽标准化养殖推广示范科技服务团队结对帮扶的宁波巨高兔业良种基地，培育出的巨高长毛兔新品作为“浙系长毛兔”三个品系之一，获评国家级畜禽新品种（配套系），成为新中国成立以来全省第一个获得国家级新品种审定的畜种。继续下派区派科技特派员3人入驻经济薄弱村开展科技帮扶工作。

【加强农业项目储备】 2012年，区科技局引导和帮助农业企业与省、市农科院、宁波大学、浙江农林大学、浙江万里学院等科研院所开展长期稳定的技术、人才合作，已开展各类农业科技合作洽谈活动7次，达成浙江农林大学食品科学学院与宁波果乐农业开发有限公司教学科研实习基地建设的农业科技合作，邀请农林大专家走访果乐农场、康得助、繁荣蔬果等农业基地。

（徐 剑）

科技管理

【概况】 2012年，全区制定出台《关于加快推进科技创新的实施细则》政策基础上，重点推动高新技术企业、创新型企业、科技服务业以及战略性新兴产业等培育和发展，配套出台《镇海区企业工程（技术）中心认定管理办法》《镇海区科技创新型企业认定管理办法》等8个支持增强区域创新能力的政策文件，进一步健全政策体系。

【启动省级创新型城区创建】 2012年，区科技局完成《镇海区创新型城区创建规划》及实施方案的前期编制，经区长办公会议讨论并申报省创新型试点城区，为下步全区创建省级首批创新型城区打下基础。制定出台《关于加快推进科技创新的实施细则》，重点推动高新技术企业、创新型企业、科技服务业以及战略性新兴产业等培育和发展，配套出台《镇海区企业工程（技术）中心认定管理办法》《镇海区科技创新型企业认定管理办法》等8个支持增强区域创新能力的政策文件，进一步健全政策体系。

【区本级财政科技资金达2297万元】 2012年，区本级财政用于支持科技发展、兑现各项政策的经费达2297万元。其中，专利授权补助742.88万元，各级工程中心补助315万元，区重大科技计划项目补助132万元，企业研发费补助113万元。

【强化科技考核】 2012年，按照省、市对区党政领导科技进步目标考核，全区进一步加大对科技活动经费的投入，全区科技活动经费达到21亿元，规上企业研发经费投入占区属GDP比重达2.45%。区政府与各镇(街道)、园区签订年度科技进步目标考核责任书要求，完成2011年度科技进步目标考核责任书考核和2011年科技创新考核工作。科技进步水平综合评价位列全省第7位，荣获"全国(县、市)科技进步考核先进单位"称号。

（徐　剑）

中国科学院宁波材料技术与工程研究所

【概况】 中国科学院宁波材料技术与工程研究所(简称宁波材料所)位于庄市街道，成立于2004年4月，由中国科学院与浙江省人民政府、宁波市人民政府三方合作共建，是中国科学院在浙江省建立的首家集技术创新、成果转化、科技服务、人才培育于一体的综合性工业技术国立研究机构。2009年3月，中国科学院、浙江省、宁波市三方进一步加强全面战略合作，共建中国科学院宁波工业技术研究院(简称宁波工研院)，将研究领域从原先的材料领域进一步拓展到新能源和先进制造领域。2012年，宁波材料所新增各类人才211人，其中正高21名，副高14名，海外高层次人才31人，博士后31人，新增研究生178人。全院总人数达723人，3人入选国家千人计划，9人入选浙江省千人计划，9人入选宁波市千人计划，42人入选宁波市领军拔尖人才工程。人才类到位经费5589万元。建设新材料、新能源、先进制造主要领域40余个创新团队，其中1个获中科院创新团队国际合作伙伴计划支持，5个获浙江省创新团队支持，9个获宁波市创新团队支持。所长崔平，党委书记严庆。

是年，宁波材料所共申报国家、院、省、市等各类纵向科研项目235项，获竞争性纵向合同经费共计4.39亿元(国家8569万元、中科院3186万元、地方4034万元、企业和其他28144万元)，当年到位经费1.89亿元。全年共发表期刊与各类会议论文331篇，其中SCI收录篇数180篇，影响引子大于3的有70篇；共申请专利296件，PCT途径及涉外发明申请达到13件，授权专利136件。建成科技支撑、光伏技术专业等平台。派出28位科技联络员、科技特派员到地方科技系统与企业挂职，组织30多批次800多人次的各类成果发布会或科技对接活动，与300多家企业开展多种形式合作，共建技术研发中心共67个，合同金额1.1亿多元；签订合作开发项目135项，协助企业申报各类项目近36项。加强国际交流与合作，共派出55批96位科研人员赴国外参加国际会议，其中1人做大会特邀报告，5人做大会报告，1人担任分会主席。邀请和接纳22批40余名国际同行到访、交流、磋商，有1位外籍特聘研究员加盟研究所，1位TWAS外籍博士后在站工作，2名外籍博士生在所攻读学位，签署各类合作协议11个。成功举办"第八届海峡两岸薄膜科学与技术研讨会""2012中国(宁波)新材料与产业化国际论坛——磁性材料及应用技术研讨会"等国际会议。100kW固体氧化物燃料电池分布式发电系统、碳纤维复合材料高效率规模化制造技术、高能量密度动力锂电池材料技术等科研项目取得重大进展。

【多项科技成果实现转移转化】 2012年,宁波材料所多项科技成果实现转移转化:4月11日,宁波材料所与上海南江(集团)有限公司签署《石墨烯产业化项目合作协议》《在宁波合作共建石墨烯研发与生产基地协议书》,合同总金额超过2亿元,首笔经费4000万元到位,项目落户慈溪市慈东滨海区,创下宁波市技术合同交易的新纪录。9月19日,宁波墨西科技股份有限公司年产300吨石墨烯项目开工,将建设全球第一条规模化低成本制备石墨烯的生产线,并带动石墨烯衍生产品的开发应用。同时开发出世界首创的石墨烯涂层铝箔技术,产品性能得到电池生产企业的肯定,年产200万平方米的石墨烯涂层铝箔生产线也已于年12月5日正式投产。6月29日,宁波材料所与宁波家塑生物科技有限公司签署《聚乳酸/淀粉全生物基可降解复合材料产业化合作协议》,材料所将拥有的专利采取排他实施许可方式有偿提供给该公司使用,该公司将按照销售额的2%作为技术授权费交给材料所,每年最低保证150万元;累计收取的技术许可费达到1500万元,材料所再将专利技术无偿转让给该公司。此外,一些已经转移转化的成果也取得新进展,生物基无醛大豆胶地板正式投放市场,磷酸铁锂项目正在调试与试生产阶段,碳纤维的厂房建设全面启动。"绿色聚丙烯发泡材料技术""高性能低成本聚酰亚胺工程塑料技术""聚丙烯釜压技术""高强中模碳纤维项目""生物基无醛木材胶粘剂技术""耐热聚乳酸技术"等重大科技成果大部分落户宁波,在当地实现转移转化,促进区域产业转型升级。

【荣获省、市级科技奖】 2012年,宁波材料所荣获2项省、市级科技奖:闫阿儒老师的耐高温超高矫顽力烧结稀土永磁材料研究与产业化项目获宁波市科技进步一等奖,实现一等奖零的突破。李润伟研究员的论文"钙钛矿型锰氧化物单晶中异常大的各向异性磁电阻效应"[Anomalously large anisotropic magnetoresistance in a perovskite manganite, PNAS 106, 14224 (2009)]获2012年浙江省自然科学学术奖一等奖。

【3项科研成果取得较大进展】 2012年,中科院材料所3项科研成果取得较大进展:100kW固体氧化物燃料电池分布式发电系统项目:实现电解质电池批量化的稳定生产,销往全球;通过高温软密封材料和界面设计,突破无压型SOFC电堆制造技术;实现5~20千瓦电池堆系统部件制造能力,10千瓦电池堆稳定运行;获得国际同行的认可,建立多渠道、多方位的紧密合作。碳纤维复合材料高效率规模化制造技术项目:样品性能评价与东丽同类产品相当;百吨级碳纤维生产线建设工作稳步推进,主工艺设备基本安装到位;完成热塑性复合材料与部件核心装置研制,建成复材自动化中试示范线;实现轻量化电动汽车碳纤维复材制备与应用技术的紧密合作。高能量密度动力锂电池材料技术项目:突破石墨烯低成本规模化制备技术,建成吨级实验线,实现石墨烯技术向产业化转移;验证石墨烯导电剂全面提

升动力电池综合性能；初步研发出高性能磷酸锰锂正极材料，试制出新型磷酸锰锂动力电池，其能量密度超出现有磷酸铁锂电池的20%，可达180瓦时/千克，1C倍率下常温循环寿命~1000次@90%容量保持率，性能指标达国际领先水平。

【获批多项重大项目】 2012年，宁波材料所获批多项重大项目：国家项目，承担973课题1项，合同经费760万元；承担863课题1项，参与7项，合同经费2793万元；参与科技支撑计划6项，合同经费1133.28万元；国家基金47项，合同经费2520万元；其他项目6项，合同经费1362.72万元。中科院项目，重点部署项目4项，合同经费1650万元；战略新兴产业科技行动计划2项，合同经费40万元；修购专项1项，合同经费465万元；百人计划项目4项，合同经费600万元；其他项目经费431万元。省市项目，浙江省创新团队1项，合同经费300万元；宁波市创新团队3项，合同经费1562.5万元；宁波市攻关项目6项，合同经费逾253万元；宁波市国际合作5项，合同经费140万元；宁波市匹配9项，合同经费2026万元；其他项目62项，合同经费385万元。

（夏羽青　陶永怀）

教育工作

综述

2012年,全区建有普通高中2所、完全中学1所(民办)、初中7所、九年一贯制学校2所、小学21所(其中农村完小7所,民办外来务工人员子女学校6所)、职业中学1所、教师进修学校1所、培智学校1所、业余技巧运动学校1所、成人文化技术学校(街道社区教育中心)6所、各级各类幼儿园70所。全区有中小学生40565人、在园幼儿15405人。在编教师2621人。全年教育经费支出占一般预算支出的比例由2010年的16.8%将提高到2012年的19%,小学、初中生均公用经费分别达550元、750元。教育经费总投入10.4亿元,其中区级财政用于教育事业经费7.1亿元(教育事业费4.83亿元,教育附加费1.84亿元)。义务段共有2.8万人次学生享受不收学费、杂费,免课本费、作业本费、住宿费政策,涉及经费1458.93万元;2307名学生享受中职免学费政策,涉及经费530.6万元;5686人次学生享受帮困助学资助,涉及经费537.64万元。民办教育发展专项资金共计1450万元,其中民办流动人口子女学校引导性专项经费450万元。

全区教育工作按照“加强和创新教育管理,全力推进教育现代化发展”主题,贯彻落实《镇海区委、区政府关于贯彻落实国家省市教育规划纲要的实施意见》《镇海区教育事业发展“十二五”规划》,全力开展创建省教育现代化区活动,迎接省对区义务教育均衡发展督导评估,进一步提升区域教育整体水平。区出台《镇海区委区政府关于贯彻落实国家省市教育规划纲要的实施意见》,明确“率先实现教育现代化、率先基本形成学习型社会,建成更高水平的现代化教育强区,建成更高质量的基础教育名区”的“十二五”总体目标,提出“率先发展、转型发展、创新发展、均衡发展、品质发展”五大发展方向。区教育局制定完善“十二五”教育发展规划体系,与区发改局联合颁布《镇海区教育事业发展“十二五”规划》,提出“构建普惠规范的学前教育、优教乐学的义务教育、优质品牌的普高教育、区域特色的职业教育、关爱融合的特殊教育、体系完备的社区教育”指导原则。

抓住全省标准化学校新一轮评比契机,加快学校标准化建设,全区标准化学校率达90%。推进学校特色示范发展,镇海中学全力创建省首批特色示范高中;区职教中心创建成省改革示范校、市特色专业中等职业学校,港口机械运行与维护及创业教育基地创建成省特色专业;社区教育三门课程被评为全国社区教育特色课程。向教育部提出申报“国家教育信息化区域综合试点”申请,推进智慧教育高端发展。通过省义务教育均衡发展区验收。幼儿园标准化建设成为全市试点项目,骆驼街道中心幼儿园等6所幼儿园新(扩、改)建工程列入市政府实事工程。推进学校项目建设,全年列入区政府计划投资项目9项,总投资额1.4亿元。“十二五”期间,全区新建(改、扩)校舍面积达12万平方米。

全区成为教育部国家基础教育质量抽测试点区。经测试反馈,区民办初中教育质量受到教育部的关注和肯定。“三有课堂”渐成镇海课堂新特色。中小学生课程开设明显规范,学生每天锻炼1小时基本得到保证。镇海中学在全市高中段学生体质健康测试中名列前茅,蛟川中心学校、骆驼中心学校等创建成省体育艺术特色学校。全区高考再创佳绩,本科录取率83.29%,其中本科一批录取率38.92%,继续省、市保持领先地位。加强全区教师队伍建设,新增名优教师101名。

进一步完善外来务工人员子女入学条件,公办学校接纳率85%。修订出台《镇海区关于外来务工人员子女入读义务教育暂行规定》,进一步加强对民办外来务工人员子女学校的管理,首次实施专职管理员制度。深入开展学生接送车专项检查和实地调研等活动,进一步完善“公交化学生接送车”模式。破解外来务工人员子女公办学校就读率、义务段学校标准化建设、班额控制和龙赛中学招生名额分配等4大难题,促成相关指标达标或基本达标,指标达标率达100%。化解一些教育热点难点问题,系统内“减负”自觉性不断增强,系统外监督“减负”热情越来越高。深化“大学区”制度,义务段推出“顺序位”招生办法,基本实现“零择校”。斥资178万元对在民办学校就读的外来务工人员子女学费实行补助,购买民办外来务工人员子女学校四、五、六年级的学位,继续对其他年级学生实行书学费补助。

【高考本科录取率达83.29%】 2012年,全省普通高校招生本科录取分数线揭晓,全区共有1598名考生(艺术类除外)被本科院校录取,录取率达83.29%,继续保持省、市领先水平,呈现“两保一创”特点:一批上线率保持高位水平。全区一批上线622人(含清华、北大保送生4人,不含体育、艺术类),一批上线率38.92%,比上年提高1个百分点,为历史第二高位水平。镇海中学再次获清华大学“新百年计划”推荐资格,推荐人数为浙江省最多。二批上线率创历史新高。全区二批及以上上线率(含体育、艺术类)达83.29%,比上年上升7个多百分点,创历年来最高水平。全区高中段学校保持特色发展,全区艺术、体育类本科上线57人,区职教中心学生在高职学校单招单考中上线率达74.79%。

【获5项国家教育成就奖】 2012年,镇海区获全国义务教育均衡发展区荣誉、全国社区教育实验区荣誉、全国社区教育数字化学习先行区荣誉、国家基础教育质量检测优秀组织奖、全国社区教育示范街道荣誉等5项国家教育成就奖。是年，区教育局会同有关部门推进中小学标准化建设，完善公平入学机制，扩充优质教育资源，推进素质教育进程。全面整合政府、社会和市民三方面优质资源，推进“志趣相聚型、区域特色型和资源辐射型”三大类型“学习圈”建设，建成以区级社区学院为龙头，以6个镇(街道)社区教育中心为支点，以88所市民学校为基础的“1688”三级社区教育网络。探索低成本终身教育模式，打造普及型、公平性的数字化资源平台，建成市民学习、业务培训、学历教育、考试中心和学习论坛五大学习板块，免费提供百门课程，并特制数字化市民学习卡供广大市民自主参与学习。建立科学化教育标准，对全区学校教育质量进行高水平测试，蛟川书院的教育质量受到教育部的关注和充分肯定。发挥服务型社区教育引领作用，在中国成人教育协会社区教育专业委员会公布的第三批全国社区教育示范街道(乡镇)名单中，招宝山街道、庄市街道榜上有名，这是镇海区首次申报并获此殊荣。

【加强学生接送车安全管理】 2012年，区教育局“五篇文章”加强学生接送车安全管理：做好投入文章，按照《国务院校车安全条例》，配足、配强、配好学生接送车；做好联合文章，联合公安、安管、交通、车管、财政、镇(街道)、学校及家庭等方方面面的力量，齐抓共管；做好管理文章，进一步优化线路，进一步加强学生乘车、候车管理，进一步建立和严格各项制度，及时总结经验；做好学校自身文章，完善科学划分学区，缩短学生上下学路程，进一步加强通勤管理，鼓励高中段学生参加住宿；做好公交化文章，加快建立完善“专车接送，公交运行”模式，提高学生接送运力和安全运行水平。

【推行校园“访客证”制度】 2012年，区教育局推出“访客证”制度。规定，今后外来人员进校(除家长会等大型活动)，在门卫处办理好相关登记手续后，需领取由镇海区教育局统一制定的访客证方可进入校园，在校期间必须全程佩戴访客证，离校时交还。一旦发现非法入校者，各校将及时解情况并采取紧急措施，以保障中小学、幼儿园师生安全，筑牢校园安全工作第一防线。

【启动教育对口支援工作】 2012年，根据《省人民政府办公厅关于开展第三轮教育对口支援工作的实施意见》《镇海区人民政府—黄岩区人民政府教育对口支援协议书》精神，区内应行久外语实验学校、炼化小学、九龙湖中心学校分别与黄岩区滨江小学、宁溪中心小学、北洋中心小学签署教育对口支援协议。按照协议，区对口学校将每年定期选派骨干教师赴支援学校任教、讲课，提供教学示范；同时也接受支援学校来区内学校短期挂职学习。

(钱婷婷)

学前教育

【概况】 2012年，全区共有各级各类幼儿园70所，在园幼儿15405人。区出台《镇海区学前教育三年提升计划》，着力构建

"公益普惠、城乡均衡、制度合理、管理规范、充满活力、群众满意"的现代学前教育体系。加强公共财政对学前教育的普惠机制,学前教育专项经费增至1100万元,再创历史最高水平。镇(街道)中心幼儿园取得法人地位,6个镇(街道)中心幼儿园转为公立事业单位。

2012年全区学前教育基本情况

表47　　　　单位:个

幼儿园类别	园所数	在园幼儿人数
全区幼儿园合计	70	15405
城区	41	10937
镇区	9	1403
乡村	20	3065

【推动幼儿园标准化建设】 2012年,区教育局出台《关于开展准办园达标验收工作的通知》(镇教〔2012〕108号)专项文件,对区内30余家准办园(达到办园标准但未达到星级水平的幼儿园)提出8大方面共60项标准化建设指标。对通过达标验收的幼儿园给予每园2万元的补助,用于设施设备的添置;对未通过验收的幼儿园出具整改通知,限期整改;对整改后仍未能达标的学校,将会同相关部门取消办园资格。另外,对每上升一个星级的幼儿园,还颁发5万元奖励。

【镇海幼儿园成为全国国际象棋后备人才基地】 8月,在江苏无锡举行的国际象棋协会成立五十周年暨2012年中国国际象棋协会年会上,镇海幼儿园被批准为全国国际象棋后备人才基地,这是第一所以幼儿园命名的全国国际象棋后备人才基地。

镇海幼儿园被中国国际象棋协会授予国际象棋后备人才基地

【建立学前教育联席会议制度】 9月14日,区建立由区政府办、区教育局等25个部门和镇(街道)组成的学前教育联席会议制度。主要职责:组织推动和督促学前教育法律、法规和有关方针政策的落实;审议全区学前教育的相关政策措施和总体发展规划,提出加快全区学前教育事业发展的建议;定期研究、统筹协调和着力解决学前教育事业发展中的重点、热点、难点问题,监督、协调、指导各镇(街道)和有关部门落实责任;通报学前教育工作情况,研究其他相关问题。区教育局为业务主管部门,负责拟定全区学前教育改革与发展的有关政策、重要规章制度和学前教育事业发展规划,协调各镇(街道)组织实施;承担对区内幼儿园规范建设指导工作;负责民办学前教育机构审批、登记注册和无证幼儿园行政执法;指导学前教育机构财务管理和事业发展统计分析;负责培养和培训幼儿教师,审定、考核幼儿教师资格,保障幼儿教师的合法权益;负责建立学前教育督导和评估制度,负责学前教育年度考核和日常教育督查工作。

(钱婷婷)

基础教育

【概况】 2012年，全区有普通高中2所、完全中学1所(民办)、初中7所、九年一贯制学校2所、小学21所(其中农村完小7所，民办外来务工人员子女学校6所)。全区基础教育在校学生40565人。将高标准通过省对镇海区的义务教育均衡发展督导评估作为中心工作，8月份接受省督查组的考评，受到省考评组的高度评价，并通过省义务教育均衡发展区验收。开展“三进”教学调研活动，“三有课堂”渐成镇海课堂新特色。中小学生课程开设明显规范，绝大多数学校学生作业量得到控制。

2012年全区基础教育基本情况

表48　　单位：个

学校类别	学校数	在校学生
小学	21	25465
中学	12	15100
其中：初中	9	10192
高中	3	4908
合计	33	40565

【高考再创佳绩】 2012年，全区报考人数1598人，文科上一批线(重点大学线)155人，理科上一批线(重点大学线)463人，北大、清华提前保送4人，合计622人，全区一批上线率38.92%，比2011年37.92%提高1个百分点。其中镇海中学一批上线387人，一批上线率达94.85%；蛟川书院一批上线149人，一批上线率74.87%；龙赛中学一批上线86人，一批上线8.97%。另外，全区艺术、体育本科上线57人。区职教中心学生在高职学校单招单考中，报考234人，上线175人，上线率74.79%。

【义务段公办中小学不招收择校生】 2012年，根据镇海区实际情况，区教育局决定本年义务段公办中小学招收新生不留择校生名额。招生政策为将学区内的适龄儿童、少年按照户籍、住房条件进行排位，按顺序位录取。即每一所学校先录取拥有学区内户籍和产权房的学生，再录取只有学区内户籍但无产权房的学生，再录取在学区内有产权房但户籍不在的学生(这类学生还按照先区内户籍、后市内户籍、再市外户籍的顺序录取)，录满招生计划的人数时录取结束，不招收择校生。

【公办普高全面实行保送生制度】 从2012年起，龙赛中学招生首次实行保送生制度。全区各公办初中学校按2012届班级数的2倍及前两年上龙赛中学录取人数的40%之和推荐保送生，由龙赛中学按照学业测试成绩从高分到低分录取500名学生。至此，镇海区所有公办高中都按照省教育厅规定的要求，实现示范高中招生名额不低于50%比例分配到初中学校的目标，成为全市实现公办高中招生实行保送生制度全覆盖的县市区之一。

【镇海中学学生体质健康测试排名全省第二】 11月26日，省教育厅公布2011年全省高校的浙籍新生体质健康测试数据，并对生源所在的市进行排名。镇海中学的测试结果为优秀13.13%，良好61.2%和及格25.25%，位列全省普通高中总分排名第七位和及格率排名第二位。该测试报告根据全省高校16万名一年级新生(2011级)的耐力、肺活量、速度、柔韧性、身高、体重等数据统计而得,总分90~100分为优秀,75~89分为良好,60~74分为及格。

【启动“中小学教学测评服务云平台”项目】 2012年,镇海区投入228.6万元在义务段学校推行“中小学数字测评服务云平台”项目。该平台颠覆传统教学资源库建设模式,采用分布式计算和分布式储存原理,发挥C/S(客户/服务器模式)、B/S(浏览器/服务器模式)等主流体系结构优势,在教育主管部门、学校和师生之间搭建统一共享的教学信息化平台。

(钱婷婷)

职业教育

【概况】 2012年,全区有职业中学1所,在校生2418人。加强和创新职业教育增量培优机制,继续实施扩招计划,满足群众入读区内职高的需求。加快专业调整,新增涉及数控、物流、汽车等3个专业,建设区域特色专业体系。成立“三创(创意、创新、创业)研究院”和“三创教育基地”,25件师生作品被国家专利局受理。参加市技能大赛,总奖牌数占第四名。高三毕业生就业形势喜人,98%学生就业或进入高等院校就读,机电类等专业的毕业生仍然供不应求。区职教中心学生在高职学校单招单考中,报考234人,上线175人,上线率74.79%。

【区职教中心成为省改革发展示范学校】 11月19日,省教育厅《关于公布2012年中等职业教育省级实训基地、产学研联合体、改革发展示范学校建设名单的通知》(浙教职成〔2012〕154号)文件公布首批35所浙江省改革发展示范学校名单,区职教中心榜上有名。镇海职教中心紧紧围绕“以人为本、和谐发展、特色立校、服务社会”的办学理念,以“至诚至勤、心红技精”为校训,倡导“爱生、善教、进德、修能”的教风和“尊师、乐学、明理、强技”的学风,在办学中重视学生职业技能和全面素质的提高。近年来许多师生在国家及省市职业教育技能(才艺)大赛中屡获大奖,荣获20多个发明及实用新型专利。

【区职教中心承办市职业技能大赛】 3月6~8日,2012年宁波市职业教育技能大赛机械类项目比赛在区职教中心赛点拉开帷幕,来自全大市306位选手(其中教师139人、学生167人)同场竞技。大赛共设教师组数控车工、数控铣工、车工、CAD/CAXA和工具钳工,学生组数控车工、数控铣工、车工、CAD/CAXA和车—铣组合共计10个项目的比赛。这是全大市14个赛点中比赛项目含金量最高的一项赛事。经过角逐,镇海区共获8项一等奖,22项二等奖,34项三等奖。

区职教中心承办市职业技能大赛

【区职教传承非遗项目入编《甬上风华》】 5月，区职教中心传承非遗项目—“蛟川走书”被编入由宁波市文化广电新闻出版局编著、宁波出版社出版的《甬上风华——宁波市非物质文化遗产大观》。该书介绍“蛟川走书”的特点、历史以及第五代传人张亚琴及第六代传人江亚华等人在镇海职教中心演出及活动情况。区职教中心作为被省文化厅认定的省非物质文化遗产传承基地，历来重视“蛟川走书”等非物质文化遗产的传承，通过课堂化教学等方式，继承和弘扬宁波人民优秀的传统。

（钱婷婷）

成人教育

【概况】 2012年，全区创建成为全国社区教育实验区和全国社区教育数字化学习先行区，学习圈经验在全国社区教育工作会议上交流。招宝山街道、庄市街道创建成全国社区教育示范街道。庄市街道成人文化技术学校创建成市高标准示范成校。

【实现“双证制”培训全覆盖】 2012年，全区继续实行“双证制”教育（政府埋单的免费式教育，是一项惠民工程），区财政安排每位参加“双证制”教育经费500元。年内，镇（街道）成人教育培训点由4个增加到6个，实现全覆盖，共培训学员512人，完成市规定的500人指标任务。

【2个街道被评为全国社区教育示范街道】 11月，在中国成人教育协会社区教育专业委员会公布的第三批全国社区教育示范街道（乡镇）名单中，招宝山街道、庄市街道榜上有名。这是镇海区首次申报并获此殊荣。

（钱婷婷）

教师和教育科研

【概况】 2012年，全区有在编教师2621人。区教育局制定《镇海区教育人才发展“十二五”规划》，进一步重视教育高端人才培养，优化教育人才队伍结构，完善人才管理机制，创新人才培养方式。加强全区教师队伍建设，新增名优教师101名。推进新一轮师训工程，推出培训项目59个，参加90学时集中培训的教师占教师总数的47%。出台《镇海区教师培训专项资金管理暂行办法》，健全教师培训经费保障机制。加强教师人事制度改革，全面实施岗位设置管理工作，启动非义务段学校绩效工资改革，完成事业单位实名制管理工作。协同区编委办、人社局形成有利于教育发展和激励教师工作的岗位设置政策。

【完成代课教师身份及年限认定】 2011年11月—2012年5月31日，根据《关于解决未参保集体企业退休人员及其他相关人员基本养老保障等遗留问题的实施意见》《关于调整城乡居民社会养老保险部分参保人员待遇政策的通知》《关于进一步解决部分精减退职人员生活困难补助问题的通知》3个文件精神，区教育局经过7个月的认定工作，主要解决与文件相关的三类人员身份核查：经核查，符合浙人社发文件关于解决未参保集体企业退休人员及其他相关人员基本养老保障认定要求的1人；符合文件关于调整民办

(代课)教师居民社会养老保险认定要求的共270人,其中60周岁以上227人,60周岁以下43人;符合文件关于进一步解决部分精简退职人员生活困难补助认定要求的共3人。

【新增骨干教师101名】 2012年,全区新增骨干教师101名,区学科带头人51名,区名师20名,区骨干班主任20名。至此,该区已有区骨干教师316人,区学科带头人115人,区名师39人,另有省特级教师5人,市名师7人,以及区骨干班主任28人,“名师”队伍数量占到全区教师的百分之二十。

【区特级教师享受副校级待遇】 9月起,3名在普通教学岗位上任教的特级教师们享受副校级待遇。至此,全区有5名特级教师待遇享受副校级待遇。

(钱婷婷)

高等教育

综　述

宁波高教园区北区位于宁波市区的东北方向的镇海与江北的交界处。园区内有宁波大学、宁波大学科学技术学院、宁波工程学院、浙江纺织服装学院等高校。

宁波大学

【概况】 宁波大学位于宁波高教园区北区，占地184公顷，校舍总建筑面积79万余平方米。1986年由世界船王包玉刚捐资创立，是浙江省和宁波市共建高校。学校学科涵盖经、法、教、文、史、理、工、农、医、管、艺等十一大门类。在校普通全日制本科生25000多名，各类研究生4000余名，外国留学生400余名，成人教育学生15000多名。设19个学院72个本科专业，有2个一级学科博士点，19个一级学科硕士点，14个专业硕士学位点（含领域）。教职工2426名，其中专任教师1441多名，正高职称人员284名，副高职称人员721名，博士学位人员584名。党委书记程刚，校长聂秋华。

学校拥有5门国家精品课程、6个国家特色专业建设点、1个国家级实验教学示范中心和3项国家级双语教学示范课程建设项目；建有国家重点实验室培育基地、教育部重点实验室、教育部工程技术中心、国家体育总局社科重点研究基地等高水平科研创新平台。现有国家级教学团队1个、教育部“长江学者和创新团队发展计划”创新团队1个，浙江省重点科技创新团队4个。

创新教育机制营造师生参与创新教育氛围。2012年获得国家级、省级学科竞赛奖项显著增加，在全国大学生数学竞赛中实现浙江赛区数学专业类一等奖零的突破，在第八届“挑战杯”中国大学生创业计划竞技赛中获总成绩并列全国高校第一的优异成绩。师生共同努力在其他各类大赛中也取得辉煌的成绩。

围绕地方急需组织开展重大课题研究。全年学校新增各类科研项目，新立国家级137项，其中两大基金项目109项，新部省级科研项目226项。落实科研总经费23141.2万元，其中纵向科研经费16435.2万元，横向科研经费6706万元。共获科研成果95项，其中国家级1项，部省级13项，厅市级46项，其他35项。

加快实施国际化办学战略。推动学

科性学院建设国际化专业和国际化课程群，在建的全英文专业达到7个，在数量和质量上都名列全省第一。在校各类留学生数量突破1000人，重视留学生培养和管理的制度化和规范化。新增1个本科层次的中外合作办学项目，专业外教人数快速增加，各学院在职教师出国进修比例明显提高，全年派送交换生和交流生364人。成立格拉布斯研究院和中欧海洋旅游与遗产研究中心，获批国际科研合作基地，推进国际研究生院的建设，支持举办各类国际学术会议。并且深入拓展港澳台侨工作。积极开展争取捐赠项目、组织师生交流、承办各类会议等活动。全年接待来访港澳台人士、高校和社会团体28批共计277人次，组织该校师生赴港澳台地区访问交流21批共计130人次，募集捐赠款1124万元人民币。

稳步拓展科技服务的领域。举办与市相关部门的合作对接交流会，与市政法委等11个部门签订合作协议，建立长效合作机制；开展第六批教授/博士进企业（社区）活动，近100人次入驻90余家企事业单位；与桐庐县、江北区签署“校县战略合作协议”和“促进技术创新和成果产业化协议”；新建地方服务与合作平台10个，全年横向项目343项，到校经费6108万元，科技服务地方能力和水平明显提高。

宁波工程学院

【概况】 宁波工程学院是由宁波市政府于1983年创办的全日制普通本科院校，占地面积93.33余公顷，分翠柏、风华两个校区，校舍建筑面积近37万平方米。学校有12个二级学院，32个本科专业，在校全日制学生12642人。教职工1032人，专任教师704人，其中教授60人，副高级职称教师185人。教学科研仪器设备总值近1.5亿元，馆藏纸质图书124万余册。党委书记郭华巍，院长高浩其。

宁波工程学院现有教育部特色专业1个，省级重点学科6个，重点专业4个，精品课程8门。6个学科被列为省“十二五”高校重点学科。与5所国（境）外大学签订校际合作协议。接待美国哥伦比亚大学等35批次194人次国（境）外来访团组。选派34名教师赴国外进行交流学习，比2011年增加278%。与同济大学、德国埃斯林根应用科技大学签订合作办学协议，与宁波市8个卫星城市签订校镇产学研全面战略合作协议。与上海陆家嘴人才金融城人才发展中心投资共建的宁波人才金港管理有限公司投入运营，引进宁高职业技能培训学校等2家培训机构。总投资3.8亿元、总建筑面积8.45万平方米的杭州湾汽车学院项目一期工程8月开工。《宁波工程学院志（2004—2012）》编撰基本完成，启动数字校史馆建设。

2012年，宁波工程学院组织学生参加各种学科竞赛屡获佳绩，获国家级奖励106项，省级奖励232项，33个项目获浙江省“新苗人才计划”项目立项。承办浙江省第十一届大学生结构设计竞赛，获最佳创意奖和一、二、三等奖各1项。以学生为第一作者在公开学术刊物上发表论文48篇。2012届毕业生就业率98.66%，列浙江省第三、宁波市第一。

是年，宁波工程学院省部级以上重大科研项目申报有突破，纵向项目立项124

项，合同经费712.85万元，其中国家级12项，省部级18项，厅市级60项。横向项目168项，合同经费4018.19万元。获省科技进步三等奖1项、省社科成果优秀奖三等奖1项、市哲社社优秀成果奖三等奖1项。全年发表学术论文447篇，其中三大检索收录136篇；出版学术著作29部；市级以上项目验收10项。申请专利39项，授权专利43项（含软件登记），其中发明专利18项。学校获全国大学生创业教育基地称号，创业社团获全国大学生创业俱乐部称号，1名学生获宁波市十大创业新秀称号。

宁波工程学院校园一景

【杭州湾跨海大桥项目获国家科技进步二等奖】 2月14日，2011年度国家科技奖揭晓，杭州湾跨海大桥“强潮海域跨海大桥建设关键技术”获2011年度国家科学技术进步奖二等奖，宁波工程学院“杭州湾跨海大桥混凝土结构耐久性成套技术研究与应用”研究成果是获奖项目的六项关键技术创新之一。2010年来，学校混凝土结构耐久性研究所承担《海洋环境混凝土结构配筋腐蚀的预埋式无损监测系统研究》等4个国家项目和8个省部级重点科技项目，获发明专利4项，多项成果被纳入国家和交通部标准，填补国内空白。

【宁波工程学院2个新专业获批】 2月14日，教育部公布2011年度高等学校本科专业审批结果，学校车辆工程和文化产业管理2个专业获批，当年开始招生。这两个专业分属机械工程学院和人文学院。车辆工程专业的开设填补宁波市高校此项专业的空白，它主要针对学生对车辆的认识、制造、设计和研发能力的培养，为宁波市发展汽车产业奠定人才基础。文化产业管理专业旨在培养综合掌握经济学、管理学及文化学基本理论与方法的大学生，将推动宁波市文化产业的进一步发展。

【与同济大学共建汽车学院签约】 3月29日，宁波工程学院与同济大学共建杭州湾新区汽车学院签约仪式在杭州湾新区恒元大酒店举行。宁波市、同济大学、宁波工程学院等单位领导出席签约仪式。作为宁波市与同济大学战略合作的重要内容之一，杭州湾新区汽车学院为国有公办性质的宁波工程学院所辖的中中外合作二级学院，将整合宁波工程学院现有的机械、电子、交通、经济、管理等相关学科专业的办学资源，联合同济大学和德国布伦瑞克工业大学、埃斯林根应用科技大学等多所应用科技大学，采用“中中外”合作模式办学。

【与德国埃斯林根应用科技大学达成合作办学协议】 9月，宁波工程学院与德国埃斯林根应用科技大学就设立中德合作汽车学院事宜达成合作办学协议。协议规定，德国埃斯林根应用科技大学、德国应用科技大学联盟和同济大学在宁波市与同济大学战略合作的大框架下，通过共同开发专业课程、派遣德方教师授课、提供优秀学生取得中德双文凭机会等形式，与宁波工程学院共同举办中德汽车学院。中德合作汽车学院协议的达成，是学校筹建工作取得的一项重大成果。

【师生团队在国际家用机器人灭火比赛获奖】 4月，在美国康涅狄格州三一学院举办的“第十九届国际家用机器人灭火比赛”中，由宁波工程学院机械工程学院师生组成的团队代表中国大学生参赛，取得优异成绩。其中林浩杰获奥林匹克知识竞赛项目大学组三等奖，家用机器人灭火比赛大学组第五名，杜克方和董春雷组成的Flying团队获家用机器人灭火大学组第六名。

【全省大学生结构设计竞赛在宁波工程学院举行】 5月11—13日，以“创新结构、助力海洋、成就卓越”为主题的浙江省第十一届“华恒杯”大学生结构设计竞赛在宁波工程学院举行。该届竞赛题目紧扣浙江省区域发展热点，以海洋平台结构设计与模型制作为题，竞赛内容由理论方案、模型制作、陈述与答辩、加载试验四个部分组成。经过角逐，宁波工程学院获最佳创意奖，并荣获一、二、三等奖各一项。

【6个学科被列为省“十二五”高校重点学科】 6月，省教育厅公布“十二五”第一批省重中之重一级学科和“十二五”省高校重点学科名单，宁波工程学院管理科学与工程、计算机技术应用、机械制造及其自动化、材料学、化学工艺、防灾减灾工程及防护工程6个学科被列为“十二五”省高校重点学科，是宁波市同类高校获批数量最多的高校。

【王辉忠到宁波工程学院作十八大精神宣讲报告】 12月13日，省委常委、市委书记王辉忠到宁波工程学院作十八大精神宣讲报告，并进行工作调研。报告会上，王辉忠阐述对十八大精神的感悟和体会，并希望全市大学生要争做“敢担当、有追求、知礼义、重实干”的大学生。

（尹　辉）

浙江纺织服装职业技术学院

【概况】 浙江纺织服装职业技术学院（简称浙江纺院）由浙江纺织职业技术学院和宁波服装职业技术学院合并、于2004年成立，占地53.33余公顷，下设11个二级学院，拥有中央财政支持的职业教育实训基地2个，省示范性实践教学基地4个，省重点专业3个，示范专业4个，特色专业8个，优势专业2个，市品牌专业1个；国家精品课程4门，省级精品课程18门。在校生1万余人，教职工600余人，其中高级职称教师180余人，双师素质教师290余人。学校党委书记毛大龙，院长王梅珍。

2012年，学校进一步加强专业和课程建设。“推进红帮文化育人工作，提升纺织服装人才培养质量”获宁波市第八届教学成果一等奖。人物形象设计与现代纺织技术专业成功申报省优势专业，服装设计成功申报市品牌专业，3个专业申报成功市特色专业，3门课程由省教育厅推选申报教育部网络课程，6门宁波市第三批智慧产业核心引导课程通过考核，其中3门课程考核优秀，9门课程考核良好。开展对外交流合作，派遣54名学生分别赴英国、香港参加学习培训活动；接待英国索尔福德大学、韩国大邱工业大学27名外国学生游学任务。毕业生就业率96.96%。

是年，学校参与地方经济建设和产业转型升级。开展职业培训鉴定，全年培训各类人员1万余人次，其中高端培训人员650人，职业技能鉴定5000余名；召开产学合作对接洽谈交流会，21家省内外企业、高校参加，与企业、高校分别签署6项合作协议；做好纺织服装产学研技术创新联盟工作，发挥联盟平台作用，协助联盟成员企业深化转型升级。

是年，学校组织学生参加各级各类竞赛106项，共获334个奖项，其中国家一等奖17项、国家二等奖44项、国家三等奖20项、省级奖项79项。

是年，学校科研经费到账总额近700万元，其中横向项目实际到账431万元。教师公开发表的学术论文161篇，其中一级核心12篇。开展新产品、新技术等方面的研究与开发，授权专利18项，其中发明专利1项，实用新型专利16项，外观设计专利1项；各级各类科研成果获奖18项，其中省部级以上8项。学校获全国纺织行业职业技能鉴定先进单位荣誉称号。

【入选浙江省示范性高等职业院校】 9月3日，省教育厅、省财政厅联合发布《关于公布省示范性高等职业院校名单的通知》，浙江纺院入选。省示范性高等职业院校，主要以示范性建设工作的建设目标完成情况和成效、重点专业建设与人才培养模式改革成效、示范性建设工作取得的基本经验与辐射作用、专项资金预算执行情况和使用效果等为标准，评选在专业建设、教师队伍建设和提升服务现代产业和区域经济社会发展能力等方面具有示范性水平的高职院校，带动和促进全省高职院校的发展。

【中英纺织服装设计中心落成】 4月25日，由浙江纺院负责日常运作的中英纺织服装设计中心在和丰创意广场落成。中英纺织服装设计中心是中英纺织服装产学研合作中心的运作实体，下设纺织服装信息服务部、中英国际合作部、针织面料设计部、企业合作部、家用纺织品设计部、品牌设计策划部、服装样板设计部、高级时装定制设计部等服务机构，为纺织服装企业提供品牌发布、人才培训、针织面料设计、品牌设计、装饰设计等服务。

【承办中国纺织科技人才战略发展大会】 6月20日，“2012中国纺织科技人才战略发展大会”在宁波开幕。中国科学技术协会副主席程东红、中国纺织工业联合会会长王天凯、宁波市分管教育的副市长出席会议。会上，宁波市人民政府与中国纺织工业联合会签订共建浙江纺织服装职业技术学院协议。根据协议，宁波市政府将加大经费投入，与中国纺织工业联合会一起推动学院纺织服装重点专业、特色专业、重点实验室和人才队伍建设。

6月20日，宁波市政府与中国纺织工业联合会签订共建浙江纺织服装职业技术学院协议

【雅戈尔商学院成立】 6月18日，浙江纺院以落实宁波市综合改革项目《校企共建二级学院》为契机，与雅戈尔集团共同成立雅戈尔商学院。市委书记王辉忠为雅戈尔商学院揭牌。雅戈尔商学院设在浙江纺织服装职业技术学院。雅戈尔集团投入资金1500万元用于办学工作。浙江纺院与雅戈尔集团共同成立雅戈尔商学院理事会，共同开展校企双方合作招生、合作育人、合作就业。

【全国职业院校技能大赛获冠军】 6月29日，在天津举行的2012年全国职业院校技能大赛中电梯装调与维护竞赛中，浙江纺院机电一体化专业学生李杨、钱宁、张必彩组成的团队代表浙江省参赛，获团体冠军。

【全国高职组教学设计比赛获奖】 12月7日—10日，在教育部举办的首届全国职业院校信息化教学大赛决赛上，浙江纺院教师代表宁波市参赛，获高职组教学设计比赛一等奖。

【全国高职高专院校学生纺织面料设计技能大赛获奖】 10月21日，在中国纺织服装教育学会、教育部高等学校高职高专服装纺织教指委、纺织行业职业技能鉴定指导中心主办的"通源杯"第五届全国高职高专院校学生纺织面料设计技能大赛上，浙江纺院学生获花样设计组一等奖，面料设计实物二等奖，纺织面料花样设计和面料实物设计2个团体二等奖。此次大赛，学院共取得1项一等奖，5项二等奖，2项三等奖，2项优秀奖。

【全国商科院校技能大赛会展专业竞赛获奖】 12月2日，在中国商业联合会、中国会展经济研究会、教育部高职高专旅游管理类专业教学指导委员会联合主办的第6届全国商科院校技能大赛会展专业竞赛总决赛上，浙江纺院设计专业参赛团队的"佳能特装展位设计"等3项作品获一等奖、"TOTO卫浴特装展位设计"等8项作品获二等奖，"杜菲尼卫浴特装展位设计"等11项作品获三等奖。学校连续两年在该赛事取得团体总成绩第一名。

【确定学校校歌】 7月2日，浙江纺院第三届教职工（工会会员）代表大会第一次会议确定由王明亮作词、罗晓峰作曲的《心向未来》为浙江纺院校歌。王明亮是中国音乐文学会会员、安徽省音乐家协会会员、绩溪县作协副主席，罗晓峰是浙江纺院艺术与设计学院教授、国家一级作曲家。

（孙　凯）

宁波大学科学技术学院

【概况】 宁波大学科学技术学院（以下简称宁大科院）是教育部和浙江省人民

政府批准设立、由宁波大学创办、具有独立法人资格、实施本科层次学历教育的全日制普通高等学校，创建于1999年，是省内首家国有民办二级学院、全国首批独立学院。拥有两个校区，占地面积33.87公顷，规划面积46.67余公顷，校舍建筑面积27万平方米；在国家级大学科技园——宁波市大学科技园区内建有4500余平方米的动漫产研基地和产学研中心。学院实行董事会领导下的院长负责制，董事长由宁波大学校长聂秋华担任，院长王爱琦。

宁大科院下设5个学院，36个本科专业，面向全国招生。2012年，新生入学2570人，毕业生2290人，在校生9661人；教职工324人，其中具有副高以上职称的有62人，占19.13%。是年，新增国际合作院校或项目5个，在校生通过宁大科院合作院校或经宁大科院推荐以交换生、研究生、短期访学、社会实践等途径出国出境学生近百人；有400余人次参加各级各类学科竞赛30项，获A、B类竞赛各级奖项52人次。2012届毕业生就业率为96.3%，跃升至全省独立学院第二。

是年，宁大科院计算机应用技术获批浙江省"十二五"高校重点学科，英语专业获批宁波市特色专业和校级重点建设专业。新增国家社科基金立项1项，国家重点实验室开放课题2项，国家自然科学基金1项；各级各类教研项目16项。

是年，宁大科院探索校企合作模式，总结出基于"项目驱动"的课程教学改革与实践成果及"引进企业式""企业导师式"等多种校企合作模式。新增校企合作基地15个，累计46个。依托宁波市国家大学科技园，基本构建起产学研中心、动漫产研基地和大学生创业基地三大产学研平台。

是年，宁大科院申报的《学分制模式：民办高校党校教育培训新机制探析》在首届全国民办高校党的建设和思想政治工作优秀成果评选活动中荣获优秀奖，合唱队获浙江省大学生合唱节比赛同声组一等奖，团委获宁波市"青年马克思主义者培养工程"先进集体和"青年马克思主义者培养工程"优秀实践基地。

【薛维海调研宁大科院产学研中心】 2月21日，镇海区委书记薛维海调研宁大科院产学研中心，学院院长王爱琦、院党委书记徐军伟等陪同调研并参加座谈会。薛维海对宁大科院在推动镇海动漫产业发展、应用型人才培养、学生创新创业等方面取得成绩给予高度评价。他表示，宁大科院是第一所真正注册落户镇海区的本科高校，镇海区将积极支持科技学院的办学，努力推进校地合作，推进镇海区文化创意产业的发展。

镇海区委书记薛维海(右一)在宁大科院产学研中心调研

【宁科院新增翻译专业】 3月，宁大科院申报的“翻译专业”入选教育部公布的《关于公布2011年度高等学校本科专业设置备案或审批结果的通知》，并获准当年招生，成为继浙江师范大学、浙江大学之后省内第三批开设翻译专业的本科高校，成为全国第一所设置翻译本科专业的独立学院。“翻译”专业隶属该院下属人文学院，学制4年，学生毕业将授予文学学士学位。该专业下设商务文化口笔译、海洋文化口笔译等2个模块，主要培养具备较好的口译笔译专业技能、较强的独立思考能力和沟通协调能力等的通用型翻译专业人才。

【学生在宁波市首届大学生羽毛球锦标赛获奖】 4月2—27日，在宁波市首届大学生羽毛球锦标赛中，宁大科院大学生羽毛球队参加获男子团体第一、男女混双第一，女子团体、男女混双第二和女子单打第三的好成绩。

【宁大科院动漫研究所参展中国国际动漫节】 4月28日—5月3日，在第八届中国国际动漫节上，宁大科院动漫研究所和2006级动画专业学生陈贤斌创建的浙江河姆渡动漫文化发展有限公司亮相，为宁波市首次参展动漫企业。中国国际动漫节由国家新闻出版广电总局、浙江省人民政府主办，杭州市人民政府、浙江新闻出版广播电影电视局和浙江广播电视集团承办，是唯一国家级的动漫专业节展，先后被国家“十一五”和“十二五”文化发展规划纲要列为重点扶持的文化会展项目。中国国际动漫节自2005年以来每年春天固定落户杭州举行。

【宁大科院自2012届毕业生自授学位证书】 5月，宁大科院入选浙江省学位委员会下发《关于同意浙江大学城市学院等22所独立学院具有学士学位授予权的批复》（浙学位办〔2012〕4号），核准具有学士学位授予权，并批准33个专业具有学士学位授予权。根据批复意见，自2012届毕业生起，宁大科院开始自授学位证书。

【与大学科技园合作举办2012夏季创意集市】 5月25日，由宁波市国家大学科技园、宁波帮博物馆和宁大科院主办的2012夏季文化创意集市暨宁波大学科学技术学院设计艺术学院优秀毕业设计作品展在宁波帮博物馆一楼展厅拉开帷幕。此次创意集市活动包含“设计艺术学院2012届优秀毕业设计作品展”和“当代民谣艺术节”两大主体活动。当代民谣艺术节则邀请著名民谣音乐家周云蓬、小河、刘二等当代艺术名人前来集市助阵。宁大科院设计艺术学院优秀毕业作品有300多个系列共1000多件，内容包括动画及衍生产品，绘本及插图书籍，艺术品陈设、工业产品设计、环境艺术设计、展示设计等创意作品。

【1件作品获中国大学生广告艺术节学院奖金奖】 6月29日，第十届中国大学生广告艺术节学院奖颁奖盛典在中央电视台梅地亚中心落幕。宁大科院设计艺术学院学生王淑瑶、罗彦毅作品《太忙走不开?》获商业平面作品类金奖。

【2件作品获全国大学生嵌入式物联网设计大赛奖】 7月，在第八届全国大学生嵌

入式物联网设计大赛华东赛区中，宁大科院理工学院学生沈德远、贺霄、陈燕作品《老年人移动智能守护系统》获华东赛区特等奖，舒琳琳、王强、黄旭雷作品《基于移动互联网的实时公交信息查询系统》获赛区一等奖。在之后举行的全国赛中，作品《基于移动互联网的实时公交信息查询系统》获一等奖，作品《老年人移动智能守护系统》获三等奖。

【宁大科院计算机应用技术获批“十二五”省高校重点学科】 7月，浙江省教育厅公布“十二五”省高校重点学科名单（浙教办高科〔2012〕80号），宁大科院申报的计算机应用技术名列其中，获批为“十二五”省高校重点学科。

【镇海区人大常委会主任接待代表日活动在宁大科院举行】 9月27日，镇海区人大常委会主任接待代表日活动在宁大科院举行。其间，接待代表听取基层人大代表的意见和建议，督促相关职能部门抓好落实，并现场进行反馈，以实际行动回应群众期待。

【与大学科技园签署战略合作协议】 11月15日，宁大科院与宁波市国家大学科技园战略合作签约仪式举行。宁波大学原校长、宁波市老教授协会会长、宁波市高校教学督导组组长，镇海区委常委、宣传部部长，宁波大学党委副书记，宁波大学校长助理，中国艺术研究院数字艺术创作研究中心主任及大学科技园10多家企业负责人参加。根据战略合作协议，双方将共建大学科技园创意产业人才培养基地和大学生创新创业基地，每年合作举办一次“宁波市大学生创意作品大展”活动；在大学科技园内建立宁大科院学生实习实践基地，每年面向园区企业举办一次学生实习实践招聘会；宁大科院将聘请园区内相关企业家、专家担任该院的兼职教授、学生创业导师。

宁大科院－市大学科技园签署战略合作签约

【宁大科院学生参与研发的苹果应用软件正式上线】 10月15日，由宁大科院、宁波可可豆科技有限公司、新西兰Offshoreit共同研发的《NZ GST Mate》通过苹果审核，正式上线。《NZ GST Mate》是针对新西兰手机用户使用需求的一款财务应用软件。这是继声控类游戏《玛雅人推石头》之后，宁大科院参与研发的第二款苹果应用软件。

【1个项目获全国“挑战杯”创业技术竞赛金奖】 11月28日，在第八届“挑战杯”中国大学生创业计划竞赛上，宁大科院“微儿”团队的创业项目《宁波微儿玩具有限责任公司创业计划》代表宁波大学参赛，荣获金奖。这是宁大科院学子参加“挑战杯”竞赛以来所创造的最好成绩。

【“杨咏曼楼”落户宁大科院】 12月25日，宁波大学“杨咏曼楼”“杨咏曼奖助学金”捐资协议签约仪式在宁大安中大楼碧华厅举行。此次杨咏曼女士捐资600万元人民币，其中500万元用于助推宁波大学教学科研发展建设，100万元在宁波大学设立“杨咏曼奖助学金”，用于奖励在德、智、体、美等方面全面发展而家庭经济困难的大学生（主要资助宁大科技学院学生）。宁大科院北校区博达楼命名为“杨咏曼楼”。

（茅百川）

文化 体育

综 述

2012年，区文广新闻出版工作围绕中心、服务大局，谋划“文化强区”建设。推进“雄镇大舞台”群众文化活动，举办第二届社区文化艺术节，承办省首届村歌大赛等活动。实施文化惠民提升工程，“雄镇大舞台”专业剧场赴基层演出140场次，受益群众近30万人次；举办音乐剧《告诉海》等高雅艺术展演活动16场；进农村放映电影660场，演出戏剧100场。开展文化示范乡镇、村（社区）创建，招宝山街道白龙社区和骆驼街道贵驷社区获评省文化示范社区。推进文化精品创作，“政府文化成就奖”激励作用显著，2部广播剧获中国广播剧协会专家奖金奖，3部作品获省、市“五个一工程”奖。

（裘贤君）

新闻广电

【概况】 2012年，区新闻中心深入学习党的十八大精神，贯彻落实区十三次党代会的决策部署，以深化新闻管理机制创新为主导，围绕“强化舆论引导、拓展产业市场、繁荣文化精品、落实公共服务”等主体任务，科学谋划、创新举措、狠抓落实，各项事业取得新进展。是年，开设“践行三思三创，实施六大战略”“学习十八大，建设六大示范区”等重大主题专栏13个，刊播时政及主题宣传报道6000余篇次，共获各类宣传业务奖项98件。区新闻中心荣获浙江省文明单位、浙江省广电惠民服务工作示范单位、“宁波市文化创新团队”等荣誉。

【开展“党的十八大”主题宣传活动】 2012年，区新闻中心把党的十八大作为宣传工作的首要政治任务和头等大事予以精心策划，开展富有声势的集中宣传活动：推出“科学发展 成就辉煌——喜迎十八大”“学习贯彻十八大精神 建设美丽镇海”“学习贯彻十八大 建设六大示范区”等重点专栏，刊发主题稿件200余篇。特别策划推出“图说变化——喜迎十八大微博征集”“晒出全家福 讲述幸福故事”全家福征集、“喜迎十八大 美丽的招宝山”征文、“母亲河畔的美丽村庄”微征文等互动活动，多渠道拓展宣传广度，扩大宣传效应。

【《托老所》被文化部选为对外文化宣传片】 2月，由镇海电视台创作的纪录片

《托老所》被文化部中外文化交流中心选为2011年度对外文化宣传片，并被翻译成英、法、西班牙、阿拉伯等多种语言，提供中国驻世界各使、领馆及海外中国文化中心宣传使用。该纪录片讲述招宝山街道总浦桥社区日间老年护理中心的几位老人日出而聚、日落而散的特殊生活，用细腻的语言和写实的镜头展示当下老年人生存状态。

【《今日镇海》创刊20周年座谈会召开】 3月30日，纪念《今日镇海》创刊20周年座谈会在区新闻中心召开。会上，镇海老一代办报人、《今日镇海》阅评员代表和读者代表回顾镇海办报事业发展历程。区委、区政府发来贺信，充分肯定《今日镇海》创刊20年来为镇海经济发展和社会进步做出的突出贡献，并勉励《今日镇海》继续唱响主旋律，打好主动仗，为镇海全面建成惠及全区人民更高水平小康社会，基本建成现代化生态型港口强区再立新功。

【开展“母亲河纪行”大型采访活动】 该活动于4月中旬启动，经过半年时间的实地采访，至年底，中心镇海电台、镇海电视台、《今日镇海》、镇海新闻网四家媒体共刊播专题稿件128篇(件)，刊播基层稿件5800余篇次，生动描绘中大河沿岸群众生活的变迁，反映全区经济社会发展取得的丰硕成果。

【《静静的胡杨》入选中国广播剧十年经典作品】 5月，经中国广播剧研究会推荐，由区新闻中心制作的广播剧《静静的胡杨》入选《2000年至2010年中国广播剧作品大系》。该书由中国传媒大学编纂，主要收录部分1994—2008年来获国家、省、市各级奖项的广播电视作品，并保存为历史档案以供社会各界查阅、研读。广播剧《静静的胡杨》以2005年10月“神舟”六号航天飞船成功发射为背景，赞美默默奉献的中国航天人，歌颂日益强盛的祖国。该剧曾荣获中宣部第十届精神文明建设“五个一工程”优秀作品奖、第六届中国广播剧专家奖连续剧金奖、2005—2006中国广播影视大奖等殊荣。

【区新闻中心与浙江传媒学院合作成立实习基地】 5月27日，区新闻中心和浙江传媒学院签约，共建实习基地。根据合作内容，两家单位将互相借助各自优势，在业务培训、学历教育、精品创优、梯队建设等方面开展深度合作，实现互利共赢。

【区新闻中心通过全国广播电视安全播出检查】 6月7日，由国家广电总局科技司副司长率领的全国广播电视安全播出检查组一行到区新闻中心开展检查。此次检查由中宣部与国家广电总局联合开展，旨在进一步加强全国各级广电系统的安全播出意识，规范广播电视安全播出工作，为党的十八大的召开营造良好的播出环境和舆论氛围。作为全省唯一接受检查的县区级广电系统单位，区新闻中心的安全播出工作得到检查组的充分肯定。

【李强调研镇海网络问效工作】 7月24日，省委副书记、政法委书记李强到区新闻中心视察镇海网络问效工作。在实地查看并听取汇报后，李强对镇海网络问效给予充分肯定，希望镇海在网络社会管理创新的道路上坚持下去，积极回应网民关切，不断完善工作方法，增强网络问效合力、扩大覆盖面，打响区域品牌。

省委副书记李强调研镇海网络问效工作

【电台多部作品获国家、省级奖】 2012年，镇海电台《宁波市首个微博问效平台启用》获2012年度全国县级广播电视节目创优评析一等奖，《热血丹枫》《爱，让生命延续》分获2012年度浙江新闻奖一等奖、三等奖。此外，《热血丹枫》《基层商会21亿元转贷互助基金保企业度危机》《守望》等13件作品获2012年度宁波广播电视政府奖一等奖、二等奖、三等奖。

【电视台多部作品获国家级、省级奖】 2012年，镇海电视台《小城大爱传递正能量》获2012年度全国县级广播电视节目创优评析一等奖，《新农村前线》和《希望学校》获三等奖。《快乐成长》获浙江省广播电视少儿节目奖二等奖。此外，《郑荣希的“开心农场”》《母亲河纪行》等3件作品获宁波新闻奖二等奖、三等奖。

【《今日镇海》多件作品获国家、省、市好新闻奖】 2012年，《今日镇海》选送的《抢绣球》《12小时接力抢救外籍受伤船员》等4件作品获2012年度中国县市传媒新闻奖二等奖、三等奖。《母亲河纪行》《直击小白礁I号水下考古》等8件作品获浙江省县市区域报好新闻奖一等奖、二等奖、三等奖。《憩桥：风流物变见沧桑》等7件作品获宁波新闻奖三等奖。

【新闻网多件作品获国家、省、市网络新闻奖】 2012年，镇海新闻网《全国国际象棋后备人才基地挂牌镇海》获2012年度中国县市传媒新闻奖三等奖。《百余人微博接力3小时　帮镇海昏迷老人找到家》《整治煤炭进行时》《走基层大型采访活动——母亲河纪行》分获浙江网络新闻奖一等奖、二等奖、三等奖。《整治煤炭进行时》获宁波新闻奖一等奖，《百余人微博接力3小时 帮镇海昏迷老人找到家》等4件作品获宁波新闻奖三等奖。

（倪寅初）

文学艺术

【概况】 2012年，区文广新局推进文化精品创作，设立100万元资金用于奖励优秀文化成果，全年发表（展出）、获奖作品300余部（件），其中，获省、市级奖项近百部（件）。广播连续剧《热血丹枫》《他心中有座高山》获中国广播剧协会专家奖金奖，广播连续剧《镇海雄关》获省、市“五个一工程”奖，历史小说《雄镇海战》获市“五个一”工程奖，歌曲《光明引领奔小康》《九龙恋歌》获省首届村歌大赛金奖，歌曲《五彩的甜蜜》获省第十二届新人新作大赛创作表演双金奖。镇海籍画家王承天工笔花鸟画展在上海举办。

【王承天画展在沪举办】 4月6日，王承天工笔花鸟画展开幕仪式在上海植物园举行，这是镇海籍书画家首次走出浙江举办个人画展。王承天，浙江省美术家协会会员，浙江省中国花鸟画家协会会员，精于工笔花鸟。其作品曾多次在国内外的画展、大赛中展出，多幅画作被收入《花鸟画技法》《中国美术家》等画册和书籍。

王承天工笔花鸟画展开幕仪式

【《热血丹枫》获中国广播剧协会专家奖金奖】 2012年，区广播连续剧《热血丹枫》获中国广播剧协会专家奖金奖。《热血丹枫》以朱枫烈士英雄事迹为原型，展示一个女共产党员的坚定信仰和高尚情操。

【《镇海雄关》获省、市“五个一工程”奖】 2012年，区广播连续剧《镇海雄关》获省、市“五个一工程”奖。该剧作为向中国共产党建党九十周年献礼项目，主要讲述100多年前，法军入侵中原，清军将士在镇海招宝山英勇抗击，重创法军，大获全胜。是中国近代史上，在海防抗击外敌入侵战役的首次完全胜利。

【《雄镇海战》获市“五个一”工程奖】 2012年，区长篇历史小说《雄镇海战》获2012年市“五个一”工程奖。小说以中法海战为背景，讲述时任镇海炮台守备吴杰面对强敌，舍身忘家、敢于拼杀的感人故事。

（裘贤君）

群众文化

【概况】 2012年，全区建成业余文体团队近支，实现每个村（社区）平均建有文艺队伍支，集聚余名业余文体骨干。全区举办文化活动352场次，举办第二届社区文化艺术节。承办全省首届村歌大赛，首次由一个行政村承办全省性文艺赛事。海峡两岸及香港、澳门地区中华文化（书画·音乐）联谊活动在宁波帮博物馆开幕。全国京剧名票折子戏展演在镇举行。

【“海峡两岸及香港、澳门地区”中华文化联谊活动在镇海举行】 9月17日，龙年海峡两岸及香港、澳门地区中华文化（书画·音乐）联谊活动在宁波帮博物馆开幕，活动主要包括书画名家邀请展、书画名家笔会以及音乐、戏曲晚会等。邀请展荟萃海峡两岸及香港、澳门地区书画名家的书画精品127件，依托中华传统文化的积淀，增强中华民族的凝聚力，加深海峡两岸及香港、澳门地区同胞的中国情。

“海峡两岸及香港、澳门地区”中华文化联谊活动

【举办第二届社区文化艺术节】 5月，镇海区举行为期5个月的“弘扬道德文化·打造厚德之城”第二届社区文化艺术节，分为集中展演、才艺竞赛、道德讲堂、文化走亲、先进评选五大系列。全区29个社区、80多支文艺团队、1000多名社区文艺骨干参加，评选出社区文化先进工作者15名、十佳社区文化家庭10户、优秀组织奖6个，受益群众3万人次。

【承办全省首届村歌大赛】 10月14—15日，全省首届村歌大赛决赛在庄市街道光明村举行。比赛以“赞颂美丽农村、歌唱幸福生活”为宗旨，分初赛、复赛、决赛三个阶段。全省各地11支代表队42个节目入围，以独唱、对唱、组唱、合唱、歌伴舞等形式，展现全省各地新农村新气象新风貌。庄市街道光明村合唱《光明引领奔小康》和九龙湖镇九龙湖村女声表演唱《九龙恋歌》获金奖。

全省首届村歌大赛

【全国京剧名票折子戏展演在镇海举行】 10月20日，全国京剧名票折子戏（片段）展演在区人民大会堂举行。周信芳先生亲传弟子屠传声、京剧名家叶盛华弟子李晶、京剧名家李名岩先生弟子袁青、央视《过把瘾》节目状元奖得主金文蔚等京剧名票友一一上台献艺，演出《徐策跑城》《金龟记·行路》《霸王别姬》《瑶池宴》等10出折子戏片段。

（裘贤君）

图 书

【概况】 2012年，区图书馆新增藏书23047册次，图书借阅204324人次，图书外借180152册次，办证2395张，全区下乡送书共有20个点，总计送书12000册。是年，该区出台政策并拨付73.53万元奖励基层公共阅读设施建设。

【出台政策奖励基层公共阅读设施建设】 2012年，区委宣传部出台《镇海区村（社区）公共图书分馆和公共电子阅览室建设实施办法》，对基层图书分馆、公共电子阅览室建设、管理工作进行考核评估，庄市街道光明村等34个村（社区）公共电子阅览室建设获45.48万元奖励，招宝山街道等6个镇（街道）公共图书馆分馆获16.05万元奖励，城东社区等20个村（社区）图书分馆和公共电子阅览室获12万元奖励。

（裘贤君）

文 博

【概况】 2012年，公布七里屿灯塔、抗战阵亡将士纪念碑、蛟川书院、刘聘三故居等不可移动文物为区级文物保护单位。成立区非物质文化遗产保护中心，出版《甬上风华——宁波市非物质文化遗产大观镇海区卷》一书。组织“文物宣传大篷车”“5·18国际博物馆日”“中国文化遗产日”等下乡专题宣传活动，展示“三普成果图板”80块，分发各种宣传资料2100多份，接待市民文物法规咨询300余人次，免费鉴定各类民间藏品文物60余件，形成保护文化遗产的良好氛围。

（裘贤君）

文化市场

【概况】 2012年，全区文化市场平稳有序发展，受理行政许可75件，新办结案件40件，组织各类专项整治联合行动25次，检查文化经营场所1300余家次，查处涉黄案件6起，收缴非法光盘45000余盘，查处黑网吧74家。

（裘贤君）

档　案

【概况】 2012年，全区档案工作把握“服务、创新、发展”理念，推进依法治档工作。区档案局与区法制办、区审管办联合印发《关于执法档案进行执法检查的通知》，对全区29家具有行政许可项目单位的301项行政许可项目档案盒、84家行政处罚实施主体单位的行政处罚档案开展执法检查。全力推进档案资源体系建设，启动第二批档案接收进馆工作，征集到118封民国时期旅沪宁波帮人士写给镇海籍商人朱彬绳的信函复印件。强化档案安全保障工作，完善在建新馆内部功能布局，邀请广州美院、宁波帮博物馆等业内专家，对档案馆的整体布局进行科学论证。

开展档案登记备份工作，规范档案馆室基础设施，确保档案实体与信息绝对安全。推进档案信息化建设，推动档案信息异地共享和远程利用，与慈溪、北仑两地档案部门建立远程协同查阅服务平台，推行“一站式”查档服务。推进全区档案工作信息化、现代化水平，深入推进区数字档案馆建设，虚拟档案室系统投入运行。开展创建省级规范化数字档案室活动，年内共计20家区级单位成功创建。强化和拓展档案利用服务，全年区档案馆接待查阅档案人数为6500余人次，调阅档案8564卷次。

【搭建农村档案信息三级共享平台】 2012年，区档案局开展区档案馆—镇、街道档案室—行政村、社区档案室三级农村档案信息资源共享平台开发，重点对各行政村（社区）的档案员如何应用进行全面系统的培训。三级共享系统设置各村（社区）名识别码，避免村（社区）与村（社区）之间的信息混乱，实现在线安全监管功能。截至年底，共导入该系统的全文数据累计152G，实现全市首家农村档案信息资源三级无缝连接共享。

【推出“一站式”跨区查档服务】 2012年，镇海和慈溪、北仑两地档案部门建立档案远程利用协同服务机制，实施两地国家综合档案馆“就近受理，跨馆出证”档案利用。其原理是将镇海—慈溪、镇海—北仑的档案信息连成一张网，首访接待的档案馆通过传输平台，请求档案原件保存地的档案馆协同查阅并反馈，由首访接待的档案馆为利用者出具所需的档案证明。首批服务内容包括：婚姻档案、知青档案、劳动就业档案、入伍档案等。“一站式”跨区查档服务，有效减少查档人员奔波之苦，群众满意度较高。

【推进区数字档案馆建设】 2012年，区档案部门重点加强对馆藏的纸质档案、照片、音像资料进行数字化处理。当年，完成虚拟档案室补充和档案馆藏信息资源管理系统的研发、推广、应用工作，完成数字档案馆的硬件架构和并导入一期馆藏档案数字化成果。同时，覆盖全区各机关、镇、街道的虚拟档案室系统投入运行。“虚拟档案室”的建立，不仅可以使档案信息以极高的速度、极大的容量、跨越广阔的地域自由流动，而且可以让全社会共享，为百姓提供实实在在的便民、惠民服务。

【推进民生档案数字化成果和电子文件登记备份】 2012年，区档案局按照登记备份工作的基本流程，经过前期处理、报送移交、受理审核、信息反馈等步骤，重点完善备份周期及保存的策略，杜绝接收执行过程的随意性。截至年末，登记备份中心完成区人社局、区民政局、区农业局、区住房公积金中心、区工商局、区房管处、区国土分局、区围垦局等18家单位30个电子业务系统的重要民生业务数据的登记备份工作。其中在线备份16家，全区电子业务系统数据备份数据量536G，58家单位完成档案数字化成果备份，数据量186G。4家单位完成电子文件备份，数据总量214G。

【完成区档案学会第七届理事会换届选举】 9月，区档案学会召开第七届会员大会，大会等额选举产生14名学会理事，区档案局副局长当选为理事长，同时举行第十次学术论文研讨会。

【启动第二批档案接收进馆工作】 2012年，区档案馆启动第二批档案接收进馆工作。这次进馆的档案除各单位2005年前形成的文书档案外，还将与百姓息息相关的结婚登记、工伤鉴定、土地登记、房产登记、学籍等民生档案接收进馆，以满足人民群众日益增长的民生档案利用需求。此次进馆要求各单位移交实体档案前首先进行档案的全文扫描和条目著录，在移交档案时一并移交一套数字化数据。档案进馆前完成数字化，有利于在档案移交后本单位更方便地利用档案，提高本单位档案的利用效率，确保本单位档案原件的安全。

【启动镇海方言语音建档工作】 2012年，区档案馆启动镇海方言语音建档工作。镇海方言语音建档囊括天文地理、亲属称谓、饮食、动物等门类的日常用语，采用国际音标对镇海方言日常用语标音，制作出具有镇海特色的方言文本。同时，确定4名最地道的镇海方言语音发音人人选，对规定范本进行录音录像，录制的单词、短语、对话及短文，将作为声音档案，由省、市、区三级档案馆永久馆藏。此项工作使镇海方言得到系统有效地记录和传承。

【开展口述档案建档工作】 2012年，区档案馆将本地区重大活动、重要人物、地方特色等作为年度口述档案建档的重点。完成陈伟高口述:《镇海与贵州结对扶贫记忆》、葛子和口述:《我亲历的镇海解放》、周方顺口述:《我与海鹰》等口述档案。镇海电视台对这些口述档案进行专业剪辑、编辑，形成专题片。

【征集民国时期旅沪宁波帮人士信函复印件118件】 2012年，区档案馆通过网络，征集旅沪宁波帮人士虞洽卿、朱葆三等写给朱彬绳的信函复印件。这批信件形成于1912年至1923年间，共计118件。信件对于读者解民国时期镇海的政治、经济、风土人情等具有重要意义。

（何小平）

地方志工作

【概况】 2012年，区地方志办公室贯彻《地方志工作条例》《浙江省实施〈地方志工作条例〉》办法》《宁波市实施〈地方志工作条例〉办法》。《镇海区志》完成部分初稿，《镇海年鉴》编写工作启动。

【启动《镇海年鉴》编写工作】 年初，区地方志办公室召开全区年鉴工作会议，启动全区第一本综合性地方年鉴——《镇海年鉴2012卷》编写工作。会议落实各承编单位分管领导和编写人员，对所有承担年鉴单位撰写工作人员进行集中培训。至年底，年鉴编写任务完成过半。

（孙中文）

体　育

【概况】 2012年，全区体育事业以规划为引领，深入实施民生工程。区政府下发《镇海区全民健身实施计划2011—2015》《关于进一步加强老年体育工作意见》，区发改局与体育局联合下发《镇海区体育事业发展"十二五"规划》，为全区"十二五"体育工作指明方向，构建惠及全区人民的全民健身服务体系描绘蓝图。完善村级体育组织网络建设，巩固发展村（社区）体育特色品牌工程，基本形成"一社一品""一村一特色"格局，村（社区）处处有活动队伍，人人会健身项目。

开展新一轮创强创特工作，九龙湖镇、骆驼街道、蛟川街道通过省体育强镇（街道）复评验收。骆驼街道创建成"全国老年人门球活动示范基地"、浙江省老年体育特色项目——太极之乡。

【免费开放公益性场馆】 2012年，区教育局继续建立完善学校体育设施开放工作安全、实效的长效机制，推进农村有条件学校的体育设施开放力度。年内骆驼、庄市2街道基本实现学校体育场所的开放；龙赛体育中心在全民健身日、周六球类馆免费为青少年及残疾人开放，单日下午为老年人开放游泳馆。

【实施体育民生工程】 2012年，镇海区投入52.56万元继续实施体育民生工程：全年新建（更新）群众身边体育设施25个（套），10个球场，50%以上的行政村（社区）拥有2个以上球场，达到省级体育俱乐部场地设备标准。推动中心村、新建小区（农村集居小区）全民健身广场、体育休闲公园建设，骆驼街道敬德村全民健身中心建设完成，启动街道体育公园建设。

【区第十二届运动会举行】 10月20日，全区第十二届运动会在蛟川书院运动场

区第十二届运动会开幕式

开幕，来自区内30余个中小学、街道、企事业单位的运动员们参加开幕式。本届运动会部分比赛自5月开始，所有比赛将于11月中旬结束。参赛运动员分别进行青少年部、成年部和老年部的比赛，参加游泳、篮球、乒乓球等10个项目的角逐。

【承办第三届海峡两岸女子拳击赛】 11月25日，2012年第三届海峡两岸女子拳击精英赛在区职教中心学校体育馆举行，其间经过台北拳击选手和宁波选手（全国青少年赛前八名）6个级别较量，最终台北队总比分4比3战胜宁波队。

（钱婷婷）

【1项发明获国家专利】 8月，骆驼中学李省超老师的“多功能人体式三脚架”（专利申请号为201120549686.1）获国家专利。

（孙晓玲）

医疗卫生

综　述

2012年，全区有各级各类医疗卫生机构235个。其中，区级综合性医院4家，社区卫生服务中心6个，社区卫生服务站47个，其他医疗机构178家。合计拥有床位1958张，户籍人口每千人口拥有床位8.60张。卫生系统工作人员总数3584人，其中卫技人员3058人，执业医师1000人，助理执业医师139人，注册护士1233人，户籍人口每千人拥有医生5.00人、护士5.42人，全年卫生事业经费22700.44万元。全区无偿献血3226人次，献血量993升。

是年，参加新型农村合作医疗农民34425人，参合率98.28%。住院补偿5027人次，累计补偿金额2427.21万元，统筹区政策内住院费用补偿率70.90%；门诊补偿165927人次，累计补偿金额600.67万元，门诊费用补偿率45.03%。

是年，区卫生局按照“稳中求进、进中求好、积极有为、走在前列”的总体要求，深化医改，认真抓好重点医疗卫生工作，大力推进人民健康事业科学发展。新农合工作获全国先进县（市）区，创建成国家级慢病综合防控示范区、全国社区中医药工作先进单位、省级应急示范区，招宝山街道社区卫生服务中心创建成国家级示范社区卫生服务中心。

（马　迎）

医院与医疗

【概况】 2012年，全区医院门诊量537.21万人次，每门诊人次平均费用118.4元；住院量64.43万床日，每住院床日平均费用545.6元，每出院病人平均费用7372.9元。推进等级医院评审，区中医医院创建成二甲中医医院，镇海二院创建成二乙综合医院，炼化医院通过二乙综合医院复评。区人民医院、龙赛医院和区中医医院开展临床路径管理试点工作，13专业16病种600多例进入路径管理，完成率为75%。加快推进优质护理服务，区内各医院共开设普通优质护理病房20个。

【完成首例器官捐献】 6月21日，安徽籍外来务工人员苏海平工作时不幸从高处坠落，造成重度颅脑外伤，全力抢救仍不治而亡。根据其生前及家属意愿，区人民医院安排器官摘取手术，成功取出两枚肾脏。苏平海成为镇海区第1例、宁波市第6例器官捐献者。

【完成首例单孔腹腔镜胆囊切除术】 1月，龙赛医院外一科完成首例单孔腹腔镜胆囊切除术，手术切口较传统三孔法少两个，患者术后疼痛减轻、恢复更快、住院时间更短，该术填补区内空白，在市内亦居于先进水平。

【区中医医院通过“二甲”医院评审】 5月22—24日，区中医医院通过省等级医院评审专家组一行19人二级甲等中医医院评审检查。专家组通过查阅台账、抽查病历、实地察看、现场考核、夜间暗访等多种方式对医院的综合管理水平、技术水平、服务水平、医疗质量等全面考评，最终中医医院通过评审。

【加强烧伤外科和化学中毒急救学科建设】 2012年，镇海区炼化医院继续加强烧伤外科和化学中毒急救学科建设，烧伤外科在宁波地区享有较高声誉，全年科室医务人员多次参加较大面积伤员救治工作。全年医院举行3次化学急救演练，提高医务人员化学急救能力。

【建成全省首家民营医院院士工作站】 9月21日，在2012中国浙江·宁波人才科技周“院士工作站”授牌仪式上，镇海第二医院顾玉东院士工作站获授牌，为全市首家县区级医院院士工作站，全省首家民营医院的院士工作站。顾玉东院士是中国工程院首批院士，院士工作站有助于区内手足外科、骨科科学研究和诊疗技术水平。

（马　迎）

疾病预防与控制

【概述】 2012年，全区共报告各类法定传染病17种3070例，同比上升12.37%。其中，甲类传染病无病例报告，乙类传染病11种835例，丙类传染病6种2235例。报告总发病率733.58/10万，其中，甲乙类传染病发病率199.52/10万，同比下降15.23%，艾滋病死亡2例，乙脑死亡1例；丙类传染病发病率534.05/10万，同比上升27.93%，无死亡病例。区卫生局持续推进国家级艾滋病综合防治示范区建设，通过艾滋病综合防治示范区中期评估，对高危人群、校外青少年等开展重点检测，对全区90%以上艾滋病病人开展抗病毒治疗。全年报告肺结核疑似病例410例，追踪到位406例，确诊肺结核病人217例，涂阳病人87例，涂阴肺结核123例。以国家级慢性病综合防控示范区创建为契机，规范慢性病监测与管理，开展高危人群自我管理模式。区疾控中心通过省计量认证评审组食品检验机构资质认定现场评审，检验检测项目由219项增加到374项。

【特色应急指挥系统上线】 2012年，区疾控中心与杭州汉图软件公司合作，研发出“镇海区应急指挥系统”，创新添加“养老院福利院症状监测”“应急演练”等功能模块，该做法全国领先。

【试行艾滋病抗病毒治疗新模式】 2012年，区卫生局试行区疾控中心业务指导、区人民医院作为定点医院疾病治疗、各社区卫生服务机构随访管理的艾滋病防治新模式，代替传统区疾控中心包办模式，取得较好效果。

【处置1起乙脑突发公共卫生事件】 7月11日，宁波市第一医院报告1例镇海区乙脑疑似病例，患者65岁，黑龙江籍，8月1日确诊，8月2日去世。区疾控中心将疫情报告为突发公共卫生相关事件，7月26日，经过该病最长潜伏期后无新发病例发现，本次疫情结束。

（马 迎）

卫生监督

【概述】 2012年，区卫生监督所共办理行政处罚案件47件，罚款522849元。全面检查区内二级以下医疗机构依法执业情况，立案严重违反卫生法规行为16起。专项检查183家医疗机构消毒管理，对问题单位出具卫生监督意见书。专项检查区人民医院、龙赛医院血液透析，抽检样品22份，合格率81.8%。严厉打击非法行医，查处非法行医窝点20处，全部予以取缔，立案18起。开展民营医疗机构打击"两非"行动，按照专人监督、专人负责、专事专干原则，查处涉嫌"两非"活动7户次，立案7起，2家机构被吊销"医疗机构执业许可证"。加强公共场所卫生整治工作，淘汰4家餐饮具集中消毒企业，其余4家合格率100%。完成足浴场所卫生监督专项整治，9家卫生未达标企业自动停业。开展游泳场所监督监测21家次，检测游泳池水样品63份，合格率88.9%，浸脚池水样品21份，合格率90.5%。专项抽查大型宾馆、公共浴室、超市等重点公共场所70家，立案处罚7家。开展校园卫生安全健康行动专项检查3次，共检查区内42家中小学校、77家幼托机构。对4家集中式供水单位开展6次常规检测和1次全分析检测，监测63个点次，合格率49.2%。开展放射防护专项监督检查，为18家放射诊疗机构建立放射诊疗学科管理档案和行政相对人管理档案。

【开展医疗废物监督模式卫生部试点】 2012年，区卫生监督所在医疗机构开展医疗废物监督模式卫生部试点。经过完善医疗废物规范收集、安全储存和统一处置，建立医疗废物管理台账，年底通过市卫生监督所考核验收。

【开展村卫生室卫生监督信誉公示】 9月，区卫生监督所对全区正常开诊的91家村卫生室安装悬挂"镇海区村卫生室卫生监督信誉公示栏"。公示内容包括医疗机构执业许可证、医务人员注册信息、医疗机构卫生管理制度、医疗机构不良计分等卫生监督检查情况，帮助就诊患者准确解村卫生室的医疗服务质量。

【实施职业病防治监管模式】 2012年，区卫生监督所继续对259家企业开展职业病危害因素检测与评价，202家企业开展作业场所职业病危害项目申报与备案，8个建设项目通过职业病危害建设项目审核、审查、竣工验收。举办14期职业卫生知识培训，培训企业负责人和管理人员1600人次。将镇（街道）职业卫生管理工作纳入"平安镇海"考核，分值5分，推动职业卫生管理工作。

（马 迎）

妇幼保健

【概述】 2012年,全区孕产妇系统管理率95.42%,3岁以下儿童保健系统管理率98.27%,无孕产妇死亡,无新生儿破伤风发生,婴儿死亡率2.12‰,围产儿死亡率3.52‰,新生儿听力筛查率98.3%,新生儿疾病筛查率99.1%,产前筛查率91.96%,婚孕前医学检查率88.39%。继续实施艾滋病、梅毒和乙肝孕期免费检测,及时规范治疗。免费检测HIV13369人次,检测梅毒58618人次,免费治疗梅毒孕产妇35人次,检查乙肝三系13353人次,注射乙肝免疫球蛋白382人次,乙肝免疫球蛋白肌注率99.74%,免费检测与治疗金额56万余元。继续实施农村孕产妇住院分娩补助项目,适龄妇女增补叶酸预防胎儿神经管缺陷项目、适龄妇女"两癌"检查项目,妇女健康提升工程。

【区妇幼保健院迁址】 5月28日,区妇幼保健院由原招宝山街道苗圃路搬迁至骆驼街道镇骆西路631号(董家畈村),建筑面积从原来的1100余平方米,增加至7000余平方米,内部布局更加合理,保健环境明显改善。

【实施妇幼基本公共卫生免费惠民项目】 8月1日,全区实施基本公共卫生妇幼保健免费惠民项目,率先在市内实现儿童常规保健全程免费,包括6个月婴儿区级体弱儿筛查和新生儿听力筛查、疾病筛查。每位符合条件的孕妇和儿童减免金额分别为366.5元和553.2元。

【新办幼儿园开始申领卫生评价报告】 8月,经过实地考核,九龙湖长石幼儿园通过区托幼机构卫生保健指导小组专家成员卫生保健专项督导评价,被评定为"合格",获区全首份托幼机构卫生评价报告。根据《宁波市托儿所幼儿园卫生保健管理办法实施细则》《宁波市托儿所幼儿园卫生保健工作规范》要求,自2012年起,区内新开办托幼机构必须先取得托幼机构卫生评价合格报告。

(马　迎)

医政管理

【概况】 2012,区卫生局继续推进"服务好、质量好、医德好,群众满意"(简称"三好一满意")活动,开展预约诊疗服务,

优化医院门急诊环境和流程,严格控制药费增长。12月28号,全区4家公立综合性医院和妇保院全面实施以"药物零差率销售、调整医疗服务价格"为主线的公立医院综合改革。全区16个专业医疗质量控制中心对公立综合性医院、民营医院、社区卫生服务中心和部分民营诊所开展2次质控检查,以及抗菌药物临床合理应用专项整治督查。完成铬超标胶囊摸底统计和退换工作及防盲、招生体检、平安医院建设、医疗广告审查、劳动力鉴定等。组织社区医护人员培训6期,共1218人次。完成全省乡村医生注册、培训及考核。加强龙赛医院和基层医疗机构联合体的省级急救类卫生适宜技术基地建设,新增中医医院和基层医疗机构的中医类适宜技术基地1个,创建中西医住院医师规范化培训基地2个,中医社区实践基地3个,公共卫生实践基地1家,农村基层适

宜技术基地建设开展急救类适宜技术推广活动48次。全年医药卫生科技立项27项,其中省级和市级科技立项各1项。

【创建成省级中医药特色社区卫生服务示范区】 3月29—30日,镇海区创建省级中医药特色社区卫生服务示范区接受省中医药管理局委托的省专家组检查评估。5月,评审结果公布,镇海区创建成省级中医药特色社区卫生服务示范区,招宝山街道社区卫生服务中心、庄市街道社区卫生服务中心创建成省级中医药特色社区服务示范中心。

【迎检全国社区中医药工作先进单位评估】 12月4—5日,镇海区创建国家社区中医药工作先进单位接受国家检查组评估。根据评估规则,专家组成员随机抽取招宝山街道、蛟川街道社区卫生服务中心和十七房、清水浦社区卫生服务站进行现场检查,通过听取汇报、访谈互动和查阅资料解创建情况。检查组对全区社区中医药工作给予充分肯定。

【开展庆祝国际护士节100周年活动】 5月10日,区卫生局召开庆祝国际护士节100周年暨优质护理服务经验交流会,表彰全区5位护龄满30年的护理工作者。至年底,全区有注册护士1093名,占全区卫技人员总数37.7%,注册护士占卫技人员比例超全国平均水平。

【启用移动式爱心献血屋】 3月23日,区卫生局启用全市首个移动式爱心献血屋。献血屋选址区人民大会堂广场,内部配置空气消毒设备、血液热合机、血液存储冰箱等设备,每月定期开放。献血屋有助于扩大固定无偿献血者队伍,缓解用血供血矛盾,保障用血质量。

【启动智慧健康保障一期工程】 2012年,区卫生局启动智慧健康保障一期工程。综合性医院全部建成电子病历系统、PACS系统、网上预约挂号系统。区人民医院、龙赛医院开展移动输液、移动查房、移动护理等多种移动医疗项目。区人民医院率先试点分时段预约挂号。招宝山、澥浦、骆驼社区卫生服务中心创建数字化社区卫生服务中心,庄市社区卫生服务中心率先试点综合服务终端管理系统,结合满意度调查、医生考勤、健康教育等功能。

【提高新型农村合作医疗补偿标准】 2012年,全区新农合人均筹资标准从420元提高至880元,其中个人200元,各级财政补助680元。门诊补偿封顶线从1000元提高至3000元。住院补偿封顶线从10万元提高至15万元。住院补偿水平区内基层、区内综合、区外定点及非定点医疗机构补偿比例分别提高至80%、70%、60%、50%。偏瘫肢体综合训练等25项医疗康复项目纳入新农合支付范围,终末期肾病、重性精神病、乳腺癌和宫颈癌纳入试点病种范围,增加20%补偿比例。意外伤害保险费从人均20元提高至25元,全区意外伤害险赔偿145例,赔付金额54.45万元。

(马　迎)

社区卫生

【概述】 2012年,全区继续推进社区卫生服务内涵建设,城乡居民规范化电子档案建档率85.4%，城乡居民个人健康档案建档率85.8%；全区高血压和糖尿病发现人数分别为28813人、7333人，发现率分别为6.88%、1.75%，规范管理率分别为89.91%、89.03%，控制率分别为70.16%、66.39%。"牵手工程"趋于常态化，全年5家区级综合性医院下派骨干医生149人到镇(街道)对口援助4339人次。在37家社区卫生服务站设立"健康小屋"，开展居民自助式健康服务，全年开展服务19907人次。招宝山街道社区卫生服务中心、骆驼街道社区卫生服务中心分别创建成"全国示范社区卫生服务中心""省级示范社区卫生服务中心"。

【推行家庭医生"签约式"服务】 2012年，镇海区在全市率先推行"家庭医生签约服务"，家庭医生与居民签约，确定服务内容、频次、期限等，为居民提供个性化基本卫生服务，特别为慢性病患者、60岁以上老年人和残疾人等重点健康管理人群家庭提供24小时服务。全年共有155名家庭医生与22110户居民签约，做法获郑继伟副省长肯定。

【开展"一站一品"特色服务】 2012年，镇海区在全省率先开展社区卫生"一站一品"特色服务建设，各社区卫生服务站根据所处地理位置、辖区居民实际需求、医务人员专业优势等，选取一项以上有特色的基本服务、易普及的适宜技术、有创新的服务模式，为辖区居民提供社区卫生服务。全年共21个社区卫生服务站推出针灸推拿、中医养生、预约式上门服务、关爱空巢老人、残疾人康复、关爱新镇海人等特色服务，创建覆盖率45%。

【为归侨侨眷空巢老人配备健康管理师】

8月起，区卫生局联合区侨办、侨联为70岁以上归侨侨眷空巢老人配备健康管理师。健康管理师由社区全科医生担任，"一对一"为老人提供24小时电话医疗咨询，随需提供服务；每年无偿上门随访8次，提供测血压、测血糖、医疗咨询、用药等指导；建立电子信息化健康档案，实行"动态式"管理；按需开展专家会诊、双向转诊等服务。35名归侨侨眷空巢老人成为首批受惠者。

【骆驼街道社区卫生服务中心易址开诊】

7月28日，新落成的骆驼街道社区卫生服务中心举行开诊仪式。中心按照国家级标准化社区卫生服务中心建造，医疗综合用房8018.24平方米，设置全科诊疗、预防接种门诊、妇儿保门诊、中医特色门诊，中医馆总面积681平方米，包括中医、骨伤、针灸、推拿、康复、中药等服务。

（马 迎）

爱国卫生

【概况】 2012年，区卫生局开展以"爱国卫生人人参与，健康生活人人享有"为主题的第24个爱国卫生月暨爱国卫生运动60周年纪念活动，区爱卫办和招宝山街道办事处被评为浙江省爱国卫生运动60周年先进集体。深化城乡环境卫生整洁行动，继续推进"清洁美化家园行动"，评选"温馨家园·秀美村庄"示范村9个，创建省级卫生村2个，市级卫生村2个。不断加大卫生创建力度，全年创建省级卫生先进单位2家，市级卫生先进单位4家，区级卫生先进单位5家，市级无烟单位15家，区级无烟单位9家，浙江省健康促进学校（铜牌）1家。开展“健康街道”试点建设，推进健康教育“百千万”工程，举办第二期“雄镇健康讲坛”，由李枫教授作“全方位健康自我管理”讲座。开展春季、夏季和秋季除害防病活动，招宝山、蛟川、庄市、骆驼四个街道全部实行病媒防制市场化运作。

【启动“温馨家园·秀美村庄”示范村创建活动】 2012年，镇海区启动“温馨家园·秀美村庄”示范村创建活动，15个村参与申报。各创建村共投入1339万元，召开创建会议77次，开展集中卫生整治活动70余次，新增道路面积6.24万平方米，绿化面积15.13万平方米，新砌河道4990米，修补花坛293只，清理卫生死角436处，新（改）建公共厕所56座。11月，根据创建成效，澥浦镇十七房村、沿山村，九龙镇九龙湖村，庄市街道万市徐村、光明村，骆驼街道妙胜寺村、董家畈村、朝阳村，蛟川街道后施社区被表彰命名为2012年度镇海区“温馨家园·秀美村庄”示范村。

（马　迎）

公共管理与社会事务

就业与用工

【概况】 2012年，全区新增就业岗位12541个。户籍居民中有9281名城镇失业人员、被征地人员和农村劳动力实现再就业，城镇登记失业率2.7%，被征地人员和农村劳动力就业率99%，就业形势相对稳定。各职业介绍服务机构共登记求职者12272人次，提供招聘岗位20101个次，日常职业介绍11403人次，反馈录用10109人。区人力资源市场举办现场洽谈会83场次，进场单位3193家次，提供岗位20883个次，进场求职者32298人次，现场达成意向5080人次。

是年，镇海区继续实施促进就业的各项措施，落实就业扶持政策。区就业处印发《镇海区就业政策办理流程指南》等资料近万份。联合各镇（街道）、工商、妇联等单位开展“春风行动”，举办民营企业促就业再就业招聘会和“庆三八、架金桥”巾帼就业专场洽谈会，促进失业妇女就业。开发（保持）公益性岗位978个，帮助1494名就业困难人员实现再就业，7089名就业困难人员实现灵活就业。为53名失业人员办理自主创业小额担保贷款，贷款总金额613万元。

是年，针对人力资源市场供需结构上的矛盾和春节前后部分企业招工难情况，区就业处加强对68家重点企业和70家中小企业用工动态监测，加强跨省劳务协作和校企合作平台搭建，组织企业赴陕西临潼，浙江丽水、遂昌，山东菏泽等地开展招聘，建立长期劳务合作关系。举办2012年镇海区校企合作洽谈会，16家企业与省内外职技院校签订校企合作协议。

是年，区人社局建立高校毕业生供需登记服务制度，开展“为优秀毕业生推荐一家合适单位，为优秀企业推荐一批合适毕业生”的“双推荐”活动；开展岗位信息征集，共征集到212家企业近1800个毕业生岗位需求；组织企业参加北高教园区、市大中专毕业生就业专场招聘会；全年新增8家区级实践（见习）基地，1家市级实践（见习）基地；共接收毕业生2941人。

【继续实施失业人员帮扶政策】 2012年，市、区两级财政共拨付4714.72万元，用于失业人员的帮扶。区就业处全年发放灵活就业社保补贴3650.34万元，7752人受益；发放公益性岗位补贴1002.86万元，

419人受益;发放再就业援助补贴10.18万元,49人得到扶持;发放企业社保补贴51.34万元,148家安排失业人员就业的企业受益。

【继续实施被征地人员就业保障扶持政策】 2012年,区安排扶持被征地人员就业保障资金1288.58万元。区就业处全年发放被征地人员养老保险缴费补贴468.5万元,975人受益;发放用工补助45.24万元,324人受益;发放公益性岗位补贴58.68万元,197人受益;发放被征地人员失业生活补贴716.16万元,5673名大龄被征地人员受益。

【大学生创业园年度考核全市第一】 2012年,大学生创业园新入驻创业企业43家,1名大学生创者获评2011年度宁波市十佳大学生创业新秀,大创园获全市年度考核第一。

(徐　璟)

社会保险

【概况】 2012年,全区五大社会保险参保人数均有增加,各类保险基金收入与支出正常。全年新增基本养老保险参保人数17974人,累计参保人数243343人;享受养老保险待遇的退休人员25330人,年末人均养老金水平1849.23元/月。新增城镇职工医疗保险参保人数9124人,累计参保人数188335人。新增工伤保险参保人数9165人,累计参保人数135355人。新增生育保险参保人数8529人,累计参保人数131026人。新增失业保险参保人数8750人,累计129452人。

2012年五大社会保险基金收支情况

表49　　单位:万元

险种	基金收入	基金支出
城镇职工基本养老保险	99882.89	53492.13
失业保险	7458.16	7019.36
城镇职工基本医疗保险	49645.49	35640.64
工伤保险	3103.79	2882.62
生育保险	1927.29	1365.5

是年,全面实施全省统一的城乡居民社会养老保险(简称城乡居保)制度,当年新增参保人数1517人。至年末,城乡居保累计参保人数33486人,享受待遇人数28724人,其中不缴费享受基础养老金人数13779人。被征地人员养老保障参保人数减少4306人,减少的参保人通过一次性补缴政策纳入到基本养老保险,至年末,参加被征地人员养老保障人数21448人,享受待遇17330人。城镇老年居民养老保障参保人数159人,已享受待遇151人。农民养老保障参保人数1492人,已享受待遇1246人。新增事业养老保险参保175人,累计9204人,享受待遇2913人。

2012年其他各类社会养老保险基金收支情况

表50　　单位:万元

险种	基金收入	基金支出	累计结余
被征地人员养老保障	14233.36	21458.02	2891.94
城乡居民社会养老保险	8147.4	9368.1	599.5
事业养老保险	9759	11708	349

续表50

险种	基金收入	基金支出	累计结余
农民养老保障	—	1093.15	2734.50
城镇老年居民养老保障	1301.90	1174.53	893.44

是年，全区新型农村合作医疗保险（新农合）参合人数34425人，参合率98.28%。人均参合费用880元，其中各级财政补贴680元，个人缴费200元，较2011年提高460元，合计筹集医疗经费2872.82万元。新农合住院补偿5027人次，总金额为2427.21万元，门诊补偿165927人次，总金额为600.67万元。门诊补偿封顶线从原1000元提高至有效医疗费用3000元，住院补偿封顶线从原10万元提高至15万元，住院补偿水平区内基层、区内综合、区外定点及非定点医疗机构补偿比例分别提高至80%、70%、60%、50%。提高重大疾病保障水平，将偏瘫肢体综合训练等25项医疗康复项目纳入新农合支付范围，选择终末期肾病、重性精神病、乳腺癌和宫颈癌纳入试点病种范围，增加20%补偿比例。提高意外伤害保障水平，保险费从原人均20元提高至25元。全区意外伤害险赔偿145例，赔付金额54.45万元。60岁以上农民健康体检人数达10692人，体检率85.42%。

【提高各类社会养老保险待遇】 自1月起，根据省、市文件精神，区人社局对企业退休（职）人员基本养老金进行调整，19959名符合条件的退休（职）人员增资，人均月增资217元。3月，对城乡居民社会养老保险、被征地人员养老保障、老年居民养老保障和农民养老保障待遇进行调整，总人数为33293人，人均增发58元，并自1月起补发待遇。其中城乡居民社会养老保险基础养老金标准从每月110元调整为每月140元，惠及24490名城乡居民。

【落实企业社保减负政策】 2012年，区人社局贯彻落实企业社会保险减负政策，全年共有1家单位办理“五缓”①申请，缓缴6个月社会保险共计94.8万元；有6181家企业和用人单位享受“四减”政策，其中企业4504家，个体户1677家，涉及参保人数118334人，共减征2255万元社会保险费。根据《关于对部分工业企业临时性下浮基本养老保险费缴费比例的通知》，11月、12月对符合条件的3065家工业企业，共计减征基本养老保险费3732万元，涉及约9万人。

【落实工伤保险费率调整政策】 根据市统一部署，自5月1日起，区人社局调整区属各类行业工伤基准费率，至年末共对7275家企业工伤保险缴费费率进行调整，占参保企业99.1%，其中上浮7135家，下浮140家。

【社会保障卡“一卡通”初显成效】 2012年，全区社会保障卡“一卡通”初现成效：至年底，区人社局完成区内17家定点医

①“五缓四减”：指国家有关部门出台的一系列减轻企业负担、稳定就业局势的措施。“五缓”：对暂时无力缴纳社会保险费的困难企业，在一定条件下允许缓缴养老、医疗、失业、工伤和生育五项社会保险费。“四减”：阶段性降低除养老保险外的四项社会保险费费率。

院和16家定点零售药店的社保卡"一卡通"借口改造、联调测试等工作；10月，龙赛医院纳入省级医保结算平台；6月15日，社保卡网上申领系统全面启动，至年底，全区累计有4508家单位的120913人完成社保卡申领。

（徐　璟）

劳动保障与管理

【概况】 2012年，区人力社保局以提高小微企业劳动合同签订率为重点，全面推进劳动合同制度与集体合同制度，促进区域内劳动关系和谐稳定。至年底，小微企业劳动合同签订率91.2%，1479家企业开展工资集体协商，建工会集体合同签订率90.11%，审核、备案集体合同109家，涉及职工15000余人，区域性工资集体协议7个，涉及企业141家，250家企业建立劳动争议调解委员会，15家劳务派遣机构劳动合同签订率96.5%，涉及劳务派遣3514人。做好信访维稳工作，全年共处理各类群众来信来访701件次，其中业务咨询类474件次，问题反映类188件次。全年通过劳动保障监察和劳动仲裁、调处，为劳动者挽回经济损失8800余万元。

是年，全区劳动保障监察工作采取日常巡查、专项检查、举报(投诉)专查、书面审查"四结合"的方式，加大劳资纠纷化解力度，共检查用人单位1089家，受理群众举报(投诉)219件，立案查处123件，结案123件，结案率100%；追缴拖欠工资417件，涉及2316人，涉及薪资1171.42万元；依法处理和及时平息群体性(突发性)劳资纠纷事件49件，涉及1406人，涉及薪资756.8万元。区劳动保障监察大队获全省年度劳动保障监察先进单位荣誉。

是年，全区共受理劳动争议案件2491件，涉及劳动者4708人，出具不予受理通知书8件。当年结案2500件，结案率98.7%，结案经济标的8074万元。劳动争议案件总数中，区劳动仲裁院受理506件，涉及劳动报酬94件，保险福利189件，解除终止劳动合同106件，确认劳动关系47件，其他70件。审结劳动争议案件515起，结案经济标的3259万元，结案率为93.8%，其中裁决105件，调解和撤诉等其他方式结案410起，调解率达75.9%。

【区劳动人事争议仲裁委员会成立】 2011年6月，原区劳动保障局和原区人事局合并组建区人力资源和社会保障局，是年6月，区政府决定整合原区劳动争议仲裁委员会和原区人事争议仲裁委员会，成立区劳动人事争议仲裁委员会。该仲裁委员会职能是聘任、解聘专职或兼职仲裁员，受理劳动争议案件，讨论重大或者疑难的劳动争议案件，对仲裁活动进行监督等，日常工作由区人社局仲裁信访科承担，区劳动和人事仲裁院具体承担争议调解仲裁处理工作。

（徐　璟）

社会救助、福利和优抚

【概况】 2012年，全区进一步构建城乡一体"大救助"格局，落实低保、重残、五保供养、医疗救助等救助保障制度，开展"365关爱"、困难家庭危旧房修缮、困难群众年费白内障手术等救助工作。区出台《镇海区城乡居民临时救助办法》《镇海区"阳光救助"工程实施方案》《镇海区居民家庭经济状况核对实施细则(试行)》《关于发放孤儿基本生活费的通知》等,初步建立城乡低保、低收入家庭、突发生活困难对象、城市流浪乞讨人员等特殊对象四级救助圈。全面实施帮困助学工程,健全完善生产帮扶、法律援助、住房救助等制度,推动低保等政府"兜底"保障制度与教育、医疗、住房等专项救助政策有机衔接。推进新申报的2个国家级、1个省级、9个市级综合减灾示范社区(村)创建活动。修订区级灾害总体预案,建立"三位一体"预案体系,完善职能部门联合响应机制,开展灾害信息员培训班,建立健全预警共享平台。

是年,全区累计发放各类民政救助金3228.25元,同比增长18.39%。其中发放元旦春节补助金873.45万元/15823户,发放低保资金839.62万元/1353户,发放医疗救助资金576.33万元/31630人次,发放临时救助资金267.7万元/1841户,发放残疾人基本及重残生活补助金共计561.81万元/1202人次,发放前三季度困难群众物价补贴109.34万元。发放定期定补对象及孤儿基本生活费资金共计65.35万元。为老服务支出946.48万元。全区35家福利企业安置残疾人1108名。全区福彩销售5604.47万元余万元,创收各类公益金604.53万元。区慈善总会募集善款2275.3万元,同比增长47.1%。

【规范孤儿基本生活费发放】 2012年,区出台《关于发放孤儿基本生活费的通知》,进一步确定孤儿基本生活费发放标准、发放流程,建立孤儿养育标准自然增长机制,全程实行动态管理,切实保障孤儿合法权益,促进孤儿健康成长。全年共发放27.08万元基本生活费,202人次孤儿享受。

【修订出台城乡居民临时救助办法】 2012年,区修订出台新的《镇海区城乡居民临时救助办法》(简称新办法)。新办法大幅度提高救助标准:因患危重疾病造成生活特别困难的由原来最高救助额5000元提高到30000元;对因火灾等突发性意外事件造成家庭财产重大损失,生活难以维持的从原来最高救助额5000元提高到10000万元;因其他特殊原因造成生活特别困难,基本生活难以维持的从原来最高救助额1000元提高到3000元。由镇、街道审批的救助金额从1000元以下提高到2000元以下,解决城乡居民临时性、突发性生活困难,保障困难群众的基本生活。

【开展"阳光救助"工程】 2012年,区民政局出台《镇海区"阳光救助"工程实施方案》,通过救助政策宣传,规范民主评议、建立审批回避、完善公开公示、实行民政资金社会化发放等举措,做到救助程序规范、过程透明,保障困难群众基本生活。对新申请低保对象召开民主评议会,审批过程严格遵循利益相关人员回避制度及二次公示制,提高社会救助信息公开服务水平,有效保障群众行使知情权、参与权和监督权。全年共发放各类救助资金4009.21万元。

【出台居民家庭经济状况核对实施细则】 2012年,区出台《镇海区居民家庭经济状况核对实施细则》(简称细则),明确全区户籍居民今后申请最低生活保障、城镇低收入家庭扶助、医疗救助、临时救助、教育救助、住房救助以及其他社会救助的均得接受家庭收入和财产的状况核对。工资、股份、有偿服务等17项收入计入家庭收入的范围，优抚金、非报酬性奖励等15项收入不计入家庭收入的范围，同时明确各类收入的核定计算方法。联合各职能部门实现信息共享，及时、准确掌握受助群众的隐形收入和就业情况，保障全区各项救助工作公开、公平、公正。

（黄超梅）

老龄事业

【概况】 2012年，全区户籍人口中60周岁及以上老年人49094人，比上年增加2575人，占全区户籍总人口的21.57％。按国际通行的65周岁老年标准，全区老年人31965人，占户籍人口的14.04％。老年人口中，80周岁及以上高龄老人6689人，90周岁及以上658人，百岁老人5名，其中男性2名，女性3名，年龄最大的是澥浦镇汇源社区105周岁的黄爱娟，出生于1907年3月。

是年，全区有公办养老机构9家，床位1299张，入住老人930名，入住率76.99％，每百名老年人拥有床位2.6张。全区建有居家养老服务中心19个、居家养老服务站57个(其中市AAA级6个)，“星光老年之家”39个，共有315名居家养老服务员，居家养老服覆盖全区95％以上的城市社区和90％以上的行政村。有“银龄互助”志愿者队伍89支、志愿者1590名，以“一对一”“多对一”方式帮扶空巢高龄老人。按照居家养老服务标准自然增长机制，上调居家养老政府购买和优惠补贴标准至每月328元和262元，享受居家养老政府购买或优惠服务的老年人789人，区财政安排居家养老补助资金407.53万元。1500名符合条件的高龄独居或患病老人享受免费安装“一键通”电话。

是年，老年人社会养老保障体系进一步巩固，救助机制完善。全年为老服务补贴累计支出946.48万元。其中为6614名80周岁以上的高龄老人发放高龄津贴466.71万元；为756名困难老人发放补助金88.13万元；为165名居家养老政府购买、624名政府优惠服务发放补助金226.09万元；为70周岁以上的农村低保老人发放生活补助共6.94万元；区老年福利基金会救助困难老人985人次，金额21.78万元；下拨全区居家养老服务机构建设与运行补助资金166.2万元。全区一线养老护理员职业技能参训率达83％，持证上岗率达58％。“五保”及“三无”老人集中供养和户院挂钩率100％。

是年，全区基层老年人协会建会率100％，入会老年人43758人，入会率89.13％。老年活动设施进一步完善，有各类老年活动中心(室)195个，总建筑面积56287平方米。有老年文艺团队209支、体育团队467个，文艺和体育团员15271人。区老年大学在校学员1347人，区老年电大有85个集中教学班4274名学员，区老年电大分校被评为“浙江省老年电视大学省级先进分校”，庄市街道史云飞获“浙江老年电视大学优秀办学工作者”称号。区老年诗词书画协会完成换届选举。

全年老年人维权继续巩固，区人民法院受理涉老案件84件，法院审结85起，执行涉老案件41起。老龄系统接待老年人来信来访共1143件(次)，答复率100％。

（丁轶男　黄超梅）

志愿者社会助老服务

【出台进一步加强老年体育工作意见】 12月，区政府出台《关于进一步加强老年体育工作的意见》（镇政发〔2012〕35号），就老年体育组织网络、经费投入、设施建设、活动开展等提出具体要求。《意见》明确老年人体育协会经费区级按全区上年老年人口人均6元标准列入预算，各镇（街道）按上年老年人口人均不低于10元标准列入预算；将老年体育场馆及健身场地建设纳入城乡建设总体规划，在新农村建设、新小区建设、老小区改造等优先建设老年体育场地设施；全区每4年举办一届老年人运动会（区运动会老年部），发掘老年体育项目，打造一区一品牌、一镇（街道）一强项、一村（社区）一特色。

【区第十届老年人运动会举行】 2012年，区老年人运动会首次被纳入区运动会，设“镇海区第十二届运动会老年部”，共设门球、中国象棋、乒乓球、钓鱼、竞技麻将、地掷球、回春医疗保健操、气排球、健身球操、经络操、健身气功、太极拳（剑）、柔力球13个老年比赛项目。5—10月，6个镇（街道）、3个部省属单位及4个行业系统的142支代表队、1274名老年人参加，共评选出体育道德风尚奖15个，最佳组织奖9个，最佳赛区奖10个，同时有272名老年运动员获得金牌，288名获得银牌，373名获得铜牌。

区第十二届运动会老年部比赛

【全国老龄办到镇海调研】 7月，全国老龄办宣传部副主任一行到镇海调研基层老年协会工作。其间，调研组听取镇海基层老年协会发展情况汇报，实地考察清水湖村和勤勇村老年人协会，与村干部和老年人协会会长、理事进行座谈。

【全省新任老龄办主任培训班在镇海开班】 6月5—9日，由省老龄办组织的“全省新任老龄办主任培训班”在九龙湖九龙山庄举办，全省各地级市以及新任职的县（市、区）老龄办主任共88人参加。其间，与会人员参观招宝山街道总浦桥社区日间护理中心和庄市街道曙光村居家养老服务中心，区老龄办在会上做题为《认真履职，积极作为，完善老龄工作体制机制建设》的经验交流发言。

【上调高龄老人生活津贴标准】 10月1日起，镇海区在全市率先上调高龄老人生活津贴执行标准，全区80周岁、90周岁和百岁老人（含虚岁）生活津贴标准分别由50元/月、100元/月、500元/月上调至70元/月、150元/月和1000元/月，三项标准居全市各县（市、区）首位。

【开展“敬老月”活动】 10月，全区开展以“敬老助老、共建共享”为主题的第三届“敬老月”活动。期间，召开全区老年节庆祝大会，区领导上门慰问高龄和困难老人，开展“金秋敬老，你我同行——助老志愿者行动”，举办书画展、保健知识讲座、老年门球赛、送戏下乡等老年文化体育活动。区、镇（街道）、村（社区）三级老龄部门累计慰问4.7万人次，发放慰问品和慰问金540多万元，组织各类文体活动100多场次，参与老人1.6万人次。

（丁轶男）

【推进养老机构改扩（迁）建】 年底，招宝山街道养老机构一期工程完工。工程投资概算4500万元，占地面积6266平方米，建筑面积10482平方米，于2011年12月开工，2013年启用，届时可增加床位362张，二期计划2015年开工。其他各镇（街道）养老机构改扩建工程逐步启动。至年底，全区共建成养老机构9家，床位总数1208张，每千名老人拥有床位数27张。

【实施养老机构政策性综合责任保险】 2012年，全区实施养老机构政策性综合责任保险，为机构入住老年人的人身安全参保，有效化解养老机构意外责任风险。全年9个养老机构参保率达100%，参保费用65346元。

【4家居家养老服务机构通过市等级评定】 2012年，招宝山街道西门社区、后大街社区居家养老服务中心、骆驼街道贵驷社区老年康乐服务中心通过宁波市AAA级等级评定；澥浦镇老年人服务中心通过宁波市AA级等级评定。

【发放各类老龄补贴资金】 2012年，全区发放高龄老人生活津贴466.71万元；发放困难老人生活补助津贴88.13万元；发放居家养老政府购买和优惠补贴资金226.09万元。

（黄超梅）

社区服务

【概况】 2012年，全区城市社区31个，行政村60个。城市社区专职工作者296人，平均年龄36.5岁，81.4%以上具大专以上学历。社工中拥有职称的106名，其中社会工作师46人，助理社会工作师60人。农村社区工作者758人。全年区级财政下拨2011年度30%余额及预拨2012年度70%的城乡社区建设经费2292.10万元，其中城市社区保障经费1068.17万元，农村社区服务管理补助经费1223.93万元。开展社区专职工作者挂职交流学习活动，选派12名社区专职工作者分赴杭州市上城区紫阳街道和上海市静安区南京西路街道的各社区挂职交流学习。逐年上调城乡社工工资待遇，全区社工人均年收入3.4元，比上年度平均增加4100元，增幅为13.71%。

2012年全区行政村(社区)分布情况表

表51

镇(街道)	行政村		社区	
	个数	名称	个数	名称
澥浦镇	8	余严　澥浦　庙戴　十七房　觉渡　沿山　湾塘　岚山	1	汇源
九龙湖镇	11	田顾　汶溪　长石　西河　西经堂　九龙湖　中心　河头　田杨陈　长宏　杜夹岙	1	思源
招宝山街道	—	无	10	城东　胜利路　总浦桥　后大街　顺隆　车站路　西门　白龙　涨鑑矸　海港
蛟川街道	12	中官路　清水浦　棉丰　渡驾桥　南洪　沿江　陈家　水琚王　俞范　迎周　中一村　石塘下	9	俞范　临江　后施　银凤　虹桥　五里牌　镇电　炼化　石化三建
骆驼街道	20	东钱　董家畈　团桥　余三　清水湖　民联　沙河 兴丰　朝阳　骆兴　妙胜寺　里洞桥　金华　尚志　东邑　敬德　贵驷　骆驼　联勤　金东	5	贵驷　盛家　南一　中街　静远
庄市街道	9	光明　联兴　勤勇　钟包　曙光　汤家　永旺　万市徐　汉塘	5	兴庄路　庄市　庄一　陈倪路　高教
合　计	60		31	

注：蛟川街道虹桥村和五里牌村于2008年由区政府批复同意撤村建社为虹桥社区和五里牌社区(详见镇政发〔2008〕21、22号文件)，但由于多种原因，至2013年间仍以行政村管理体制模式开展工作，虹桥社区于2013年参加第九届全区社区选举过渡为社区管理体制，五里牌社区仍未过渡

【规范社区居民委员会印章使用管理】 8月，区民政局、区纠风办联合转发市纠风办、市民政局联合出台的《关于印发规范社区居民委员会印章使用管理工作意见的通知》(甬纠办发〔2012〕12号)，明确21项准入的社区证明盖章项目，取消41项应由其他职能部门负责证明盖章的项目。

【出台行政村(社区)党组织书记“金雁奖”评选奖励办法】 7月，区委、区政府印发《关于印发〈行政村(社区)党组织书记“金雁奖”评选和奖励工作暂行办法〉的通知》，对评选对象、资格条件和评选方法做出详细要求，对“金雁奖”获得者发放荣誉津贴，参考事业单位管理七级(正科级)基本养老金标准，与个人参加企业职工基本

养老保险可享受的基本养老金(或事业单位基本养老金)的差额确定。

【调整离职村主要干部生活补助】 7月,区委、区政府出台《关于调整离职村主要干部生活补助办法的通知》(镇区委办〔2012〕85号),同时废止镇区委办〔2008〕60号文件。对新中国成立以来曾担任过村(大队)党支部书记、村主任(大队长),且任职期满3年,男60周岁、女55周岁以上,实行村主要干部社会养老保险之前退职的可以享受生活补助,补助方式采取固定任职补助、增长性补助和一次性慰问形式进行补助。

【出台镇、街道城乡社区工作目标管理考核办法】 5月,区城乡社区建设领导小组办公室下发《关于印发〈2012年镇、街道城乡社区工作目标管理考核办法〉的通知》,对各镇、街道城乡社区工作的组织领导、队伍建设、经费保障、社区规划、社区服务、社区创建、社区管理、创新工作和各项荣誉的考核明确细化标准。

【编发农村社区(便民)服务中心规范化建设手册】 7月,区民政局、区纪委联合编发《镇海区农村社区(便民)服务中心规范化建设工作指导手册》(简称手册),就农村社区(便民)服务中心的各项规章制度、操作流程等制定完整细致的规章与流程,手册分为政策文件、工作制度、服务指南共3册,对农村社区(便民)服务中心规范化建设制定硬性标准。全年共下发手册3万余册到各行政村(社区)。

【举办行政村(社区)干部培训】 9月,区民政局、区委组织部联合举办"全区行政村党组织书记、村委会主任培训班",全区142名农村社区工作者参加培训。10月,区民政局、庄市街道联合在镇海职业教育中心学校报告厅举办"镇海区城乡社区干部培训班",59名社区工作者参加培训。

【中科协和谐社区课题组考察光明村】 3月18日,中国科协海外智力为国服务行动计划"和谐社区的建设"专题考察课题组到庄市街道光明村调研考察。其间调研组对镇海区立足全域城市化,健全协调、经费、考核、共建"四大机制",加强基础设施、制度、社工队伍"三大建设",高起点谋划、高标准保障、高要求推进农村和谐社区建设工作等内容进行实地考察、听取汇报、座谈交流,为全国各地建立和谐社区提供决策参考。

2012年3月18日,中科协和谐社区课题组考察座谈镇海区农村社区建设工作

【镇海社区"六事工作法"获省、区领导批示】 7月6日,区民政局、区委组织部、招宝山街道总结提炼的《镇海区推行社区"六事工作法"加强基层民主建设》刊载《浙江信息》第124期,获陈加元副省长

批示——“镇海区推行六事工作法，加强社区民主自治的经验有创新”。7月26日，该文获魏祖民区长批示。自2011年2月以来，全区在招宝山街道10个社区率先试行“搭建说事平台、优化理事流程、成立议事机构、健全办事机制、完善评事方法、建立告事制度”“六事工作法”，进一步加强基层民主建设。此外，区出台《社区“六事工作法”工作手册》《社区“六事工作法”流程图》，逐步形成服务说事厅、走(接)访说事日、党员说事屋、网上说事台、开放说事吧、居民说事箱等6个表达诉求渠道，至今共受理来电来访2300余次，收到问题建议700余件，答复或解决580件。

【获77.8万元区福彩公益金补助】 11月，全区60个社区(社会组织)服务项目获77.8万元区福彩公益金资助。服务项目内容涵盖为老服务、青少年服务、助残帮困、治安调解、文化服务、就业服务、公共服务七类。同时，为深化培育镇海区社会组织发展，鼓励社会组织承办社会服务项目，对新建的5个街道(社区)的社会组织服务中心(站)进行规范指导，补助资金22万元。

【1个村被评为“全国民主法治示范村”】 12月，蛟川街道中官路村被司法部、民政部评为第五批“全国民主法治示范村”，成为全区首个国家级民主法治示范村。

(黄超梅)

市民服务

【概况】 2012年，镇海81890和区长热线共受理咨询、服务、事务投诉类电话(网上)求助35847件，办结率达100%，求助市民答复满意率达到99.8%以上。其中咨询类电话27873件，占总量的77.8%；服务类电话6029件，占总量的16.8%；事务投诉类电话1945件，占总量的5.4%。

【开展81890成立十周年系列活动】 2012年，区审管办开展81890市民服务中心成立十周年系列活动：召开座谈会，总结十年来的热线成长历程和取得成绩，探讨进一步加强公共服务平台建设，提升为民服务能力。举办“网民走进81890”交流活动，子直等8位网民走进服务中心与81890工作人员进行互动交流。3月11日，在区人民大会堂广场开展以“一线连万家 服务你我他”为主题的志愿服务行动，当天共受理市民政策方面的咨询解答近百余人次，为市民提供家电维修、修配钥匙等便民服务工200多人次。

81890志愿者开展志愿服务行动

【推进81890系统整合升级】 2012年，81890市民服务中心“拨一拨就灵”系统升级，包括区长热线在内的全区城管、工商、环保等30多家政府部门的公共热线电话统一整合到81890热线，为市民提供更便捷高效的服务。

【开通老年一键通】 2012年，81890在市经信委三期语音呼叫平台运行顺畅的前提下，切换开通镇海区“老年一键通”，保障区老年人居家安全。

【发放爱心服务卡】 2012年，81890采取延伸发展骆驼、庄市、蛟川爱心服务站等措施，为加盟“五一”服务卡特约商户发放156张爱心服务卡，为未孤寡老人、特困家庭、低保户等弱势群体提供便民服务，进一步拓展服务空间。

（林　燕）

保障性住房供应与分配

【概况】 2012年，区出台《镇海区保障性住房上市交易缴纳土地收益操作办法》，继续加强经济适用房、解困房、廉租房等政府保障性住房的开发建设。全年在建保障性住房工程2个。推出第3轮经济适用房安置。截至年底，累计销售经济适用房817套、解困房97套、限价房、315套；2430户获廉租房资金补贴610万元，累计2003.58万元。本年度因无保障性住房竣工交付，故无保障性住房供应。

【古塘丽景四期保障房开工建设】 7月，区财政投资4.54亿元，委托区城市建设投资公司建设古塘丽景保障房。项目计划用地4.27公顷，总建筑面积10万平方米。其中经济适用住房4.5万平方米550套，公共租赁房3万平方米602套。

【廉租住房租金补贴610万】 2012年，全区2430户次家庭享受廉租住房补贴，发放廉租住房租金补贴610万元。

【出台保障性住房上市交易缴纳土地收益操作办法】 9月，区出台《镇海区保障性住房上市交易缴纳土地收益操作办法》，对按规定期限上市的经济适用住房（含解困房、限价房），实行同一轮保障住房同标准缴纳土地收益。

（董小萍）

住房公积金

【概况】 2012年，全区住房公积金新开户单位114家，新增职工人数7257人，净增职工人数2491人。至年底，公积金建账单位1452家，其中正常缴存单位873家；建账职工10.23万人，其中正常缴存职工5.17万人，覆盖率（正常缴存人数/在岗职工人数）47.13%。是年，归集公积金98310.14万元，同比增长15.09%，历年累计归集703340.41万元。支取公积金72109.74万元，同比增长39.7%，历年累计支取461743.71万元。发放公积金贷款52773.30万元，同比增长84.5%，历年累计放贷321511.29万元。年末，公积金缴存余额307425.76万元，贷款余额177907.37万元，存贷款比73.64%。全年实现增值收益4327.01万元，同比增长216.50%。

2012年住房公积金归集情况

表52 单位:万元

项目	归集金额	比2011年增减%
一般公积金	86231.93	11.7
一次性住房补贴	304.23	-46.1
公积金补贴	6645.55	109.4
个人利息收入	5128.43	14.5
合　计	98310.14	15.1

2012年住房公积金支取情况

表53 单位:万元

项目	支取金额	比2011年增减%
购建、翻建、大修自住住房	31523.05	82.8
离休、退休	9778.93	53.7
户口迁出所在市、县或出境定居	2851.59	17.4
偿还购房贷款本息	26993.26	10.6
其他	962.91	-18.1
合　计	72109.74	39.7

【住房公积金缴存基数和比例调整】 7月,镇海公积金分中心根据市住房公积金管理委员会办公室有关文件精神,制定《关于做好镇海区2012年住房公积金缴存调整工作的通知》,对住房公积金缴存基数、缴存比例进行调整。缴存基数仍按职工上年月平均工资确定,基数上限从18115元调整到20735元,下限仍为1310元。正常缴存比例仍为5%~12%,不实行住房分配货币化的单位,经区房委办批准,缴存比例可超过12%,最高不超过18%。调整后,区内有14家单位将缴存比例分别保持或提高到14%~18%;全区月归集额从6700多万元提高到7500多万元,增幅11.9%。

【开展深化住房分配货币化政策的试点工作】 7月,区政府办出台《关于印发镇海区深化住房分配货币化政策的试点工作实施方案的通知》,规定从8月1日起,区级机关、事业单位的在编在册职工,按住房公积金缴交基数每月给予不高于10%的新住房公积金补贴,同时取消老职工(指1998年12月底前参加工作)一次性住房补贴,此后老职工发生职级提升不再享受职级面积补差,新参加工作的职工不再实行新职工(指1999年1月1日—2012年7月31日前参加工作)住房公积金补贴,新职工住房公积金补贴额达到5万元标准后即“封顶”,然后按每月不高于10%的比例缴交新住房公积金补贴。

【开展“商转公”贷款业务】 3月起,根据市公积金管委会有关文件精神,镇海区开展“商业性个人住房按揭贷款转住房公积金贷款”业务,以减轻职工家庭贷款购买自住住房的经济压力。全年办理18户,计685万元。

【调整住房公积金最高贷款额度】 8月1日,根据市住房公积金管委会《关于调整宁波市个人住房公积金最高贷款额度的通知》,镇海公积金分中心将区内住房公积金最高贷款额度每户60万元调整为80万元,以减少购房利息支出,缓解购房压力。

【增加宁波银行开办公积金委托贷款业务】 3月,区政府办批准宁波银行镇海支行开办公积金委托贷款业务。该行是镇海区继建行镇海支行、工行镇海支行、中行镇海支行、农行镇海支行、交行镇海支行后第6家开办这一业务的银行。

【住房公积金贷款大幅增加】 2012年，国家继续对房地产市场实行宏观调控，房地产形势转暖，贷款发放量比年初计划数翻番，全年发放个人住房公积金贷款1261户，放款金额52773.30万元，比上年同期增加84.5%，历年累计放贷13314户，放贷金额321511.29万元。年末余额177907.37万元，期末有余额户数7169户。公积金存贷款比率为73.64%。

【住房公积金年增值收益创历史新高】 2012年，全区住房公积金贷款发放量比上年翻番，住房公积金增值收益大幅增长，创历史新高：各项业务收入9902.23万元，同比增长35.7%；业务支出5575.22万元，同比减少6%；当年实现增值收益4327.01万元，同比增长216.50%。

（郑君芬）

气象服务

【概况】 2012年，镇海气象以建设现代气象业务体系和加强气象社会管理为抓手，树立“公共气象、安全气象、资源气象”的发展理念，推进气象现代化建设，全力做好防灾减灾、促进经济社会发展和生态文明建设的气象服务。加强气象灾害监测预报预警服务，完成春运、清明、端午、高考等重要节庆时段气象保障服务，为“元宵节”文化巡游、两会、兰博会等重大活动提供气象保障。开展雨雪天气、梅汛期、台风“海葵”“苏拉”的决策气象服务和公共服务。推进气象综合观测系统建设，新增岚山和九龙湖2个自动气象站；新建成1个大气电场监测点，实时监测雷电发展态势；针对农业生产需要，在巨高兔业新增1个农业大棚小气候全自动监测站。年内建成集信息采集、业务生成、一键式发布和展示监控于一体的镇海公共气象业务服务平台，提高发布时效和工作效率，为构建公共突发事件预警信息发布平台打好基础。2月，气象部门会同宁波石化经济开发区安监部门完成《宁波石化经济技术开发区灾害性天气预报预警工作方案（初稿）》。加强气象灾害防御工作领导，区政府成立气象灾害防御指挥部并下发《关于加强气象灾害监测预警及信息发布工作的实施意见》，对防范应对气象灾害提出具体要求。编写发布《2011—2012年镇海雷电灾害防御白皮书》，印发《镇海区气象设施和气象探测环境保护方案》。开展气象为农服务活动，在澥浦、九龙湖等地粮食基地、草莓基等试点开辟气象信息小喇叭传播方式，为农户量身打造针对性更强的决策气象服务。开展气象防灾减灾培训，共举办培训2期。依法开展防雷安全和施放气球管理工作，依法行政。行政许可累计办结率100%，做到零投诉。全年共发布台风、大风、暴雨、雷电、高温等各类预警信号40次。

是年，天气给居民生产生活造成的影响：1月23—26日连续4天出现0℃以下的低温冰冻天气，其中26日最低气温降至-5.4℃。1月出现霜冻和结冰天气现象的日数分别是6天和11天；2月出现霜冻和结冰天气现象的日数分别是7天和9天；12月冷空气活动频繁，出现霜冻和结冰天气现象的日数分别都有10天。1月有3天出现降雪，其中6日达到积雪标准，但积雪深度不足1厘米；2月也有3天出现降雪；12月有两天出现降雪。2月20～3月9日出现罕见连阴雨天气过程，除2月27日无降水外，连续18天出现连阴雨天气，日照时数仅为9.3小时，雨量累计达210.7毫米，是历史同期的近2倍；平均气温为6.6度，比历史同期偏低1.4度。11月下旬受冷暖气流频繁交汇影响，出现持续阴雨寡照天气，累积降水量达106.5毫米。6月17日入梅，6月29日出梅，入梅偏迟，出梅偏早，梅雨期12天，雨量244毫米。2次明显降水时段集中在16日夜间—18日、22—28日，17—18日出现暴雨到大暴雨天气，全区雨量在110～240毫米之间，中北部最为集中，雨量超过150毫米的站点有3个，分别为清水湖199.9毫米和澥浦站194.0毫米，最大汶溪234.3毫米。年内对流天气频发，雷电活动始于2月22日终于9月13日，全年出现20个雷暴日，其中14日夜里到15日早晨，全区普遍出现12小时暴雨，澥浦、骆驼出现9级大风天气。8月13日下午骆驼、庄市、九龙湖发生雷电强对流天气，骆驼（镇海国家气象站）两小时降雨量达58.0毫米，该过程造成区供电系统8条主要供电线路跳闸停电、设备受损，8条支线线路变压器遭雷击损坏。年内首个高温日出现在6月30日，夏季共出现18天≥35℃的高温天气，分别为7月13天、8月4天、6月1天，其中≥37℃的炎热酷暑天气有8天，均出现在7月。7月6日出现年内极端最高气温38.7℃。从9月下旬开始至10月多连晴天气，秋高气爽，自9月24日至10月21日无雨日，森林火险等级高。夏季先后受9号超强台风“苏拉”、11号强台风“海葵”、14号强台风“天秤”和15号超强台风“布拉万”影响，其中“海葵”正面袭击镇海并带来严重影响。年内共出现大雾天气7天，霾天气90天。2月出现3天大雾天气，其中22日最低能见度为500米。1月、11月、12月霾天气出现较多，分别都有11天。雾、霾天气对公众出行及交通带来一定影响。

（林陈爽）

2012年镇海区气象基本情况

表54

指标名称	平均气温（摄氏度）	降水量（毫米）	日照时数（小时）	蒸发（毫米）
全年	16.8	1985.1	1742.5	1440.1
1月	5.0	110.8	62.8	36.5
2月	4.9	106.5	62.3	42.1
3月	10.0	198.5	130.8	91.6
4月	17.6	88.9	160.6	141.5
5月	20.5	228.3	144.7	139.6
6月	24.3	277.5	90.0	107.9
7月	29.8	116.0	273.3	263.4
8月	28.6	353.0	211.7	202.7
9月	23.3	207.1	155.1	142.1
10月	19.1	31.9	214.9	154.3
11月	11.7	160.5	126.2	66.4
12月	6.8	106.1	110.1	52.0

【“海葵”台风正面影响镇海】 第11号热带风暴“海葵”于8月3日8时在日本冲绳以东的西北太平洋洋面上生成，6日上午起正面影响镇海，8日3时20分“海葵”在象山县鹤浦镇登陆，登陆时中心气压965

百帕，近中心最大风力14级。截至8月9日早晨全区面雨量136.1毫米，最大后海塘达189.3毫米；全区出现9～11级大风，最大新泓口30.2米/秒。“海葵”中心先后穿过宁波象山、宁海、绍兴新昌、嵊州、绍兴市、杭州萧山、余杭，最后从湖州安吉进入到安徽省境内。

【开展气象科普系列宣传活动】 3月，区气象部门志愿者赴九龙湖敬老院开展学雷锋，科普宣传活动，并义务为敬老院楼房进行防雷检测，排除安全隐患。“3·23世界气象日”期间，气象局联合骆驼贵驷小学开展小学生气象知识普及活动，加强中小学生防灾减灾能力。5月，区气象局联合镇海老年大学开展气象科普进老年大学活动，旨在通过培训提高老年人对气象知识的解，提高自救能力。9月，区气象部门在骆驼东邑村组织防雷科普宣传活动，进一步做好农村、农民、农舍的防雷安全工作。另外，“5·12防灾减灾日”“国际志愿者日”“安全宣传月”组织志愿者参与普法教育和科普宣传活动。

【实现省级气象防灾减灾工作标准化乡镇全覆盖】 年内，骆驼、招宝山、蛟川3个街道和迎周村、光明村、九龙湖村、东钱村、岚山村、车站路社区等6个村(社区)创建成省级气象防灾减灾工作标准化乡镇(村)工作。至此，全区省级气象防灾减灾工作标准化乡镇实现全覆盖。

【加强防雷社会管理工作】 2012年，区气象部门依法组织管理雷电灾害防御、落实省政府对“平安镇海”防雷安全考核等各项工作。全年受理防雷设计审核和防雷竣工验收事项198件，完成防雷装置图纸技术评价80多项，跟踪检测新建、在建工程防雷装置220多个，验收防雷装置70多个，累计办结率100%，做到零投诉。落实防雷装置定期安全检测，防雷安全重点单位年检率为100%。对全区中小学校和公办幼儿园校舍、多个中心村医院、敬老院的防雷装置分阶段、分批次进行免费检测服务，排查防雷安全隐患120余处。

【成立气象灾害防御指挥部】 10月，区政府办发文《关于成立镇海区气象灾害防御指挥部的通知》(镇政办发〔2012〕147号)，成立气象灾害防御指挥部，以加强气象灾害防御工作的领导，增强全区气象防灾减灾和应对气候变化能力。指挥部由区政府分管副区长担任总指挥，区政府办联络副主任、区气象局局长、石化区安监局局长担任副指挥，成员由30个单位主要领导组成。指挥部下设办公室，区气象局局长兼任办公室主任，负责气象灾害防御日常工作。文件要求指挥部及成员单位要按照《宁波市气象灾害防御条例》和《镇海区气象灾害应急预案》的规定执行和履行职责。

【发布2011—2012年镇海雷电灾害防御白皮书】 10月，区气象局在镇海日报及政府信息网站发布《2011—2012年镇海雷电灾害防御白皮书》(以下简称白皮书)，旨在加强防雷减灾工作，增强社会公众应对雷电灾害的能力和水平，发挥区防雷减灾工作在服务民生、服务基层、服务社会中的咨询、指导和科普作用。《白皮书》主要包括雷电灾害基本知识、区气象局防御雷电灾害的主要工作、2011—2012年镇海区主要雷电灾害、雷电防护技术和应急避险常识及防雷安全技术服务咨询等。

【印发气象设施和气象探测环境保护方案】 12月，区政府办印发《镇海区气象设施和气象探测环境保护方案》（镇政办发〔2012〕202号）（以下简称《方案》）以进一步贯彻落实国务院《气象设施和气象探测环境保护条例》精神。《方案》指出保护气象设施和气象探测环境对确保气象探测信息的代表性、准确性、联系性和可比较性，提升气象防灾减灾，保障经济社会发展和人民安全福祉具有重要意义。《方案》要求区发改、国土、规划、建设和环保等部门按照职责分工负责气象设施和气象探测环境保护的有关工作；明确规定在现有区气象设施和探测环境保护范围内，规划和实施新建、改建、扩建建设工程前，应事先书面征求气象部门意见，未征得省气象主管机构书面同意或者未落实补救措施的，有关部门不得批准其开工建设。

流动人口服务与管理

【概况】 2012年，镇海区委、区政府贯彻落实中央、省、市流动人口服务管理工作会议及有关文件精神，立足并强化“实有人口”服务管理理念，推进流动人口的教育培训、公共服务、权益保障、融合发展、交流协作和基层基础等“六大体系”建设，促进新老镇海人和谐融合、共同发展。

【调整流动人口服务管理体制】 12月，区外来务工办会同相关成员单位起草完成《关于调整完善镇海区流动人口服务管理工作体制的建议方案》《关于镇海区外来务工人员服务管理工作领导小组更名及组成人员名单调整的通知（征求意见稿）》，经征求意见后，12月初，以正式请示文件形式，向区领导小组呈报《关于要求更名并增设内设机构和人员编制的请示》（镇外来务工办〔2012〕2号），主要内容包括机构更名、增设科室以及相应增加人员编制等事项。

【建立流动人口服务管理考核制度】 2012年，区考核工作领导小组全面建立流动人口服务管理工作成员单位及镇街道年度考核制度。2009年开始，区委、区政府将各镇街道流动人口服务管理工作纳入统一考核，该制度通过附加分（最高10分）的形式纳入全区年度考核，由《镇海区2012年度外来务工人员服务管理工作考核办法》进行细化，使工作不断迈入规范化、制度化建设轨道，工作合力进一步形成。

【1篇调研文章获市级一等奖】 2012年，区外来务工办组织公安、劳动、计生等重点成员单位，开展以稳定区内流动人口规模为核心课题的系统性调查研究，形成《流动人口的就业稳定帮扶机制》《镇海区经济转型升级与人力资源结构协同发展研究》《稳定镇海区流动人口规模的战略路径初探》等调研文章，其中《稳定镇海区流动人口规模的战略路径初探》获全市一等奖。同时，区里以流动人口社会管理创新项目推广为契机，开展创新案例评选，经区领导小组研究确认，遴选10个较具典型特征的创新案例，编印成册，作为全区众多创新案例的代表，也作为2008年来全区流动人口服务管理工作回顾、总结与推广。

【推进“网格化管理、组团式服务”】 2012年，按照省、市部署，在完善流动人口服务管理“社区化”模式的基础上，全区创新基层社会管理服务工作，全面推进“网格化管理、组团式服务”①。年底，全区6个镇(街道)、88个村(社区)共划分基础网格417个，组建各类服务团队400余支，其中基层村(社区)互助服务团队142支。结合基层和谐促进工程建设，推行网格“社工+指导员+和谐促进员”工作模式，不断提高社会管理创新工作水平。

【开展市级“社会融合组织”“村企结对”创建】 2012年，区里安排专项经费2.4万元，在88个村(社区)组建和谐共建理事会的基础上，通过达标评比等措施，推行市级出租房管理“村企结对”与市级示范性“社会融合组织”创建。区外来务工办对各镇(街道)示范点建设进行业务指导，推广“带班长”制度、和谐调解制度、以外暖外等创新举措。年底，全区创建成市级流动人口租住房“村企结对”联合服务星级示范点3个、市级示范性社会融合组织4个，创建区级示范点各6个。

(乐思思)

人口与计划生育

【概述】 2012年，全区人口计生工作以坚持计划生育基本国策、统筹解决人口问题为目标，以推进幸福家庭创建为载体，创新机制，创优服务，继续加强人口计生服务，促进人口长期均衡发展，为全区实现“六大战略”创造良好人口环境。全年全区户籍人口共出生1330人，计划生育率99.10%，人口自然增长率2‰，出生率5.87‰，计划生育综合服务随访率99.97%，出生人口性别比112.30。是年，区计生局开展“计生志愿者在行动”宣传服务活动136次，服务群众1.07万人次。镇海区被评为浙江省首批人口计生依法行政示范单位、浙江省首批流动人口计生均等化示范县(市、区)。

【开展“幸福家庭”创建活动】 2012年，区人口计生局开展“幸福家庭”创建活动：其间，5月29日，开展“创建幸福家庭百千万”大型广场文艺活动。9—10月开展“扬人口家庭文化、展幸福家庭风采”系列宣传服务月，与区新闻中心联合开展“阳光计生·喜迎十八大”“晒出幸福家庭、讲述幸福故事”网络征文、征照片活动，115个家庭参与，网络点击量700多万。至年底，招宝山后大街社区、蛟川街道临江社区幸福多代屋，庄市光明村、九龙湖田杨陈村建成“幸福家庭”示范基地。

【开展困难计划生育家庭帮扶行动】 2012年，区人口计生局开展困难计划生育家庭帮扶行动：与区慈善总会联合成立100万元镇海区生育关怀基金，每年支出10万元用于帮扶独生子女意外死亡、伤残、罹患重大疾病及就学困难的计划生育困难家庭。出台《关于开展独生子女父母

①网格化管理，即根据属地管理、地理布局、现状管理等原则，将管辖地域划分成若干网格状的单元，并对每一网格实施动态、全方位管理，它是一种数字化管理模式。组团式服务，即根据网格划分，按照对等方式整合公共服务资源，组织服务团队，对网格内的居民进行多元化、精细化、个性化服务。

养老关怀服务项目的实施方案》，对年满60周岁的困难独生子女父母开展养老关怀服务，将全区147名独生子女夭亡家庭老人及174名独生子女病残家庭老人作为关怀对象，纳入信息库管理，按照不低于300元/人/年的标准，发放帮扶金。联合区供销社，向部分农村计划生育家庭发放优惠尿素票，共发放50吨，优惠金额3.75万元。

【开展“情暖四季”主题活动】 2012年，区人口计生局开展以“温暖之春”“服务之夏”“美满之秋”“关怀之冬”为主题的流动人口计划生育服务活动。其间，组建流动人口计划生育乡音宣讲团，举办讲座32期，受众5600多人次，发放计生宣传折页和宣传品10万余份。在流动人口学校开展青少年青春健康教育活动和十佳优秀流动人口女孩评选活动。

【建立流动人口计生协会组织】 2012年，区人口计生局在流动人口集中的社区、企业和集贸市场等建立基层人口计生协会组织。协会引导流动人口自我教育、自我管理、自我服务、自我监督，通过协会组织依法维护自身权益。至年底，全区建有协会组织60个，会员3200人，百人以上民营企业建立协会率98.5%，外来育龄妇女500名以上的村(居)及外来人口公寓建立协会率80%。

【开展生殖健康检查】 2012年，区人口计生局继续对5385名育龄妇女进行生殖健康检查，较2011年增长38%，发现阴道炎508人，慢性宫颈炎505人，子宫肌瘤168人，卵巢囊肿26人，乳腺小叶增生551人，乳房肿块40人，宫颈刮片异常51人，宫颈TCT发现异常66例，确诊宫颈原位癌3例。

(马　迎)

慈善事业

【概况】 2012年，全区慈善事业以“扶贫帮困、改善民生、弘扬慈善、促进和谐”为核心，贯彻执行《宁波市慈善事业促进条例》，建立区内规模最大的镇海农村商业银行冠名基金，成立全市首个留学生慈善分会，区内首家私企慈善工作站，中兴中学、龙赛中学、立人中学3个学校工作站，筹建慈善义工分会。至此，全区有6个镇(街道)分会、宁波石化开发区分会、海归海外及慈善义工共9个分会，村(社区)和学校及企业工作站94个，形成“一级法人、三级网络”的组织体系。是年，区慈善总会出台慈善募捐工作规范管理文件，制作开通镇海慈善网站，建立慈善捐助信息公开制度，与市《大爱》杂志编委会合作，供稿编印9月第五期《大爱》，全面宣传镇海慈善工作，进一步增强公益慈善组织的社会公信力。

全年共募集善款2275.3万元，其中“慈善一日捐”活动募集1825.62万元，平时捐款445.69万元，实物收入3.99万元。全年救助支出1401.9万元，资助人数23066人(次)。慈善救助项目分别为助医1199人(次)，支出218.28万元；助学526人(次)，支出91.3万元；助困1772人(次)，支出135.3万元；助残749人(次)，支出18.5万元；助老17484人(次)，支出476.1万元；助孤25人(次)，支出4.3万元；赈灾11人(次)，支出6.2万元；实物慰问1300人(次)，支出3.9万元；扶助公益项目

15个，支出448.1万元。

【第二届会员代表大会召开】 4月，区慈善总会召开第二届会员代表大会，通过新修改的《宁波市镇海区慈善总会章程》《宁波市镇海区慈善总会资产使用管理办法》《关于宁波市镇海区慈善总会第二届理事会理事、监事、荣誉会长和领导成员候选人名单的产生的说明及选举办法》《第一届理事会工作报告》《第一届理事会财务报告》。大会经过选举，产生1名会长，4名副会长（1名兼秘书长），1名监事长，22名荣誉会长。

【继续开展"慈善一日捐"活动】 6月，全区召开2012"慈善一日捐"动员大会，部署捐款活动。区慈善总会首次与《今日镇海》编委会举办"慈善好新闻征文大奖赛"，营造活动氛围，引导社会各界参与捐款活动。为期3个月的"慈善一日捐"活动，共募集善款1825.62万元，占全年慈善资金募集量的43.3%，捐赠资金总额创历史新高。

骆驼街道机关干部参加"慈善一日捐"活动

【小额冠名基金建立】 6月，区慈善总会推出小额冠名基金。它以个人或家庭为慈善救助及社会公益事业为目的，根据自身能力和意愿，向总会捐赠一定数额的资金而设立的具有冠名权的基金。基金起点为1万元人民币，可一次性注入，也可分期注入，分期一般不超过五年。是年，建立"夕阳红""养正"等14个小额冠名基金，到位金额为5.96万元。

【慈善冠名基金达42家】 2012年，区慈善总会与42家企业签署慈善冠名基金协议，基金规模6700万元。其中，区慈善总会与镇海农商行签订冠名基金协议，建立农商行慈善帮扶基金，基金规模2000万元，每年捐赠基金增值款100万元，协议为十年，专门用于帮扶区内的贫困群体及单位患重大病和生活困难的员工，成为区内规模最大的冠名基金。是年，区慈善总会收到冠名基金的慈善款466万元。

2012年镇海区部分慈善冠名基金

表55　　单位：万元

序号	单位名称	基金规模	每年到位资金
1	镇海农商银行	2000	100
2	镇海金属园区	1000	100
3	镇海石化海达发展有限公司	200	20
4	宁波中意液压马达有限公司	200	20
5	宁波市海达塑机有限公司	200	20
6	中交上航局航道建设有限公司	30	10
7	宁波新福钛白粉有限公司	100	10
8	浙江中平粉末冶金有限公司	80	8
9	浙江泰阳建设有限公司	80	8
10	宁波盛发铜业有限公司	80	8

【推出18个新民生救助项目】 2012年，区慈善总会结合新的民生问题，细化传统慈善救助项目，除应急性助医、应急性助困、日常性助老外，推出育才助学、爱心午餐、关爱近视儿童、假日学校、拯救生命、精神病一个疗程、重大传染病救助、创业脱贫扶一把、生育关怀、危房修缮、老年福利、失依儿童暖心行动、慈善赈灾、慈善助残、援助公益等18个新民生救助项目。救助重点为低保边缘户、一般困难户和因患病或遭遇突发事故致贫致困的家庭，家庭困难的高中生、高校新生和在校大学生，敬老院、福利院、老年福利中心等公益机构。是年，各类慈善救助受惠共达2.3万人次，发放救助资金1401.9万元，较好解决以上人群的燃眉之急。

（倪文冬）

水库移民安置

【概况】 2012年，镇海区落实上级政府要求，开展水库移民安置、后扶工作。第一批37户移民安置房建成交付使用。是年，全区发放大中型水库移民直补资金70.62万元，1177人享受移民扶持政策。安排省移民办下拨的后扶项目资金180万元，用于5个项目建设，受益移民达到741人，其中能产生经济效益的项目1个。为525名区管水库移民共发放生活补助27.6万元（其中1.35万元为补发）。

【组织钦寸水库移民考察区移民安置点】 2012年，区民政局组织钦寸水库第二批移民200余人考察镇海区第二批移民安置点，共9户25人与区签订对接安置协议。

（黄超梅）

钦寸水库移民考察镇海移民安置点

殡葬服务

【概况】 2012年，全区开始实施殡葬惠民政策，全年享受惠民政策丧户2683人次，减免费用142.9万元。全区遗体火化率、生态墓地建设行政村覆盖率均达100%。清明期间全区各墓园共接待祭扫群众15万余人次。

【全面实施惠民殡葬政策】 2012年，全区投入142.9万元全面实施惠民殡葬政策，全年享受惠民政策丧户2683人次，比全市其他县市区增加骨灰盒普惠和有山村社员购买骨灰坟补助等2项内容。

（黄超梅）

居民生活

综　述

2012年年末，全区按户籍口径统计的总户数为92107户，人口227611人，比上年增长0.7%，户籍人口总量保持相对稳定。其中，非农业人口167357人，比上年增长1.6%；农业人口60254人，比上年下降1.9%。全年人口出生率为7.30‰，死亡率为5.50‰，人口自然增长率为1.80‰。全区女性初婚人数1320人，一孩率为90.22%，计划生育符合率达98.49%。全区户籍居民人均期望寿命81.50岁。其中男性79.37岁，女性83.89岁。

（叶晓芬　马　迎）

户籍人口情况

表56

指　标　名　称	单位	全区	招宝山街道	蛟川街道	骆驼街道	庄市街道	澥浦镇	九龙湖镇
一、年末总户数	户	92107	23306	16841	20401	11820	9774	9965
二、年末总人口	人	227611	66756	41822	47106	27522	21791	22614
其中：非农业人口	人	167357	66756	37113	29957	20756	7998	4777
未落常住户口人员	人	0	0	0	0	0	0	0
1. 男　性	人	114615	34311	22225	22832	13491	10627	11129
2. 女　性	人	112996	32445	19597	24274	14031	11164	11485
3. 年　龄								
18岁以下	人	29373	9507	4810	6114	3890	2422	2630
18岁~35岁	人	49772	15385	9232	9966	6545	4162	4482
35岁~60岁	人	99372	29496	18308	20207	11526	9749	10086
60岁以上	人	49094	12368	9472	10819	5561	5458	5416
4. 出生	人	1428	359	301	313	217	103	135
其中：男	人	764	183	167	166	120	59	69

续表56

指　标　名　称	单位	全区	招宝山街道	蛟川街道	骆驼街道	庄市街道	澥浦镇	九龙湖镇
女	人	664	176	134	147	97	44	66
5、死亡	人	1248	232	176	348	165	157	170
其中：男	人	702	137	86	188	91	89	111
女	人	546	95	90	160	74	68	59
三、迁入情况								
省内迁入	人	722	263	196	109	111	19	24
省外迁入	人	1739	566	518	221	302	79	53
四、迁出情况								
迁往省内	人	468	250	107	7	93	6	5
迁往省外	人	577	251	149	54	87	18	18

注：数据来源于区公安分局

城乡居民收入

【概况】 2012年，城镇居民家庭人均可支配收入37902元，比上年增长11.3%；人均消费支出23288元，比上年增长6.9%；恩格尔系数为37.9%。全年农民人均纯收入19801元，增长14.5%；人均消费支出13875元，下降5.1%；恩格尔系数为38.7%。城乡居民收入差距由2011年的1.97∶1缩小为2012年的1.91∶1。

【工资性收入仍是主要收入来源】 2012年，城镇居民人均家庭总收入42643元。其中工资性收入27443元，增长13.0%，占家庭总收入的比重64.4%，比上年增长1.7个百分点。

【经营净收入有所下降】 2012年，城镇居民人均经营净收入3796元，下降5.0%，占家庭总收入的比重8.9%。

【转移性收入较快增长】 2012年，市区居民人均转移性收入9770元，增长8.5%，占居民人均家庭总收入的比重为22.9%，是总收入构成中第二大组成部分，也是部分居民收入的主要来源。其中人均养老金或离退休金收入7897元，增长16.1%。增长的主要原因是宁波市陆续提高最低生活保障标准和企事业单位离退休人员的养老金水平。

【财产性收入快速增长】 2012年，市区居民人均财产性收入1634元，增长13.6%，占居民人均家庭总收入的比重为3.8%。居民投资理财意识不断增强，人均利息收入同比增长31.1%，促进财产性收入较快增长。

【居民人均可支配收入差距明显缩小】 2012年，城镇居民人均可支配收入按由低到高分五组:20%低收入户、20%较低收入户、20%中收入户、20%较高收入户和20%高收入户。其中,20%高收入组居民家庭本年人均可支配收入为75017元,是平均水平的1.98倍,较上年增长3.6%,增幅低于平均水平7.7个百分点;20%低收入组居民家庭本年人均可支配收入15716元,是平均水平的41.5%,较上年增长28.8%,增幅高于平均水平17.5个百分点。由于低收入组收入增幅明显高于高收入组,致使高低收入居民家庭的差距明显缩小,高低收入组人均可支配收入比由上年的5.93∶1缩小到2012年的4.77∶1。

（叶晓芬）

城乡居民消费支出

【概况】 2012年,在城镇居民家庭消费需求渐趋旺盛,构成消费的八大类支出呈“四升四降”态势。上升的四类消费是人均食品支出8823元,增长7.6%;人均衣着花费2401元,增长3.4%;人均交通通信支出4720元,增长26.8%;人均教育文化娱乐服务支出3235元,增长6.8%。下降的四类消费是人均居住支出1296元,下降6.3%,人均家庭设备用品及服务支出1080元,下降8.6%;人均其他商品和服务支出781元,下降6.5%;人均医疗保健支出953元,下降13.9%,是八大类消费中下降幅度最大的类别;农村居民消费支出有所下降,抽样调查显示,构成消费的八大类支出呈“四升四降”态势。人均食品支出、人均医疗保健支出、人均文教娱乐用品支出、人均交通通信支出有不同程度的下降,其余四类均有不同程度的增长。

【居民消费支出有所增长】 2012年,物价上涨推动衣着、食品类支出大幅增加,使得食品、衣着类的支出比重上升,制约消费结构的优化和升级。居民人均消费支出23288元,比上年增长6.9%,扣除物价上涨因素实际增长5.1%。

【家用汽车带动消费增长较快】 2012年,全区私家车(9座以下)拥有量37725辆,比上年增长22.3%。受家用汽车消费的强力拉动,城镇居民人均交通和通信支出4720元,增长26.8%。至年末,城镇居民家庭每百户家用汽车拥有量为37辆,增长11.6%,人均购买汽车支出从去年同期的1149元猛增到2017元,增长75.6%。汽车拥有量的增加带动相关消费增长,2012年,车辆用燃料及零配件支出较去年增长7.5%,交通工具服务支出增长30.3%,车辆保险支出增长34.6%。

【居民住房装潢与居住支出下降】 2012年,受房价持续走高及国家对房地产市场调控影响,越来越多的城镇居民选择持币观望,由此导致居住相关的支出明显下降。调查资料显示,本年宁波市城镇居民住房装潢支出和维修用建筑材料支出明显减少,人均居住支出1296元,同比下降6.3%。其中住房装潢支出同比降幅达到28.0%,带动住房支出下降22.9%。

【城乡居民耐用消费品拥有量】 2012年末,平均每百户城镇居民家庭耐用消费品拥有量:彩电197台,电冰箱100台,洗衣机96台,空调215台,固定电话87部,移动电话212部,电脑108台。农村居民家庭耐用消费品拥有量:彩电185台,电冰箱100台，洗衣机90台，空调138台，固定电话75部，移动电话185部，电脑58台。

【农村居民食品消费支出略有下降】 2012年，农村居民人均食品消费支出5375元，同比下降5.4%。食品消费支出仍列八大类消费支出之首，但占生活消费支出比重有所下降。2012年农村居民恩格尔系数为38.7%，比上年下降0.2个百分点。

【农村居民衣着更加时尚】 2012年，农村居民人均衣着消费支出1427元，同比增长14.2%。这反映农村居民随着收入的提高，对服装的质量、款式、品牌日益注重。

【农村居民居住条件进一步改善】 2012年，农村居民用于居住消费支出人均2088元，同比增长10.1%。随着宁波市推进“百村示范、千村整治”工程和城镇化建设，居住改善需求得到释放，农村居民居住条件有较大的改善。本年末农村居民人均住房面积62.1平方米，比上年增加1.3个平方米，同比增长2.1%。

【农村居民家庭设备用品与其他商品和服务支出大幅增长】 2012年，农村居民人均家庭设备用品消费支出1267元，同比增长88.5%；其他商品及服务消费支出580元，同比增长33.3%。两类支出的增加，反映农村居民随着生活水平提高，家庭设备的普及更新，和对文化生活的需求增加。

【农村居民医药支出大幅减少】 2012年，农村居民人均医疗保健消费支出723元，同比下降49.4%。随着新型农村医疗保险的不断推行，以及医疗保险制度的日益完善，加之国家不断调整降低各类药品价格，农村居民用于医疗卫生用品方面的支出不断减少。

（叶晓芬）

婚姻家庭

【概况】 2012年，区民政局办理结婚登记2281件，同比增148件；补领结婚证125件，同比增14件。办理离婚登记667件，同比增94件；补领离婚证36件，与上年持平。出具无婚姻登记记录证明4447份，办理区内14周岁以下弃婴子女收养登记22件。

（黄超梅）

宗教信仰

【概况】 镇海区有佛教、基督教、天主教三大宗教。2012年，全区有基督教信徒约3000余人，天主教信徒300余人，佛教信徒人数无法统计。全区有经政府登记的宗教活动场所19处，其中佛教8 处，天主教2处，基督教9处。经认定备案的宗教教职人员27人，其中佛教21人、基督教6人。

【宝陀禅寺藏经楼落成暨四面观世音菩萨开光法会举行】 2月，宝陀禅寺举行藏经楼落成暨四面观世音菩萨开光法会，参加法会的信众约500人。市统战部、市民宗局、区政府、区政协等领导，以及中国佛教协会副会长珠康·土登克珠等高僧大德到场祝贺。

【基督教城关堂举行新堂落成典礼】 5月，镇海基督教城关堂举行新堂落成典礼。省、市基督教协会牧师等基督教界人士应邀参加典礼，区政府、市民宗局、区委统战部等领导到场祝贺。新建教堂于2009年8月由城关堂迁建到招宝山街道静海路，总投资1000多万元，建筑面积3000多平方米，占地面积约1879平方米，年初圆满竣工，是迄今镇海档次较高的一所基督教堂。

【净圆禅寺举行2场法会】 3月，净圆禅寺举行天王殿重建上梁法会，参加法会的信众约500人。净圆禅寺原天王殿因白蚁侵袭，大梁、柱子受损严重，大墙开裂严重，经鉴定为危房，直接影响天王殿宗教活动和信众的安全。此次重新修建天王殿，得到广大居士信众的响应和支持。11月，净圆禅寺举行万佛塔落成暨万佛开光法会，参加法会的信众约2000余人。万佛塔由该寺住持证觉法师发心于2009年修建。

（张贤群）

外地人在镇海

【概况】 2012年年末，流动人口在册登记295295人，比2011年增加36877人。其中16周岁及以上的流动人口264276人，随同子女31019人，比2011年增加5000人。发放“浙江省临时居住证”264403人，发证数比2011年增加32004人；总数超过本地居民，与户籍人口的比例约为1.3∶1。流动人口中，安徽省人数最多，占总数的22.63%；居第二的是四川，占17.93%；河南第三，占10.43%。流动人口的住宿以租赁房屋为主，自行租房的有241516人，占78.54%；居住工作单位宿舍的45312人，占14.74%；居住在居民家中的5611人，占1.82%。流动人口中，约有25.9万人在企事业单位务工，占84.16%；从事农业生产的约3209人，占1.04%；自行经商等自由职业者6961人，占2.26%。流动人口相对能吃苦，区内绝大部分体力劳动、脏累苦的岗位一般都有流动人口的身影，他们经成为本区人力资源中不可缺少的组成部分，推进镇海区城市建设和经济社会发展。

【实现基本公共服务同城化待遇】 2012年，全区流动人口在就业培训、子女求学、计划生育等方面与户籍居民共享基本公共服务体系，与户籍居民享受同城化待遇。全年流动人口就业率达95%以上，近八成的流动人口对区内的就业环境满意。全区共有入学的流动人口子女3万余人，其中流动人口子女公办学校接纳比例达75%以上，并开设流动人口的“双证制”教育。辖区流动妇女及儿童基本保健、计划生育服务等实现全程免费，与本地人一致。全年约有7万流动人口参加社会养老保险（其中居住三年以上、初中以上文化，连续参保三年以上的流动人口约为5500人），并继续保持无欠薪城区称号。

【加强流动人口素质培训】 2012年，区外来务工办加强流动人口素质培训：在雄镇大讲堂开辟新镇海人讲堂，举办2场次流动人口专题报告会；通过民工学校、成人教育、安全生产教育等载体提升流动人口文化素质。自2006年区创建民工学校以来，通过加强民工教师培训、推进民工学校建设、强化检查指导力度等手段，不断提升民工安全生产能力和综合素质，6年累计创建民工总校82家，工地民工学校428所，培训农民工7万余人次。

【开展新镇海人参与社会服务管理活动】 2012年，全区注册流动人口志愿者2980名，其中较大规模的志愿服务队有12支（成员750名），参加各类志愿活动8700余人次，以热心社会服务管理的新镇海人为主体的社团组织有“王有江他乡有讲吧”“林都培训中心”“谭进法律咨询室”“陶进的爱心社团”“曹光林矛盾纠纷调解室”等。区外来务工办组织开展新镇海人参与社会服务管理活动，搭建当地新老居民之间沟通的桥梁，也搭建当地政府与社会力量共同致力于社会管理的合作互动平台，展示政府与社会合作治理的新方向。

王有江他乡有讲吧

【实施“小候鸟”驿站教育活动】 2012年，区外来务工办实施“小候鸟”驿站教育活动，丰富外来务工子女暑期生活。通过征集社区青少年活动室、阅览室、动漫体验室及企事业单位等公益场地，创建乡村少年宫、小公民俱乐部等供外来务工子女活动学习，供“小候鸟”们错时分享。借助区内博物馆、图书馆、风景名胜区、游泳馆、电影院（露天电影）等地场或分时段或专门向外来务工子女提供服务，解决暑期千余名流动人口子女到镇海与父母团聚的学习教育、暑期安全及活动场所等问题。

（乐思思）

机　构

机构及人事管理

【概况】 2012年，全区机构编制工作按照“创新体制机制、服务科学发展”的要求，优化机构编制资源配置，加强机构编制管理。年末全区共有党委机构7个，政府机构21个、群众团体7个。

是年，人事管理工作以提高公务员素质、加强机关事业单位队伍建设为主。区人社局举办6期公务员综合素质提升培训班，1200余名公务员参加培训。开展参公人员入职培训，全区292名参公人员参加。全年共考录公务员59人，事业单位公开招录231人（卫生教育系统），选调浙江大学、南京大学、武汉大学等国内著名高校32名优秀毕业生到区内事业单位紧缺岗位工作。完成营以下（含技术干部）15名军转干部安置工作，其中行政机（含参照单位）安置军转干部9名，事业单位安置6名。完成镇海区人才市场管理办公室、区森林病虫害防疫站、区能源监测大队、区风景旅游管理局4家单位参公管理手续办理工作。

（徐　虹　徐　璟）

【修订机构编制委员会工作规则】 3月，区编委办修订镇海区机构编制委员会工作规则，对区编委的主要职责、办事机构、工作制度、审批权限和程序、办事程序和行文方式等六方面进行完善。

【全面开展机构编制核查】 4—8月，区编委办全面核查全区各机关事业单位的机构数、编制数、领导职数和编外用工情况，共采集包括身份证号、所在科室、在编状态、职务职级等20余项内容的人员编制信息12000余条，建立机构编制实名制信息系统，动态反应全区所有行政事业单位的机构、职数和人员（包括编外用工）的增减变化情况。

（徐　虹）

【落实公务员奖惩制度】 2012年，区人社局对2009—2011年连续三个年度考核优秀的49名公务员予以记三等功，对2011年度考核优秀等次的237名公务员予以嘉奖，对1名违反纪律公务员做辞退处理。

【推进其他事业单位绩效工资改革】 3月，根据上级关于其他事业单位实施绩效工资相关政策，区人社局制定下发《镇海区其他事业单位绩效工资实施办法》《关于区级事业单位实施绩效工资规范管理有关问题的通知》等文件，年内完成全区150多家其他事业单位2787个退休人员待遇审核、3235个在职人员基础性绩效工资审批和执行、各部门绩效工资总量核定等工作，9月其他事业单位工作人员基础性绩效工资开始实施。

（徐　璟）

机构负责人名单

【中国共产党宁波市镇海区委员会】

书　记：薛维海
副书记：魏祖民
　　张江华（2012.1免）
　　徐　方（2012.1任）
　　胡祖友（兼）
常　委：薛维海
　　魏祖民
　　张江华（2012.1免）
　　徐　方（2012.1任）
　　胡祖友（兼）
　　顾国芳
　　王宏德（2012.1免）
　　鲍娴萍（女，2012.3免）
　　褚瑞根
　　李　斌
　　张敏海（2012.8免）
　　王耀军
　　杨小平（2012.3任）
　　俞泉云（女）
　　洪世弈
　　邓伟余（2012.8任）
　　黄胜涛（援藏）
区委办公室主任：包志安（2012.8免）
　　陈江其（2012.8任）
区委、区政府信访局局长、党组书记：
　　包临江
　　（2012.8免党组书记，2012.12免局长）
　　孔海平
　　（2012.8任党组书记，2012.12任局长）
区委、区政府政策研究室主任：汤文东
区纪律检查委员会书记：
　　鲍娴萍（女，2012.3免）
　　杨小平（2012.3任）
副书记：陈海伟
　　鲁佰军
区委组织部部长：李　斌
区委宣传部部长：王耀军
区委统战部部长：胡文安
区委政法委员会书记：徐　方
区委维护稳定工作领导小组办公室主任：
　　孙　勇
区委农村工作办公室（区政府农村工作办公室）主任：朱国军
区委台湾工作办公室（区政府台湾事务办公室）主任：郑　刚
区机构编制委员会办公室主任：毛友军
区直机关工作委员会书记：张幼飞（女）
区委党校副校长、党委书记：王惊殊
区委党史研究室主任：
　　俞奇恩（2012.3任）
区委机要局局长：严国明
区委老干部局局长：
　　张晓晓（女，2012.3免）
　　翁婉群（女，2012.3任）
区新闻中心主任：陈　央
区精神文明建设指导委员会办公室主任：
　　刘炳祥
区档案局局长：顾柳影（女）

区委区政府决策咨询委员会主任：
董国安（兼）

【宁波市镇海区人民代表大会常务委员会】

主　任：林　瑶（2012.2免）
张江华（2012.2任）
副主任：王宏德（2012.2任）
高岭夏
吴国平
高炳华
俞国华（2012.2任）
办公室主任：胡志平
法制工作委员会主任：杨金平
财政经济工作委员会主任：孙孝法
科教文卫工作委员会主任：陈翠娣（女）
城建农资工作委员会主任：洪裕军
生态环保工作委员会主任：胡友江
代表工作委员会主任：徐　强

【宁波市镇海区人民政府】

区　　长：魏祖民
常务副区长：顾国芳
副　区　长：王兆波
张　颖（女）
杨小平（2012.5免）
林伟明（2012.2任）
包志安（2012.8任）
刘　毅（挂职，2012.3任）
区政府办公室主任：王信永
区发展和改革局局长、党委书记：崔召春
宁波市规划局镇海分局局长、党组书记：
汪乐军（2012.4任）
区教育局局长、党委书记：杨宇伟
区科技局局长、科学技术协会党组书记：
金志浩（2012.3免）
李德军（2012.3任）
区民族宗教事务局局长：张剑波
区公安分局局长、党委书记：褚瑞根
区监察局局长：陈海伟
区民政局局长、党委书记：顾　舰
区司法局局长、党组书记：嵇红卫
区财政局局长、党组书记：唐东海
宁波市国土局镇海分局局长、党组书记：
徐继伦（2012.4免）
王志强（2012.4任）
区环境保护局局长、党组书记：胡荣章
区住房和建设交通局局长、党委书记：
施宇峰
区城市管理局（城管执法局）局长、党组书记：
陈建江
区农业局局长、党委书记：陈　恺
区农业机械化管理站站长、党组书记：
孙惠明
区文化广播电视新闻出版局党委书记：
王耀军（兼）
局　长：余维勤（女）
区卫生局局长、党委书记：王亚玉（女）
区人口和计划生育局局长、党组书记：
潘丛辉（女）
区审计局局长、党组书记：
孙惠良（2012.4免）
徐继伦（2012.4任）
区风景旅游管理局局长、党组书记：
李德军（2012.3免）
李夏英（女，2012.8任）
区统计局局长、党组书记：邵秀波（女）
宁波市工商行政管理局镇海分局局长、党委书记：林永安（2012.6免）
刘义敏（2012.6任）
镇海区食品药品监督管理局局长、党组书记：邹育平
宁波市质量技术监督局镇海分局局长、党

组书记:卢根权
区地方税务局局长、党委书记:叶国萍(女)
区国家税务局局长、党委书记:周水涌
区安全生产监督管理局局长、党组书记:
岑国兴
区机关事务管理局局长、党委书记:蔡建祥
区围垦局局长:罗孟军
党委书记:罗孟军(2012.11免)
邹兴国(2012.11任)
区气象局局长:谢良生(2012.5成立党组,任党组书记)
区人民武装部政委:邓伟余
部长:张敏海(2012.3免)
张传泉(2012.3任)
区公共建设服务中心主任:
石 勇(2012.11免)
周国民(2012.11任)
党组书记:周国民
区政府侨务办公室(在统战部挂牌)主任:
顾燕华(女)
区政府法制办公室(在区府办挂牌)主任:
(空缺)
区政府金融(上市)工作办公室主任:
严其伟(副主任,2012.12主任)
宁波市住房公积金管理中心镇海分中心主任:高宁放
区政府应急管理办公室主任:王信永(兼)
区外来人口管理服务工作领导小组办公室主任:周澄东
区工贸资产管理服务中心主任、党委书记:沈均江
区征地拆迁办公室主任:方成华(2012.3成立党组,任党组书记),2012.11更名为区房屋征收办公室
区行政审批管理办公室主任:
刘义敏(2012.4免)
杨承志(2012.4任)
党组书记:刘义敏(2012.6免)
杨承志(2012.6任)
区社会治安综合治理委员会办公室(在政法委挂牌):胡立群
区老龄工作委员会办公室主任:岑爱飞(女)
区供销合作社主任、党委书记:
翁婉群(2012.12免)
包临江(2012.12任)
区经济和信息化局局长、党组书记:
陈江其(2012.8免)
邱仕先(2012.8任)
区经济合作局局长、党组书记:
叶秀贝(2012.3任)
区商务局局长、党委书记:阮一心
区人力资源和社会保障局局长、党组书记:徐天红
宁波市大学科技园管委会党组书记:
王开锋(2012.11免)
张敏海(2012.11任)
常务副主任:王开锋
主 任:王开锋(2012.4任)
镇海新城管委会主任(兼):
高岭夏(2012.11免)
顾国芳(2012.11任)
党组书记、常务副主任:梅海平
区物流枢纽港管委会主任:俞泉云(女)
党工委书记:刘国荣(2012.8任)
宁波镇海郑氏十七房旅游景区管委会主任(兼):戴 涛
九龙湖旅游度假区管委会主任(兼):
洪岳军

党组书记、常务副主任：贾利军

【中国人民政治协商会议宁波市镇海区委员会】

主　席：王　悦（女）
副主席：汪卫国
　　　　柴鹏飞
　　　　胡文安
　　　　石　勇
　　　　陈利华
秘书长：顾其龙
区政协办公室主任：周云霞（女）
教文卫体和文史资料委员会主任：王其通
提案委员会主任：陈国荣
经济科技和城建资源环境委员会主任：
　　　　庄浪浪
社会法制和港澳台侨委员会主任：叶俊杰

【宁波市镇海区人民法院、检察院】

区人民法院代院长：邬凡敏
院长、党组书记：邬凡敏（2012.2任）
区人民检察院代检察长、党组书记：陈贺评
检察长、党组书记：陈贺评（2012.2任）

【人民团体】

区总工会主席：高炳华
常务副主席、党组书记：
　　　　吴建林（2012.8免）
　　　　郑　岗（2012.8任）
共青团镇海区委员会书记：
　　　　何　川（2012.3任）
区妇女联合会主席：金　燕（女）
区科学技术协会主席：
　　　　金志浩（2012.3免）
　　　　李德军（2012.3任）
区文学艺术界联合会主席：余维勤（女）
区归国华侨联合会主席：顾燕华（女）
区残疾人联合会理事长、党组书记：沈道平
区工商业联合会、党组书记：高国勇
区红十字会会长：张　颖（女，兼）
区关心下一代工作委员会主任：
　　　　张　颖（女，兼）

【镇、街道】

澥浦镇党委书　记：戴　涛
镇　长：刘国荣（2012.8免）
　　　　夏卫东（2012.8任）
人大主席：张卫祖
政协联委会主任：胡金红（2012.8免）
　　　　　　　　吴建林（2012.8任）
九龙湖镇党委书记：洪岳军
镇　长：陆洪泽
人大主席：王君敏
政协联委会主任：王春富
招宝山街道党工委书记：程振明
办事处主任：陈蓉晖（女）
人大工委主任：沈尧华
政协联委会主任：俞百震
蛟川街道（镇海经开区）党工委书记：潘群威
办事处主任：胡如君
人大工委主任：张菊芬（女）
政协联委会主任：吴　敏
骆驼街道党工委书记：洪世弈
办事处主任：孙大海
人大工委主任：邓惠民
政协联委会主任：严红霞（女）
庄市街道党工委书记：陈齐权
办事处主任：陈贤方
人大工委主任：周国荣
政协联委会主任：盛树君

【宁波石化经济技术开发区管理委员会】
党工委书记:薛维海(兼)
管委会主任:魏祖民(兼)
管委会常务副主任、党工委副书记:胡祖友
党工委委员、纪工委书记:吴存康
管委会副主任、党工委委员:周少华
管委会副主任、党工委委员:郑玉芳
管委会副主任、党工委委员:
席伟达(2012.10任)
党工委委员:戴 涛
管委会(党工委)办公室主任:王金达
投资合作局局长:邱仕先(2012.8免)
陈志红(2012.8任)
经济发展局(统计局)局长:杨玉彬
安全生产监督管理局局长:陈宏国
建设管理局(规划分局)局长:胡海钟
财政办主任:赵振福
监察局(审计局)局长:杨儿芬(女)
行政服务中心主任:缪德武
社会事务管理中心:励振华

(顾敏敏)

镇、街道

澥浦镇

【概况】 2012年,澥浦镇有耕地886.67公顷,林地139.93公顷。全年全镇农业总产值2.04亿元,比上年增长7%。全镇农民人均纯收入16514元。粮食基地内河道清淤工程完工,区蔬菜应急保障基地规划完成。屯山集中养殖场关闭,关闭面积3000平方米,存栏2500头生猪。屯山4公顷火烧迹地复绿和息云寺山1.6公顷绿化工程完工。岚山草莓基地规模达23.33公顷左右,并建立草莓网,实现草莓网上订购,扩大草莓基地知名度;核星蔬菜基地打造核星农场精品农业园,总规划面积33.33公顷,为区蔬菜应急保障基地;岚山水库成功申报宁波市菜篮子基地。

是年,镇属规模以上工业企业44家,销售收入亿元以上工业企业5家。全年全镇实现工业总产值53.76亿元,同比减少0.02%;进出口总额1.86亿美元,比上年增长14.3%。其中进口0.72亿元美元,比上年增加82.9%;出口1.14亿美元,比上年减少7.9%。工业投资1.82亿元,同比减少16%;全年引进市外内资1.02亿元,实际利用外资1095万美元。文化创意企业发展迅速,引进文化创意产业14家,其中注册资金1000万以上企业2家。投入技改资金1.3亿元,完成9个节能改造项目、2个清洁生产项目、11个技改项目和3家精细化工企业转型升级,淘汰2家落后企业、3台燃煤锅炉,创建国家级高新技术企业1家,完成专利授权数138个,引进各类人才90余名。

是年,全镇完成服务业投资2.12亿元,同比增长74.8%。全年限上社会消费品零售总额0.652亿元,同比增长1.2%。引进文化创意产业14家,其中注册资本500万以上企业3家。庙戴工业地块签约4个高新技术项目。郑氏十七房景区与开元集团合作成功签约,以十七房景区为核心的澥浦商业带逐步形成。

是年,《澥浦镇镇区控制性详细规划》获市政府批复。开展大规模拆违行动12次,共拆除违章建筑20处,完成征(租)地87.4公顷,拆迁13.44万平方米。其中老集镇一期区块、卫生院地块、广源工业区河西区块等3个拆迁区块实现清零目标,郑家路以北企业拆迁完成95%。庙戴区块和企业安置区块规划、庙戴工业区块前期规划、息林寺山工业安置地块总体规划及塘渣回填与企业地块规划完成。兴安路延伸段基本完工。7个行政村新建农村公路路灯300余盏。

是年，新增就业岗位1103个，开发(保持)公益性岗位73个，帮助失业人员、被征地人员、农村劳动力实现再就业701人，年末城镇登记失业率1.56%。支出各类救助金454.13万元，救助各类困难群体8436人。募集社会慈善捐款75.985万元。建成村、社区服务中心和办事大厅，完成6个农村社区改造，4个村成为市级农村社区建设示范村，汇源社区社会服务案例上报国家级优秀社会工作师优秀案例，海田阿姨家政服务项目入选首届全国优秀专业社会工作服务项目评选。成立澥浦镇书画协会并与镇海美术馆合作举办农民画展活动，成功举办春节、元宵、冬至文化大展演等系列活动。

【邱新路新建工程竣工】 6月28日，宁波绕城高速连接线——邱新路新建工程竣工通车。该工程总投资约555万元，起于北大路与庙戴路交叉口，终于世纪大道北沿，全长626米，宽8米，于6月3日开工。道路建成实现世纪大道北延与澥浦镇地方道路无缝对接。

【汇源桥维修工程完工】 7月6日，汇源桥维修工程完工。工程总投资约160万元，桥长28.6米、宽27米，位于澥浦镇汇源路，2011年被鉴定为危桥，是年3月12日开工大修，是连接329国道和宁波化工区、澥浦镇城区的主要桥梁。

汇源桥维修完工投用

【镇海区澥浦镇区(ZH10)控制性详细规划获批】 内容详见245页。

【镇海区庙戴地段(ZH10-04)控制性详细规划获批】 内容详见245页。

【十七房古韵新村二期工程基本完工】 12月底，十七房古韵新村二期工程基本完工。工程总投资7291万元，占地面积10539平方米，建筑面积20142平方米(计容建筑面积14406平方米)，2011年5月开工，由4幢5层住宅楼、1幢2层综合楼和1个地下车库组成，可安置127套，预计2013年建成投用。

(王艺融)

十七房古韵新村二期完工

九龙湖镇

【概况】 2012年,九龙湖镇在稳定粮食生产的同时,加快推进休闲农业发展。粮食总量稳步有升,粮食作物播种面积1415公顷,产量9893吨,其中水稻播种面积1206公顷,稻谷产量8335吨。"甬优12"百亩示范方亩产最高达1057.5公斤,创当年省亩产记录。农业基础设施进一步完善,完成烘谷中心扩建工程,注重农业品牌建设和科技创新,"九龙凰"成为全区首个农业集体市著名商标。休闲采摘产业逐渐发展,镇政府连续5年举办葡萄节活动,葡萄、草莓、枇杷、樱桃等成为镇海乃至宁波众多消费者的首选。有效抵御"6·18"强降雨和"海葵"台风袭击。

是年,全镇实现工业总产值77.08亿元,固定资产投资9.38亿元,规上工业总产值60.29亿元,工业投资1.01亿元,紧固件产业转型升级加快推进,紧固件综合服务楼建成投用,第三方机械零部件检测平台投入使用,产业基地成为全省首个紧固件行业商标品牌基地,紧固件产业入选"中国县域产业集群竞争力100强"。招商引资成效显著,引进市外内资1.75亿元,实到外资2261万美元,引进文化创意产业项目16个,各项指标完成情况均创建镇以来之最。

是年,全镇完成拆迁14.42万平方米,征地88.67公顷。《九龙湖镇总体规划2010—2030》完成报批,长石、西河工业园区控制性详细规划完成编制。御水龙都项目土地完成挂牌出让,一期住宅区块进场施工。九龙家苑二期完成主体工程,西经堂集中居住区二期准备交付使用,长石集中居住区一期、九龙家苑三期相继开工建设,横溪自然村农房改造二期工程完工。全面推进自来水接入宁波大网改造工作,完成横溪、秦山2个高山自然村水改工程,西河刘家、方俞2个自然村生活污水生态化处理工程投入使用,全面完成广源变至九龙湖镇10千伏供电线路铺设,220千伏田胡变、110千伏田央变项目前期工作顺利推进。加大环境整治力度,开展以"西经堂、九龙湖"为两点和以"九龙大道、汶骆路"为两线的农村环境卫生整治。

是年,全镇新增财力90%以上用于民生改善。开发和保持公益性岗位114个,实现各类人员再就业738人,农村新型合作医疗参保率达98.4%。实施居家养老(残)"银龄互助"行动,实现全镇老年人有效服务全覆盖。新长石幼儿园建成开园,顾兆田幼儿园扩建工程启动。全面实行计划生育村(居)民自治,100%村(社区)达到自治规范要求。深入开展全民健身活动,通过省体育强镇复评,创建4个"省农村体育俱乐部"。推进文化大繁荣大发展,举办第五届端午文化节、第六届葡萄品尝周活动,《九龙恋歌》荣获浙江省首届村歌大赛创作、表演双金奖。开展信访矛盾"早春行动",开展食品安全百日整治行动,进一步加强治安防控体系建设,全面完成农村平安示范小区视频监控系统建设。全年刑事案件发案数同比下降8.6%,治安案件同比下降1.8%,未发生一起重特大刑事案件。完成全年征兵任务。2012年,全镇荣获省村级财务管理规范化管理镇、省"我心目中最美生态乡镇"、省人口和计划生育依法行政示范乡镇、宁波市食品安全示范镇、宁波市土地流转示范乡镇、宁波市抗台救灾先进集体、宁波市幸福美丽家园建设先进乡镇、市征兵工作先进单位等荣誉称号。

【横溪自然村农房改造二期工程完工】 3月，横溪自然村农居立面整治二期工程竣工。工程总投资1600万元，于2011年3月开工，完成321户农房外立面改造，成为全区首个以旅游开发为主的生态型旅游景点村庄。

横溪自然村农居立面整治二期工程

【新长石幼儿园建成投用】 8月，新长石幼儿园建成投用。工程总投资450余万元，占地面积2600平方米，建筑面积1359平方米，于2011年2月开工，建成教室、活动室、休息室等配套设施，可容纳幼儿180名，当年4月开园。

（刘崇华）

新长石幼儿园建成投用

招宝山街道

【概况】 2012年，招宝山街道工业继续以铸造、金属拆解为主，拥有规模以上工业企业68家，其中销售收入亿元以上32家。是年，全街道工业产值128.49亿元，减少10.78%。全年街道建筑业产值152.19亿元，同比增长21.6%。依托海尚国际一期、郁金香中心、招宝广场二期、南熏别苑等项目，引进平安银行、时代院线、屈臣氏、国美电器等城市经济项目。街道第三产业呈现缓慢下降的特点，服务业增加值47.62亿元，同比下降1.3%。其中，生产性服务业稳定增长，煤炭市场、钢材市场、金属园区、物产钢铁商城等五大专业市场完成交易额341.83亿元，同比增长14.72%。通过产业提升、环境整治、管理创新，开展建设中国最有魅力旅游小镇活动。引入文创项目28个。其中，注册资金在500万～1000万元以上项目3个、1000万元以上项目3个，总注册资本金8641万元，项目涵盖影视传媒、软件开发、信息服务、设计等领域。

是年，街道继续推进老城提升工程。全年拆除违章集居房515间计1万多平方米。强化技防手段，建立防“两抢一盗”常态工作机制，建成和运用城区“电子巡更”系统，实现夜间巡防到岗到位全覆盖，全年街道刑事案件立案数同比下降11%。成立街道城市管理联合执法队，加强对无证餐饮、占道经营、违章建筑等突出问题的整治。接管后海塘区域保洁工作，开展安全生产隐患排查治理、“打非治违”、突出安全隐患治理消防安全、食品药品安全等专项整治。全年无矫正人员再犯罪。

是年，街道开展就业技能培训41次，培训4600多人次；就业招聘会2场，开辟公益性岗位650个，实现再就业864人。继续建立完善慈善帮扶基金。落实各类生活保障、补助政策346户（次），发放资金300万元。慰问、救助各类生活困难人员2983人次，发放资金327万元。开展慈善募捐活动，新建企业冠名基金5个，社区小额冠名基金12个。全年投入资金158.4万元实施社区服务项目26个。开展社区"五个一"综合服务站建设，在顺隆、白龙、胜利路3个社区开展楼道自治组、小区自治站、社区协商议事会试点，成立"老娘舅""宪授"等调解工作室组织，开展各类矛盾调解和和谐促进工作，共调解矛盾纠纷1005件，成功率99.8%，年底评选出18个优秀居民工作室。打造"老友助老"服务品牌，组建社区"老友助老俱乐部"，对136位老人开展结对服务。街道荣获宁波市老龄工作先进街道。

是年，街道招宝灯会、全国街舞精英赛、"四季来相会"等文化品牌吸引力继续扩大，全年共组织各类文化活动20余次，文化公益培训100课时。创建成宁波市首批学前教育示范街道，宝山幼儿园被评为浙江省一级二类幼儿园、宁波市五星级幼儿园。年底，街道共拥有街道下属公立幼儿园1所，普惠性民办幼儿园4所，公办幼儿园和普惠性民办幼儿园占辖区内幼儿园总数80%。成立全区首支街道残疾人阳光艺术团，开展创建宁波市助残扶残爱心街道、群众性体育赛事和全民健身等活动，获第十二届区运会团体总分第一名和精神文明奖。街道被评为全省爱国卫生运动60周年先进集体、宁波市卫生应急工作示范街道。

【引进文化创意产业项目28个】 2012年，招宝山街道对原国税大楼进行整体修理改造，用于发展文创产业。全年引进文化创意项目28个，其中注册资金在500万元以上和1000万元以上项目各3个，总注册资本8641万元。项目涵盖影视传媒、软件开发、信息服务、设计等领域。引进各类人才170余名，其中硕士10名，博士1名，签约海外高层次人才创业项目5个。

原国税大厦整修后成为招宝山街道文化创意产业园

【开展后海塘区域集中整治活动】 2012年，招宝山街道按照城区管理服务标准，在后海塘区域开展违章建筑、市容环境、非法经营、停车场安全等集中整治行动。全年关闭和强制搬离无证无照任意堆放经营煤堆、废旧金属、矿石企业17家，拆除违法灯箱25只，广告牌57块，关停电子游戏、网吧、无证餐饮等非法经营9家，拆除违章集居房515间1万多平方米。关闭2家停车场，完成停车场地硬化3546平方米。对宏远路、定海路等道路两侧环境进行整治，美化墙面10500平方米，修补各处绿化8300平方米，安装果壳箱90多个。

【金属园区发生1起火灾】 8月2日下午5时,位于招宝山街道后海塘区域的区金属园区宁波市镇海百斗再生资源有限公司发生大火,火灾导致1死19伤。经查,大火起于当日凌晨2时30分左右,由百斗公司露天存放的废旧金属中所含镁粉受潮发热燃烧引起。灾后,街道会同有关部门对园区69家企业全部停业整顿。

消防员在镇海百斗再生资源有限公司火灾现场控制火情

(翁　侃)

蛟川街道

【概况】 2012年,蛟川街道完成工业总产值276.5亿元,以工业为主的二产占街道经济总量76.12%以上。服务业投资7.5亿元,同比增长25%,服务业增加值4.5亿元,同比增长50%。社会消费零售品总额17亿元,线上贸易销售额7亿元,同比增长46%。重点商业区块世贸广场1.8万平方米华润万家超市开业,多家知名品牌进驻。

是年,街道农业在城市化推进中逐年萎缩,是年末有耕地405.8万平方米,其中绿化林带240.3万平方米,主要经济作物为蔬菜、瓜果等。推动特色农业产业化项目发展,投入306万元重点帮扶升达农庄、阿二农庄实施餐饮、鱼塘、保鲜库、道路等基础设施改造,并在阿二农庄推广宫廷皇鸡孵化、牛虻养殖技术,提升特色经营能力。完成蛟川生态园3.5公里道路维修,实施5.67公顷水面莲藕种植。投资80余万,实施畜禽零星养殖整治,关停转产石塘下村、陈家村10户畜禽散养户,拆除养殖设施2000余平方米。全年农村经营性收入5981.06万元,村均可用收入345.67万元,同比分别增长19%、12%。

是年,街道加快区域征地拆迁工作,共征地57.67公顷,拆迁588户,企业7家,拆迁面积15.71万平方米,实现6个项目清零目标。其中,轻轨2号线、北外环东延二期及石塘下保障房等重大工程项目政策处理完成。丰颐家园一期项目交付,传化物流信息港竣工交付运营,古塘丽景三期、银凤晓月四期、中悦美林湾开工建设,金丰紫园,红墅湾主体完工。启动大运路一期、投资4200万元的蛟川医院改扩建工程,完成蛟川医院过渡房建设、中官路菜场项目报建审批。投入300多万元对南洪、俞范、五里牌3个村级菜市场实施改造提升;完成农村视频监控系统"天网工程";推进蛟川—城区电网改造工程,石塘下片区规划北一路、古塘路延伸段等路网工程建设进展顺利。完成临江小区一期天然气改造工程、俞范社区4#与6#楼危险点综合整治、警务区办公楼装修、农村视频监控系统"天网工程"。建立3家居家养老服务中心,推进云龙福利中心改扩建项目。

是年,街道完成柴家港、董家河等河道5700米清淤,投资25万元开展临俞工业区河网翻水工程，对6000米的河道进行翻水，投资370万元对陈家河庙后张段河道进行综合治理，疏通河道680米，砌石1290米。蛟川生态园完成3.5公里道路维修，种植5.67公顷水面莲藕。农村截污及万弓塘河片区截污工程完工，辖区90%以上村庄生活污水实现截污纳管。投入350万元新修、修缮道路2万平方米，整治河道池塘5226平方米，疏通排放水设施11.94千米，新修改建公厕35座，美化墙面6.49万平方米，新建垃圾压缩站1座，新建改建垃圾亭43个，全面实现垃圾袋(桶)装化，所有道路实行8小时以上动态保洁。开展畜禽散养点关停转产工作和再生资源回收业整治。推进绿化景观建设，共新增绿地1.9万平方米。清水浦创建成市级环境整治村，迎周村、五里牌村创建成市级生态村，陈家村创建成市级森林村。

是年，街道新增就业岗位1460个，帮助被征地人员、农村劳动力和城镇失业人员再就业1256人，开发公益性岗位246个；“40、50”人员享受补贴政策2584人次；发放被征地人员生活补助、公益性岗位补助、用工补助263.96万元；发放低保金89.17万元，医疗救助30.96万元，临时救助39.09万元。全街道60岁以上城乡居民做到应保尽保，被征地人员养老保险参保率达94%；城镇居民医疗参保人数5317人，参保率达96%。新农合参保3842人，参合率98.82%。出台《关于进一步加强拆迁安置小区物业管理工作意见》，指导金丰阳光等3个小区成立业主委员会。采取专项整治及联合执法等措施，整治占道经营、乱停乱放、“黑三轮”等突出问题。针对居民反响强烈的五里牌菜场周边治安、乱搭乱建、临江小区车棚出租等问题开展集中整治。推进基层群众文体事业建设。在俞范村建立1000平方米的区域职工文化中心。临江社区创建成浙江省老年体育(柔力球)特色之乡和“宁波市学习型社区”。加强公共卫生安全监管，加大检查82家涉药单位，3家村卫生室列入村卫生室再提升工程。

【华润万家镇海店开业】 参见174页。

【垃圾压缩中转站通过竣工验收】 11月，蛟川街道垃圾压缩中转站通过竣工验收。工程投资380余万元，于4月开工建设，位于中官路田野变前，占地面积约1567平方米，建筑面积约330.7平方米，新建垃圾压缩站1座(压缩能力10T*2)。中转站投入使用有效缓解中官路以北，镇骆路以南区域居民生活垃圾以及开发区和临俞园区工业垃圾的处理压力。

【农村截污项目工程全面完工】 年底，蛟川街道农村截污工程全面完工。工程总投资约4000万元，共实施约17.9公里，万弓塘河片区以及中大河蛟川段截污工程全面完工，俞范、陈家、后施、南洪、棉丰等村的农村污水纳管处理也相继完成，区域90%以上村庄实现生活污水截污纳管。

(张　三)

骆驼街道

【概况】 2012年，骆驼街道农民人均收入16930元，同比增长12%。粮食种植面积1267公顷，产量7600吨。推进精品农业园建设，投入1000万元完成兰花园二期玻璃温室5400平方米、农展馆和阳光餐厅玻璃温室9000平方米建设。果乐公司投入200多万元收购并改造建国枇杷园，开展樱桃、猕猴桃水果采摘活动10余次，建立1333.33多公顷生产基地，开设直销专柜。百卉农场收入超1000万元，通过市级农家乐休闲旅游示范点审核。清水湖果园投入60万元进行大棚双膜覆盖试验，修建300平方米的冷库，销售收入比上年增长10%。辖区内共8家企业申报10项农业产业化项目，政企两级共投入1550万元。举办第二届浙江迎春花展和第二十二届中国(镇海)兰花博览会，吸引游客6万多人次。

是年，街道工业总产值175亿元，同比下降9.9%。出口交货值44亿元，同比下降3.5%。工业投资5.4亿元。辖区内10家企业开展高新技术企业申报、复评，成功申报高新技术企业7家，新批5家。申报市级创新团队5家、区级3家，博士后工作站2家。引进海外工程师7名。投资1.9亿元实施区级技改项目22个，达尔轴承、梦缘食品等26家企业30个项目列入年度改造计划，新增天韵通信、中安锻造、科光机电等5家创新成长型企业，恒升电气、承迪文具、金剑汽配3家初创期企业，新容电器、天韵通讯、金海电子、金鑫粉末等4家小巨人企业。百隆东方股份有限公司6月12日上交所正式挂牌上市，成为镇海区首家上市公司。文化创意企业发展迅速，引进文化创意企业35家，其中注册资金1000万以上企业4家。完成富尔顿大楼3万平方米闲置厂房装修。全年街道服务业完成投资8.5亿元，同比增长57%。全年社会消费品零售总额(不包含汽车销售额)10亿元，同比增长11%。厚恒物资城市场销售113亿元，同比增长15%，入驻商户160家；有色金属市场实现销售21亿元，同比增长131%，入驻商户40家。腾峰4S店实现销售2.5亿元，同比下降32%；腾峰荣威实现销售1.5亿元，同比增长16%。

是年，街道拆迁农户671户、居民1户、商铺149间、企业13家，共计拆迁面积29.18万平方米，完成征地及政策处理70.67万平方米。汶骆路与329国道十字交叉口旧城改造步伐加快：一号地块“碧水莲晴”二期(骆城芳州)工程完成主体结构验收，进入外立面粉刷及市政配套设施工程阶段，骆驼新菜场投入使用，利时百货镇海店项目主体结构结顶，正在内部砌筑施工。二号地块占地6万平方米的住宅及商务办公项目土地拍卖招商正在进行，总投资9544万元的水果批发市场完成主体工程，正在进行内外墙工程施工，总投资6650万元的建材市场及东洲商城完成主体结顶。红星美凯龙项目一期12月底完成土地拍卖工作。三号地块轻工厂地块(盛世华庭项目)完成桩基工程施工，建设周期约3年。四号地块占地3万平方米的骆驼文化广场及街道办事处办公楼的方案正在进行项目前期报批手续。民生工程继续推进：西盛社区综合办公大楼竣工，年底完成招投标工作。南一社区办公楼项目基本完成，准备竣工验收。联勤幼儿园项目共有14个班进入装修阶段。自然村截污工程三期于4月份全部完工。骆驼实验学校项目正在办理项目前期手续报批工作。推进新农村建设：茗莲春晓一期项目即将交付安置，骆城华苑一期年底全面开工。开展美丽乡村环境综合整治，朝阳村、敬德村创建成市级森林村庄，朝阳村创建成市级全面小康示范村。新增绿化面积10.14万平方米，庭院绿化投入500万元，完成农户庭院（阳台）绿化1050户。街道创建成省级财务管理规范化街道，荣获2011年度全市节能工作先进集体。

是年，街道新增就业岗位1400个，开发公益性岗位234个，新增就业岗位1400个，街道被征地人员中适龄劳动力转岗就业10801人，农村劳动力转岗就业9413人，充分就业率达98.47%，充分就业村（社区）创建达100%。建立155家小微企业联系制度。开展就业帮扶工作，组织失业人员、被征地人员和农村劳动力职业培训1038人。做好低保和社会扶助证工作，发放低保金150.23万元。开展全国老年人门球活动示范基地和省老体特色项目太极之乡创建，举办有全市120支球队参加的邀请赛。组队参与中韩建交20周年老年门球友情赛、市老年人气排球赛、首届中国陈家沟陈氏太极拳国际交流大赛，承办“骆驼杯”青年篮球友谊赛和骆驼街道第六届暨“利时杯”门球邀请赛。开展培育公共文化精品节目活动，《国色天香》被浙江省选送参加全国第十六届群星奖广场舞比赛，《雀舞骆城》获市首届居民舞蹈大赛金奖，说唱《旅游乐》参加市戏曲、小品、曲艺比赛获表演、创作三等奖。“九龙柱”和“杨福娣挑刺”被列入区级文化遗产，“盛树胜浮泳”正在申报中。

【骆驼首例眼角膜捐献成功】 2月6日，在骆驼街道辖区企业务工多年、年仅23岁的四川小伙陈小洲心脏停止跳动，父母依约在宁波李惠利医院捐献他的眼角膜，帮助余姚60岁的鲁女士和江西21岁的小吕重见光明，成为镇海区第二例眼角膜捐献者。

【骆驼门球队获中韩老年门球赛第一名】 3月，在韩国举行的中韩老年门球赛上，骆驼街道门球队经过奋力拼搏，最终获第一名，为街道冲刺“全国门球之乡”奠定基础。

【骆驼中心学校与匈牙利小学结好】 5月，骆驼中心学校与匈牙利维斯普雷姆市赫里斯托博特夫小学结为姐妹学校。此次结对为骆小学子今后的国际视野打下基础，学校将学习对方学校先进的办学理念，提高自身办学质量。

【骆驼建材市场和宁波东州商城主体完工】 5月，骆驼建材市场和宁波东州商城相继完成主体工程。骆驼建材市场投资总额约6644万元，占地约18667平方米，建筑面积约36505平方米，框架式结构，二栋，部分8层。宁波东州商城首期投资总额为9049万元，占地面积约54000平方米，建筑面积为77422平方米，三栋，8层。

【骆驼商会创二代联合会成立】 6月13日，骆驼商会创二代联合会第一届会员大会召开。“创联会”第一届会员大会共吸收34名会员，会长由宁波伟峰影像设备集团有限公司执行董事长担任，标志区域内年轻的企业传承人有自己的联谊组织。

【财政部部长来骆驼街道考察指导基层财政工作】 8月13日，财政部部长谢旭人到骆驼街道考察指导基层财政工作。省财政厅厅长，市委常委、常务副市长，区委书记，区长等陪同调研。其间谢旭人走访宁波欧易液压有限公司，深入企业车间询问生产经营情况；实地查看骆驼街道财政所，询问基层财政所工作职能、财政预算管理、政府采购、家电下乡补贴等情况；听取全区经济社会和财政运行情况的汇报。他希望街道财政所进一步健全乡镇财政职能，发挥好乡镇财政就地、就近实施监管的优势；要求财政部门按照中央确定的"稳中求进"工作总基调，认真实施好结构性减税政策特别是支持小微企业健康发展的税费优惠政策，加强财政管理基础工作和基层建设，进一步提升财政管理科学化、精细化水平，提高财政资金的使用效益，为基层财政所发挥职能作用创造条件。

2012 年 8 月 13 日，财政部部长谢旭人（左二）到镇海考察指导基层财政工作

【骆驼街道办事处搬迁】 9 月底，骆驼街道办事处办公场所从汶骆路 86 号老大楼搬迁到东开路 222 号新大楼，10 月 8 日起正式在新址办公。

（孙晓玲）

庄市街道

【概况】 2012 年，庄市街道财政总收入 5.13 亿元，同比增长 28.25%。实现农业总产值 1.57 亿元，同比增长 7.5%；农民人均收入 1.71 万元，同比增长 14%。街道耕地面积 449.2 万公顷，全年种植早稻 0.93 公顷、晚稻 61.01 公顷。以农庄式经营为代表的都市生态农业在蔬菜水果种植、住宿餐饮休闲、淡水养殖与垂钓、园林园艺培植等方面形成特色，辖区内的繁荣蔬果实验示范场、明星湾农庄、宏德淡水鱼养殖场、永明园艺场等在区内外具有影响力，是年这些农庄投资 1255 余万元，实施生态农业提升改造。

是年，街道完成工业产值 56.5 亿元，同比增长 17.3%，销售 55.3 亿元；利税 2.23 亿元，固定资产投资 39.6 亿元；进出口总额 3.2 亿美元，同比增长 10.72%。全年完成工业投资 6600 万元，引进外资 1300 万美元、实际利用外资 950 万美元，区外内资 2.2 亿元。辖内企业科技投入 6100 万元，其中研发经费 11401 万元；申报市新产品 33 项；授权专利 85 项，其中发明专利 3 项。申请专利 271 项，其中发明专利 37 项，申请量为去年同期的 3 倍。开展节能环保活动，申报节能项目 10 个，申报清洁生产企业 1 家，落后产能淘汰项目 1 个，环保专项资金项目 1 个。引进各类人才 170 余人，其中硕士以上学位和具有高级职称以上人才 8 人，海外留学人才 5 人。

是年，街道继续实施"退二进三"，实现服务业投资 21 亿元，同比增长 320%；限上社会消费品零售额 29.7 亿元，同比增长 16%。是年，街道（大学科技园）引进文创项目 72 个，其中注册资本 2000 万以上项目 3 个，500 万～1000 万以上项目 1 个。天华路虎、宁兴奔驰、英菲尼迪等 7 家汽车 4S 店实现销售收入 24.3 亿元，同比增长 12.8%，成为街道商贸服务业亮点。推进宁波帮文化旅游区建设。完善干部联企帮扶等制度，建立转贷互助基金，制定出台经济奖励政策和人才考核奖励办法。

是年，街道加快推进城市建设，征地及政策处理161.53公顷，拆迁住宅780户、企业65家、商铺7家，拆迁总面积30.3万平方米，实现镇海炼化芳辰丽阳、万科城周边、新城南区绿轴区块、明海大道南段等14个区块拆迁“清零”目标。加大违法搭建处理力度，制止或拆除面积1.15公顷，发现处理违法案例67起，违法面积11466平方米，其中违法搭建60起，违法面积11190平方米，完成违法农用土地复耕工作。开工建设街道社区综合服务中心项目，完成新城南区环卫保洁中心一期项目立项和选址，基本完成中科院宁波材料所二期工程主体工程。梅山商务酒店、东方明珠大酒店相继开业。投入2000余万元，改造庄市菜场、老小区物业、文化中心，加强区域治安技防，建设逸夫路文体活动中心，提升庄俞公路景观形象。出台道路(绿化)保洁等管理办法和考核制度，初步形成齐抓共管的城市管理格局。建立前置审批、黑名单公示等制度，共查获工程运输车辆违规行为76起，罚款38万多元。新增停车位200余个，联合交警、城管部门建立联合执法机制，严厉整治违章停车。试点推行道路保洁服务外包，实现环卫作业“管干分离”。

是年，街道新增就业1350人，城镇失业人员再就业881人，困难人员再就业330人。新增养老保险参保1400人，医疗保险参保620人，失业保险参保710人，工伤保险参保960人，生育保险参保940人。新增大龄被征地失业人员98人，发放补贴134万元；新增被征地养老保险人员228人，发放补贴108.75万元。新增大龄被征地用工人员28人，发放补贴14.5万元。“慈善一日捐”活动共募集慈善金额79.1万元。培育公益性社会组织，开展“龙巡天下”元宵趣乐汇、“颂歌献祖国 永远跟党走”——庄市各界喜迎党的十八大爱国歌曲大家唱活动等活动，全年送戏到村共计77场。加大劳资纠纷处理，共受理劳资纠纷案件41起，结案率100%。开展隐患排查专项检查，控制群体性欠薪事件发生。开展企业年检，共完成企业年检877家单位，企业用工登记率在90%以上。开展“春暖行动”“小微企业劳动合同签订”专项检查，共检查用人单位85家，涉及劳动者3542人。利用灵活就业社保补贴政策，开展“充分就业村(社区)”创建，年内14个村(社区)全部成功创建为区级“充分就业村”，村、社区就业率均达94%以上，为703名灵活就业人员办理社保补贴

【开展“中国文学名家看庄市”活动】 5月24日，12位国内著名作家专程到庄市，开展为期4天的“中国文学名家看庄市”活动。采风团由《小说选刊》杂志主编杜卫东带队，成员均是国内著名作家、评论家，其中有5位是鲁迅文学奖得主。其间作家们走访宁波帮博物馆、叶氏义庄、包氏故居、摩士集团、光明新村、庄市老街和老宅、中科院材料研究所等，与当地文体骨干、志愿者、外来务工人员代表等进行“零距离”交流，全方位了解庄市的经济、文化、社会发展，解读商帮文化和院士文化。作家们撰写一批有关庄市的文章，并分别在《人民日报》《光明日报》《文艺报》《文学报》《中国文化报》等媒体刊发，提升

了庄市的知名度和美誉度。

【开展爱卫月活动与四季除四害活动】 4月，街道开展爱卫月活动与四季除四害活动：共组织志愿者活动50次，卫生清扫1650多人次，农村统一灭四害3次。开展健康教育讲座6堂，4个村、社区、2个学校共350人参与。新建、改建公厕6座。年底，街道创建5家市级无烟单位，联兴村创建市级卫生村。

健康教育讲座进社区

【搭建用工双向选择平台】 2012年，街道多渠道搭建用工双向选择平台：年初，开展“春风行动”春季招聘会，为30多家企业设置摊位，提供就业岗位700余个。10月，举办专场洽谈会共推出岗位500多个，公共职介推出岗位1411个，免费职业介绍1125人次；三家个体职介所共推出岗位2519个，介绍接待2454人次；帮助“4050”人员解决就业难问题，新调整公益性岗位84人，其中保安29人，保洁24人，车辆管理11人，其他人员20人，安置被征地人员47人。

【抗击台风“海葵”】 8月，街道开展抗击台风“海葵”活动。台风正面袭击宁波时，街道及时启动灾害应急预案，督促各村社区排摸灾害危险隐患，开放5个避灾点，共转移人口2281人，其中集中安置人口2125人，确保人员的生命安全。灾后为167户困难家庭，发放一次性生活补助7.77万元。

【推进“网格化管理、组团式服务”管理】 2012年，街道稳步推进“网格化管理、组团式服务”管理模式。各村（社区）共划分网格65个，聘请网格和谐促进员356名，组建网格内专业服务团队126支，专业服务人员逾1000人，推动社会管理的关口前移、重心下沉。全年街道、村（社区）两级调解组织共排查调处成功各类矛盾纠纷500件，调处率100%，上报预警信息38条，受理调处成功劳动争议222件。

（卢星辰）

先进名录

先进集体

【全国(县、市)科技进步考核先进1个】
镇海区

【全国扶贫开发先进集体1个】
镇海区

【全国文明单位1个】
镇海海关

【全国民主法治示范村1个】
蛟川街道中官路村

【全国公安机关爱民模范集体1个】
区看守所

【全国工人先锋号1个】
区国家税务局纳税服务科

【浙江省平安县(市)区1个】
镇海区

【浙江省文明单位2个】
区地税局
区新闻中心

【浙江省三八红旗集体1个】
区妇联

【浙江省创新服务中小企业先进1个】
骆驼商会

【浙江省“我心目中最美生态乡镇”1个】
九龙湖镇

【浙江省老龄系统先进集体1个】
区老龄办

【浙江省先进社区社会组织1个】
招宝山街道后大街社区高血压俱乐部

先进个人

【全国县级广播电视系统十佳电视播音员1人】
孙大彬　镇海电视台新闻综合频道节目播音员

【浙江省五一劳动奖章获奖1人】
桂书敏　区新闻中心网络建设部副主任

【浙江省优秀社区工作者2人】
郑时梅　招宝山街道总浦桥社区党总支

书记兼居委会主任
周敏雅　招宝山街道城东社区党总支书记兼居委会主任

【宁波市五一巾帼奖状获奖集体1个】
区地税局一分局办税服务厅

【“最美宁波人”2012年度人物1人】
冯闯　金丰(中国)机械工业有限公司职工

【宁波市第二届青年文艺之星1人】
李晓军　区新闻中心电视台专题部主任

【第十一届宁波市青年科技奖获奖者1人】
乌学东　中国科学院宁波材料技术与工程研究所

【2012年茶花奖获奖1人】
约翰·蒂默蔓(Johan Timmerman，荷兰籍，男)宁波镇海炼化利安德化学有限公司高级技术顾问

【2012年茶花纪念奖获奖3人】
李东柱(Lee Dongju，韩国籍，男)宁波乐金甬兴化工有限公司总经理
约翰·克如池·蒙托尼(John Kiruchu Muthoni，肯尼亚籍，男)宁波市镇海中学教师
乡原章(Akira Gohara，日本籍，男)宁波工程学院教师

【2011年度中国银行业文明规范服务“明星大堂经理”1个】
陆君芬　中国工商银行镇海支行营业部经理

（何小平）

2012年镇海区经济考核先进企业

【镇海区纳税十强企业】
百隆东方股份有限公司
宁波乐金甬兴化工有限公司
宁波市镇海银亿房产开发有限公司
阿克苏诺贝尔过氧化物(宁波)有限公司
宁波金海德旗化工有限公司
宁波大安化学工业有限公司
镇海石化海达发展有限责任公司
宁波华荣时代置业有限公司
宁波市镇海区城市建设投资开发有限公司
宁波保利置业有限公司

【镇海区工业效益奖十佳企业】
百隆东方股份有限公司
宁波招宝磁业有限公司
阿克苏诺贝尔过氧化物(宁波)有限公司
宁波乐金甬兴化工有限公司
宁波汇众粉末机械制造有限公司
宁波九龙紧固件有限公司
宁波德泰化学有限公司
宁波金海电子有限公司
宁波海宏液压有限公司
宁波金海德旗化工有限公司

【转型升级十佳企业】
宁波德泰化学有限公司
宁波杜亚机电技术有限公司
宁波达尔轴承有限公司
宁波金鼎紧固件有限公司
宁波家联塑料科技有限公司
镇海石化工业贸易有限责任公司
宁波人健医药化工有限公司
金丰(中国)机械工业有限公司

宁波市镇海天地特种钢有限公司
宁波康兴电缆有限公司

【服务业十佳企业】
镇海石化海达发展有限责任公司
宁波镇海炼化利安德化工销售有限公司
宁波港船务货运代理有限公司
宁波天华汽车销售服务有限公司
宁波鼎枫贸易有限公司
镇海石化物流有限责任公司
宁波市华惠进出口有限公司
宁波九龙湖开元华城度假村有限公司
宁波北大荒物流集团股份有限公司
宁波市镇海医药药材有限责任公司

【出口十强企业】
宁波中燃船舶燃料有限公司
百隆东方股份有限公司
宁波阿尔卑斯电子有限公司
宁波金鼎紧固件有限公司
宁波杜亚机电技术有限公司
浙江野马电池有限公司
宁波顺利自行车有限公司
宁波佳信旅游用品有限公司

阿克苏诺贝尔过氧化物(宁波)有限公司
宁波家联塑料科技有限公司

【进口十强企业】
宁波乐金甬兴化工有限公司
宁波新翔液体化工仓储有限公司
齐合天地(宁波)再生金属有限公司
宁波涵盈金属工业有限公司
宁波市金龙铜业有限公司
宁波龙润化工进出口有限公司
宁波宁兴液化储运有限公司
宁波禾元化学有限公司
宁波阿尔卑斯电子有限公司
宁波孚宝仓储有限公司

【镇海区政府质量奖当选2个】
东毓(宁波)油压工业有限公司
宁波达尔轴承有限公司

【镇海区政府质量奖入围奖当选3个】
宁波新容电器科技有限公司
宁波金洋化工物流有限公司
宁波明欣化工机械有限责任公司

(俞　晴)

索 引

说明：
一、本索引设主题索引和表格索引2个分目。
二、主题索引采用分析索引法，按索引条目第一字汉语拼音（同音字按声调）顺序排，首字相同按第二字母序排，依次类推。标引语后的阿拉伯数字表示内容所在的页码。
三、本年鉴的“特载”“大事记”“镇海概貌”均未作索引。
四、表格按条目第一字汉语拼音（同音字按声调）顺序排，所在位置标注方法同上。

主题索引

阿拉伯数字

A

B

C

D

E

F

J

K

L

M

N

P

Q

R

S

T

W

X

Y

表格索引